Research about the Rationalization of the Functions of China's Prosecutor

中国检察职能运行合理化机制研究

李长城 著

目　录

导　论

第一节　缘起、研究意义、目的

一、缘起

从检察官制度的产生至今已有一个多世纪，不同国家检察职能的运行也呈现出多样性。从 20 世纪 80、90 年代以来，世界各国的刑事诉讼制度伴随着社会、经济、文化等方面的发展一直处于未停歇的变革之中，在刑事诉讼程序的这种变动中，各国检察官的角色也似乎在不经意间出现了较大的变化。

我国改革开放以来经济体制与社会结构发生了深刻变化，这一变化也在不断推动着包括检察制度在内的整个法律制度不断的变革和完善。近年来，我国国家权力的架构发生了深刻调整，这对检察职能提出了新的挑战。中国的检察职能是什么、向何处去，成为时代提出的新课题，也是发展中国检察制度最基本的问题。[①]《2018—2022 年检察改革工作规划》从检察权运行主体、检察权运行保障机制、检察权运行监督机制等方面提出了改革要求，落实这些举措有利于优化检察职能的运行体系。

随着党的十九届四中全会关于国家治理体系和治理能力现代化命题的提出，我国检察职能的发展需要在这一宏大历史背景下进行有序变革和调整。这一变革和调整既涉及检察权能具体内涵的新阐释，又涉及检察权外延的多元化创新，更涉及检察职能运行机制的创新。

检察职能运行机制的基本法理是什么?

从刚开始从事诉讼法研究生课程《检察理论与实务》的教学工作时起，这个问题就吸引着我，十多年了，我一直在努力寻找问题的答案。几年前，笔者主持了省哲社课题《公诉程序滥用研究》，虽有一些思考，但是仍觉得有一些方面尚未研究透彻。

后来到德国访学，看到法学院图书馆关于检察官的著作真是不少，其中有一本《检察官手册》由 32 名德国大学法学院的教授和资深检察官合作编撰而成。[②] 德国联邦统计局（Statistisches Bundsamt）每年也在官网公布《检察年鉴》（Rechtspflege Staatsanwaltschaften），明确列出本年度检察官在刑事诉讼程序中的任务（Erledigte Verfahren insgesamt）执行情况，通常包括：起诉（Anklage）、签署刑事处罚令（Antrag auf Erlass eines Strafbefehls）、中止程序（Einstellung）（其中包括附指示任务）等。[③]

---

① 周新：《我国检察权的新发展》，《中国社会科学》2020 年第 8 期。

② Vordermayervon Heintschel-Heinegg,Handbuch für den Staatsanwalt,Carl Heymanns Verlag,3. Auflage.

③ www.destatis.de.

有一天在图宾根地方法院旁听一起轻微刑事案件的审理时，我惊讶地发现出庭的女检察官手里拿着的那本书正是法学院图书架上的《检察官手册》。在接下来一个多月的时间里，我连续在地方法院和州法院旁听刑事案件的审理，试图更多地获得德国检察官和德国刑事庭审的直观感受。其中有一个州法院的刑案持续在两周的时间内多次开庭，有一次，主诉检察官（出庭公诉的检察官共有三个）就某个侦查实验（结论）向法庭举证，竟然连续陈述了一个多小时，后来也没有被法庭采纳。通过这些庭审实践，确实也对与辩护律师着同样法袍、而其桌子又是略高于辩方的德国检察官有了进一步的认识。

回国之后，恰逢《刑事诉讼法》修改、检察院职务犯罪侦查职能转隶、检察院推行员额制改革，我又有幸到某市检察院挂职副检察长、检察官委员会委员，得以亲身进入检察体制内，近距离地观察、体会中国（市区县）检察院的运作和实践，包括日常工作与改革推进、检察人员的思维和状态。在两年的时间里，多次参加市检察委员会的案件讨论工作，在六个区县进行多次专项实证调研。挂职结束后，继续与本市多家检察院保持课题合作关系，并带研究生同学一起参与有关调研。应当说，对中国语境下检察官的角色有了进一步的深入认识。

检察职能的运行机制涉及到该国的诉讼传统与变革，涉及到检察官的角色及其变化，也涉及到检察权的制约，因为未受到有效制约的检察权必会导致检察职能运行的失灵。

检察官的角色是什么？对于这个问题，不仅不同国家检察官的权力、地位存在差异，而且即使是同一个国家，在不同的时期，检察官的权力也(可能）有较大的差异。在理论和实践之间，理论可能是单一的，而实践之树常青，各国检察实践的发展确实在改变、修正着检察官传统角色的定位。

检察官制度因制约警察和法官的权限而产生，检察官作为刑事司法权力的监督、制衡者，而本身也存在接受制约的问题，即谁来监督监督者？这成为一个永恒的追问。必须注意到，“监督”是一个永远的难题。在各国的各种案例中，检察官偏离公正角色，成为冤案的催生者，让人触目惊心。因此，第二个问题就是：各国公诉权运行的制约机制何以失灵？

检察职能合理运行机制的规律是什么？检察官的地位与检察权的运行在不同的国家或时代发生了各种的变迁，[①] 其中共同的规律是什么？世界上不存在两片相同的树叶，简单的模仿往往不得要领。法治建设必须适合特定国家和社会的现实条件与实际需要，照搬国外的模式是行不通的。[②] 不同的国家情况不同，即便在同一个国家，可能也没有一劳永逸的解答。在不同的时期随着经济社会等方面的发展，一国检察职能的运行可能也会进行适当的调整。因此，探明现代检察职能运行的规律，结合本国的实践，指出可能的正确方向，无疑具有重要的意义。

对于上述问题无尽的追问，就构成了本课题研究的缘起。

二、研究意义

龙宗智教授指出，检察权如何适应形势的变化，面临新问题我们应当有什么新的理念以及随之应该推行新的运行机制，也就是在我们现在

① 森际康友:《司法伦理》，于晓琪、沈军译，商务印书馆 2010 年版，第 165 页。

② 龙宗智:《我国检察学研究的现状与前瞻》，《国家检察官学院学报》2011 年第 1 期。

面临的新挑战、新变化、新形势下，如何建立新格局的问题。[①] 在司法改革的背景下，检察制度建设与检察工作中遇到的矛盾仍然存在，在某些方面可能更为突出。我们应当研究在新形势下如何认识和处理这些矛盾，以实现检察监督制度的合理设置与运行，实现检察工作在国家司法系统内平衡、协调、可持续发展。[②] 最高人民检察院主要负责人指出，如何做好检察理论研究这篇大文章，以与时俱进的检察理论指引发展变革的检察实践，更好地推动新时代检察工作创新发展，是我们必须持续关注、努力推进的重大课题。“时代是出卷人，我们是答卷人，人民是阅卷人”。新时代，人民群众在民主、法治、公平、正义、安全、环境等方面有新的更高要求，对检察机关如何在供给侧提供更好的法治产品、检察产品有新的更高期待。面对新理念、新要求，检察机关要在权力运行模式、办案思维方法、法律监督理念方式等方面加快转变，在职能定位、发展路径和行为遵循等方面加快适应，理论研究工作也亟待与时俱进，拿出行之有效的解决方案和理论支撑。

我国的检察制度有一定的特殊性，但是又具有一定的普遍性。世界各国检察职能运行的一般规律是什么？本书的研究力图通过对域外法治发达国家检察职能发展的历史和现状的梳理，总结出现代检察职能运行的一般规律，这是本书的研究意义之一。

从探索检察职能发展变革的一般规律出发，建立符合中国发展规律的检察职能运行的合理机制，回应社会变革提出的新挑战，进而为党和国家工作大局、经济社会发展贡献检察力量，是我国检察改革的首要任

① 龙宗智：《新形势下检察权的定位调整和职能强化》，《中国检察官》2018 年第 1 期。

② 龙宗智：《我国检察学研究的现状与前瞻》，《国家检察官学院学报》2011 年第 1 期。

务。[①] 本书对我国检察职能运行的历史发展和最新改革实践进行总结，对检察职能的内容展开研究，力图从历史发展脉络中阐释我国检察职能运行机制的一般性和特殊性，在新的形势下阐释我国检察职能扩展的合理性、必然性，这是本书的研究意义之二。

与此同时，笔者对我国检察权可能出现的滥用保持高度警惕，从以往我国实践中发生的检察权滥用的案例着手，分析检察权制约失灵的原因，提出在新时期实现我国检察权（尤其是公诉权）有效制约的运行机制，这是本书的研究意义之三。

本书从系统论的视野，分析检察职能与诉讼构造、检察官角色以及检察权制约之间的关系，阐释审前检察主导与审判中心、权利保障的关系，论述检察与警察、检察与监察的定位以及四大检察之间的协调，对国内的相关热点展开评析，在前期研究的基础上提出反思性的意见和建议，这是本书的研究意义之四。

三、研究目的

本研究力图立足于检察职能运行的基本法理，考察国内外检察职能发展和运行的普遍趋势和一般规律，从历史和现实两个维度，结合检察职能变革的中国叙事，指出我国检察职能机制运行的一般规律，进而提出完善我国社会主义检察职能运行的合理机制。具体而言：

第一，力图通过对域外法治发达国家检察职能发展的历史和现状的梳理，总结出现代检察职能运行的一般规律。其中，通过分析主要国家

① 周新：《我国检察权的新发展》，《中国社会科学》2020 年第 8 期。

中传统的检察官角色，探讨近40年来司法实践中变动着的检察官角色，检察官是否以及如何成为拥有了广泛裁量处置权的“准法官”（或者“法官之前的法官”）；

第二，考察世界主要国家检察权运行的状况，对不同法律体制下检察权制约的经验和教训进行总结；

第三，对我国检察职能运行的历史发展和最新改革实践进行总结，对检察职能的内涵展开研究，力图从历史发展脉络中阐释我国检察职能运行机制的一般性和特殊性；

第四，以我国现代化的治理为视角，从我国检察职能的特点出发，从三个维度、五大关系系统分析检察职能的运行，努力探求新时期我国检察权运行机制的完善途径。

第二节　研究现状

在汉语中，“职能”指人、事物、机构所应有的职责、功能或者应起到的作用。“检察职能”与“检察权”紧密相连。毋庸置疑的是，“公诉”是检察机关的核心职能，“法律监督”则是富有中国特色的话语表达。

在英语中，没有完全对应于汉语“职能”的用语，类似的常用词汇有power（权力）、function（职能/功能）、obligation（义务）、duty、responsibility（责任）等。《美国律师协会刑事司法准则》（American Bar Association Standards for Criminal Justice）第3条中使用function of the prosecutor、duty of the prosecutor，大致等同于汉语中的“检察职能”。

在德语中，以德国大学法学院使用的《刑事诉讼程序》教材为例，常使用 Aufgaben der Staatsanwaltschaft（可译为“检察官的任务”）、Hauptfunktionen（可译为“主要功能”）等语词。[①] 在德国联邦统计局（Statistisches Bundsamt）每年在官网公开发布的《检察年鉴》(Rechtspflege Staatsanwaltschaften）中，明确列出检察官在刑事诉讼程序中的任务(Erledigte Verfahren insgesamt)，通常包括：起诉(Anklage)、签署刑事处罚令（Antrag auf Erlass eines Strafbefehls)、中止程序(Einstellung)（其中包括附指示任务）等。[②]

一、国内研究现状

伴随着我国《刑事诉讼法》的历次修改，检察权和检察职能的研究一直是国内学界持续的研究热点之一，近年来相关的研究内容可以概括为以下几个方面：

（一）诉讼职能与监督职能的关系及其配置

检察机关的诉讼职能与监督职能的关系问题是中国检察制度特有的问题，这是因为中国检察权的构成有一定的独特性。中国检察机关是法律监督机关，而法律监督职能是一种特殊的职能，它区别于诉讼职能又在一定程度上超越了诉讼职能。虽然检察权有一定的监督特性，但是这

① Werner Beulke, Strafprozessrecht, 12. Auflage C.F.Müller, S.55.

② www.destatis.de.

种监督模式包括诉讼监督的对象、方式也有一定的独特性。①

我国的社会主义法律体系初步建成后，突出的矛盾是法律实施问题。但在现实生活中，有法不依、执法不严、违法难究的问题还较为突出，而这种状况又常常与某些领导干部的法治意识淡薄有关，检察机关作为法律监督者和法制守护人，如何发挥自身职能作用有效地维护法制，仍然是有待进一步解决的问题。②

龙宗智教授前瞻性地提出："检察改革的重要内容是加强法律监督，因此需要调整监督范围、强化监督手段、健全监督机制，提高监督效力，这一过程也是检察权强化、检察职能进一步发挥的过程，拓展性不言而喻；但同时，检察机关也应当对法治系统的协调性予以关注，对自身职能定位与制约因素有清醒把握，注意检察改革中的谦抑性要求。"③

（二）公诉职能的滥用及其防范

公诉职能的滥用体现为公诉权的滥用，即公诉权的运用偏离制度预设的限制权力、保护权利、实犯公平正义的职能，甚至于根本悖离上述职能。国内学界关于公诉权滥用的研究内容主要包括以下几个方面：

第一，公诉权滥用的涵义。国内学界最早提出"公诉权滥用"概念的是孙长永教授，他详细讨论了日本学者对于"公诉权滥用"的不同观点以及日本实务界对此的反应，并通过不同时期的判例展示出日本对公

① 龙宗智：《诉讼职能与监督职能的关系及其配置》，《人民检察》2011 年第 24 期。

② 龙宗智：《理性对待检察改革》，《人民检察》2012 年第 5 期。

③ 龙宗智：《理性对待检察改革》，《人民检察》2012 年第 5 期。

诉滥用的抑制有不断增强的趋势，同时法院又因循保守而困难重重。孙教授敏锐地指出，日本法学界和律师界提倡的“公诉权滥用论”，反映出战后日本的刑事诉讼构造从传统的强职权主义转向当事人主义的过程中，“正当程序”原则的精神在学界和律师中日益得到尊崇，对于刑事诉讼中公诉方不平等地侵犯被告方重要权利的行为，呼吁应当通过中立、公正的法院以司法的方式予以适当的救济。①

第二，公诉权滥用的形态。谢小剑教授先后就公诉权滥用发表了数篇文章，指出我国司法实践中存在检察机关对辩护律师、记者等进行打击而提起报复性起诉等现象，对此我国应赋予被告人请求法院驳回起诉的权利，并为此建立专门的诉裁程序；② 以往的实体要件标准已经不适应制约公诉权滥用的需要；③ 在《公诉权滥用形态的发展》一文中介绍了国外实务中公诉权滥用的多种形态，指出在公诉权滥用的判断标准上，域外各国多以正当程序作为核心理念，在具体案件中对是否构成公诉滥用进行综合判断。④

第三，公诉权滥用的规制。李玉萍是国内较早对英美法系刑事程序滥用进行研究的学者，她在《程序滥用与诉讼终止制度及其给我国的启示》一文中，指出英美法系国家针对追诉方滥用程序的行为有多种制裁方式，其中诉讼终止是一种最严厉的制裁方式，其结果是追究被告人刑事责任的诉讼程序就此终结，被告人获得释放。诉讼终止主要适用于两种情形：第一，被告人已经不可能获得公正的审判，第二，继续对被告

① 孙长永：《抑制公诉权的东方经验——日本“公诉权滥用论”及其对判例的影响》，《现代法学》1998 年第 6 期。

② 谢小剑：《刑事诉讼中的报复性起诉》，《环球法律评论》2008 年第 6 期。

③ 谢小剑：《公诉权滥用及其规制》，《江苏社会科学》2008 年第 11 期。

④ 谢小剑：《公诉权滥用形态的发展》，《中国刑事法杂志》2009 年第 11 期。

人进行审判是极不公正的。诉讼终止仅适用于“例外”的严重情形，并要经过“诉中诉”性质的程序性裁判。[①] 闫召华在《报复性起诉的法律规制——以美国法为借鉴》一文中介绍了美国通过行为自律、行业准则、法院审查等方法综合防范报复性起诉，[②] 在另一篇文章中，通过判例分析了美国公诉不端行为的实践，指出美国检察官的起诉裁量权过大而受到的审查又极少，这种状况导致种种公诉不端行为多发。[③]

陈瑞华教授对大陆法中的诉讼行为无效制度进行了研究，指出为了使诉讼行为宣告无效制度得以成功运转，就必须建立专门审查诉讼行为无效制度的程序，把宣告诉讼行为无效的活动纳入诉讼的过程。施鹏鹏教授在《法国程序无效理论研究——兼谈中国如何建立刚性的程序》中详细介绍了法国刑事诉讼程序无效理论，指出法国形成了私益无效与公共秩序无效、实质无效与法定无效并存的程序制裁体系，其理念乃是以刚性的程序规则来杜绝审前程序中的违法侦查、预审以及裁判行为，中国应当改变目前刑事诉讼“柔性”的执法状况，建立“刚性”的裁判和纠错机制。[④]

周长军教授发表《公诉权滥用论》一文指出，对于我国实务中因恣意而滥用的发动公诉、变更公诉、重新起诉，必须建立起庭前的起诉审查程序，引入刑事诉因制度，实现撤回起诉、不起诉后再诉以及再审抗诉的规范化，并将职务犯罪的侦查权从检察权中剥离，来综合防范公诉

① 李玉萍：《程序滥用与诉讼终止制度及其给我国的启示》，《法商研究》2006 年第 2 期。

② 闫召华：《报复性起诉的法律规制——以美国法为借鉴》，《法学论坛》2010 年第 2 期。

③ 闫召华：《公诉不端：美国的实践及其启示——基于判例与规则的双重分析》，《中国刑事法杂志》2010 年第 7 期。

④ 施鹏鹏：《法国程序无效理论研究——兼谈中国如何建立刚性的程序》，《中国法学》2010 年第 3 期。

权的滥用。①

总体看来，国内学者关于公诉权滥用的研究具有重要的开拓性和启发性，但是，其中一些结论也存在值得商榷之处，一些建议在我国不太具有现实可行性，例如：

其一，有学者认为，“法国被告人及其辩护人逐渐将申请实质性无效作为获得权利救济的重要手段，宣告无效制度接近英美法中非法证据排除规则的功效，其重要原因可能在于将损害当事人权益作为宣告无效的基础的立法思想的转变。”② 不过，从法国披露的真实案例来看，被告方要求确认追诉机关的诉讼行为无效很难获得成功，因为无论是实质无效还是法定无效，让预审法官或检察官确认自己实施的诉讼行为无效犹如与虎谋皮，让上诉法院预审庭进行裁处也是困难重重，对于犯罪尤其是重大犯罪追诉的利益很容易占据上风。

其二，学者提出，我国应当充分借鉴法国程序无效的防范机制，③ 但是问题在于，我国的刑事诉讼架构与法国完全不同，更没有法国预审法官这样复杂的制度设置，不同的环境必然产生出不同的问题。虽然《法国刑事诉讼法典》等法律通过诉讼行为无效制度来防范国家追诉权力的滥用，但是实践中仍有公诉滥用的案例发生，例如 2001 年发生的乌特罗冤案就震惊了法国乃至整个欧洲。这些案例可能只是极少数，但是仍让人们产生疑问：法国的程序无效制度真的十分有效吗？

---

① 周长军：《公诉权滥用论》，《法学家》2011 年第 3 期。

② 陈瑞华：《大陆法中的诉讼行为无效制度——三个法律文本的考察》，《政法论坛》2003 年第 5 期。

③ 施鹏鹏：《法国程序无效理论研究——兼谈中国如何建立刚性的程序》，《中国法学》2010 年第 3 期。

学者还提出构建我国刑事程序无效制度，在程序启动方面我国可仿效法国，即可由犯罪嫌疑人、被告人及其律师通过声请提起，也可由检察机关以及审判人员依据职权主动提起。[①]但是，我国司法的现实状况是三机关的工作关系非常密切，检察机关与公安侦查机关同属控方，如果因为有关诉讼行为、诉讼程序被裁决无效而导致一些关键的定罪证据不能使用，在此情况下检察机关如何抉择？是选择成功地追诉犯罪还是为保障被告方的权利而不得不中止公诉？检察官的业绩考评方面如何通过？近年来我国一些著名的冤案在真相大白之后仍然难以纠正的惨痛事实，不能不让我们对司法机关"自我发现、主动纠正"的可行性产生一定疑虑。

其他研究者也提出，应当运用分权理论来防止公诉权的滥用，即提起公诉、审查公诉与支持公诉通过不同的检察人员来实施而达到分权和制约的目的。[②]但是实践告诉我们，检察机关的内部分权对于防范公诉权滥用的效果极其有限，并不能从根本上解决问题。对我国而言，只有通过大力加强公诉权行使的外部制约，才能从根本上解决权力缺乏有效制约而滥用的问题。

其三，也有学者提出，通过引入刑事诉因制度来实现撤回起诉、不起诉后再诉以及再审抗诉的规范化，综合防范公诉权的滥用。[③]但是，诉因制度是当事人主义刑事诉讼的产物，技术性要求非常高，面对我国很多被告没有辩护律师的现实，推行诉因制度的想法确实

① 施鹏鹏：《法国程序无效理论研究——兼谈中国如何建立刚性的程序》，《中国法学》2010 年第 3 期。

② 谢小剑：《分权理论在防止公诉权滥用中的作用》，《河北法学》2011 年第 2 期。

③ 周长军：《公诉权滥用论》，《法学家》2011 年第 3 期。

不太现实。

最后，国内有学者建议我国应引入大陆法系国家的“诉讼行为无效”及“诉讼程序无效”制度。然而，德国的刑诉法学大师克劳思·罗科信曾明确地指出，诉讼行为概念的核心意思是诉讼主体通过意思表示所期望达到的诉讼程序上的法律效果，这一概念原来本不是刑事诉讼法上的专门术语，事实证明，太过宽泛的概念在实务中难以起到什么作用。[①]另一方面，在一些欧陆国家的司法实践中，不断有刑事程序滥用的案例发生。这些难免让人对其“诉讼行为”制度的实际效果产生疑虑。

确实，在中国引入诉讼行为理论有着难以克服的困难。首先，“诉讼行为无效”“诉讼程序无效”这类概念对于老百姓来说是难以理解的：“既然都已经实施了诉讼行为或者诉讼程序，怎么会无效?”其次，欧陆国家对于无效诉讼行为、无效诉讼程序通过审前程序的预审法官或检察官来纠正，在我国却基本不具备可行性，因为我国司法机关拒不纠错的案例太多了，显然，在公检法三机关相互配合制约的关系下，可能来自体制外的制约才会更有效。

（三）检察权的定位与检察职能的拓展

首先，学者们对检察权的性质进行了探讨。王海军指出，我国1982年《宪法》中明确“检察权”为独立行使且具有法律监督属性的国家权力，在刑事检察方面行使职权；在现今立法中，“检察权”为独

① 克劳思·罗科信:《刑事诉讼法》，吴丽琪译，法律出版社2003年版，第195页。

立行使、蕴含极强的法律监督属性、包含多项职权的国家权力，发挥对中国特色社会主义法治建设的保障功能。① 周新指出，深入推进检察体制机制改革，首先需明晰检察权的性质及其发展规律。我国检察权性质渊源于马克思主义国家学说，受历史逻辑、政治体制以及现实国情等因素的综合作用，既有其普遍性的一面，更具中国特色。在保持法律监督权基本属性的前提下，应当适时地根据时代变迁而不断调整检察权的外延和运行方式，实现检察权发展与国家治理的同频共振。近年来我国检察权的发展呈现出新特点，是社会主要矛盾变化、国家权力结构调整以及司法体制机制改革等共同作用的结果。构建中国特色社会主义检察体系，应当尊重检察权发展的一般规律，根据社会需求和司法实务进一步拓展检察权的外延，创新和丰富检察权能的运行机制，有效发挥检察机关在化解社会矛盾、服务发展大局、维护公共利益和公民权益等方面不可替代的作用。②

其次，关于我国检察权的发展趋向的特点，具有从“单一型”向“全面型”、从“被动型”向“能动型”转变的特点。具体而言，在社会管理更加精细的背景下，各领域的法律关系呈现复杂化、交融化的发展趋势，检察审查的对象不能仅仅停留于传统的刑事领域，要做到民事、行政和公益诉讼领域全覆盖，实现四大检察均衡发展。面对法律实施特别是执法司法工作中存在的诸多问题，检察机关应建立主动启动和被动受理两种审查模式，逐步拓展审查范围。③

最后，关于检察职能的拓展，陈瑞华指出，作为国家利益和社会公

---

① 王海军:《中国语境下的“检察权”概念考察》,《中国法学》2022 年第 6 期。

② 周新:《论我国检察权的新发展》,《中国社会科学》2020 年第 8 期。

③ 苗生明:《新时代检察权的定位、特征与发展趋向》,《中国法学》2019 年第 6 期。

共利益代表的检察机关通过行使诉讼职能和监督职能来维护国家法律的统一实施，代表国家和社会对侦查机关的强制措施和强制性处分行为进行合法性审查，目前这种职能已经逐渐朝司法化方向发展，但仍然有较大的发展空间。[①] 胡卫列教授指出，公益诉讼检察是以法治思维和法治方式推进国家治理体系和治理能力现代化的重要制度设计，将随着国家治理体系和治理能力现代化的进程进一步发展完善。[②] 江国华、王磊提出，应从优化刑事公诉职能、拓展公益诉讼职能、完善诉讼监督职能、补强一般监督职能等方面，对检察权职能进行科学配置。[③] 陈军指出，“四大检察”改革实质是检察业务模块化和一体化的检察权重组，应当逐次实现架构铺设、聚合效应、实质突破。[④]

国家治理的权力结构演变促进刑事检察职能强化式拓展，国家治理的制度逻辑转换推动刑事检察职能分层式拓展，国家治理的目标价值升华带来刑事检察职能延伸式拓展。但是，与国家治理体系和治理能力现代化的战略目标相比，当前我国刑事检察职能存在诸多现实短板，应当以认罪认罚从宽制度实施为契机，构建科学合理的起诉裁量权，扩大不起诉的适用，并以此作为刑事检察变革的基础；进一步强化刑事检察对审前的主导权，推动检警关系由实然的配合制约转向应然的监督制约，同时发挥好刑事诉讼的程序分流功能，强化审前羁押的司法救济，最大限度促进综合治理；在促进企业刑事合规、建立社会服务制度方面探索前行，以刑事检察职能的变革拓展体现检察机关在推进国家治理体系和

① 陈瑞华：《论检察机关的法律职能》，《政法论坛》2018 年第 1 期。

② 胡卫列：《国家治理视野下的公益诉讼检察制度》，《国家检察官学院学报》2020 年第 2 期。

③ 江国华、王磊：《检察权功能设定与职能配置》，《学习与探索》2020 年第 5 期。

④ 陈军：《“四大检察”改革背景下的检察权能配置探析》，《政法论丛》2020 年第 5 期。

治理能力现代化中的法治担当。[①]

（四）检察主导与制约机制

首先，作为一项重大诉讼制度改革，富含中国特色的认罪认罚从宽制度被正式确立，影响意义深远。检察机关在该项制度中扮演着国家追诉的执行者、案件移转的过滤者、诉讼程序的分流者、合法权益的保障者、诉讼活动的监督者五重角色，检察官在刑事诉讼中的主导地位愈发凸显。[②] 周新教授也提出，在以认罪认罚具结书为前提的量刑建议制度格局下，检察权与审判权共同构成了中国特色语境中的二元司法模式。[③]

然而，孙长永教授根据相关立法规定和司法实务不认为认罪认罚从宽制度的实质是“中国版的检察官司法”。[④] 因为绝大多数刑事案件定罪量刑的权力已经从法官手中转移到检察官手中，法官对认罪认罚案件的“法庭审理”整体上看基本是一个过场。检察机关利用内设机构改革之机全面推行捕诉一体办案机制，从而使得检察机关在诉前可以监督、制约、引导侦查，在诉后可以监督、制约、压制审判，形成检察机关主导下的侦、捕、诉、判一体化的格局，因而检察官司法迅速成为中国刑事诉讼的突出特征。[⑤] 进而指出，“侦查中心主义”的诉

① 刘华：《国家治理现代化背景下刑事检察职能的拓展途径》，《国家检察官学院学报》2021 年第 2 期。

② 贾宇：《认罪认罚从宽制度与检察官在刑事诉讼中的主导地位》，《法学评论》2020 年第 3 期。

③ 周新：《论我国检察权的新发展》，《中国社会科学》2020 年第 8 期。

④ 孙长永：《中国检察官司法的特点与风险——基于认罪认罚从宽制度的观察与思考》，《法学评论》2022 年第 4 期。

⑤ 孙长永：《中国检察官司法的特点与风险——基于认罪认罚从宽制度的观察与思考》，《法学评论》2022 年第 4 期。

讼构造没有得到根本改变以前，片面追求诉讼效率，轻易挤压本来就不太严格的程序机制，轻信集羁押权、公诉权、裁判权（实质上）和诉讼监督权四大权力于一身的检察机关声称的控辩“合意”，必然导致错诉和误判的风险升高。① 至少从近期来看，中国检察官司法的现状将基本得到维持。深入推进以审判为中心的刑事诉讼制度改革，确保被告人获得公正审判的权利，系统完善认罪认罚从宽制度的运行规则和配套机制，从而有效化解认罪认罚从宽制度所蕴藏的风险，将是中国刑事司法改革的长期课题。②

杨宇冠教授也指出，检察机关在认罪认罚案件处理体系中的主导范围从审前主导延伸到全程主导，主导内容从程序主导扩展到实体主导，主导方式从单向对抗变为双向协商，主导效力从主要参考变为实际影响。但是，仍需加强审判机关对检察机关的制约，加大实质审查；构建新型控辩关系，保障协商过程实质化；完善检察职权实施，提升主导作用的规范性。③

周新教授指出，影响检察权发展合规律性的首要问题是检察权运行的行政化问题。强化检察权发展的合规律性，需要在司法体制综合配套改革这一背景下，着力从体制和机制入手推进检察权发展的去行政化改革。一是要强化“授权”，要进一步扩大检察官的办案权限，最大程度推进检察官的独立性。二是要强化“限权”，要完善检察官权力清单制

① 孙长永：《中国检察官司法的特点与风险——基于认罪认罚从宽制度的观察与思考》，《法学评论》2022 年第 4 期。

② 孙长永：《中国检察官司法的特点与风险——基于认罪认罚从宽制度的观察与思考》，《法学评论》2022 年第 4 期。

③ 杨宇冠、王洋：《认罪认罚案件中的“检察主导”：运作特征、归因逻辑与规范路径》，《河南师范大学学报》2021 年第 2 期。

度，进一步规范检察长、部门负责人的权限。[①]

其次，关于检察权力的制约机制，龙宗智教授早就指出，由于我国公诉权的主导性与强势性，在我国公诉制度建设与操作上应当思考如何防止权力滥用，从而实现客观公正地行使公诉权。[②] 在我国目前的情况下，考虑到我国的法治背景、司法条件以及检察官本身的状况，对检察官应当适当加强监督。对于检察官的独立性问题，可以采用渐进性方式逐步放权，与此同时注意监督制约。[③] 检察官客观义务是检察伦理的核心内容，[④] 在我国更需确立检察官客观义务。为此，需要进行一系列调整，如检讨与合理设定内部绩效制度、在一体化与独立性之间寻找平衡点，尤其应注意遵循诉讼规律，维系诉讼构造功能。[⑤] 陈为钢等也指出，完善公诉权运行机制，在审前程序中要处理好公诉权与侦查权、办案组织构架与案件、公诉部门与案件当事人以及检察机关与舆论、媒体的关系。[⑥]

在 2018 年《刑事诉讼法》修改后，邓思清研究员指出，捕诉一体办案机制下检察官的内部监督难度增加。为了有效防止检察官滥用权力，保证案件质量，需要进一步寻找解决方案。应当通过对检察权力实行分级分类授权制度、检察官联席会议制度、案件管理部门的监督制度以及完善检察官考核制度来进行，放宽对检察官不捕率、不诉率、捕后

① 周新：《论我国检察权的新发展》，《中国社会科学》2020 年第 8 期。

② 龙宗智：《论我国的公诉制度》，《人民检察》2010 年第 19 期。

③ 龙宗智：《论依法独立行使检察权》，《中国刑事法杂志》2002 年第 1 期。

④ 龙宗智：《检察官客观义务与司法伦理建设》，《国家检察官学院学报》2015 年第 3 期。

⑤ 龙宗智：《中国法语境中的检察官客观义务》，《法学研究》2009 年第 4 期。

⑥ 陈为钢等：《论审前程序中公诉权运行机制之再完善——基于重大有影响案件公诉实务的探究》，《政治与法律》2012 年第 5 期。

不诉、诉后判无罪的严格比例控制。①

最高人民检察院检务督察局课题组提出，新形势下检务督察部门应当履行好巡视巡察、执法督察、追责惩戒、内部审计等职能，完善检察官办案的内部监督方式，构建事前、事中、事后全方位全过程内部监督体系，保障检察官公正履职。②任涛等指出，检察司法责任制应符合现实国情和司法规律，以司法权合理配置和独立行使为前提，通过内部监督和外部监督实现对检察权行使的有效监督。③

李奋飞教授指出，从长远来看，附条件不起诉和酌定不起诉才是检察机关在审前程序进行程序控制的主导要件，也恰是这两项权力需要更广泛的施展空间。④陈卫东教授也指出，我国检察实践中不起诉权应有的价值和功能未能充分发挥，应当从多方面推动不起诉权的合理适用，与此同时也要防止其被滥用。⑤最高人民检察院童建明副检察长指出，为了有效防止滥用、规范不起诉权的行使，在加强外部监督的同时，要优化内部监督制约机制，发挥公开听证制度的保障作用，做好不起诉案件的文书说理和论证，增强司法公信力。通过外部倒逼与内部解套相结合，确保不起诉权既不被虚置不用，也不被泛化滥用。⑥

为了有效防止检察机关工作人员滥用职权以作为或不作为方式损害公民合法权益，我国设置了人民监督员制度，保障检察工作的透明化。作为回应"谁来监督监督者"的实际举措，不仅是检察机关，法学界乃

---

① 邓思清：《捕诉一体的实践与发展》，《环球法律评论》2019 年第 5 期。

② 最高人民检察院检务督察局课题组：《完善检察官办案内部监督机制研究》，《国家检察官学院学报》2019 年第 5 期。

③ 任涛、董玉庭：《国家治理现代化视角下的检察司法责任制》，《行政论坛》2021 年第 1 期。

④ 李奋飞：《论检察机关的审前主导权》，《法学评论》2018 年第 6 期。

⑤ 陈卫东：《检察机关适用不起诉权的问题与对策研究》，《中国刑事法杂志》2019 年第 4 期。

⑥ 童建明：《论不起诉权的合理适用》，《中国刑事法杂志》2019 年第 4 期。

至全社会都对人民监督员制度寄予厚望。当然，作为一项摸索中的制度，我国的人民监督员制度在某些方面可能还有待改进。例如，人民监督员到底是“精英型”还是“大众型”，人民监督员监督程序的启动到底是“随机型”还是“受命型”，上述问题都值得研究和展开试点。陈卫东教授曾指出，人民监督员存在定性模糊、缺失民意以及运行机制等结构性缺陷，改革的方向可能是扩大监督范围、建立由外部选任的、在诉讼程序内具有法律效力的人民监督员诉讼制度。① 也有人指出，人民参与检察监督可能遇到以下碰撞和挑战：第一，专业和平民观点的衔接沟通，如检察官认为远未达到证据门槛、不该起诉的案件，在未经法律专业训练的人民眼中可能早已定罪。显然，检察官专业认知与一般平民对法律及证据法则之理解仍有相当差距。第二，侦查不公开的挑战，例如侦查卷宗的个人资料、机密资料的保护等。第三，侦查效能的延宕。②

总之，最近二十年以来，我国检察机关的诉讼职能与监督职能一直是学界和实务界研讨主题之一，尤其是在 2018 年《刑事诉讼法》修改后，“四大检察”职能的探讨再度成为新的热点。一方面，国内学界的研究既体现了对检察普遍规律的探索；另一方面，检察改革又体现了普遍规律与本土国情的结合。当然，实现两者的有机结合绝非一日之功，有的改革可能囿于时间限制还难以把握合适的“度”与“分寸”而存在争议（例如检察的能动与谦抑如何协调）。此外需要指出的是，检察职能的改革是我国刑事诉讼程序整体改革的重要组成部分，因此检察改革也应当与国家刑事诉讼的总体改革方向保持协调一致。

① 陈卫东：《人民监督员制度的困境与出路》，《政法论坛》2012 年第 4 期。

② 蔡碧玉：《检察的人民参与》，《月旦裁判时报》2017 年第 1 期。

二、国外研究现状

国外学者的相关研究内容围绕检察官的任务、权力、角色及其时代变迁展开，其中针对公诉滥用的制裁是一个重要的主题，分述如下：

（一）检察官的任务

德国学界在谈到刑事诉讼中检察官的任务（Aufgaben der Staatsanwaltschaft）时，大学《刑事诉讼程序》教科书的作者们一致认为，德国检察官有三个主要的功能（Hauptfunktionen）：侦查程序的主导者（Herrin des Ermittlungsverfahrens）、中间程序和庭审程序的指控人（Ankalgevertreterin im Zwischen- und Hauptverfahren）以及刑事监督执行机构（Strafvollstreckungsbehörde）。①

实务界的观点也大致如此。例如，在《检察官手册》中，第一部分是侦查措施概述（如搜查等）；第二部分针对不同类型的犯罪进行检察业务的详述，其中包括交通犯罪、青少年犯罪、性犯罪、非法居留、贿赂犯罪、破坏环境的犯罪、非法雇佣、暴力和死亡案件、涉武器犯罪、麻醉品犯罪、金融案件等；第三部分为中止命令与指示权（Einstellungsverfügung und Weisungsrechts）；第四部分为出庭公诉；第五部分为执行监督，包括缓刑、赦免、赔偿等。②

在德国，检察官是唯一有义务对所有的刑事犯罪代表国家进行追诉

---

① Werner Beulke, Strafprozessrecht, 12. Auflage C.F.Müller, S.55.

② Vordermayer von Heintschel-Heinegg,Handbuch für den Staatsanwalt,Carl Heymanns Verlag,3. Auflage.

的机构，[①] 尤其是存在足够的犯罪嫌疑时。为了决定是否提起公诉，检察官需要探寻案件真相。在犯罪追诉上，检察官负有客观公正的义务(Verpflichtung zur Objectivität)，对于犯罪嫌疑人有罪和无罪的证据都要一并收集。基于此目的，检察官有权要求所有的机构提供相关信息，以及通过自身或者警察人员展开相应调查。检察官在审前可以调查有关证人和鉴定人，同时在提起公诉前也可以调查讯问犯罪嫌疑人。[②] 如果检察官认为在提起公诉前由法官批准搜查是必要的，他就向设置在地方法院的侦查法官提出申请，由后者决定有关强制措施的采用，如搜查、扣押、调查监禁（Untersuchungshaft）等。如果检察官认为迟延存在危险也可先行实施，而在其后取得法院的授权，例如电话监控(Telefonüberwaschung)。[③]

德国检察官奉行法定起诉原则（Legalitätsprinzip），并号称为世界上最客观公正的官署（Die objektivste Behörde der Welt）。[④] 但是与此同时，德国检察官也奉行裁量原则（Opportunitätsprinzip），即对案件涉及的公共利益或者特殊的利益进行权衡。德国《刑事诉讼法》第 153 条规定了检察官基于裁量原则而中止程序。该权限来源于检察官是侦查程序的主宰。[⑤] 检察官也因此会对公正地、合法地推进刑事程序的进行担负总的责任（Gesamtverantwortung），并拥有审前程序的领导和控制权(Leitungs- und Kontrollbefugnis)。[⑥]

---

① 德国《刑事诉讼法》第 152 条。

② 德国《刑事诉讼法》第 163a 条。

③ 德国《刑事诉讼法》第 100b 条。

④ Karsruher Kommentar zur Strafprozessordnung mit GVG, EGGVG und EMRK, 7.Auflage, Verlag C.H. Beck München 2013,S.49.

⑤ BGH NJW 2007, 2269,2273;zum Ganzen Hegmanns, GA 2003, 433.

⑥ BGH HRRS 2012,Nr 423; zur Rechtsmissbrauchgrenze: Vogel/ Brodowski, StV 2009,632.

检察官在庭审中有提问权(Fragerecht)[①]和证据申请权。[②]庭审结束后，检察官可以提起上诉（Rechtsmittelegung)，甚至是为了被告的利益。[③]

根据德国刑诉法有关条款规定，检察机关也是刑罚执行机构。[④]按照法律的规定，在所有针对犯罪嫌疑人的程序中，从程序的开始和必要的程序（Verfahrenserledigung）以及关于犯罪嫌疑人及其罪行的重要数据，必须录入州检察机关的程序信息系统(SISY=staatsanwaltschaftliches Informationssystem)。此外，根据1997年6月18日生效的司法信息告知法（Justizmittelungsgesetz）(JuMiG)，检察机关还会面对一些机关的通知和报告义务（Mitteilungs- und Berichtspflicht)。联邦检察官有关登记的工作则按照《联邦中央登记法》执行。[⑤]

罗科信教授认为，不应让警察获得对侦查的主导权，而必须保障检察机关对侦查的主导权。[⑥]在检察官与警察的相互关系中，德国立法的意图是将警察的权力限制在犯罪现场采取必要的手段以防止关键证据的流失，而由检察官完成其余的侦查。实践中，绝大多数刑事案件的侦查由警察自行开展，案件只有在已经解决或者在认为没有必要进一步侦查的情况下才转交给检察官。只有非常少的情况下检察官是在很早阶段就介入的，这些情形包括涉及谋杀案件和严重的经济、环境犯罪案件、白领犯罪案件以及案件受到高度的公众关注，[⑦]检察官才从一开始就主动

---

① 德国《刑事诉讼法》第240条。

② 德国《刑事诉讼法》第244条。

③ Werner Beulke, Strafprozessrecht, 12. Auflage C.F.Müller, S.56.

④ 德国《刑事诉讼法》第492条。

⑤ Werner Beulke, Strafprozessrecht, 12. Auflage C.F.Müller, S.56.

⑥ Roxin, DRiZ März 1997, S.121.

⑦ 皮特·J.P.泰克编著：《欧盟成员国检察机关的任务和权力》，吕清、马鹏飞译，中国检察出版社2007年版，第116页。

参与侦查。德国警察无权自行结束侦查或撤销案件，最终决定必须由检察官作出。[①] 在德国 1975 年预审法官被废除后，检察官成为审前阶段无可争议的主导者。收集、评价证据从而决定是否对犯罪嫌疑人提起正式指控成为检察官独享的职权。[②] 当检察官故意对他明知是无罪的人提起指控时，会因为“起诉无辜的人”而受到惩罚。[③] 一旦作出起诉的决定，德国的检察官将抛开他们中立的态度，尽力去赢得诉讼，甚至不亚于美国的检察官。然而，无罪判决对检察官个人的声誉不会产生负面影响，只有准备起诉或者出庭公诉缺乏足够的职业技巧或者勤勉精神，检察官才会受到批评。[④]

（二）检察官的角色

学者指出，英美法系当事人主义诉讼传统国家中检察官的职能与欧陆国家中的检察官完全不同。[⑤] 大陆法系将检察官描述为超然的“法律卫士”，而英美法系视检察官为刑事诉讼的“一方当事人”。这种差异根植于两大法系刑事诉讼的传统中。

《美国律师协会刑事司法准则》（American Bar Association Standards

---

① 托马斯·魏根特著:《德国刑事诉讼程序》，岳礼玲、温小洁译，中国政法大学出版社 2004 年版，第 50—52 页。

② 皮特·J. P. 泰克编著:《欧盟成员国检察机关的任务和权力》，吕清、马鹏飞译，中国检察出版社 2007 年版，第 114 页。

③ 托马斯·魏根特著:《德国刑事诉讼程序》，岳礼玲、温小洁译，中国政法大学出版社 2004 年版，第 41 页。

④ 托马斯·魏根特著:《德国刑事诉讼程序》，岳礼玲、温小洁译，中国政法大学出版社 2004 年版，第 41 页。

⑤ Hans- Heiner Kühne, Strafprozessrecht, Eine systematic Darstellung des deutschen und europäischen Strafverfahrensrechts, 9. Auflage, C.F. Müller, S.103-104.

for Criminal Justice）之《检察职能》（prosecution function）第3—1.2条明确了检察官的五项职能：第一，检察官在其司法区内肩负刑事检控重任。第二，检察官身兼司法管理官、公诉人以及法庭官员（officer of the court）等角色。第三，检察官必须自主行使自由裁量权。第四，检察官的职责是追求正义，而不仅仅只是有罪判决。追求革新并提升刑事司法之运作也是检察官的重要职责，倘若实体法或程序法存在瑕疵或者不公正，检察官应竭力采取相应措施予以弥补。第五，检察官应熟谙有关法律业务、职业道德并受其规制。

美国检察官和警察之间是一种相互独立的关系。一般而言，美国警察对案件侦查处理有完全的自主权，警方不向辖区内的检察官报告工作或正式地向他们负责。当警察结束案件侦查时，警方会将案件移交给检察方，由其在法庭前指控被告人。因此，警方不向检方负责的局面，是美国的长期规则。①

检察官在法律上没有义务致力于最大可能地准确发现事实、适当认定责任和作出量刑裁决。联邦宪法要求检察官不能故意采纳伪证或错误证据，如果他们在随后发现自己在没有意识到的情况下这么做了，他们有义务披露这一事实。检察官可以基于“善意”或按照正常业务程序销毁证据，但不得“恶意”毁灭他们所掌握的与案件相关的证据。② 更为重要的是，检察官必须披露他们掌握的（或者警方掌握的）无罪证据或者可以用来弹劾控方证人的证据。③ 检察官并没有其他宪法层面的积极

① 艾瑞克·卢拉、玛丽安.L.韦德主编：《跨国视角下的检察官》，杨先德译，法律出版社2016年版，第43页。

② Arizona v. Yongblood, 488 U.S. 51 (1988).

③ Brady v. Maryland, 373 U.S. 83 (1963).

披露义务，被告也没有获得检方掌握的所有证据的一般权利。①

检察官的角色只是指控被告，不是由检察官来对被告的罪行进行裁决，而是由辩方律师、法庭规则和最终的事实认定者（陪审团或法官）对审判的结果承担系统性的责任。② 换言之，在由法官或者陪审团根据刑事证明标准对控辩双方当事人提交的证据进行评估、进而决定被告罪行的对抗制体制中，检察官在其中扮演的只是一个控诉者的角色。

英国的警察在决定是否起诉后，会将案件交给皇家检控署。如果检控署不同意警察的意见，则案件可以被撤销，或者改变指控，或者补充收集证据。检控署可以继续起诉，或者撤销案件，或者减少指控的数量以及降低指控的罪行。皇家检控署有时与警察讨论这些不同的选择，有时会告诉警察除非他们采取进一步的侦查，否则会撤销案件或者改变、降低指控。③ 一旦案件进入审判，则由法院决定最后的结果。④ 在某杀人案中法官拒绝降低指控而坚持谋杀的程序，该被告最后被判谋杀。⑤ 检察官有权对严重犯罪案件中作出的保释决定、治安法院对判决以及被告人的成功上诉提出控诉。

随着美国当代司法实践中辩诉交易的日益发达，美国的刑事司法已经演变成了一种在被告有罪答辩的基础上作出判决以代替正式庭审，作

① Weatherford v. Bursey, 429 U.S. 545 (1977).

② 艾瑞克·卢拉、玛丽安·L. 韦德主编：《跨国视角下的检察官》，杨先德译，法律出版社 2016 年版，第 190 页。

③ 皮特·J.P. 泰克编著：《欧盟成员国检察机关的任务和权力》，吕清、马鹏飞译，中国检察出版社 2007 年版，第 56—58 页。

④ 皮特·J.P. 泰克编著：《欧盟成员国检察机关的任务和权力》，吕清、马鹏飞译，中国检察出版社 2007 年版，第 63 页。

⑤ 皮特·J.P. 泰克编著：《欧盟成员国检察机关的任务和权力》，吕清、马鹏飞译，中国检察出版社 2007 年版，第 63 页。

为绝大多数案件的处理方式的体系。这些有罪答辩通常是在受到检察官提出的交易的建议下做出的，尽管被告有时在作出有罪答辩的同时，并没有与检方达成削减指控或者限制量刑方面的协议。①

答辩程序代替庭审程序之后，公开审判中大部分服务于确保事实可靠性和正式裁决准确性目标的系统性组件都丧失了，包括陪审团、证据开示、证据规则、对污点证人的正式诘问等。仍然保留的是诉讼当事人角色的对抗性，它决定了证据的产生和法律规则的适用。作为这种对抗程序的一部分，有关检察官对准确量刑负有消极义务的文化规则通常也保留了下来。②

对此有人提出了以下质疑：

首先，辩诉交易排除了庭审以及围绕庭审建立的所有规则，但是对抗制的结构仍然存在。然而，问题在于，庭审之外的对抗谈判是否提供了一个合适的替代制度？或者更进一步准确地说，检察官的权力及其责任是否能够契合于一个不经庭审的辩诉交易体系？③

其次，自由和自利交易这一前提是最高法院和立法机关取消大部分控方义务的潜在理由，而这些控方义务本应该有利于提高辩诉交易中事实的准确性和量刑的确定性。具体而言，在进行辩诉交易前，检察官不需要披露任何掌握的证据或者其他必须在庭审前披露的证据或证据来源；不需要对犯罪嫌疑人供词的自愿性进行详细审查；检察官和警察掌

① 艾瑞克·卢拉、玛丽安·L.韦德主编：《跨国视角下的检察官》，杨先德译，法律出版社2016年版，第191页。

② 艾瑞克·卢拉、玛丽安·L.韦德主编：《跨国视角下的检察官》，杨先德译，法律出版社2016年版，第191页。

③ 艾瑞克·卢拉、玛丽安·L.韦德主编：《跨国视角下的检察官》，杨先德译，法律出版社2016年版，第191页。

握的证据不需要以正式的文件的形式出现。[①]总之，由于公法的退却和根据有罪答辩作出裁决的程序，对当事人交涉能力的自信以及被告决定的自愿性，使控方义务急剧克减，随之而来的权力扩张也被正当化。[②]

最后，刑事司法体系中其他机构的主要任务就是对检察官享有的一系列重要权力进行审查，如指控的裁量权、撤销或减少指控的裁量权以及预设量刑选择的权力等。然而，包括辩护律师的资源稀缺、法官有限的量刑裁量权以及在庭审之外对案件事实有限的审查权力不足以平衡和充分制约上述检察权。[③]

在法国，有罪答辩程序也给法律职业者的角色带来了重大影响。检察官直接与被告人谈判，被告人必须有辩护律师，而法官的职责则是在法庭上确认或拒绝已经达成的量刑协议。这一程序更加体现了以当事人为中心，而不是以法官为中心的特征。它要求被告人和检方达成一项审前协议，而检察官和法官一起分享了案件的处理权。并且，法官的权力仅限于接受或拒绝当事人所作的量刑建议——他没有权力去修改该提议。[④]有人提出，在法国的有罪答辩中，检察官的角色是作为当事人、法官和量刑者。[⑤]

在德国，检察机关是超然的“法律卫士”的神话——或者用德国人

① 艾瑞克·卢拉、玛丽安·L.韦德主编：《跨国视角下的检察官》，杨先德译，法律出版社2016年版，第193页。

② 艾瑞克·卢拉、玛丽安·L.韦德主编：《跨国视角下的检察官》，杨先德译，法律出版社2016年版，第194页。

③ 艾瑞克·卢拉、玛丽安·L.韦德主编：《跨国视角下的检察官》，杨先德译，法律出版社2016年版，第201—201页。

④ 艾瑞克·卢拉、玛丽安·L.韦德主编：《跨国视角下的检察官》，杨先德译，法律出版社2016年版，第118页。

⑤ 艾瑞克·卢拉、玛丽安·L.韦德主编：《跨国视角下的检察官》，杨先德译，法律出版社2016年版，第114页。

的话说，是“世界上最客观的机构”——掩饰了并不那么令人乐观的现实。检察官最初确实以一种客观的方式评估证据，因为为了避免自讨没趣，他不想提起一个在法庭上无法获得支持的指控。检察官在提起一项指控前，会审慎地评估获得定罪的可能性。但是他一旦作出了起诉的决定，检察官就扮演了指控者的角色，进而试图说服法官给被告定罪，而不会以一种超然的方式中立地出示证据。①

有人因此指出，如果检察官既不是一方当事人，也不是超然的“法律卫士”，从实践来看，在大陆法系以及普通法系乃至亚太地区，检察官已经成为拥有广泛裁量权的准法官的角色。②

在德国最近二十年来的刑事诉讼实践中，检察官角色所起的重要变化集中体现在检察官决定青少年刑事程序的中止、普通案件中检察官起诉裁量权的扩大以及认罪认罚案件中的量刑协商。

《青少年法院法》第 45 条第二款的中止尤其应当指多次实施轻微犯罪行为的结果，如果之前的程序根据《青少年法院法》第 45 条第一款已经被中止了，距离严重的轻微犯罪尚远，并不需要一份青少年的明确的认罪，对此决定作出的唯一主体也是青少年检察官。检察官的这一决定并不产生法律效力，刑事追诉程序能够随时重新开始。在 2007 年，德国检察官适用上述条款处理的青少年人数是 101338 名。③2020 年德国检察官适用上述条款处理的青少年人数是 166371 名，

---

① Hans- HeinerKühne, Strafprozessrecht, Eine systematic Darstellung de sdeutschen und europäisch-enStrafverfahrensrechts, 8. Auflage, C.F. Müller, S. 100.

② 艾瑞克·卢拉、玛丽安·L. 韦德主编：《跨国视角下的检察官》，杨先德译，法律出版社 2016 年版，第 363 页。

③ Ostendorf, Jugendstrafrecht, 5. Auflage, Nomos,2009,S.123.

占比为 76.4%。[①]

附条件不起诉在实践中起着重要的作用。适用附条件不起诉需要满足两个前提条件：一是施以的责任足以抵消起诉代表的公共利益；二是与犯罪嫌疑人的罪责相当。[②] 需要注意的是，根据德国《刑事诉讼法》第 153 条第二款，附条件不起诉也可以在进入庭审阶段后进行，附条件中止案件的权力交给了法官，但是对于案件作出中止的决定仍然需要获得检察官的同意。[③]

因此，德国检察官的角色已经从简单的守门员演变为准司法官，由他们来决定犯罪嫌疑人是受到警告、科处罚金还是其他严厉的制裁。[④]

德国检察官在判决之前和审判期间还可以介入到合意型判决的量刑协商中。从 20 世纪 80 年代开始，德国版的辩诉交易开始出现并很快发展起来。联邦上诉法院在 1997 年肯定了在满足一定条件下该实践的有效性。在许多案件中，被告人在审判前或者审判到一定阶段可以进行商议：被告人作出全部或部分认罪，法院同意施以较轻刑罚。虽然这些商议主要在被告人和职业法官之间进行，但检察官经常参与并拥有实际上的否决权。因为检察官如果对被告和法官达成的一个合意型判决提出抗诉，他实际上就否定了为判决而协商作出的努力。这种合意型司法受到学者们的猛烈批评，但是却很受实务部门的欢迎。交易可以发生在所有

---

① Ostendorf, Jugendstrafrecht, 11.Auflage, Nomos,2023,S.105.

② 皮特・J.P. 泰克编著：《欧盟成员国检察机关的任务和权力》，吕清、马鹏飞译，中国检察出版社 2007 年版，第 120 页。

③ 皮特・J.P. 泰克编著：《欧盟成员国检察机关的任务和权力》，吕清、马鹏飞译，中国检察出版社 2007 年版，第 121 页。

④ 艾瑞克・卢拉、玛丽安・L. 韦德主编：《跨国视角下的检察官》，杨先德译，法律出版社 2016 年版，第 368 页。

类型的案件，而以毒品和白领犯罪为多数。[①]

总之，尽管各国存在差异，但就检察官在裁判程序中扮演积极介入乃至共同决定的角色这一点而言，他们是相同的。协商裁判这一当代现象，进一步强化了检察官作为准司法者的角色。[②]

学者指出，造成各国检察官角色变化的原因在于以下方面：

首先，受不同因素的影响，各国法院受理的案件大幅增加。近年来，广泛的立法活动将大量反社会行为纳入刑事司法体系。其次，犯罪案件的增加也是很明显的事实。此外，刑事案件日益复杂，大量案件涉及非常严重的犯罪。在这种情况下，检察机关享有裁量权来决定哪些案件交由法院来审判，哪些案件用审判之外的方法来处理。这种裁量权对于调整进入法院的案件流量是非常必要的。[③] 显然，检察官自由裁量权的行使可以用来实现特定的刑事政策。[④]

其次，出于经济和效率的考虑，立法者强烈支持在是否指控犯罪嫌疑上赋予检察官裁量权，而事实上世界范围内的检察官都拥有此类权力。甚至在官方层面仍接受起诉法定原则的法律体系中也是如此，这些体系中为轻微犯罪规定了起诉例外。[⑤]

再次，司法个别化（individualizedjustice）的理念提倡法律体系

---

① 皮特·J.P. 泰克编著:《欧盟成员国检察机关的任务和权力》，吕清、马鹏飞译，中国检察出版社 2007 年版，第 122 页。

② 艾瑞克·卢拉、玛丽安·L. 韦德主编:《跨国视角下的检察官》，杨先德译，法律出版社 2016 年版，第 369 页。

③ 皮特·J.P. 泰克编著:《欧盟成员国检察机关的任务和权力》，吕清、马鹏飞译，中国检察出版社 2007 年版，第 6 页。

④ 皮特·J.P. 泰克编著:《欧盟成员国检察机关的任务和权力》，吕清、马鹏飞译，中国检察出版社 2007 年版，第 7 页。

⑤ 艾瑞克·卢拉、玛丽安·L. 韦德主编:《跨国视角下的检察官》，杨先德译，法律出版社 2016 年版，第 364 页。

赋予检察官在个案中权衡指控利弊的权力。即使检察官掌握使犯罪嫌疑人定罪的证据，也可能存在撤销指控或只指控某一项犯罪的正当理由。①

最后，在过去二十年协商刑事判决的增长是欧洲各国刑事司法的显著特征，欧洲很多国家已经认可了在庭审前或庭审中就刑事案件进行协商的做法。这样一来，他们已经赶上了英美司法区的步伐。虽然在欧陆各国达成一个协商判决的法律机制各不相同，但是他们有一项共同的特征：被告将获得一个相对宽大的量刑，在不挑战控方指控的情况下接受法院判决。②

几乎所有欧洲国家都存在一些合意型刑事程序。在意大利、西班牙、葡萄牙等国的刑事诉讼程序改革中均产生了全新的诉讼程序。其中，刑事案件主要由检察官作实质性处理，而不是由法官开庭进行全程审判。该程序主要用于经犯罪人同意的情况下在审前程序的处理。③在不少国家，检察机关可以直接处理刑事案件。犯罪人可以通过交付一定的金钱而避免被起诉和公开审判。随着欧洲不少国家的检察机关被赋予一些裁判和处分的权力，检察机关承担起诉任务和法院承担裁判任务之间的界限和区分在日益缩小。④

虽然只有认可检察裁量权的正当性，才有可能通过制定支持或反对

① 艾瑞克·卢拉、玛丽安·L.韦德主编：《跨国视角下的检察官》，杨先德译，法律出版社2016年版，第364页。

② 艾瑞克·卢拉、玛丽安·L.韦德主编：《跨国视角下的检察官》，杨先德译，法律出版社2016年版，第368页。

③ 皮特·J.P.泰克编著：《欧盟成员国检察机关的任务和权力》，吕清、马鹏飞译，中国检察出版社2007年版，第7页。

④ 皮特·J.P.泰克编著：《欧盟成员国检察机关的任务和权力》，吕清、马鹏飞译，中国检察出版社2007年版，第7页。

提起指控的标准，来指导和控制检察官的个别决定。[①] 但是，法律体系必须要能对检察官个人决定以及检察机关整体使用裁量权的机制控制和监督。[②] 因为仅仅是检察官具有类似法官职能的事实，不足以使其事实上成为表现出司法中立性的司法官。赋予检察官类似法官的独立性不能成为削弱辩方权利的借口，相反，认可检察官的巨大权力应该成为加强辩方权利的一个理由。[③]

确实，法律改革从来不是那么简单，每个法律体系都必须寻求与具体的宪法和制度环境最契合的方案。重要的是，要认识到检察官的真正面目——与法官有同样地位的拥有强大权力的官员。[④]

（三）公诉滥用的构成和处置

目前在关于公诉程序滥用的各英文专著中，均有较大篇幅详细阐述司法实践中公诉程序滥用的表现。例如 David Corker 和 David Young 共同撰写了专著《刑事公诉程序滥用》（Abuse of Process in Criminal Proceedings, LexisNexis/Butterworths, Third Edition, 2008），其中第四章就专门从多个角度阐述了公诉程序滥用的表现形式，包括：超过法定的时间限制、检察官的不良动机、过度指控、程序重复进行、未能实施公正

① 艾瑞克・卢拉、玛丽安・L. 韦德主编：《跨国视角下的检察官》，杨先德译，法律出版社 2016 年版，第 365 页。

② 皮特・J.P. 泰克编著：《欧盟成员国检察机关的任务和权力》，吕清、马鹏飞译，中国检察出版社 2007 年版，第 7 页。

③ 艾瑞克・卢拉、玛丽安・L. 韦德主编：《跨国视角下的检察官》，杨先德译，法律出版社 2016 年版，第 371 页。

④ 艾瑞克・卢拉、玛丽安・L. 韦德主编：《跨国视角下的检察官》，杨先德译，法律出版社 2016 年版，第 372 页。

的讯问、重复审理、选择性起诉。该书在最后一章中详细阐述了，程序滥用的补救措施包括治安法庭对申请构成程序滥用的管辖、在治安法庭的司法审查、刑事法庭的司法审查、刑事上诉、重审以及对程序滥用的听证等。

英国皇家检控署的官方网站在其专栏中列出关于“公诉程序滥用”的九条处理原则：第一，程序延迟并不必然导致起诉未经审判被中止，尤其是没有不诚信或操纵起诉的证据，或者被告引起或实质上导致时间的延迟。第二，过度和不利的媒体报道可能使得一场公正的审理变得不再可能，并因此导致法庭中止程序。第三，控方未能开示有关证据材料将可能导致法庭基于滥用程序而中止诉讼。但是，法庭这样做的前提是，除非被告能够表明他（她）将遭受如此的偏见，以致一场公正的审判已不可能，否则法庭将不会中止诉讼。第四，当检察官精心地操纵法庭程序时，将可能产生不公平。第五，关于执法者无节制的行为，国家引诱她的公民实施非法犯罪，然后寻求控诉他们，这是不被接受的。第六，警方与证人不恰当地联系也可能构成程序滥用。第七，在认罪抗辩与滥用程序之间的关系上，控方的选择指控可能构成程序滥用。第八，关于证明的责任，无论声称基于何种基础的滥用，对引起或继续刑事程序的进行构成法庭程序滥用提供证明的责任在被告方，证明的标准是“可能性的平衡”。第九，法庭有裁量权来使程序重复进行，但却不允许它成为烦人的和对法庭程序的滥用。①

日本学者也对公诉滥用的构成、表现和处理进行了理论上的探讨。首先，关于在缺乏犯罪嫌疑时提起公诉是否构成公诉滥用，存在两派不

① Abuse of Process, http://www.cps.gov.uk/legal/a_to_c/abuse_of_process/.visited on October 28th 2022.

同的观点。持肯定论观点的学者如日本的高田教授等人认为，法院应当驳回此类起诉，明显无罪的被告有权向法院提出申请，要求获得无罪判决，法院应当予以支持。持否定论观点的学者如平野龙一教授等则对此表示反对，他们认为，把存在足够的犯罪嫌疑作为公诉权的成立要件，必然要求法院对案件进行“两次实体审理”，即庭审之前先由法官审查是否有足够的证明证实犯罪嫌疑已经存在，然后在正式庭审时再次进行案件事实的审理，这是绝对不可以的，因为如果这样做，就违反了日本刑事诉讼法在审前阶段要求严格贯彻的排除预断原则。

对于上述争议，田宫裕教授通过公诉权和审判权之间的关系对检察官起诉裁量权的界限进行了阐述。田宫指出，现代刑事诉讼以法院为中心，其后的理念是通过审判权来制约公诉权。审判权对公诉权的制约不仅仅在法庭审理阶段，同样包括审前阶段，尤其是审查是否准许提起公诉；公诉绝不是由检察官一方就能作出决定的，同样应当是一个“三角结构”的诉讼模式。因此，作为一方当事人的检察官提起的公诉时，通过法院进行司法审查是必不可少的。缺乏犯罪嫌疑的起诉和应当起诉犹豫（即酌定不起诉）的起诉均构成公诉滥用。对于超出检察官起诉裁量权的界限，如对于轻微犯罪起诉或者违反平等原则的进行歧视性起诉以及检察官仅仅基于个人的主观恶意而提起的公诉，法院都应当裁定驳回。

其次，在关于违法侦查的公诉是否构成公诉滥用的问题上，田宫裕教授认为，违法侦查的公诉存在的问题是未能以公诉来阻止违法侦查，不属于典型意义上的公诉滥用，但是如果检察官明知或者应当知道目前的案件是警察违法侦查的结果，仍然提起公诉，那么对于检察官“法制维护者”的身份并不相符，也是对非法侦查、侵犯人权的纵容，非法侦查完全可能导致错误的定罪。

再次，在法院对公诉滥用进行审查的范围上，田宫裕认为，法院对于公诉滥用轻微的行为不必审查，而仅审查“重大且明显”地滥用公诉裁量权的情形；并且，法院不审查案件的实体问题，而仅审查案件的程序问题，即审查只能停留在是否应当起诉的限度范围内。

最后，三井诚和松尾浩也教授进一步主张，为了防止法院审查程序的复杂化和实质化倾向，法院对于公诉滥用的审查如果仅限于“基于不法意图而对明显轻微犯罪的追诉”，实际上会使得大量的案件被排除在法院审查之外，难以起到充分防范公诉程序滥用的实效。

总体上，域外法治发达国家和地区检察职能的设置较为合理；然而即便如此，也不能完全杜绝检察权(尤其是公诉权）滥用的情形。当然，各国也对此设立了相应的防范和制裁措施。需要注意的是，最近20、30年以来两大法系国家中检察官的权力和职能均在不同程度上进行了扩张，对检察官的角色也在进行重新定义，这也反映了检察规律普遍性的一面。

第三节　研究结构

本书的内容包括五个部分，即导论和第一至四章。其中导论部分分为三节。第一节是检察职能运行机制研究的缘起、研究意义与研究目的，第二节是中外检察职能运行的研究现状，第三节是本书的研究结构。

第一章是检察职能运行的基本法理，分为三节。第一节是刑事诉讼的传统决定检察职能的基本内容。指出在不同的诉讼程序传统中，检察职能通常以不同的方式配置；虽然在所有的国家中都有一个享有起诉犯罪行为人权力的检察机关，但是各国检察机关在国家机构中的地位存在着很大的差异。具体而言，在职权主义诉讼传统的欧陆国家中，检察职能包括刑事诉讼中的检察职能和刑事诉讼以外的检察职能。其中，刑事诉讼中的检察职能包括：犯罪调查、提起公诉和参加庭审、刑罚执行和监督；刑事诉讼以外的检察职能首先体现为民事、行政、公益监督，检察机关在民事诉讼、商业领域及公益诉讼中发挥积极作用，其次体现为对司法警察、律师以及司法助理人员等特定从业人员的监督。在奉行当事人主义诉讼传统的英美国家中，检察官的职能与欧陆国家中的检察官则完全不同。检察官的角色只是指控被告，不是由检察官来对被告的罪行进行裁决，而是由辩方律师、法庭规则和最终的事实认定者（陪审团或法官）对审判的结果承担系统性的责任。第二节是检察官的角色定位带动检察职能的变化。首先，英美辩诉交易语境下检察官的裁量权扩张：美国的刑事司法已经演变成了在被告有罪答辩的基础上作出判决以代替正式的庭审，控方义务急剧克减，随之而来的权力扩张也被正当化；建立在抗辩原则基础上的英格兰刑事司法制度也因为辩诉交易引发根本性的紧张关系，协调公正与效率这对矛盾带来难以解决的困难。其次，近期欧陆检察官角色发生变化：法国检察官在作轻罪处理的案件中扮演法官的角色，在刑事和解中作为准量刑者，在有罪答辩中则作为当事人、法官和量刑者；最近二十年来德国刑事诉讼实践中检察官角色所起的重要变化集中体现在检察官决定青少年刑事程序的中止、普通案件中检察官起诉裁量权的扩大以及认罪认罚案件中的量刑协商。

各国检察职能发生变化的原因在于：当事人主体地位的增强与刑事纠纷解决方式的多元化，效率的追求与司法个别化的理念以及协商型刑事判决的增长。第三节是检察权的制约机制影响检察职能的实际运行，共分为三个部分。第一，当事人主义国家检察权的制约和运行。首先对美国公诉权的制约机制、实务中公诉程序滥用的情形以及联邦最高法院关于公诉滥用的判断标准进行了分析；然后阐述了英国检察官决定起诉的考量因素、公诉程序滥用的构成标准以及通过程序中止对公诉程序滥用进行制裁。第二，职权主义国家检察权的制约和运行。首先对德国以中间程序制约提起公诉、以强制起诉程序制约不起诉进行了研究，提出应当吸取刑事错案中的教训；然后分析了法国对检察机关起诉裁量权的限制、诉讼行为无效程序的提起以及乌特罗冤案的教训；最后分析了日本检察权的内部制约机制、外部制约机制（其中对不当不起诉的制约包括交付审判程序和检察审查会制度）以及公诉权滥用的理论和实践。第三，各国检察权的制约与运行实践的评述。指出各国公诉滥用的制约机制存在差异，并总结了各国制约公诉程序滥用的几点启示。

第二章是中国特色社会主义法治体系中的检察职能，分为三节。第一节是我国检察制度的产生与发展，第二节是我国检察职能的内容与特点，第三节是我国检察权的制约机制，从检察机关内部制约、法院制约、当事人的制约以及人民监督员的制约四个方面进行阐述。

第三章是新时期中国检察职能运行的机遇与挑战，分为两节。第一节是司法制度和检察改革带来的机遇，包括四个方面：员额制度下检察官的独立性增强，检察官对刑事诉讼的主导性增强，审前诉讼化构造取得经验，检察职能由刑事独大向多元均衡发展。第二节是新时期检察职能运行面临的挑战，也包括五个方面：其一，职务犯罪案件办理中检察机关与监察委关系的协调；其二，审前检察主导与法院裁判之间存在冲突；其三，个案中检察权滥用的风险仍然存在；其四，能动检察与检察谦抑的平衡；其五，民行未检工作面临一定困境。

第四章是建立我国检察职能运行的合理化机制，共分为五节。第一节正确处理检察院与监察委之间的关系，明确在职务犯罪案件办理上监检关系的实质是侦诉关系，应当进一步明确和改善检察院对监察委的监督。第二节从制度上保障检察官的客观公正，包括回归“准司法官”的角色，加强侦查卷宗的审查，高度重视辩护性意见等。第三节是加强公诉程序的司法审查，包括加强提起公诉的实体审查，合理设置异地管辖的程序以及增设公诉权滥用的司法审查程序。第四节是协调发展民事、行政、未成年人检察等职能。第五节完善相关配套制度，包括有序推进司法体制改革、完善刑事错案的纠正机制、加强检察官职业伦理制度的建设和合理发挥舆论的正向监督作用。

第一章　检察职能运行的基本法理

现代检察制度出现于 18 世纪末法国大革命时期。以攻陷巴士底狱为启动标志的法国大革命，直指封建专制政治和司法对人民的压迫，因此有人称，法国大革命实系刑事程序的革命。创设检察官制度的主要目的是为了废除当时诉讼中的纠问制度，[①] 确立诉讼上的分权原则，在警察和法官之间设立检察官，以一个受过严格法律训练和法律拘束的客观公正的检察官署来控制警察的活动，使客观的法律意志贯通于整个刑事诉讼程序。

法国大革命时期建立的新制度废除了司法职务世袭制，并完全颠覆了旧的司法机构体系。1808 年《拿破仑治罪法典》将审前程序的主持人确定为公诉官和预审法官，前者负责追诉，后者负责审理，从而使公诉官具有了现代检察官的特征。[②] 经过 1808—1810 年间的改革、整顿，

① 大革命前的法官负责从追诉到判决的全过程，相对于此，有原告、被告两方当事人的存在，以公平判断的法官为前提的弹劾程序，就必然会把刑事追诉权限从法官那里夺来，因此采用弹劾程序的逻辑结果就是，刑事程序产生了追诉与判决机能的分离以及不告不理的原则。参见森际康友著：《司法伦理》，于晓琪、沈军译，商务印书馆 2010 年版，第 166 页。

② 龙宗智：《检察制度教程》，法律出版社 2006 年版，第 26 页。

法国的检察官制度得以奠定，从此成为司法制度中的重要一角。检察官制度设计的原理是在警察和法官之间设置检察官，以制衡强大的警察权和审判权，避免国家陷于“警察国”和专制审判的梦魇。①

德国检察官制度是在19世纪发展起来的，对于德国现代检察制度产生的真正原因，德国学者一直存在争议。例如，Günter将德国检察机关视为“革命之子”（Kinder der Revolution）、“启蒙的遗产”（Erben der Aufklärung），② 将其起源归因于法国革命的影响，认为当时受到法国大革命的影响，德国废弃了旧体制下的纠问式诉讼制度，检察官作为司法独立性和客观性的保障被引入德国；Döhring则认为，德国检察机关最初只是服务于国家追诉利益。事实上，德国现代检察机关的产生实际上是政治自由主义和保护国家追诉利益相结合的产物。

在最初建立德国检察制度时，萨维尼等设计者认为，提起法律救济只是检察官必须履行的任务之一，检察机关不应仅仅通过将被告人移交给法庭来发挥其作为“法律守护人”（Wächter des Gesetzes）的功能，而是应该从警察机关的活动就开始。这是非常重要的法律观念。法院和警察机关在刑事司法的问题上经常发生冲突，这在根本上是因为公正性（Gerechtigkeit）要求和合目的性（Zweckmäßigkeit）要求之间的对立所致。检察机关应当发挥法律守护人的功能，在警察和法院之间建立纽带。可以理解的是，与18世纪的纠问式传统相适应，法院可能更需要的是警察机关，而不是一个“法律守护人”。如果将警察机关的活动置于检察机关的制约下，那么警察机关仅仅只是为检察机关进行刑事调查，并执行检察机关的指令。如此一来，就可以最大限度地保障审前程

① 林钰雄：《检察官论》，法律出版社2008年版，第1页。

② Günther, Staatsanwalt, Kinder der Revolution, 1973.

序中的整个侦查活动是根据法律观点（rechtliche Gesichtspunkte）、并在遵守法律的前提下进行的。[①]

检察官制度建立起来之后，具有以下基本的职能和特点：第一，检察机构的实际地位高于当事人，负有保护社会秩序、惩治犯罪的义务；第二，检察机关在侦查和公诉方面的职权和职能十分广泛；第三，检察机关的组织体系和检察官管理制度比较严格。正如学者指出，努力将客观公正地进行活动的检察官发展成为诉讼活动的核心，是欧洲近两个世纪以来刑事诉讼程序向更为正义和人道的方向发展的主要成果之一。[②]

综观世界各国，检察职能的运行主要由三个方面的因素所决定：即该国刑事诉讼的传统、检察官的角色定位以及检察权的制约机制。

第一节　刑事诉讼的传统决定检察职能的基本内容

在所有的国家中，都有一个享有起诉犯罪行为人权力的国家机关，但是各国检察机关在国家机构中的地位存在着很大的差异。[③] 换言之，在不同的刑事诉讼传统中，检察职能通常以不同的方式配置。[④]

英美法系和大陆法系对检察官的地位看法迥异：大陆法系将检察官

① 魏武：《法德检察制度》，中国检察出版社 2008 年版，第 154 页。

② 张智辉：《检察制度的起源和发展》，《检察日报》2004 年 2 月 10 日。

③ 即使在欧洲大陆，也不意味着这些国家的检察机关都具有相似的组织结构，以及被赋予相似的权限和任务。

④ 艾瑞克·卢拉、玛丽安·L. 韦德主编：《跨国视角下的检察官》，杨先德译，法律出版社 2016 年版，第 124 页。

描述为超然的“法律卫士”，而英美法系视检察官为刑事诉讼的“一方当事人”。这种差异根植于两大法系刑事诉讼的传统中。例如，大陆法系的检察官负有“客观性”义务，既要收集无罪证据也要收集有罪证据，并且以一种中立的方式向法庭展示案件。在德国法中，如果检察官认为对被告的定罪错误，可以提起上诉。① 日本学者冈田朝太郎等人在《检察制度》一书中对英美法系与大陆法系检察制度的差异进行了论述。他们认为，“英美以避免国家干涉为原则，欧陆则以干涉为本务。”②

一、职权主义诉讼传统下的检察职能

许多欧洲国家的检察机关都是在19世纪早期拿破仑法典所阐释的“公共代理人”概念的基础上创建的，但是随着宪政改革，许多国家都已对这个基本概念做了修改。不过，关于检察机关对一些传统的基本原则仍然在多数欧洲国家的法律体系中盛行，其中包括：检察机关独立于法院；检察机关是垂直管理的机构；检察系统有着层级式结构，并且命令在组织内运行畅通。③

职权主义诉讼传统下的大陆法系国家中检察官的职能可以分为在刑事诉讼上的职能和刑事诉讼以外的职能。其中，在刑事诉讼上拥有指挥司法警察从事犯罪调查，提起公诉，维持追诉，指挥、监督预审法官，执行裁判等权限；在民事诉讼上，对公益有关的案件审判时也有到庭陈

---

① 艾瑞克·卢拉、玛丽安·L.韦德主编：《跨国视角下的检察官》，杨先德译，法律出版社2016年版，第361页。

② 冈田松太郎等：《检察制度》（勘校本），中国政法大学出版社2003年版，第195页。

③ 皮特·J.P.泰克编著：《欧盟成员国检察机关的任务和权力》，吕清、马鹏飞译，中国检察出版社2007年版，第1页。

述意见、监督审判的权限；在司法行政上，也有监督警察、律师、执达员以及法院书记官的权限。①

（一）刑事诉讼中的检察职能

检察机关传统的职责是行使追诉权，请求对刑事法律的适用和保障刑事司法决定的执行，这是所有法治国家都存在的刑事追诉这个“职业核心”的概念。②

1.犯罪调查

以法国为例，在法国的刑事诉讼中，检察机关是诉讼的一方当事人，拥有比其他当事人大得多的权力。

首先，法国检察官享有调查刑事案件的权力。

犯罪发生后最先得到通知的司法官就是检察官。最严重的犯罪发生时，检察官可以亲临现场。在调查过程中，检察官将监督、批准或决定最重要的措施，特别是涉及人身自由的措施，尤其是拘留。在预审开启之前，检察官个人可以采取有关现行重罪或轻罪的所有调查措施，查证所有已实施的犯罪行为，接受与犯罪行为有关的告诉和告发。在预审过程中，检察机关向预审法官提交关于发出逮捕令的意见，以及向同一预审法官提交关于取消司法监督的意见，对所有释放申请发表意见，可以通过提出“补充调查意见书”，要求预审法官采取其认为有利于查明事实真相的一切行动，可以要求在24小时内调阅案卷，可以列席对受审

① 魏武：《法德检察制度》，中国检察出版社2008年版，第10页。

② 魏武：《法德检察制度》，中国检察出版社2008年版，第94页。

查人、民事当事人以及有律师协助的证人的询问、听证与对质，对预审法官的所有裁定提起上诉。①

检察机关对司法警察的调查拥有领导权。检察官对违反刑法的犯罪行为进行一切必要的追查与追诉行为。为此目的，检察官领导其所在法院辖区内的司法警官与司法警员的活动，享有与司法警官身份相关的一切权力与特权。在发生现行犯罪的情况下，检察官到达现场后，司法警察对案件的管辖即停止，由检察官完成司法警察的所有行为，亦可指令司法警察继续进行办案活动。②

实践中，检察官自身领导下的调查越来越多，尤其是对欺诈和伪造行为的调查。对于这类行为的调查，无需进行电话监听或采取其他类似的必须获得自由羁押法官同意的措施，就能取得很大的进展。③

在现行犯罪调查中，检察官享有一般司法警察和警官并不享有的权力，如：

第一，如果是被推定为犯罪行为人的人员失踪，并且涉及的是现行重罪或最低刑为 3 年监禁刑的现行轻罪，检察官可以对该犯罪嫌疑人发出通缉令。根据这一通缉令，可以在任何地点逮捕该犯罪嫌疑人并将其解送至检察官，以便对该人进行讯问。④

第二，为了完成对有组织犯罪的调查，检察官可以请求自由羁押法官批准在最长 15 天的期限内进行电话监听，并且此期限可以延长一次。

第三，凡是采取拘留措施，均应当通知检察官。检察官批准拘留措

---

① 魏武:《法德检察制度》，中国检察出版社 2008 年版，第 44 页。

② 魏武:《法德检察制度》，中国检察出版社 2008 年版，第 47 页。

③ 魏武:《法德检察制度》，中国检察出版社 2008 年版，第 47 页。

④ 《法国刑事诉讼法典》第 70 条。

施的第一次延长；还可以决定对被拘留的人进行身体检查，并决定是否有必要通知被拘留人的亲属。检察官认为必要时可以在任何时候视察拘留场所，并且每年至少视察一次。[①]

在初步调查中，检察官在必要时可以请求裁定未经有关人员同意的搜查。初步调查指既非基于现行犯罪的调查，也非基于预审法官命令进行的调查。为了调查至少处于 5 年以上监禁刑的犯罪，检察官在必要时可以请求裁定未经有关人员同意的搜查。[②] 如果有必要进行验证或者技术性、科学性检查，检察官或者经过检察官批准的司法警察有权请求任何有资格的人给予帮助。[③] 法国《刑事诉讼法典》赋予了检察官和调查人员进行身份检查的权力，[④] 并加强了检察官对警察调查的期限和内容的监督。[⑤]

法国预审法官的角色近似于侦查员和裁决者的组合。一方面，预审法官收集证据，进行正式的搜查活动；另一方面，预审法官对一些情形进行裁断后作出决定，例如是否临时性地羁押犯罪嫌疑人，以及最重要的——是否将其交付法庭审判。在侦查活动结束后，预审法官需要对案件的流向作出决定，即预审法官根据侦查中搜集到的证据是否充分，而相应作出不予起诉的裁定或者向法院移送案件的裁定。[⑥] 因此，预审法官可谓全法国“权力最大”的人。[⑦] 对于严重的犯罪案件，预审是必不可少的程序，只有经过预审法庭进行预审之后，才能进行实体的审理。

---

① 《法国刑事诉讼法典》第 41 条第三款。

② 《法国刑事诉讼法典》第 76 条第四款。

③ 《法国刑事诉讼法典》第 77 条第一款。

④ 《法国刑事诉讼法典》第 78 条。

⑤ 《法国刑事诉讼法典》第 75 条。

⑥ 宋英辉等著：《外国刑事诉讼法》，北京大学出版社 2011 年版，第 196 页。

⑦ 宋英辉等著：《外国刑事诉讼法》，北京大学出版社 2011 年版，第 195 页。

在所有严重和复杂的刑事案件中，预审法庭都要收集犯罪证据并对有罪证据的充分性作出判定，以决定是否将该名（多名）犯罪嫌疑人提交正式法庭进行审判。[①]如果有的案件中有罪证据并不充分，预审法官决定没有必要继续对受审查人进行追诉，并作出终止侦查、不移送起诉裁定，反之，预审法官作出向审判法庭移送案件的裁定。[②]

在检察官与警察的相互关系中，德国立法的意图是将警察的权力限制在犯罪现场采取必要的手段以防止关键证据的流失，而由检察官完成其余的侦查。实践中，绝大多数刑事案件的侦查由警察自行开展，案件只有在已经解决或者在认为没有必要进一步侦查的情况下才转交给检察官。只有非常少的情况下检察官是在很早阶段就介入的，这些情形包括涉及谋杀案件和严重的经济、环境犯罪案件、白领犯罪案件以及案件受到高度的公众关注，[③]检察官才从一开始就主动参与侦查。在大多数的情况下，只有在警察侦查终结之后，检察官才获知刑事案件的存在。在此之前，只有当审前羁押的申请需要被批准，获知需要询问顽固证人(证人可以被强迫向检察官而不是警察陈述)，[④]或者涉及公共利益时才需要检察官。

主要由警察自我负责进行侦查，其原因是多方面的，主要包括：警察在人员、犯罪侦查、技术上的优势；大部分指控都是向警察提出；为了预防性打击犯罪，警察一般进行广泛的前置侦查

① 贝尔纳·布洛克著：《法国刑事诉讼法》，罗结珍译，中国政法大学出版社 2009 年版，第 252 页。

② 贝尔纳·布洛克著：《法国刑事诉讼法》，罗结珍译，中国政法大学出版社 2009 年版，第 256 页。

③ 皮特·J. P. 泰克编著：《欧盟成员国检察机关的任务和权力》，吕清、马鹏飞译，中国检察出版社 2007 年版，第 116 页。

④ 但是，只有法官能进行经过宣誓的询问。

(Vorfeldermittlungen)；虽然警察在形式上受到法定追诉原则的约束，但事实上他们有如何使用其资源的自由，即对哪些案件进行集中侦查，对哪些案件不进行集中侦查。此外，在日益广泛使用的以电子数据技术为支持的侦查方法框架中，警察拥有信息控制权。而且，存在很多的警察合作组织，如德国各州刑事警察局（Landkriminalamt）、德国联邦刑事警察局（Bundskriminalamt），通过国际刑警组织（Interpol）和欧洲刑警组织（Europol），警察活动越来越国际化，这也使得他们拥有信息上的优势。警察还可以查询国内和国际上的数据网库，如各州警察信息系统、警察信息系统（Inpol）等。[①] 最后，警察还拥有检察机关无法监控的秘密侦查人员和线人。[②]

但是，德国警察无权自行结束侦查或撤销案件，最终决定必须由检察官作出。[③]

不过，德国的检察机关也并非在侦查程序中毫无作为，表现在以下四个方面：首先，通过各种终止诉讼的可能性（德国《刑事诉讼法》第153条），通过对侦查结果的独立处理，检察机关拥有和法官相近的处理权（Erleidigungsmacht）。其次，通过取消审前侦查，以及通过可强制的证人和鉴定人的出现义务和陈述义务（德国《刑事诉讼法》第161条），检察机关在侦查程序中的作用也得到加强，因为最初该权力是留给法官的。再次，虽然检察机关在对大众犯罪（Massenkriminalität）以及中等程度的犯罪行为的侦查很少参与，但是在重大犯罪(Kapitalverbrench)

① 魏武：《法德检察制度》，中国检察出版社2008年版，第189页。

② 魏武：《法德检察制度》，中国检察出版社2008年版，第190页。

③ 托马斯·魏根特著：《德国刑事诉讼程序》，岳礼玲、温小洁译，中国政法大学出版社2004年版，第50—52页。

（如谋杀、强奸等）、政府犯罪、经济犯罪行为（税收刑法除外）、环境犯罪以及一般性的法律上复杂的案件中，检察机关完全行使对案件侦查的主宰权。最后，对于大众犯罪（如商店盗窃），检察机关可以通过一般性指令对侦查产生影响。①

因此，侦查活动呈现混合性，有时警察占主导地位，有时检察机关占主导地位。罗科信教授认为，不应让警察获得对侦查的主导权，而必须保障检察机关对侦查的主导权。② 即便侦查程序实际上是由警察主导，但检察官仍拥有最终的决定权，特别是考虑到最后是由检察官决定是否对犯罪嫌疑人提起公诉。③

在德国，检察官是侦查程序的指挥者，应当实施所有对案件侦查及实现国家刑罚权必要的措施，但是也有很多措施——尤其是影响极深、极强的措施，其不得为之，而是只有法官才能决定。为了使这些措施能被实施，又不使检察机关侦查程序的主导地位受损，法律上设置了侦查法官：检察官向其所属管辖区域的地方法院法官申请实施其认为有必要且影响极深的措施。侦查法官只对所申请措施的合法性（Zulässigkeit）进行审查，而不审查所申请措施的合目的性（Zweckmäßigkeit）。④ 其设计原理乃是双重的权力分立模式：发动权——检察官、决定权——法官；合目的性——检察官、合法性——法官。⑤

---

① 魏武：《法德检察制度》，中国检察出版社 2008 年版，第 191 页。

② Roxin, DRiZ März 1997, S.121.

③ 皮特·J. P. 泰克编著：《欧盟成员国检察机关的任务和权力》，吕清、马鹏飞译，中国检察出版社 2007 年版，第 116 页。

④ Hans- Heiner Kühne, Strafprozessrecht, Eine systematic Darstellung des deutschen und europäischen Strafverfahrensrechts, 9. Auflage, C.F. Müller, S.103-104.

⑤ 林钰雄：《检察官论》，法律出版社 2008 年版，第 177 页。

20 世纪 70 年代以来，德国检察官虽然逐渐扩权，但是在侦查程序中影响犯罪嫌疑人重大基本权利的强制处分由法官行使的原则，不但没有缩减，反而不断加强。[①] 例如，2001 年德国联邦宪法法院的一个判决再次有力地支持了法官保留原则的加强。该判决指出，对于犯罪嫌疑人的住宅搜查，应当限制性适用“延迟危险”这一例外条款。[②] 不仅侦查机构要考虑联邦宪法法院的决定，法院也必须考虑联邦宪法法院的决定：他们被要求设立紧急法官或轮值法官以保障在任何时候都能联系到侦查法官。[③]

2. 提起公诉和参加庭审

在法国，初步调查结束后，检察官根据所搜集的资料考量涉案行为是否构成犯罪、犯罪人是否被确认、是否有足够的证据证明犯罪。即使上述所有元素都齐备，检察官仍可权衡案件起诉的适当性。当然，为了平衡检察官的这项权力，受害人有权提起自诉。

如果检察官认为有必要提起公诉，检察官可以向预审法官提出开始正式调查。预审程序对重罪案件来说是必经程序，对轻罪案件来说则是可选择的程序。由此进入预审阶段，检察官的作用退居其次，这时的主要人物是预审法官。但是，预审法官采取所有重要（调查）措施时都要咨询检察官。预审后，如果犯罪事实不成立或不可以起诉，则裁定不起诉，反之则提起公诉、移送至相应的法院审判。例如，违警罪（即处 3000 欧元以下罚金的轻微犯罪）由警察法庭审判，采独任制；轻罪为处

---

① 魏武：《法德检察制度》，中国检察出版社 2008 年版，第 200 页。

② 魏武：《法德检察制度》，中国检察出版社 2008 年版，第 201 页。

③ 魏武：《法德检察制度》，中国检察出版社 2008 年版，第 201—202 页。

十年以下监禁的犯罪，由轻罪法庭审判，严重的轻罪也采合议庭制；重罪由重罪法庭合议审理。

进行公诉的权利属于检察院，不过对于特定类型的犯罪一些行政部门的官员也会进行诉讼。这些行政部门有海关、交通管理部门、税务局等。[①] 受害人也可成为刑事诉讼中的民事当事人——通过向预审法官提出告诉——而开始公诉程序。对于当事人提出告诉的，预审法官以裁定书的方式命令将此事实报送检察官，以便检察官提出意见书。对于绝大部分不太严重的刑事犯罪如大部分的违警罪和部分的轻罪，检察官可以以案件交付的方式直接起诉到违警罪法庭或者轻罪法庭进行审判。如果检察官认为需要预审的，则将案件移送预审法官审查起诉。在预审阶段以预审法官为顶点的“三角结构”中，检察官的地位是一方当事人，检察官可以向预审法官提出收集特定证据的要求，以及对于是否需要羁押犯罪嫌疑人向自由羁押法官发表意见。[②]

在德国，1975 年预审法官被废除后，检察官成为审前阶段无可争议的主导者。收集、评价证据从而决定是否对犯罪嫌疑人提起正式指控成为检察官独享的职权。[③] 在某种程度上，检察官和警察都坚持客观性原则：收集与案件相关的全面信息符合他们的职业利益，他们不希望忽略任何将来会损害定罪的关键事实。如果案件进入审判阶段，检察官将其主导地位转移给法官。[④]

---

① 贝尔纳·布洛克著：《法国刑事诉讼法》，罗结珍译，中国政法大学出版社 2009 年版，第 99 页。

② 宋英辉等著：《外国刑事诉讼法》，北京大学出版社 2011 年版，第 193 页。

③ 皮特·J. P. 泰克编著：《欧盟成员国检察机关的任务和权力》，吕清、马鹏飞译，中国检察出版社 2007 年版，第 114 页。

④ 托马斯·魏根特著：《德国刑事诉讼程序》，岳礼玲、温小洁译，中国政法大学出版社 2004 年版，第 37 页。

检察机关代表国家参加法庭审判。德国《刑事诉讼法》第160条第二款明确指出，检察官有义务调查有罪和无罪的证据。在审判结束时，检察官如果认为证据不足以定罪，甚至可以要求法院宣布被告人无罪。因为证据在审判中显示的情况与检察官在审前调查中得出的结论不同，这在实践中偶有发生。但是案件在被法院受理之后，检察官就不能再撤回或减少指控，[①] 所以他只能选择要求法官作出无罪判决。[②] 如果检察官认为定罪不公正，或者法院判处的刑罚过于严苛，检察官有权为了被告人的利益而提起上诉。[③]

因为这一公正原则，德国的法学理论并未将检察官视为刑事诉讼的一方“当事人”。然而，在实践中，检察官的作用非常类似于当事人主义诉讼制度下的指控官员。例如，检察官为了被告人利益而提起上诉的情况就很少发生。与在其他制度中一样，德国检察官尽量避免提起日后将被证明不成立的指控。但是这与法律要求的公正性无关，而是检察官效率和工作作风的要求。因为，检察官违反中立性通常不会产生任何法律后果。只有当检察官故意对他明知是无罪的人提起指控时，会因为“起诉无辜的人”而受到惩罚。[④] 一旦作出起诉的决定，德国的检察官将抛开他们中立的态度，尽力去赢得诉讼，甚至不亚于美国的检察官。然而，无罪判决对检察官个人的声誉不会产生负面影响，只有准备起诉或者出庭公诉缺乏足够的职业技巧或者勤勉精神，检察

① 德国《刑事诉讼法》第156条。

② 托马斯·魏根特著:《德国刑事诉讼程序》，岳礼玲、温小洁译，中国政法大学出版社2004年版，第40页。

③ 德国《刑事诉讼法》第296条第二款。

④ 托马斯·魏根特著:《德国刑事诉讼程序》，岳礼玲、温小洁译，中国政法大学出版社2004年版，第41页。

官才会受到批评。①

3. 刑罚执行和监督

刑罚的实现是和刑事判决相联系的。因此，与司法进行相关的检察机关的一个重要职权是执行司法判决权的权力，包括刑事判决的执行和（刑事附带）民事判决的执行。

在德国，刑罚的实现（Strafverwirklichung）包括狭义的刑罚的执行（Strafvollstreckung）和监禁刑的执行（Strafvollzug）。狭义的刑罚执行是指对判决执行的启动及一般的监督。狭义的刑罚执行，包括从判决效力确定执行开始的过程，以及对其实行的一般的监督。

在 2004 年《职权分属办法》被废除之后，德国检察官仅仅保留了《青少年法院法》第 114 条规定的决定权，即根据普通刑法被判刑的 24 岁以下的人员，安置在青少年监狱（Jugendstrafanstalt）的决定权。现在，检察官在刑罚执行阶段的活动主要是促使法院作出决定，执行赦免程序，或者对刑法的缓期执行或中断执行作出决定。

为了切实执行刑罚，制止执行刑罚阶段可能出现的躲避甚至对抗刑罚行为的发生，德国检察官拥有必要的权力和各种相应的手段。例如，检察官可以发布命令，对已决犯实行拘留、逮捕或者进行通缉，以维护国家刑事审判的权威性和严肃性，确保生效判决的严格执行。

在法国，根据《刑事诉讼法典》第 32 条第三款的规定，检察机关负责司法判决的执行。法国《刑事诉讼法典》第 707—1 条规定：“检察院与当事人执行与各自相关的判刑。”因此，检察机关拥有负责刑罚执

① 托马斯·魏根特著:《德国刑事诉讼程序》，岳礼玲、温小洁译，中国政法大学出版社 2004 年版，第 41 页。

行的全权，而被害人则对执行民事判决(赔偿损失等）具有全权。为此，每个检察院都建立了“刑罚执行记录簿”，以便能随时得知刑罚执行情况或刑罚未执行的原因。

法国自2000年6月15日新刑诉法颁布以来，刑罚适用法官的决定属于判决，而不是裁定。在决定程序中，检察机关发挥重要作用。对于其认为对公共安全造成危害，或对关系人造成危害，如监管人监管不力和存在较高的再犯风险时，检察机关可以对刑罚适用法官的决定提起上诉。与被定罪人上诉不同的是，如果检察机关在获得决定通知后的24小时内提出上诉，该上诉具有中止效力。①

对于监狱的监督，法国检察官通过检查囚犯入狱登记簿和视察监狱机构来进行。共和国检察官每3个月视察一次监狱，检察长则每年一次。②

对于警察拘留场所，法律规定检察官每3个月视察一次，并且建立记录卡。检察官认为必要时也可以在任何时候视察拘留场所，并且每年至少视察一次。③

（二）民事、行政、公益监督

1.检察机关在民事诉讼中的作用

检察机关介入民事领域的传统为世界上许多国家所分享，而且随着

---

① 魏武:《法德检察制度》，中国检察出版社2008年版，第121页。

② 《法国刑事诉讼法典》第178条。

③ 《法国刑事诉讼法典》第41条第三款。

时间的流逝得到确立和加强。

在法国《民事诉讼法典》第421条至第429条规定了检察机关依职权或者作为从当事人介入的条件，并规定了检察机关为维护一般利益和公共秩序介入纯民事或商事争议的可能性，展现了检察机关介入的不同动机和其介入的程度的不同。程度的不同事实上是和共和国检察官作为市民社会和公共秩序的基本制度的维护者、弱势群体的保护者、法律和一般利益的捍卫者的不同介入目的有关。

检察机关作为当事人参加民事诉讼，与刑事诉讼是不一样的。在刑事诉讼中，检察机关总是主当事人，在民事诉讼中，检察机关并不是都是主当事人。根据《民事诉讼法典》的规定，检察机关在民事诉讼中的地位，一种是主当事人，一种是从当事人，分别以提请诉讼方式和附带提请方式行使其职权。

检察机关作为主当事人时，通过诉讼途径介入程序，享有原告和被告地位。通常情况下，检察机关是根据法律加诸它的保护义务，作为一定的法人的代表。检察机关作为从当事人时，则是通过提出附带请求方式介入程序，不享有原告或被告地位，只是向法庭提出其意见，更像某种司法顾问或行政诉讼中的政府特派员，请求法庭遵循其意见，但法庭并不受该意见约束。

不过在实践中，检察机关作为从当事人和作为主当事人的作用相互之间非常接近。这两种介入形式之间的界限十分模糊，而且在检察机关可以作为从当事人的情形和检察机关可以作为主当事人的情形之间还存在适用交叉领域。①

---

① 魏武:《法德检察制度》，中国检察出版社2008年版，第96页。

根据德国现行法律，检察机关在民事案件中的作用体现在以下两个方面：

一方面，德国检察官对宣告失踪人死亡的案件有参与权。在死亡宣告程序中，检察官有权申请法院启动宣告失踪人死亡的公告程序，以及申请撤销死亡宣告。①

另一方面，德国在1885年3月23日发布的命令（JMBI.S.119）规定，司法机关所在地的州高等法院的总检察院代表州财政利益，尤其是基于司法官员工作关系上的财产请求权。这种对州财政利益的代表，即检察机关最初的唯一的活动并且是检察机关其他职能发展的基础，一直保留到现在。②

2. 检察机关在商业领域中的作用

商业领域中的事件有可能涉及大量人群的就业危机、可能产生社会和经济状况恶化的危险，此时就需要检察机关以公益代表为身份介入。

例如，法国的有关法律赋予检察机关在陷入困境公司的司法重整、财产清算、个人破产和破产罪方面的权力。对困境企业的管辖由检察机关领导负责，不仅是因为企业陷入困境时容易发生犯罪行为（破产、滥用公司财产等），最根本的原因还是因为当就业发生危机、社会和经济状况有恶化危险时，社会可以通过检察机关这个中介发出自己的声音。

检察机关的作用增大，表明公司并不被看成“完全的私人企业”，即使是非公开募集资本的公司，也是如此。因为，公司的良好运作涉及到公共经济秩序，而检察机关正是这种秩序的保障人。不过，检察机关

---

① 德国《失踪法》（Verschollenheitsgeset）第16条、第30条。

② 魏武：《法德检察制度》，中国检察出版社2008年版，第259页。

很少依职权进行干涉，检察机关在这方面的行为更像是股东的助理人。[①]

第一，检察机关在协调困难企业的行政机构中的作用。法国设有两种委员会，专门负责协调行政行为，帮助困难企业脱离困境。其一是国家级的各部间工业重整委员会（CIRI），帮助雇员超过 400 人的困难企业；其二是每个省设立的省级企业财政问题检查委员会（CODEFI），负责协调行政行为，帮助雇员不超过 400 人的企业解决困难。

检察官介入到 CODEFI 工作中。检察官应当获得 CODEFI 的工作通报，尤其是关于被置于司法监督之下的企业的工作通报。检察官或其代表可以作为观察员参加 CODEFI 的会议。[②]

第二，检察机关在企业和解程序中的作用。企业陷入危机会导致国家生活产生严重混乱。但是只有约 5%的困难企业启动保护、司法重整或司法清算集体程序，因此就需要在支付停止前进行一段时间的和解，以避免支付停止，作为公司申请全面破产前的过渡性步骤。

检察机关并没有启动和解程序的权力，但是在法庭庭长在传唤企业负责人时，必须向检察官通报和解程序的开启。然后，庭长决定是否接受开启和解程序的请求。

在对和解协议认可的庭审中，检察机关可以参加（并非义务）。检察机关通过参加庭审，可以向法院重申认可和解协议的法律标准，并且对和解协议的可信性进行监督。[③]

第三，检察机关在重整程序中的作用。从企业在停止支付状况时起，保护程序、司法重整或司法清算等“集体程序”可以在任何阶段启

---

① 魏武：《法德检察制度》，中国检察出版社 2008 年版，第 105 页。

② 魏武：《法德检察制度》，中国检察出版社 2008 年版，第 105 页。

③ 魏武：《法德检察制度》，中国检察出版社 2008 年版，第 107 页。

动。这不是为了保护债权人，而是为了保护社会组织，以及剔除不诚实的企业者。在开始集体程序后，企业就被置于法院的监督下，企业的活动必须遵守法律规定的规则。[①]

从 1981 年起，法律规定检察机关可以作为主当事人介入集体程序。自此以后，检察机关在该领域的权力为一系列改革重整等集体程序的法律所加强。2006 年司法部对检察机关在重整等集体程序中的作用作了全面总结，进一步明确了检察机关必须遵循的规定，加强了检察机关在集体程序中的作用，以便在危急状况中保护一般利益。

检察机关在特定的庭审中必须出席，否则程序无效。该强制出席原则使得检察机关在集体程序中发挥不可或缺的作用。法国《商法典》和 2005 年的法令对检察机关必须参加庭审的情况作出了规定。

检察机关在行使法律救济——即提起上诉和撤销之诉方面，也享有特权。检察机关可以对商事法院的所有决定提起上诉，包括其只是作为当事人介入时。对于特定的判决，即使检察机关并非主当事人，也享有排他性的上诉权。[②]

3. 检察机关在公益诉讼中的作用

德国的宪法法院在保障公民权利、维护公益平衡中起着重要的作用，检察机关也可在宪法法院诉讼中产生重要影响。典型的代表之一是德国驻黑森州宪法法院的州检察院作为公益代表的一种特殊表现形式。

根据德国黑森州《宪法》和《宪法法院法》的规定，宪法法院设置州检察院，州检察官由州议院选举产生。如果公共利益要求启动宪法法

① 魏武：《法德检察制度》，中国检察出版社 2008 年版，第 107 页。

② 魏武：《法德检察制度》，中国检察出版社 2008 年版，第 110 页。

院程序，但申请权利人没有申请启动法院程序，则州检察院有权启动法院程序。州检察院是黑森州《宪法》规定的一个公法职务，其不是行政机构，而是一个宪法机构。州检察官必须具有履行法官职务的资格。州检察院可以参与任何程序，并提出自己的申请。①

当然，对于赋予检察机关这些重要且众多的权力是否超越了赋予检察院的通常的作用——即作为公共秩序的保护人，也存在质疑，即检察机关是否为成为政府经济和社会政策的一个工具。而且，检察机关的干预往往更多是理论上的，而不是真正的干预，因为检察院的人手不够，难以很好地履行他们的职责。②

（三）对特定从业人员的监督

检察机关的一般监督权主要体现为对特定职业人员的监督。主要包括以下三类群体：

第一，对司法助理人员和法院公务雇员的监督。在法国，法院工作人员包括公务员、合同雇员、临时雇员等，他们具有不同的法律地位。驻大审法院检察官和大审法院庭长均有权根据这些人员的不同地位，对他们进行纪律追诉。③

第二，对司法警察的监督。在法国，检察长对每个司法警察警官（警察、宪兵）有直接的监督权。④检察长对其司法辖区内的司法

① 魏武：《法德检察制度》，中国检察出版社2008年版，第253—254页。

② 伊夫•居才：《法国商法》，罗结珍、赵海峰译，法律出版社2004年版，第853页。

③ 魏武：《法德检察制度》，中国检察出版社2008年版，第125页。

④ 魏武：《法德检察制度》，中国检察出版社2008年版，第126页。

警察警官作出评价，而检察长的评语在对当事人作出任何晋级决定时，都在考虑之列。[①] 如果司法警察犯有纪律性错误，检察长可以向上诉法院预审庭启动或支持对司法警察的纪律惩戒程序。[②] 法律也准许检察长对不履行义务的司法警察成员自行宣告制裁，并收回其原来给予该成员的权利与资格。受到此类制裁的警察也享有一定的救济权。[③]

第三，在律师惩戒程序中履行检察职能。在德国，检察机关在律师惩戒程序中发挥重要作用。德国的律师行业组织受司法部领导与监督，如果一个律师违反职务义务，将受到律师法院（Anwaltsgericht）的处罚，包括：警告；训诫；最高额为 25000 欧元的罚款；在 1 年至 5 年期间内禁止在一定法律领域作为代理人或辩护律师；撤销律师资格。[④]

根据德国《联邦律师条例》，在律师纪律惩戒程序中，由驻州高等法院检察院履行检察院职能。律师法院的程序由总检察院提交指控书（Anschuldigungsschrift）而开启。首先，律师协会会长有权请求总检察院开启律师法院程序，对此请求总检察院必须在一个月内作出答复。其次，被怀疑违反义务的律师自己也有权请求总检察院开启律师法院程序，以便洗脱自己的嫌疑。在这两种情况下，如果总检察院不向律师法院提出开启程序的申请，必须说明理由。[⑤]

① 《法国刑事诉讼法典》第 19 条第一款。

② 《法国刑事诉讼法典》第 224—230 条。

③ 《法国刑事诉讼法典》第 16 条第一、三款。

④ 德国《联邦律师条例》第 114 条。

⑤ 德国《联邦律师条例》第 120、121、122、123、144、147 条。

二、当事人主义诉讼传统下的检察职能

正如国外学者所指出，英美法系当事人主义诉讼传统国家中检察官的职能与欧陆国家中的检察官完全不同。[①]

在英语中没有完全对应于汉语“职能”的用语，类似的常用词汇有 power（权力）、function（职能 / 功能）、obligation（义务）、duty、responsibility（责任）等。

美国的检察官在组织体系上的特点是“三级双轨”，“三级”指检察机关分为国家、州、市镇三个层级，“双轨”则指检察机关分为联邦与地方检察系统，彼此之间相互独立。检察人员分为检察长、检察官（选举产生）和助理检察官（由检察事务所雇佣，起重要作用）。美国检察机关的多样性是因为各级检察机关的职权范围不同造成职能部门设置有所不同、各地区检察机关规模大小及工作人员数量不同、检察机关的专业分工及人员专门化程度不同。[②] 不过，检察官的基本职能是代表当地选民对刑事犯罪进行起诉，检察官行使职权的基本模式为个人负责制。案件以检察长的名义起诉。

在联邦层面，全美 93 个联邦司法区的美国（联邦）检察官（US Attorneys）都由总统提名并经参议院批准，被称为助理美国检察官（assistant US Attorneys）的法律员工在 93 个司法区工作。[③] 联邦检察官的权限包括：对联邦政府官员的犯罪行为进行侦查；对违反联邦法律的

---

① Hans- Heiner Kühne, Strafprozessrecht, Eine systematic Darstellung des deutschen und europäischen Strafverfahrensrechts, 9. Auflage, C.F. Müller, S.103-104.

② 张鸿巍：《美国检察制度研究》，法律出版社 2019 年版，第 40 页。

③ 艾瑞克 · 卢拉、玛丽安 · L. 韦德主编：《跨国视角下的检察官》，杨先德译，法律出版社 2016 年版，第 43 页。

普通犯罪案件向联邦法院提起诉讼；出庭支持公诉以及与被告方律师进行辩诉交易。

州检察权由地区检察官（district attorney）行使，州检察机关事实上处理更多的犯罪行为。州的（总）检察长（chief prosecutors）通过郡县选民的选举获得任职。一个典型的地区检察官办公室负责一个郡县。[①]州检察官的权限包括：提起诉讼前对案件事实进行调查；决定起诉或撤诉；与被告方律师交易以及出席法庭审判。

《全美检察准则》（National Prosecution Standards）指出，检察机关应被视为其当事人为普通公众之律师事务所，此类当事人应获得最佳之法律代理服务。[②]就检察官所扮演的角色，美国检察学者认为，检察官大体上包括案件处理官（case-processor）或法学家（jurist）、制裁二传手（sanction setter）、问题解决者（problem-solver）、机构建设者（institution builder）以及战略投资者（strategic investor）五种类型。其中，案件处理官模式侧重于以“个别化司法”（individualized justice）实现最便捷的案件处理，制裁二传手模式则注重通过惩罚来实现威吓、报复和更生重建等，而问题解决者模式意在使用各种手段从根源上解决犯罪问题，机构建设者模式扶持那些消除因犯罪给社区带来的不良影响的社会机构，战略投资则旨在弥补因增加或使用新刑罚而带来的问题。上述模式各有利弊，而社区检察作为美国检察模式之最新进展，乃是上述模式的综合，意在引导检察官更主动地适应社区所需。

多年来，美国检察机关在控制犯罪、增进安全、确保被害人与犯罪

---

① 艾瑞克·卢拉、玛丽安·L. 韦德主编：《跨国视角下的检察官》，杨先德译，法律出版社2016年版，第46页。

② 张鸿巍：《美国检察制度研究》，法律出版社2019年版，第34页。

人获得正义方面成绩斐然。哈佛大学法学院教授、同时也是著名辩护律师的德肖维茨指出，“他们代表的是法律与秩序，他们代表着受害者与人民州政府、他们对抗犯罪人——至少在大部分情况下是这样的。他们是公仆，站在真理和天使的那一边；相反，辩护律师通常代表着有罪的辩护人。”① 美国科罗拉多州总检察长舒哲思认为，大多数美国检察官因其工作性质担负着政治家、公众辩护人（advocate for public）以及司法管理官（administrator of iustice）三层角色。②

《美国律师协会刑事司法准则》（American Bar Association Standards for Criminal Justice）之《检察职能》（prosecution function）第 3 条明确了检察官的以下五项职能：

第一，检察官在其司法区内肩负刑事检控重任。

第二，检察官身兼司法管理官、公诉人以及法庭官员（officer of the court）等角色。

第三，检察官必须自主行使自由裁量权。

第四，检察官的职责是追求正义，而不仅仅只是有罪判决；追求革新并提升刑事司法之运作也是检察官的重要职责，倘若实体法或程序法存在瑕疵或者不公正，检察官应竭力采取相应措施予以弥补。

第五，检察官应熟谙有关法律业务、职业道德并受其规制。

美国各级法院也在判例中阐述了对检察官职能的认识，例如，有法官指出，“地区检察官系准司法官，代表着地方州而非被害人。他应当追求公正，地方检察官的职责除了不能让无辜者遭罪以外，还

① 张建伟：《司法竞技主义——英美诉讼传统与中国庭审方式》，北京大学出版社 2005 年版，第 125 页。

② 张鸿巍：《美国检察制度研究》，法律出版社 2019 年版，第 36 页。

不能让有罪者脱逃。地区检察官应当不偏不倚；他应当公正地展示案情，在证据要求达不到法律规定时，不得对大陪审团施加压力要求减少证据。”①

美国检察官行使职权具有较大的自由裁量性。雅各比指出：“美国检察官的自由裁量权在三个重要的方面已经成为不可争辩的事实：他有权决定是否提起刑事诉讼；他单独决定在任何程度上指控某个人；在他认为应该或必须终止诉讼时，别人不能加以阻止”。②美国检察官不负责侦查、执行，不起诉原则上不需附理由，不得再议，起诉案件百分之九十以上均通过认罪协商解决。③

美国检察官和警察之间是一种相互独立的关系。一般而言，美国警察对案件侦查处理有完全的自主权，警方不向辖区内的检察官报告工作或正式地向他们负责。当警察结束案件侦查时，警方会将案件移交给检察方，由其在法庭前指控被告人。因此，警方不向检方负责的局面，是美国的长期规则。④美国检察官没有指挥警察的权力，检察官在审判前的活动主要是审查移送的证据是否充足，当认为证据不充足时，可以要求补充侦查。⑤当然，在检察官和警察之间也存在某种程度的相互协作。例如，检察官需要警察寻找必要的证人和证据以使案件有说服力，必要时需要警察以证人的形式出现在法庭上。

---

① 张鸿巍：《美国检察制度研究》，法律出版社2019年版，第37页。

② 张鸿巍：《美国检察制度研究》，法律出版社2019年版，第44页。

③ 吴巡龙：《检察独立与检察一体——兼评检察官未经检察长核定迳行起诉事件》，《月旦法学》2005年第9期。

④ 艾瑞克·卢拉、玛丽安·L.韦德主编：《跨国视角下的检察官》，杨先德译，法律出版社2016年版，第43页。

⑤ 吴巡龙：《检察独立与检察一体——兼评检察官未经检察长核定迳行起诉事件》，《月旦法学》2005年第9期。

一般情况下，基于三权分立与制衡原则，法院无权直接干涉检察官的起诉决定。但法院可通过联邦宪法修正案中的平等保护条款来约束检察官的起诉决定，也就是说，检察官不得以犯罪嫌疑人种族、性别或宗教信仰等因素作为案件起诉与否的标准。[①]

美国检察官的特点可以归纳为以下四点：[②]

第一，大部分检察官在州刑事司法体系中任职，州总检察长由当地选民选举产生，联邦检察官以及少数州检察官由任命产生；

第二，与受法定原则约束欧洲检察权模式相反，美国检察官拥有形式上不受限制的检察裁量权；

第三，尽管检察官对警察的侦查行为或许有某些非正式的影响，但检察官缺乏正式的控制侦查机构的权力。他们极少指挥正在进行的侦查活动，除了少数在联邦法院起诉的重大复杂案件；

第四，尽管形式上要致力于实现正义而不是片面追求胜诉，但是大部分美国检察官办公室并不会把精力投入对被告的罪行进行客观的评估活动中，这与大陆法系的检察官不同。

这种检察官的角色根植于英美法传统中，是在陪审团参与的对抗制审判这一案件解决模式中不断演进发展的。美国联邦宪法在《权利法案》中规定了一些基本的刑事诉讼程序规则，界定了刑事陪审团审判制度的法定要素，州宪法则复制了联邦宪法的这些规定。

检察官在法律上没有义务致力于最大可能地准确发现事实、适当认定责任和作出量刑裁决。联邦宪法要求检察官不能故意采纳伪证或错误

① 张鸿巍：《美国检察制度研究》，法律出版社 2019 年版，第 100—101 页。

② 艾瑞克·卢拉、玛丽安·L. 韦德主编：《跨国视角下的检察官》，杨先德译，法律出版社 2016 年版，第 188 页。

证据，如果他们在随后发现自己在没有意识到的情况下这么做了，他们有义务披露这一事实。检察官可以基于“善意”或按照正常业务程序销毁证据，但不得“恶意”毁灭他们所掌握的与案件相关的证据。[①]更为重要的是，检察官必须披露他们掌握的（或者警方掌握的）无罪证据或者可以用来弹劾控方证人的证据。[②]

检察官并没有其他宪法层面的积极披露义务，被告也没有获得检方掌握的所有证据的一般权利。[③]证据开示法规中存在广泛的共同义务，不过这些义务在各州差异较大。美国联邦法律延续着要求检察官做相对有限披露的传统规则，而大部分的信息披露（如证人姓名和法医鉴定报告）发生在庭审前极短的时间内，甚至是在证人作出庭审证言之后，例如存在先前证言（prior testimony）的情况下。

缺乏积极的检察义务与对抗制的传统密切相关。庭审中，检察官事实上有非常重要的额外义务。他们必须提出充分的证据，以达到法律设置的最高证据标准“排除合理怀疑”；他们必须在没有权力要求被告提供证词的情况下承担这一证明义务；他们必须传唤控方证人并提交其他证据，接受能力很强的辩护律师的交叉询问；他们必须对被告方提供的对证明犯罪不利的证据作出回应。所有这些义务都约束了检察官的权力以及用证据支持主张的强度。如此一来，检察官隐瞒证据的可能性是非常小的，因为隐瞒证据意味着存在无法实现定罪的风险。这些程序结合在一起所定义的裁判体系使得检察官审前义务最小化——这一点被认为是无可厚非的，至少在很多传统观念仍占上风的司法区是这样。鉴于

① Arizona v. Yongblood, 488 U.S. 51 (1988).

② Brady v. Maryland, 373 U.S. 83 (1963).

③ Weatherford v. Bursey, 429 U.S. 545 (1977).

审判程序只允许出示可靠证据，然后将这些证据置于其他证据中进行质证，而且证据认定规则有利于被告，因此，检察官没有必要过早地披露证据。①

检察官的角色只是指控被告，并不是由检察官来对被告的罪行进行裁决，而是由辩方律师、法庭规则和最终的事实认定者(陪审团或法官)对审判的结果承担系统性的责任。② 换言之，在由法官或者陪审团根据刑事证明标准对控辩双方当事人提交的证据进行评估、进而决定被告罪行的对抗制体制中，检察官在其中扮演的只是一个控诉者的角色。

（二）英国的检察职能

长期以来，人们习惯于将“英美法系”中的英国和美国刑事诉讼制度相提并论，然而实际上，美国的刑事诉讼制度和英国的刑事诉讼制度虽存在相似之处，但是两国的刑事诉讼制度整体上仍具有较大的差异。在笔者看来，英国的刑事诉讼制度更应当被视为介于美国和欧陆国家之间的一种形态。

英国皇家检控署根据 1985 年《犯罪起诉法》设立，其首长是由政府任命的总检察长，其下设立了伦敦总部和 42 个地方检察机构，自成体系，统一行使公诉权，不对地方政府负责。检察机关的人事任免和经费的调配，全部由上级负责。英国警察机关的设置和经费，也都由中央

① 艾瑞克·卢拉、玛丽安·L. 韦德主编:《跨国视角下的检察官》，杨先德译，法律出版社 2016 年版，第 189—190 页。

② 艾瑞克·卢拉、玛丽安·L. 韦德主编:《跨国视角下的检察官》，杨先德译，法律出版社 2016 年版，第 190 页。

负责，地方政府无权过问。英国的检察院是单纯的刑事公诉机关，拥有对刑事案件的起诉权。英国的检察机关没有侦查监督的职能，但有权了解警察部门正在处理的案件，警察部门自己决定和未决定起诉的案件都告知检察院，以便听取检察院的意见。刑事起诉案件都由检察机关审查决定，英国的海关和税务机关也有侦查权和起诉权，检察机关认为有必要时，有权接手海关等公共部门起诉的案件。英国的检察机关没有民事和行政审判监督权，但在涉及政府重大利益的民事诉讼案件中，有权作为政府一方的诉讼代理人代表政府出庭进行诉讼。①

每一检察分支机构都有一名拥有相当自治权的皇家首席检察官来负责。首席检察官通常负责各自办公室人员的选拔，这些人员在该地区以层级方式组织起来，包括不同级别的律师、法律辅助人员、行政及其他工作人员。② 皇家检控署的主要职责是起诉刑事犯罪，具体包括以下四项内容：其一，就可能起诉的案件，向警署等机构提出诉前建议；其二，审查起诉；其三，作出庭准备；其四，在治安法庭起诉案件和指导律师在刑事法院或高等法院的起诉。

皇家检控署只处理警察起诉的案件。大多数复杂和严重案件的审判专门的出庭律师负责。有些检察官负责特殊类型的案件——比如性犯罪案件、家庭暴力犯罪案件、处理弱势被害人问题等。③ 皇家检控署还可以接管任何私人起诉案件，决定继续起诉或者撤销案件。此外，皇家检控署负有向被告方开示证据的责任——无论这些证据是否用于法庭

① 李粤贵：《中英检察制度考察》，《南风窗》2003 年第 6 期。

② 皮特 · J.P. 泰克编著：《欧盟成员国检察机关的任务和权力》，吕清、马鹏飞译，中国检察出版社 2007 年版，第 60 页。

③ 皮特 · J.P. 泰克编著：《欧盟成员国检察机关的任务和权力》，吕清、马鹏飞译，中国检察出版社 2007 年版，第 60 页。

审判。

英国检察体系的一个突出特点是控方律师具有高度的独立性。在英国，出庭律师可以在某个时间充当控诉方，而在其他时间充当辩护方，这种传统对于维护出庭律师的独立性非常重要。轻微刑事案件中的控诉人可能有被皇家检控署聘任的全职检察官，但是刑事法庭审理的所有严重的刑事案件中的控诉人都是独立的开业律师。只有这样，无论控方律师还是辩方律师，才能使得诉讼代理在观点和表达上做到真正独立，参与其中的律师只是案件的出庭者，而非诉讼双方的全职雇员。[①] 控方律师（以及辩方律师）出庭的活动受到《律师职业行为准则》的约束，不得容许其绝对的独立、正直和免受外界压力干扰的自由受到威胁，不得做有可能危及其独立性的任何事情；不得为迎合委托人、法院或第三方而放弃职业标准。在法庭上，律师不得提交从当事人以外的其他渠道获得的证据，不得帮助当事人伪造对其有利的案件事实；所作陈述和提问不得带有诽谤性，不得有意诋毁、侮辱或激惹证人或其他人；不得指称受害人、证人或者其他人有罪、欺诈或者品行不端。

控方律师的举止应当像辅助司法管理的官员，不宜过分投入和热衷于案件，应该表现得超脱和平静。出庭律师戴假发、穿法袍的形象也使他们与法庭上的其他人产生距离。英国不允许出庭律师在案件审理过程中在法庭上走动。法庭上，出庭律师的诉讼文件放在哪个位置，他(她)就在哪个位置进行诉讼代理，不允许朝向法官席、证人席或陪审团有明显的移动。[②] 在法庭上，真正发挥作用的是有说服力的证据，而不是出

① 麦高伟主编：《英国刑事司法程序》，姚永吉等译，法律出版社 2003 年版，第 100 页。

② 英国的被告席是在法庭后面或侧面的一个小的隔离区，与律师席有一段距离。

庭律师本人。[①]

在皇家检控署与警察之间的关系上，检控署没有权力影响警察的侦查活动。尽管警方可能寻求检方的建议，但检察官没有权力去指导警察。[②] 检察官对于警察的不作为行为也不承担责任。由高级警官负责监督低级警官遵从法律的规定。检察官监督警察的其他手段包括：向中央或者地方政府组织提起行政程序；由一个民间机构控制的通过投诉而启动的纪律惩罚程序；被害人将警察告到民事法庭；向督察团提起告诉。如果告诉的是已经构成犯罪的警察滥用职权（如受贿、伤害等行为），检察官办公室的一个部门将负责决定是否起诉警察的非法执法行为。[③]

不过，警察可以就其工作方面的任何方面寻求检察官的建议。虽然警察在相对轻微的案件中很少寻求检察官的建议，但是在特别严重和复杂的案件中，他们倾向于这么做。有时这种建议是关于特殊程序的合法性，有时是关于是否有足够证据起诉，有时是关于是否有必要进一步侦查以形成铁案。[④] 这样的优势是，检察官可以基于阅览证据，对案件作出独立的评估，而缺陷就是，检察官对警方的侦查行为缺乏正式的法律指导。[⑤]

---

① 麦高伟主编：《英国刑事司法程序》，姚永吉等译，法律出版社 2003 年版，第 101 页。

② 艾瑞克 · 卢拉、玛丽安 · L. 韦德主编：《跨国视角下的检察官》，杨先德译，法律出版社 2016 年版，第 109 页。

③ 皮特 · J.P. 泰克编著：《欧盟成员国检察机关的任务和权力》，吕清、马鹏飞译，中国检察出版社 2007 年版，第 57 页。

④ 皮特 · J.P. 泰克编著：《欧盟成员国检察机关的任务和权力》，吕清、马鹏飞译，中国检察出版社 2007 年版，第 58 页。

⑤ 艾瑞克 · 卢拉、玛丽安 · L. 韦德主编：《跨国视角下的检察官》，杨先德译，法律出版社 2016 年版，第 124 页。

在警察决定是否起诉后，将案件交给皇家检控署。如果检控署不同意警察的意见，则案件可以被撤销，或者改变指控，或者补充收集证据。检控署可以继续起诉，或者撤销案件，或者减少指控的数量或者降低指控的罪行。皇家检控署有时与警察讨论这些不同的选择，有时会告诉警察除非他们采取进一步的侦查，否则会撤销案件或者改变、降低指控。① 一旦案件进入审判，则由法院决定最后的结果。② 在某杀人案中法官拒绝降低指控而坚持谋杀的程序，该被告最后被判谋杀。③ 检察官有权对严重犯罪案件中作出的保释决定、治安法院对判决以及被告人的成功上诉提出控诉。

根据 2003 年《犯罪起诉法》，检察官有权提出附条件警告来代替起诉，从而实现案件从法院的分流。对于 18 岁以下的犯罪嫌疑人，附条件警告需要满足两个条件，即：有充足的证据证明犯罪嫌疑人有罪，并且法院可能会做出有罪判决；犯罪嫌疑人承认了罪行。附条件警告要求犯罪嫌疑人签署文件，其内容包括：犯罪行为的细节；犯罪人承认实施了犯罪；同意附条件警告措施以及附加警告的条件。该文件将在法庭上签署。如果犯罪嫌疑人没有满足这些条件，检察官将会对其罪行进行起诉。④

检察官从起诉案件到其结论得到法官评定之间，拥有支配性地位。

① 皮特 · J.P. 泰克编著：《欧盟成员国检察机关的任务和权力》，吕清、马鹏飞译，中国检察出版社 2007 年版，第 56—58 页。

② 皮特 · J.P. 泰克编著：《欧盟成员国检察机关的任务和权力》，吕清、马鹏飞译，中国检察出版社 2007 年版，第 63 页。

③ 皮特 · J.P. 泰克编著：《欧盟成员国检察机关的任务和权力》，吕清、马鹏飞译，中国检察出版社 2007 年版，第 63 页。

④ 皮特 · J.P. 泰克编著：《欧盟成员国检察机关的任务和权力》，吕清、马鹏飞译，中国检察出版社 2007 年版，第 65 页。

在所有审判中，交叉询问是很普遍的。不过，属于刑事法院管辖的案件不到起诉案件的10%，由于大多数案件都通过有罪答辩处理，所以审判并不很常见。①

第二节　检察官的角色定位带动检察职能的变化

在传统上，大陆法系检察官的角色定位是“法律卫士”，英美法系检察官的定位是“一方当事人”。从20世纪80—90年代以来，世界各国的刑事诉讼制度伴随着社会、经济、文化等方面的发展一直处于未停歇的变革之中，如今已经过了近半个世纪的发展，其变革不可谓不深刻。在刑事诉讼程序的这种变动中，各国检察官的角色也似乎在不经意间出现了较大的变化。

一、英美辩诉交易语境下检察官的裁量权扩张

最近几十年以来，英美国家的辩诉交易获得了飞速的发展，进入正式庭审阶段的案件只占5%—10%。在这种情况下，检察官的权力得到了扩张。问题在于，庭审之外的对抗谈判是否提供了一个合适的替代制度？或者更进一步准确地说，检察官的权力及其责任是否能够契合于一个不经庭审的辩诉交易体系？

① 皮特·J.P.泰克编著：《欧盟成员国检察机关的任务和权力》，吕清、马鹏飞译，中国检察出版社2007年版，第69—70页。

（一）美国检察官权力的扩大

随着美国当代司法实践中辩诉交易的日益发达，联邦宪法在《权利法案》中规定的刑事诉讼程序规则已经不能概括大多数刑事裁判活动的特征。相反，美国的刑事司法已经演变成了一种在被告有罪答辩的基础上作出判决以代替正式庭审，作为绝大多数案件的处理方式的体系。这些有罪答辩通常是在受到检察官提出的交易的建议下做出的，尽管被告有时在作出有罪答辩的同时，并没有与检方达成削减指控或者限制量刑方面的协议。很多为陪审团审判设计的刑事诉讼规则并不适应以协商为主导的案件处理机制，① 而仅成为一种极为例外的处理刑事指控的方式，取而代之的是有罪答辩。②

在以有罪答辩为基础的裁判活动中，检察官的很多宪法和法律义务都消失了，检察官的权力实际上得到了扩张。检察官对于被告保持着信息优势，这些优势(将）和来自于量刑法规的有力谈判工具结合在一起。宪法所要求的证据披露与以及大多数制定法规定的证据开示规则在有罪答辩中均不适用。检方的证据不需要以正式的形式出现，而且法官不需要认定答辩听证会中展示的证据概要（summary of evidence）达到刑事证明标准。③

总之，答辩程序代替庭审程序之后，公开审判中大部分服务于确保

① 艾瑞克·卢拉、玛丽安·L. 韦德主编:《跨国视角下的检察官》，杨先德译，法律出版社 2016 年版，第 188 页。

② 艾瑞克·卢拉、玛丽安·L. 韦德主编:《跨国视角下的检察官》，杨先德译，法律出版社 2016 年版，第 191 页。

③ 艾瑞克·卢拉、玛丽安·L. 韦德主编:《跨国视角下的检察官》，杨先德译，法律出版社 2016 年版，第 191 页。

事实可靠性和正式裁决准确性目标的系统性组件都丧失了，包括陪审团、证据开示、证据规则、对污点证人的正式诘问等。仍然保留的是诉讼当事人角色的对抗性，它决定了证据的产生和法律规则的适用。作为这种对抗程序的一部分，有关检察官对准确量刑负有消极义务的文化规则通常也保留了下来。①

辩诉交易排除了庭审以及围绕庭审建立的所有规则，但是对抗制的结构仍然存在。然而，问题在于，庭审之外的对抗谈判是否提供了一个合适的替代制度？或者更进一步准确地说，检察官的权力及其责任是否能够契合于一个不经庭审的辩诉交易体系？②

这个问题的答案部分取决于辩诉交易体系——即调整交易谈判的规则和围绕辩诉交易的制度特征——是否与以庭审为基础的对抗体制中的检察官享有的权力相契合。陪审团审判及其相伴随的程序要求构建一个能在最大程度上准确发现事实、又能服务于鼓励民主参与和限制政府权力这一宪法利益的路径。但是，法院和立法者已经认可庭审裁判可以被当事人放弃，取而代之的是以被告有罪答辩为基础作出的判决。③ 然而，宪法和制定法都没有对辩诉交易程序应该如何运作才能最大化司法的准确性和公正性作出规定。调整辩诉交易的法律规则仅仅禁止了对被告的非法强迫而已。换言之，法律只对被告放弃庭审而作出有罪答辩决定的自愿性设置了最低的标准。几乎完全依赖于诉

① 艾瑞克·卢拉、玛丽安·L. 韦德主编：《跨国视角下的检察官》，杨先德译，法律出版社2016年版，第191页。

② 艾瑞克·卢拉、玛丽安·L. 韦德主编：《跨国视角下的检察官》，杨先德译，法律出版社2016年版，第191页。

③ 艾瑞克·卢拉、玛丽安·L. 韦德主编：《跨国视角下的检察官》，杨先德译，法律出版社2016年版，第191页。

讼当事人在一个不受规制的协议谈判过程中的态度，在此谈判过程中，除了被告答辩时有一个简单的听证会之外，几乎没有其他任何程序要求、司法监督或公共参与。①

刑事诉讼程序的宪法性要求是根据庭审模式制定的，当时辩诉交易还很少。当辩诉交易取代了庭审，最高法院试图界定基于答辩作出的裁判的标准，而立法者所做的则仅是将司法实践中确定的要求法典化而已。个案中暴露的问题可能影响了最高法院决定所确立的规则结构——这些规则只是针对被告在辩诉交易中可以放弃哪些权利和要满足哪些程序要求的问题，而不是针对构成公开、可靠的辩诉交易程序的关键规则。此外，最高法院作出的这些决定是在几十年来辩诉交易的广泛基础上作出的，这也意味着立法者对这一实践本身以及这一实践所带来的效率提高和成本节约的认可。最高法院不愿再给这一实践做法施加任何实质的限制。②

为了应对检察官在辩诉交易中可能出现的自由裁量权之滥用，美国大多数司法区未雨绸缪，采取了一系列有针对性的限制与防治措施。具体来说，这些措施包括：在被告人接受认罪答辩之前，法官应询问其是否知悉所涉及有关事实；辩护律师应在场，并有能力建议被告人如何正确行使其权利；在检察官与辩护律师之间就答辩公开讨论；全面而坦诚地公布犯罪人及其罪行的有关信息。③ 美国没有类似大陆法系的检察一体组织，在起诉裁量制度之下，不受其他机构的监督，容易产生弊病，

① 艾瑞克·卢拉、玛丽安·L.韦德主编：《跨国视角下的检察官》，杨先德译，法律出版社2016年版，第192页。

② 艾瑞克·卢拉、玛丽安·L.韦德主编：《跨国视角下的检察官》，杨先德译，法律出版社2016年版，第192页。

③ 张鸿巍：《美国检察制度研究》，法律出版社2019年版，第109页。

因此也需要依靠强大的媒体舆论进行监督。[①]

在理论上，为了获得公平和准确的结果，控辩双方自由缔约的过程不需要对检察权进行那么多约束。典型的理由是，被告人十分清楚自己过去的行为，他知道自己是有罪还是无辜的，从而明了放弃庭审权利并承认罪行来换取量刑优惠是符合其最大利益的。如果上述假设是真的，则只需保证被告满足下述两个条件，就能确保有罪答辩带来公平和准确的判决：第一，保证被告不会受到强迫，法律规定被告的答辩必须是自愿的；第二，被告需要知晓相关的法律知识。[②]

自由和自利交易这一前提是最高法院和立法机关取消大部分控方义务的潜在理由，而这些控方义务本应该有利于提高辩诉交易中事实认定的准确性和量刑的确定性。具体而言，在进行辩诉交易前，检察官不需要披露任何掌握的证据或者其他必须在庭审前披露的证据或证据来源；不需要对犯罪嫌疑人供词的自愿性进行详细审查；检察官和警察掌握的证据不需要以正式的文件的形式出现。总之，由于公法的退却和根据有罪答辩作出裁决的程序，对当事人交涉能力的自信以及被告决定的自愿性，使控方义务急剧克减，随之而来的权力扩张也被正当化。[③]

然而长期以来，辩诉交易体系一直面临着广泛的批评。人们担心的是，检察权行使的方式削弱了公众对被告的有罪答辩是在自愿和自知有罪的基础上作出的信心。美国辩诉交易体系的这一缺点，乃是法院和立

---

① 吴巡龙：《检察独立与检察一体——兼评检察官未经检察长核定迳行起诉事件》，《月旦法学》2005 年第 9 期。

② 艾瑞克·卢拉、玛丽安·L. 韦德主编：《跨国视角下的检察官》，杨先德译，法律出版社 2016 年版，第 193 页。

③ 艾瑞克·卢拉、玛丽安·L. 韦德主编：《跨国视角下的检察官》，杨先德译，法律出版社 2016 年版，第 194 页。

法者未能对被告在庭审和有罪答辩之间作出选择的实质交易条款进行明确规制的结果。[①]

美国检察官有一系列重要的法律义务，这些义务对他们享有的相当大的裁量权构成约束；但是这些义务几乎仅在法庭审判的背景下适用，而通过庭审程序处理的案件只占所有刑事案件的5%。如此一来，留给刑事司法体系中其他机构的任务就是，对检察官享有的一系列重要权力进行审查，如指控的裁量权、撤销或减少指控的裁量权以及预设量刑选择的权力等。然而，上述权力通常与美国刑事司法的其他典型特点不是很契合。原因在于，刑事司法的那些其他构成部分——包括辩护律师的资源稀缺、法官有限的量刑裁量权以及在庭审之外对案件事实有限的审查权力——不足以平衡和充分制约上述检察权。问题产生的根源或许在于，美国检察官的权力乃至检察官的职业文化不能很好地适应于当代有罪答辩的案件裁决机制。[②]

（二）英国检察官权力的扩大

辩诉交易传统上与英美法系相联系，如今在澳大利亚、加拿大、英国等国家非常流行。虽然辩诉交易被广泛传播，但同时也引起了争议。辩诉交易所带来的高认罪率提供了迅速且低成本地处理大量积压案件的途径。高犯罪率是多数现代国家的一个特征，这也是刑

① 艾瑞克·卢拉、玛丽安·L.韦德主编：《跨国视角下的检察官》，杨先德译，法律出版社2016年版，第194页。

② 艾瑞克·卢拉、玛丽安·L.韦德主编：《跨国视角下的检察官》，杨先德译，法律出版社2016年版，第201—201页。

事司法实施辩诉交易的原因。然而，辩诉交易不仅对适用定罪方法的常规理解提出了直接的挑战，也对刑事司法制度背后的价值观念提出了直接的挑战。①

建立在抗辩原则基础上的英格兰的刑事司法制度提供了一个很好的例子，来说明辩诉交易所引发的根本性紧张关系，以及协调公正与效率这对矛盾所带来的难以解决的困难。②

必须强调有罪答辩与开庭审判的原则并不一致。有罪答辩作为司法供认，被认为是一种最高效力的证明方式，根据有罪答辩的定罪与经过庭审的定罪具有同等的效力。一旦该答辩被法庭接受，控方就被从所有的证明责任中解脱出来，即不必完成常规的举证责任，也不必说服审判人员相信被告人是罪犯的事实。有罪答辩达成之后，法庭唯一关心的是作出适宜的刑罚。③

有罪答辩有它基本的理论原则。为了保护被告人和保证避免出现不正确的判决，历来有一条重要的原则，即只有在以下条件下，有罪答辩才能被法庭接受：作出有罪答辩确实是被告人"自愿的"行为，表达了被告人的自由意愿并且没有外界压力的影响。如果有罪答辩确实是被告人自愿的行为，法庭应当有权减轻应判的刑罚，以便反映这一事实：被告人已经表现了悔恨和悔改，已经在某种程度上通过刑罚实现了个人拯救的高标准。但是，这种观点也存在争议。一种相反的观点是：这种减刑不符合刑罚制度，其基本原则是刑罚应该与罪犯的实际犯罪行为相符合。④

---

① 麦高伟主编：《英国刑事司法程序》，姚永吉等译，法律出版社 2003 年版，第 321 页。

② 麦高伟主编：《英国刑事司法程序》，姚永吉等译，法律出版社 2003 年版，第 321 页。

③ 麦高伟主编：《英国刑事司法程序》，姚永吉等译，法律出版社 2003 年版，第 323 页。

④ 麦高伟主编：《英国刑事司法程序》，姚永吉等译，法律出版社 2003 年版，第 323 页。

英国检察官有很大的自由裁量权。检察官可以较轻罪名指控被告人，即使有充足证据证明其实施的是更为严重的犯罪，检察官甚至可以完全撤销案件。[①] 这可以在案件开始或者稍后阶段进行——包括在法庭审判阶段。例如，在法庭审判阶段，可以将一个严重罪行的指控降低为一个不太严重的罪行的指控。这可以基于公共利益的原因，并将案件停留在治安法院阶段并且获得辩诉交易。需要注意的是，最近几年赋予皇家检控署更多的责任，要求他们通知甚至是与被害人一起商议有关的决定。[②]

传统上，英国的检察官与刑罚执行没有任何的关系。检察官对于刑事法官或者治安法官的判处刑罚范围不提供参考意见。检察官在刑罚执行中不承担任何角色。例如，犯罪人如果违反了假释或者社区刑罚的有关规定，是否将其带回法庭将由假释监督官员来作出决定。

但是，近年来也逐渐发生了细微的变化。例如，当被告做有罪答辩或在审判中被发现有罪，检察官将向法庭提交证明这些罪行的事实。这需要检察官以中立、而不是对抗的方式作出。[③]

二、近期欧陆检察官角色的变化

在不同因素的作用下，欧洲刑事诉讼程序在最近并不长的期间内经历了深刻变革。在法国，传统上检察官负责起诉，检察官先将案件交付

① 但是，撤销案件的决定须通过检控署作出。

② 皮特·J.P. 泰克编著：《欧盟成员国检察机关的任务和权力》，吕清、马鹏飞译，中国检察出版社 2007 年版，第 70—71 页。

③ 皮特·J.P. 泰克编著：《欧盟成员国检察机关的任务和权力》，吕清、马鹏飞译，中国检察出版社 2007 年版，第 71 页。

预审、再从预审法官处将案件交给审判法官、并执行最终判决的情形，已经被一种更复杂、参与主体更多的情形所替代。换言之，传统法官和检察官分工明确、地位相近的情形在近二十年间已经转变为一种分工更加复杂和微妙的情形。

然而，在欧洲大陆，检察机关是超然的“法律卫士”的神话——或者用德国人的话说，是“世界上最客观的机构”——掩饰了并不那么令人乐观的现实。检察官最初确实以一种客观的方式评估证据，因为为了避免自讨没趣，他不想提起一个在法庭上无法获得支持的指控。检察官在提起一项指控前，会审慎地评估获得定罪的可能性。但是他一旦作出了起诉的决定，检察官就扮演了指控者的角色，进而试图说服法官给被告定罪，而不会以一种超然的方式中立地出示证据。①

如果检察官既不是一方当事人，也不是超然的“法律卫士”，那么他在刑事诉讼中到底处于何种位置？从实践来看，在大陆法系以及普通法系乃至亚太地区，检察官已经成为拥有广泛裁量权的准法官的角色。②

（一）法国检察官的当代角色

从2000年开始，法国《刑事诉讼法》启动了一系列重大的修改。2000年的《刑事诉讼法》修改了拘留制度、设立了“自由暨羁押法官”。

① Hans- HeinerKühne, Strafprozessrecht, Eine systematic Darstellung des deutschen und europäischenStrafverfahrensrechts, 8. Auflage, C.F. Müller, S. 100.

② 艾瑞克·卢拉、玛丽安·L. 韦德主编：《跨国视角下的检察官》，姚永吉等译，法律出版社2016年版，第363页。

近年来，预审调查的数量在逐年减少。一方面，这受到新设立的“自由暨羁押法官”的直接影响；另一方面，2004 年立法赋予警察针对有组织犯罪更多的权力，也导致预审作为犯罪调查的模式的作用被削弱。

大部分刑事案件都是由检察机关处理的，而无须预审法官的介入。只有最严重的罪行和复杂案件，需要进行电话监听或嫌疑人需要被申请羁押时，才提交给预审法官。诚如一位检察官所说，“人们说预审法官是法国最有权力的人，但这只是句玩笑话，因为我们所掌控的比预审法官更多……检察机关才是处于刑事调查的真正的核心位置”。①

检察官的决定性角色可以说从裁判前阶段一直延续到裁判阶段。

首先，在作轻罪处理的案件中，检察官是作为法官的角色。最早从 1991 年开始，一些地方的检察官开始对所有不严重的案件适用“实时处理机制”。实时处理机制的发展使得能够使用快速审理和替代方式处理案件，也使检察官逐渐意识到其在审前程序中的关键性作用，以及其领导警察进行调查的能力，甚至包括其在通常自动移交给预审法官的复杂案件中的自身能力。相应地，司法调查的数量继续减少。②

近年来最重要的变化就是刑事案件的处理结果在不予立案和起诉之间出现了第三条道路，即检察官根据自己对起诉适当性的评判权向被告人提出郑重警告或者向被告人建议一项起诉替代措施，当事人因此可以不被起诉。起诉替代措施的种类很多，从附禁止再犯命令的简单的警告（法律警示）一直到刑事和解中的措施。

第三条道路最初只是处理轻微犯罪的一种次要的反应手段，但是最近几年间成为一种完全意义的刑事反应手段，在实践中得到大量应用。

① 魏武：《法德检察制度》，中国检察出版社 2008 年版，第 73 页。

② 魏武：《法德检察制度》，中国检察出版社 2008 年版，第 70 页。

例如，2007 年的可起诉案件中有 37%的案件均通过起诉替代措施了结。可起诉案件中 47%的案件被起诉，仅有 2%的案件经过预审，16%的案件经过起诉适当性评判后不予立案。

法国学者将替代性措施分为赔偿性措施和惩罚性措施两类。其中，赔偿性措施包括法律提醒、将犯罪行为人移交给卫生、社会或职业救助机构、将导致违法行为的非法状况合法化、[①] 赔偿被害人的损失以及刑事调解；[②] 惩罚性措施则主要是刑事和解。[③]

其次，在刑事和解中，检察官作为准量刑者。2004 年修订后的《刑事诉讼法》规定，刑事和解程序扩大到所有可能判处 5 年以下的轻罪(过失杀人例外）和所有违警罪。刑事和解是指在成年犯罪嫌疑人承认自己有罪的情况下，不经过法院的一般审判程序，而由检察官对刑罚提出建议，在犯罪人接受后由法官批准。被害人在和解成功后可以启动支付令程序要求犯罪人支付其有义务支付的款项。[④] 刑事和解措施在犯罪记录中都有记载，因此更类似于法官宣布的措施（如参加公益劳动、在一定期限内吊销驾照或者罚金)。

最后，在有罪答辩中，检察官作为当事人、法官和量刑者。[⑤] 立法者出自简化刑事程序和进一步加快刑事反应速度的考虑，更是创造性地发明了预先认罪的出庭审判程序，即法式的“有罪答辩”。2004 年法国《刑事诉讼法》设立了有罪答辩制度，即在被告人承认有罪的情况下，

---

① 比如，检察官可以要求行为人更新其身份证或申请驾照（如果行为人是因为无照驾驶被捕)。

② 魏武:《法德检察制度》，中国检察出版社 2008 年版，第 56—59 页。

③ 魏武:《法德检察制度》，中国检察出版社 2008 年版，第 59—64 页。

④ 陈卫东等:《法国刑事诉讼法改革的新进展——中国人民大学诉讼制度与司法改革研究中心赴欧洲考察报告之一》，《人民检察》2004 年第 10 期。

⑤ 艾瑞克・卢拉、玛丽安・L. 韦德主编:《跨国视角下的检察官》，杨先德译，法律出版社 2016 年版，第 114 页。

检察院对适用的刑罚提出建议，适用范围一般为法定刑为5年以下的犯罪。在这一程序中，检察官起主要作用，负责向有律师协助的被告人建议一项刑罚，被告方也可以提出适用有罪答辩的申请，而法官则负责审核程序的合法性以及被告人意思表示的真实性。

有罪答辩在法官的主持下进行，被告及其律师均在场，由法官决定是否批准检察官的刑罚建议。但是，法官不得修改已经被被告人接受的刑罚的内容。如果法官批准检察官建议的刑罚，该批准必须公开宣读。该刑罚在得到法官的认可后立即执行。被告人也可以对法官批准检察官提出的刑罚的决定提出上诉。①

有罪答辩程序给法律职业者的角色带来了重大影响。检察官直接与被告人谈判，被告人必须有辩护律师，而法官的职责则是在法庭上确认或拒绝已经达成的量刑协议。这一程序更加体现了以当事人为中心，而不是以法官为中心的特征。它要求被告人和检方达成一项审前协议，而检察官和法官一起分享了案件的处理权。并且，法官的权力仅限于接受或拒绝当事人所作的量刑建议——他没有权力去修改该提议。②

巴黎大审法院第一副院长也认为，新设立有罪答辩制度给检察官一个新的作用和角色。有罪答辩制度的主要目的是减轻法院的负担。通过对轻微以及中等严重程度的案件适用有罪答辩以节省资源。在法国辩诉交易中，检察官的作用获得加强，这是改革的趋势。另一个目的是可以使预审法官只负责严重犯罪案件，把精力集中于最复杂案件的调查，以

① 陈卫东等:《法国刑事诉讼法改革的新进展——中国人民大学诉讼制度与司法改革研究中心赴欧洲考察报告之一》,《人民检察》2004年第10期。

② 艾瑞克·卢拉、玛丽安·L.韦德主编:《跨国视角下的检察官》，杨先德译，法律出版社2016年版，第118页。

提高效率。[1] 有人指出，法国检察官越来越多地进行审判。

与检察官地位持续上升伴随的是预审法官的示衰。在法国，预审法官处理的案件从19世纪的40%下降到20世纪60年代的20%，而到2008年只剩下4%。[2]

（二）德国检察官角色的变化

在最近二十年来德国刑事诉讼的实践中，检察官角色所起的重要变化集中体现在检察官决定青少年刑事程序的中止、普通案件中检察官起诉裁量权的扩大以及认罪认罚案件中的量刑协商。

1. 决定青少年刑事程序的中止

司法实务中，德国青少年刑事程序分流包括适用《青少年法院法》在调查程序中中止和提起公诉后由法官中止以及《青少年法院法》以外的其他中止，具体包括以下五种：

（1）轻罪的中止

根据德国《青少年法院法》第45条第一款，作为国家一种完全的宽恕反应，允许程序无结果的中止；但是根据《联邦中央登记法》（BZRG）第60条第一款，要进行感化登记。该条适用的前提是已经存在德国《刑事诉讼法》第153条的条件：程序已经失去了对象，行为人

① 陈卫东等：《法国刑事诉讼法改革的新进展——中国人民大学诉讼制度与司法改革研究中心赴欧洲考察报告之一》，《人民检察》2004年第10期。

② 艾瑞克·卢拉、玛丽安·L.韦德主编：《跨国视角下的检察官》，杨先德译，法律出版社2016年版，第122页。

的罪责是微小的，并且程序进行的结果不存在公共利益。决定中止的唯一决定主体是青少年检察官。在 2007 年，德国适用上述条款处理的青少年人数是 90297 名。①

（2）因为实施感化措施而中止

根据德国《青少年法院法》第 45 条第二款，在执行社会的或者青少年考察的法定措施等之后包含一种中止的可能性；这意味着在成功地达到“犯罪人——被害人”平衡后，一个最终的外部刑法的反应可能性。这些措施的采取可能涉及父母、学校、培训或者雇佣人、警察（这里主要看是否经过授权）或者青少年管理局。② 在考虑“犯罪人——被害人”平衡时，犯罪人的真诚努力是必不可少的因素。

《青少年法院法》第 45 条第二款的中止尤其应当指多次实施轻微犯罪行为的结果，如果之前的程序根据《青少年法院法》第 45 条第一款已经被中止了，距离严重的轻微犯罪尚远，并不需要一份青少年的明确的认罪，对此决定作出的唯一主体也是青少年检察官。检察官的这一决定并不产生法律效力，刑事追诉程序能够随时重新开始。在 2007 年，德国适用上述条款处理的青少年人数是 101338 名。③

（3）由于法官的介入放弃追诉

根据德国《青少年法院法》第 45 条第三款，对犯罪青少年可以实施不经法庭审判的、形式灵活的青少年法官的感化程序；此处可能有告诫、指示以及口头宣布的任务。就此而言，这也是一种非正式的刑法反应。如果根据《青少年法院法》第 45 条第三款，法官最终作出了决定，

① Ostendorf, Jugendstrafrecht, 5. Auflage, Nomos,2009,S.123.

② Vorlesung Jugendstrafrecht von Pro. BerndHeinrich, Arbeitsblatt Nr. 072003.

③ Ostendorf, Jugendstrafrecht, 5. Auflage, Nomos,2009,S.123.

那么青少年检察官的追诉行为也随之中止。不过，该条适用的前提条件是嫌疑人认罪，检察官在此有必要发布一种类似法官的指示或者命令措施，而不必提起指控。在此情况下，法官会提出建议，而检察官遵循其建议并发布相应的指示或者任务。这种中止具有有限的法律效力。在2007年，德国适用该条款处理的青少年人数是9171名。①

（4）提起公诉后由法官中止

在检察官已经提起指控之后，即在中间程序和审判程序中也能发生程序的中止。根据德国《青少年法院法》第47条，在青少年检察官的同意下，允许青少年法官在如同《青少年法院法》第45条调查程序中实质的同一联系下中止程序。在2007年，德国适用上述条款处理的青少年是48397名。②

（5）《青少年法院法》以外的程序中止

德国《青少年法院法》以外的程序中止主要是依据《刑事诉讼法》《麻醉品管理法》的中止以及地方司法实践中发展出来的程序分流实践，包括以下四种情形：③

第一，根据德国《刑事诉讼法》第170条第二款，基于事实的或法律的原因，无条件地优先适用中止。《刑事诉讼法》第170条第二款规定，检察官要让嫌疑人知道，如果他正在被进行这样的调查或者针对他的羁押令已经宣布；以及检察官已经就一项告知提出了请求，或者有关事项的公布存在明显的特殊利益，此时检察官可以中止程序。优先适用《刑事诉讼法》第170条第二款的中止也是因为对《青少年法院法》第3条

① Ostendorf, Jugendstrafrecht, 5. Auflage, Nomos,2009,S.123.

② Ostendorf, Jugendstrafrecht, 5. Auflage, Nomos,2009,S.123.

③ Ostendorf, Jugendstrafrecht, 5. Auflage, Nomos,2009,S.119.

中规定的刑事责任尚未确定。①

第二，根据《刑事诉讼法》第 153 条规定，如果犯罪人的罪责被预见是轻微的，而且公诉不具有公共利益，在中间程序管辖法院法官的同意下，检察官可以中止程序。如果一项行为没有造成严重的后果，没有受到最低限度的刑罚的危险，法官不能同意进行审理。只有当青少年检察官出于预防的原因，在感化登记册登记是必须被考虑时，则按照《青少年法院法》第 45 条第一款来处理。联邦登记法（BundeszentralregisterG）第 60 条第一款第七项在恰当和必要时直接适用。② 除此之外，《刑事诉讼法》第 153 条通常首先作为更少负担的措施优先使用。③ 当然，此处法官的同意是必需的——需要注意的是，在这一点上也与《青少年法院法》第 45 条第一款不一致。

第三，如果《青少年法院法》第 45 条第三款列出的措施并不“适合”，则在《青少年法院法》第 45 条第三款相近的情况下，能够适用德国《刑事诉讼法》第 153 条。与德国《青少年法院法》第 45 条第一款和第二款的中止程序不同的是，《刑事诉讼法》第 153 第二款规定的辅助意义。《刑事诉讼法》第 153 条第二款规定，在公诉已经提起之后，直到审判结束，即在案件事实被最终确定之前，法院可以在检察官和被告人的同意下，暂时中止程序，与此同时分配被告人《刑事诉讼法》第 153 条第一款第一项（赔偿因犯罪行为的结果造成的损失）和第二项（赔偿因犯罪行为的结果造成的损失）规定的任务和指示，《刑事诉讼法》第 153 条第一款

① Ostendorf, Jugendstrafrecht, 5. Auflage, Nomos,2009,S.119.

② MieheZStW97［1985］，998.

③ Burscheidt, Das Verbot der Schlechter stellung Jugendlicher und Heranwachsender gegen über Erwachsenenin vergleichbarer Verfahrenslage,2000, S.75.

第三至六项也相应适用。其中，法官根据《刑事诉讼法》第153条第一款作出的决定以裁定的形式发布，该裁定是不可争辩或反驳的。

第四，适用《麻醉品管理法》第31条的中止和《麻醉品管理法》第38条第二款和第37条第一款的放弃追诉。随着1992年9月生效的德国《麻醉品管理法》的修改，《麻醉品管理法》第31条可以适用于《刑事诉讼法》第153条第一款第二项的任务分配，以检察官中止而结束刑事程序。① 根据立法的原因，② 进一步扩展的中止可能性应当通过检察官在麻醉品消费者程序中被完成。③ 这些中止的可能性首先考虑了优先于《青少年法院法》第45条和第47条适用的特性。④

2. 普通案件中检察官起诉裁量权的扩大

首先，德国《刑事诉讼法》中规定的强制起诉原则也被不断增加的例外所侵蚀，检察官拥有越来越大的起诉裁量权。现在，对于大多数可能判处一年以上监禁的重罪案件，才适用强制起诉。对于不太严重的犯罪，《刑事诉讼法》提供了多种不起诉的规定。

依照德国《刑法》（§12 StGB）的定义，重罪（Verbrechen）是指最轻本刑一年以上有期徒刑之罪，最轻刑度一年以下者为轻罪（Vergehen）。

德国法中，重罪和轻罪的划分具有相当的重要性。例如，微罪的便

---

① 笔者2018年3月在德国图宾根地方法院旁听了一起麻醉品案件，该案中被告没有律师，法庭上检察官对被告进行了讯问和沟通，经过短暂休庭后，法官即作出了较为轻微的判决，被告及其旁听的家人对此也很满意。

② BT-Drucks.12/934, S. 5.

③ Siehe auch BVerfG StV 1994, 295.

④ Ostendorf, Jugendstrafrecht, 5. Auflage, Nomos,2009,S.120.

宜不起诉，仅以轻罪为限（§153 StPO）；附条件不起诉（§153a），其效力仅止于禁止对同一被告犯罪事实再度以轻罪罪名起诉，若发现所犯为重罪罪名，仍可再次起诉。[①]

在德国判处的刑罚中，只有 1.3%的案件中被告人被判处两年以上的刑罚。[②]

对于可能判处不超过 1 年的自由刑且缓期执行的犯罪嫌疑人，只要有辩护人代理，检察官可将附有量刑建议的起诉书寄给有管辖权的法院，如果法院批准了检察官的申请（即起诉书），就将判决书寄给被告人，而不再进行庭审，这就是刑事处罚令程序。

最广泛使用的是没有后果的不起诉。如果被指控人的罪行比较轻微，且不存在追究责任的公共利益，则检察官可以做出没有任何后果的不起诉决定。对于那些可能判处的刑罚超过法定最低刑或者损害非常严重的案件，检察官作出不起诉的决定需要征求法院的同意。[③]

附条件不起诉在实践中起着重要的作用。适用附条件不起诉需要满足两个前提条件：一是施以的责任足以抵消起诉代表的公共利益；二是与犯罪嫌疑人的罪责相当。[④] 根据德国《刑事诉讼法》第 153 条，检察官可以要求被告支付一定数额的金钱、社区服务或者被害人——加害人调解，从而作出不起诉的决定。需要注意的是，根据《刑事诉讼法》153a 条第 2 款，附条件不起诉也可以在进入庭审阶段后进行，附条件

---

① 林钰雄：《论中间程序——德国起诉审查制度的目的、运作及立法论》，《月旦法学》2002 年第 9 期。

② 魏武：《法德检察制度》，中国检察出版社 2008 年版，第 214 页。

③ 德国《刑事诉讼法》第 153 条。

④ 皮特·J.P. 泰克编著：《欧盟成员国检察机关的任务和权力》，吕清、马鹏飞译，中国检察出版社 2007 年版，第 120 页。

中止案件的权力就交给了法官，但是对于案件作出中止的决定仍然需要获得检察官的同意。①

附条件不起诉实际上赋予了检察官广泛的非正式处罚的权力，以及对于可能有罪的犯罪嫌疑人作出中止诉讼程序而不给出理由的权力。除了这些理论上的缺陷，德国实践部门非常欢迎附条件不起诉制度，认为它是一个无需花费法院金钱和精力处理轻罪案件的有用工具。

在德国，2009 年警方移送检察机关的 470 万个案件中，检察官只对其中 11%的案件提起了指控（最终通过庭审程序结案），12%的案件适用了刑事处罚令程序，28%的案件因证据不足作了撤销案件处理，26%的案件因政策原因作了撤案处理，23%的案件以其他方式进行了处理。可以看到，绝大多数案件的命运是由检察机关决定的，而且极少受到外部审查。② 因此，检察官的角色已经从简单的守门员演变为准司法官，由他们来决定犯罪嫌疑人是受到警告、科处罚金还是其他严厉的制裁。③

3. 认罪认罚案件中的量刑协商

德国检察官在判决之前和审判期间还可以介入到合意型判决的量刑协商中。从 20 世纪 80 年代开始，德国版的辩诉交易开始出现并很快发展起来。联邦上诉法院在 1997 年肯定了在满足一定条件下该实践的有效性。在许多案件中，被告人在审判前或者审判到一定阶段可以进行商

---

① 皮特 · J.P. 泰克编著：《欧盟成员国检察机关的任务和权力》，吕清、马鹏飞译，中国检察出版社 2007 年版，第 121 页。

② 艾瑞克 · 卢拉、玛丽安 · L. 韦德主编：《跨国视角下的检察官》，杨先德译，法律出版社 2016 年版，第 365 页。

③ 艾瑞克 · 卢拉、玛丽安 · L. 韦德主编：《跨国视角下的检察官》，杨先德译，法律出版社 2016 年版，第 368 页。

议：被告人作出全部或部分认罪，法院同意施以较轻刑罚。虽然这些商议主要在被告人和职业法官之间进行，但检察官经常参与并拥有实际上的否决权。因为检察官如果对被告和法官达成的一个合意型判决提出抗诉，他实际上就否定了为判决而协商作出的努力。这种合意型司法受到学者们的猛烈批评，但是却很受实务部门的欢迎。交易可以发生在所有类型的案件，而以毒品和白领犯罪为多数。①

总之，尽管各国存在差异，但就检察官在裁判程序中扮演积极介入乃至共同决定的角色这一点而言，他们是相同的。协商裁判这一当代现象，进一步强化了检察官作为准司法者的角色。②

最后，检察官的积极角色甚至延伸到刑事诉讼的庭审阶段。众所周知，检察官和辩护律师都是英美法系庭审中的主角。但是，下面这种古老论调已经是不切合实际了：欧洲大陆的检察官常常在庭审中闲坐一旁，无聊地捧着一本小说看，只是到了庭审最后阶段才发表一份要求严惩被告的简短陈述。一些职权主义国家已经采用对抗式的庭审了，赋予检察官出示对被告不利的证据，并对辩方证人进行交叉询问的突出角色。在德国的庭审中，检察官通常向证人和专家提问，检察官可以传唤自己的证人，并且要求法院听取补充证据。③

在德国访学期间，笔者曾在地方法庭和州上诉法庭旁听了一个多月的刑事案件的法庭审理，对于德国刑事审判庭证人出庭率之高、控辩双

---

① 皮特·J.P. 泰克编著：《欧盟成员国检察机关的任务和权力》，吕清、马鹏飞译，中国检察出版社 2007 年版，第 122 页。

② 艾瑞克·卢拉、玛丽安·L. 韦德主编：《跨国视角下的检察官》，杨先德译，法律出版社 2016 年版，第 369 页。

③ 艾瑞克·卢拉、玛丽安·L. 韦德主编：《跨国视角下的检察官》，杨先德译，法律出版社 2016 年版，第 369 页。

方对抗之激烈留下了深刻印象，其中有一个持续开庭多次的州法院审理的案件，庭审中，主诉检察官（该案共有三名检察官出席庭审）就某个证据向法官持续陈述、解释了一个多小时。

三、检察职能发展变化的原因

传统的刑事诉讼理论尊奉“审判中心主义”，要求控辩纠纷的解决集中在法庭审理阶段，在双方当事人到场的情况下，以直接、言词的方式公开进行。审判中心主义“不仅是刑事程序法治化的重要基础，而且对于国家的整个民主宪政制度建设具有长远的指导意义”。①

不过，与此同时，更应当注意到的是，世界各国的司法实践以一种强大的活力拓展出多元化的格局，审前程序的重要性日益凸显。司法实践中大多数的案件根本不会进入审判阶段就告终结，如不立案、撤案、撤诉、不起诉；有的案件本来应当进入审判阶段却基于效率等的考虑而以一种审判的替代方式结束。②

现代社会是多元化的社会，对某一事物的过度强调——“以某某为中心”——容易导致对其他价值缺乏应有的关注。郎·富勒曾借助“单一中心的”和“多中心的”问题之间的区分来划分应当由法院加以处理的事务和不应当由法院加以处理的事务。③ 由于诉讼程序不再以两极化的纠纷为基础，这些争论可能是多中心化的。协作型程序中参与者之间

① 孙长永：《审判中心主义及其对刑事程序的影响》，《现代法学》1999 年第 4 期。

② 孙长永：《审判中心主义及其对刑事程序的影响》，《现代法学》1999 年第 4 期。

③ 米尔伊安·R. 达马什卡：《司法和国家权力的多种面孔——比较视野中的法律程序》，郑戈译，中国政法大学出版社 2004 年版，第 242 页。

关系的模糊性值得再次强调：权威的非集中化。[①]

现代刑事诉讼的实践事实上造成了对传统上专属法官的司法裁决权的分割。例如，对于提起公诉可能性较小的轻微案件，如果没有特殊情况，则例外地由警察来作最终处理是比较合理的。[②] 对法官司法裁决权的分割尤其典型地表现为检察官的酌定不起诉和暂缓起诉。

为了使刑事司法体系有效地发挥作用，不应将刑事司法的权力集中在特定的机关，而是将其分散，这样一来，刑事司法便有了掌管各自权限的众多程序参与者协同作业的性质。[③] 当代刑事诉讼已“由法庭中心主义的一元刑事诉讼中摆脱出来，而寻求在程序各个阶段承认主体性的多元刑事诉讼的质变”。[④] 正是多方诉讼主体对刑事诉讼权力的分享和参与，使得刑事程序呈现出多元发展的面貌。

当代各国检察职能的扩展主要在于以下原因：

（一）当事人主体地位的增强与刑事纠纷解决方式的多元化

现代刑事诉讼中，当事人的地位已经从发现案件事实、惩治犯罪的工具提升为刑事诉讼的主体。国家重视参与解决案件的诉讼关系人的行

---

① 米尔伊安·R. 达马什卡：《司法和国家权力的多种面孔——比较视野中的法律程序》，郑戈译，中国政法大学出版社 2004 年版，第 340 页。

② 日本《犯罪侦查规范》规定了对犯罪嫌疑人进行训诫，鼓励犯罪嫌疑人赔偿损失、向被害人道歉，要求侯权人、雇主等实行监督管理，这些措施具有防止再次犯罪以及安慰被害人的意义。英国《2003 刑事审判法》规定警察有权对犯罪嫌疑人进行“街头保释”，而在此之前，决定保释是法官的权力。我国也有学者详细探讨过派出所在解决纠纷中的重要作用。

③ 田口守一：《刑事诉讼法》，刘迪等译，法律出版社 2000 年版，第 1 页。

④ 土本武司：《日本刑事诉讼法要义》，董璠舆、宋英辉译，五南图书出版公司 1997 年版，第 2 页。

为，当事人对刑事诉讼进程的影响日益扩大。被告人不再处于被动地等待处置的客体化地位，相反，被告人作为诉讼主体的地位不断强化，被害人对刑事诉讼的参与也对刑事诉讼程序的发展发挥着重要的影响，使得刑事程序呈现出新的特点。可以说，现代刑事诉讼程序的进行、判决结果的形成在一定程度上由当事人主导进行。①

刑事诉讼法的任务，应该说就是通过正当程序、迅速解决刑事案件、恢复受到犯罪侵犯的社会的法律秩序。对应于刑事案件多种多样的形态，必须建立多元化的刑事司法体系。多元化的刑事案件处理办法，都应该认为实现了刑事诉讼法的任务。②

受到不同因素的影响，各国法院受理的案件大幅增加。首先，近年来广泛的立法活动将大量反社会行为纳入刑事司法体系。其次，犯罪案件的增加也是很明显的事实。此外，刑事案件日益复杂，大量案件涉及非常严重的犯罪。在这种情况下，检察机关享有裁量权来决定哪些案件交由法院来审判，哪些案件用审判之外的方法来处理。这种裁量权对于调整进入法院的案件流量是非常必要的。③ 显然，检察官自由裁量权的行使可以用来实现特定的刑事政策。④

对应于刑事案件多种多样的形态，必须建立多元化的刑事司法体系。刑事诉讼是为了解决被告人和政府之间的刑事纠纷，如果这种纠纷如果在审前就解决，同样是合目的的。刑事诉讼在保障国家追诉权力正

① 刘涛：《刑事诉讼主体论》，中国人民公安大学出版社 2005 年版，第 89—90 页。

② 田口守一：《刑事诉讼法》，刘迪等译，法律出版社 2000 年版，第 13—14 页。

③ 皮特·J.P. 泰克编著：《欧盟成员国检察机关的任务和权力》，吕清、马鹏飞译，中国检察出版社 2007 年版，第 6 页。

④ 皮特·J.P. 泰克编著：《欧盟成员国检察机关的任务和权力》，吕清、马鹏飞译，中国检察出版社 2007 年版，第 7 页。

当化行使的前提下寻求对被破坏的法秩序的恢复，而不进入审判也可能恢复法秩序。特别是刑事诉讼法的独立性，在一定程度上缓和了以实现刑法为终极价值的实体真实主义倾向，也在一定范围内承认了犯罪的非刑罚化。①

并不是警察得知的所有案件都会到达检察官手中，或者最后被检察官起诉。在很多国家，刑事犯罪特别是轻微的刑事犯罪，可以通过正式法庭审判之外的方式处理。比如，可以通过加害人与被害人之间的协商和解将案件排除在正式的刑事诉讼程序之外。还有口头及书面的警告，以及其他各种案件分流的方法。这些方法在欧洲许多刑事司法体系中都得到了运用，目的在于将犯罪嫌疑人在早期阶段及时排除在刑事司法程序之外。②

近二十年来最重要的变化就是刑事案件的处理结果在不予立案和起诉之间出现了第三条道路，即检察官根据自己对起诉适当性的评判权向被告人提出郑重警告或者向被告人建议一项起诉替代措施，当事人因此可以不被起诉。起诉替代措施的种类有很多，包括从附禁止再犯命令的简单的警告一直到刑事和解中的措施。最初支持起诉法定原则的论点，已经不再站得住脚：检察机关不再受到屈从于政府命令的质疑，司法理念也不再认为政府必须惩罚每一起犯罪，相反，通过制定普遍适用的不起诉标准，司法平等原则也可以实现。③

---

① 指避开通常刑事审判程序的审理、决定方式，而由其他非刑罚性处理方式取而代之。

② 皮特·J.P. 泰克编著：《欧盟成员国检察机关的任务和权力》，吕清、马鹏飞译，中国检察出版社 2007 年版，第 4 页。

③ 陈卫东等：《法国刑事诉讼法改革的新进展——中国人民大学诉讼制度与司法改革研究中心赴欧洲考察报告之一》，《人民检察》2004 年第 10 期。

（二）效率的追求与司法个别化的理念

进入 21 世纪，出于经济和效率的考虑，立法者也强烈支持在是否指控犯罪嫌疑上赋予检察官裁量权，而事实上世界范围内的检察官都拥有此类权力。甚至在官方层面仍接受起诉法定原则的法律体系中也是如此，这些体系中为轻微犯罪规定了起诉例外。①

以法国为例，国民对司法机构的期望比以往任何时候都要高，他们希望司法机构能够保障公民之间法律关系安全，希望司法机构作出的决定更有效率，在打击犯罪保障社会秩序方面更有力。但是，司法机构却没有足够的资源和手段实现国民的期望：审判期限冗长，久拖不决；程序过于复杂，囿于形式，有时不能适应争议的性质，特别是对日常犯罪的处理缺乏效率。另外，刑事司法程序复杂，严重影响了与犯罪作斗争的效率和便捷。②

然而，经济考量不是支持便宜原则的最强论点，因为如果存在将案件移送起诉的公共利益，检察官不应该仅仅为了节省司法资源而不起诉；进而，司法个别化（individualizedjustice）的理想提倡法律体系赋予检察官在个案中权衡指控利弊的权力。即使检察官掌握使犯罪嫌疑人定罪的证据，也可能存在撤销指控或只指控某一项犯罪的正当理由。③

检察机关行使自由裁量权的法律基础是起诉法定原则和起诉裁量原

① 艾瑞克·卢拉、玛丽安·L. 韦德主编：《跨国视角下的检察官》，杨先德译，法律出版社 2016 年版，第 364 页。

② 陈卫东等：《法国刑事诉讼法改革的新进展——中国人民大学诉讼制度与司法改革研究中心赴欧洲考察报告之一》，《人民检察》2004 年第 10 期。

③ 艾瑞克·卢拉、玛丽安·L. 韦德主编：《跨国视角下的检察官》，杨先德译，法律出版社 2016 年版，第 364 页。

则。采用起诉法定原则的理由是：这个原则是实现法律面前人人平等的基本前提，是一般预防原则得以实现的基本保证。所有罪犯都得到审判以及无辜的人不会受到惩罚是获得公众对法律实施和司法制度信任的重要方法。采用起诉裁量主义的主要原因则是为了避免在某些情况下因刻板遵循法定原则而导致个别案件的不公正以及其他负面作用。起诉裁量原则同时也是为了实现司法个别化以及给予加害人以矫正的机会。①

起诉裁量主义的根据有以下几个方面：

第一，检察官的特性就蕴含了裁量性。检察官同时具有行政和司法的双重属性，行政性强调上命下从，司法性强调亲历判断，而判断的过程就是详查、斟酌、平衡、决断的过程，这一过程自然包含了检察官个人对于案件认识和处理的裁量。②

第二，起诉法定主义相对化。传统理论认为，英美法系适用起诉裁量主义，大陆法系适用起诉法定主义。这种划分和理解其实是很粗略的，起诉法定和起诉裁量只是相对而言的，大陆法系检察官起诉裁量权正日益扩大，这点从德国的处罚令、法国的刑事和解大幅增多就可看出。即使检察官严格依照法条决定起诉，而法条本身也有一个上下限之间的范围问题，检察官在法条规定的范围内选择，就是裁量权的行使。

第三，联合国大会《检察官作用的准则》规定检察官有暂缓起诉的权利。暂缓起诉是指附条件的暂时不起诉，嫌疑人必须执行附加的一些处分（如恢复损害、社区服务、保护观察），否则就会被起诉。

---

① 皮特·J.P. 泰克编著：《欧盟成员国检察机关的任务和权力》，吕清、马鹏飞译，中国检察出版社 2007 年版，第 5 页。

② 松尾浩也著：《日本刑事诉讼法》，丁相顺译，中国人民大学出版社 2005 年版，第 89 页。

第四，审前程序具有一定的独立性。公诉并不都是为了审判作准备，相反，司法实践中大多数的案件根本不会进入审判阶段就告终结，如不立案、撤案、撤诉、不起诉等。[①] 对于轻微刑案的酌定不起诉，可以把刑事案件结束在审前阶段，既符合现代刑事诉讼刑事分权的原则，也符合程序分流的诉讼原理。对于当事人而言，则避免了审判、减少了诉累，有利于刑事秩序得到恢复。

最后，起诉裁量也是诉讼经济性的要求。因为，审前阶段在检察官的主持下解决轻微刑事纠纷案件，有利于犯罪人及被害人尽快从诉累中解脱出来，国家也因此减少了不必要的审判程序和费用开支，也避免了适用短期自由刑带来的种种弊端。[②] 暂缓起诉的目的在最初主要是为了减轻监狱人满为患的压力，后来官方的正当化理由转向强调改造罪犯和促使他们重返社会。[③]

（三）协商型刑事判决的增长

如前所述，检察官在法庭裁判的谈判中，也扮演着重要角色。在过去 20 年，协商刑事判决的增长是欧洲刑事大陆发展的标志。欧洲很多国家已经认可了在庭审前或庭审中就刑事案件进行协商的做法。这样一来，他们已经赶上了英美司法区的步伐。虽然在欧陆各国达成一个协商判决的法律机制各不相同，但是他们有一项共同的特征：被

① 李长城：《刑事立法权的异化——中国地方性刑事诉讼规则研究》，法律出版社 2014 年版，第 91 页。

② 徐静村：《刑事诉讼法学（上）》，法律出版社 1999 年版，第 267 页。

③ 戴维·奈尔肯编：《比较刑事司法论》，张明楷译，清华大学出版社 2004 年版，第 282 页。

告将获得一个相对宽大的量刑，在不挑战控方指控的情况下接受法院判决。[①]

几乎所有欧洲国家都存在一些合意型刑事程序。在意大利、西班牙、葡萄牙等国的刑事诉讼程序改革均产生了全新的诉讼程序。其中，刑事案件主要由检察官作实质性处理，而不是由法官开庭进行全程审判。该程序主要用于经犯罪人同意的情况下在审前程序的处理。[②] 在不少国家，检察机关可以直接处理刑事案件。犯罪人可以通过交付一定的金钱而避免被起诉和公开审判。

司法实践中还有第三种由检察官经合意外而处理案件的方式，即附条件的不起诉（有的地方称为暂缓起诉）。放弃起诉通常附以一般条件或特殊条件。在大多数国家中，一般条件通常是犯罪人在考察期间不再犯罪，特殊条件则通常旨在要求犯罪人赔偿因犯罪行为而造成的损失，或者改变犯罪人将来的行为。[③]

在缓刑和附条件不起诉之间有非常相似之处。许多国家适用缓刑的条件同样适用于附条件的不起诉。在理论上，检察官在附条件不起诉中所附加的条件不能等同于判刑，但是该条件中的裁断因素也可被看作类似刑罚的处置。[④] 随着欧洲不少国家的检察机关也被赋予一些裁判和处分的权力，检察机关承担起诉任务和法院承担裁判任务之间的界限和区

---

① 艾瑞克·卢拉、玛丽安·L. 韦德主编：《跨国视角下的检察官》，杨先德译，法律出版社 2016 年版，第 368 页。

② 皮特·J.P. 泰克编著：《欧盟成员国检察机关的任务和权力》，吕清、马鹏飞译，中国检察出版社 2007 年版，第 7 页。

③ 皮特·J.P. 泰克编著：《欧盟成员国检察机关的任务和权力》，吕清、马鹏飞译，中国检察出版社 2007 年版，第 7 页。

④ 皮特·J.P. 泰克编著：《欧盟成员国检察机关的任务和权力》，吕清、马鹏飞译，中国检察出版社 2007 年版，第 7 页。

分在日益缩小。[①]

因此，如果我们综合考虑这些因素，就会发现，检察官不是以一方当事人或超然的“法律卫士”的形象出现的，而是一个在很大程度上塑造了案件结果的官员——无论其起诉还是不起诉。[②] 检察官实际上既不是一个偏袒者，也不是一个超然的法守护者，其已成为“法官之前的法官”，我们应当认可这个现实，并赋予其与法官平等的法律地位。[③]

然而，我们还需思考：各国检察官角色变化何以能够实现？

笔者认为，原因正是在于传统中检察官的准司法官定位。在欧陆国家检察体制的学习、继受者（如日本）以及检察机关定位为法律监督机构的社会主义国家（如中国）中，检察官的传统定位都可归入“准司法官”的法律守护人。在这种定位之下，检察官有权力引导警察的侦查，有权力监督法官的裁判，也有权力指挥刑罚的执行，检察官也因此具备了成为审前程序主导者的可能与条件。

此外，检察官角色从当事人到司法官的转变，也时刻提醒我们：对检察官客观公正义务方面的要求需要相应地提高。如果没有对检察官的起诉裁量权进行有效的监督和控制，将会产生恣意的决定。起诉裁量权并不必然导致专断和反复无常，它并非洪水猛兽。只有认可检察裁量权的正当性，才有可能通过制定支持或反对提起指控的标准，来指导和控

① 皮特·J.P. 泰克编著：《欧盟成员国检察机关的任务和权力》，吕清、马鹏飞译，中国检察出版社 2007 年版，第 7 页。

② 艾瑞克·卢拉、玛丽安·L. 韦德主编：《跨国视角下的检察官》，杨先德译，法律出版社 2016 年版，第 370 页。

③ 托马斯·魏根特：《检察官作用之比较研究》，张万顺译，《中国刑事法杂志》2013 年第 12 期。

制检察官的个别决定。[①] 因此，法律体系必须要能对检察官个人决定以及检察机关整体使用裁量权机制能够控制和监督。[②]

需要强调的是，仅仅是检察官具有类似法官职能的事实，不足以使其事实上成为表现出司法中立性的司法官。赋予检察官类似法官的独立性不能成为削弱辩方权利的借口，相反，认可检察官的巨大权力应该成为加强辩方权利的一个理由。[③]

然而，检察官对他所作的决定所承担的个人责任与其角色的重要性不相匹配。在很多大陆法系国家中，检察官是公务员，只要不明显违反法律规定、受到纪律处分，检察官并不对决策失误承担责任。在德国，如果法院已经认可，检察机关的违法行为对公民造成了损害，就需承担民事责任。但是，在这些案件中，并不是由检察官承担民事责任，而是由国家对受害人进行赔偿。[④] 职权主义中检察官的客观性神话以及对抗制中检察官的一方当事人的神话，容易掩饰检察官作为首要决策者的真实地位，从而保护他们免受个人责任的追究。[⑤]

法律改革从来不是那么简单，每个法律体系都必须寻求与具体的宪法和制度环境最契合的方案。重要的是，要认识到检察官的真正面

---

① 艾瑞克·卢拉、玛丽安·L. 韦德主编:《跨国视角下的检察官》，杨先德译，法律出版社 2016 年版，第 365 页。

② 皮特·J.P. 泰克编著:《欧盟成员国检察机关的任务和权力》，吕清、马鹏飞译，中国检察出版社 2007 年版，第 7 页。

③ 艾瑞克·卢拉、玛丽安·L. 韦德主编:《跨国视角下的检察官》，杨先德译，法律出版社 2016 年版，第 371 页。

④ 艾瑞克·卢拉、玛丽安·L. 韦德主编:《跨国视角下的检察官》，杨先德译，法律出版社 2016 年版，第 370 页。

⑤ 艾瑞克·卢拉、玛丽安·L. 韦德主编:《跨国视角下的检察官》，杨先德译，法律出版社 2016 年版，第 370 页。

目——与法官有同样地位的拥有强大权力的官员。[①]

第三节　检察权的制约机制影响检察职能的实际运行

对检察官角色和权力的准确辨识是建立检察职能合理化运行机制的前提，不容否认的是，检察官主导性的增强和权力的扩张已经成为世界各国刑事诉讼改革进程中的普遍现实，各国也对检察权的运行精心设计了制约的机制。确实，检察职能的运行与检察权的制约紧密相关，合理的检察权制约机制能够保障检察职能的正常运行，而如果检察权的制约机制存在缺陷则会导致检察权的滥用与检察职能的运行“失灵”。

世界上法治发达的国家和地区，对于检察权的运行皆从法律上设计了较为周全的制约机制，大致包括以下四个方面：

第一，检察体系的内部监督。林钰雄教授指出，上级检察首长虽得依检查一体对下级检察官进行内部监督，但无论其行使指挥监督权或收取移转权，皆应受下列程序检验：一方面，公开监督。指令权之行使，须受阳光程序的检证，以书面附理由为要式，事后并应适度公开，赋予关系人知悉指令内容的机会；另一方面，内部监督。检察机关内部须建立异议管道，救济违法指令，并应设立事后监督机构，检视指令是否违法。[②]

① 艾瑞克·卢拉、玛丽安·L. 韦德主编：《跨国视角下的检察官》，杨先德译，法律出版社2016年版，第372页。

② 林钰雄：《检察官论》，法律出版社2009年版，第130—131页。

第二，法院的监督。林钰雄教授指出，整个欧陆法系的检察官制中，理论上最为圆融实务上也最具成效的监督机制，既非上级监督，亦非国会立法，而是法院审查制。此一模式，在德国主要由中间程序、强制起诉程序及强制处分审查程序三大部分组成，与检察官起诉、不起诉及强制处分等三大权限相呼应：检察官滥行起诉时，法官得在“中间程序”中程序驳回；检察官滥行不起诉时，被害告诉人得发动“强制起诉程序”对抗之，请求法官裁定命令起诉；在此等诉讼监督制衡模式重重节制之下，检察指令权几无行使余地，也无行使之必要，此亦透露“法检关系”与“检察一体”之间的奥妙关联。①

第三，当事人的监督。例如，我国《刑事诉讼法》对检察机关的不起诉权规定，被害人和被不起诉人可以提出申诉，被害人可以提出自诉。

第四，公众的监督。例如报纸社论、电视媒体、网站等亦会发挥监督作用。

当然，由于诉讼模式、司法传统等因素的不同，两大法系在长期的历史中对于公诉程序的滥用具体防范机制也存在差别。

为了保证起诉的准确性，国外法治发达国家均强调了大致相同的起诉证据标准：即依据已掌握的证据和审判前景以及公共利益的权衡，从内心真诚的确信法庭作出有罪判决的可能性大于作出无罪判决的可能性。例如，英国皇家检控署为了保证皇家检察官作出公平的控诉决定，要求所有的起诉决定或继续起诉的决定必须首先满足“预期可予定罪”

① 林钰雄：《检察官论》，法律出版社 2009 年版，第 117 页。

的证据标准，[①] 这一点是不变的和绝对的要求。这个标准的基本要求是皇家检察官必须对证据充分感到满足（指证据的可信和可依靠性），以便为指控中的问题提供“定罪的实际可能”。美国多数州的法律规定，检察官提起公诉时适用“优势证据”的标准，即检察官在做出起诉决定时不能只考察手中的有罪证据是否充分，还必须考虑这些证据能否在法庭合理地导致有罪的判决，换言之，要考虑一个公正的陪审团或法官能否接受这些证据并因此做出被告人有罪的判决。当然，这并非要求检察官在起诉时必须肯定自己会得到一个有罪判决，但是检察官在将一起刑事案件送交法庭审判的时候，起码应该有信心赢得这场诉讼，[②] 或者说他应该相信法庭做出有罪判决的可能性要大于法庭做出无罪判决的可能性，否则就不应该提起公诉。[③] 日本法律也规定：检察官必须严格遵守“至少有充分的证据证明，使被嫌疑人得到有罪判决者能提起公诉”的原则，当证明嫌疑人犯罪的证据不充分时，检察官有权以“嫌疑不充分”为理由，作出不起诉的决定。

然而，或许由于人性的弱点所决定，任何权力的行使都有滥用的可能，即使是在法治化程度很高的国家和地区，也都不可避免地出现了公诉程序滥用的情形。人们不禁要问：制约机制为何失灵？下文试逐一述之。其中，每个代表性国家的公诉权运行的分析的内容均大致从该国法律框架下公诉权的制约机制、实务中公诉程序滥用的情形、学界观点和判例实务等方面展开。

---

① 中国政法大学刑事法研究中心编：《英国刑事诉讼法（选编）》，中国政法大学出版社 2001 年版，第 543 页。

② 李长城：《论提起公诉的证据标准》，《四川省政法管理干部学院学报》2002 年第 4 期。

③ 中国政法大学刑事法研究中心编：《英国刑事诉讼法（选编）》，中国政法大学出版社 2001 年版，第 111 页。

一、当事人主义国家检察权的制约和运行

当事人主义国家以美国和英国为典型代表，当然这两个国家检察制度也存在较大差异。

（一）美国

美国的检察机关具有独立性，包括两个层面：一是检察机关内部每个检察官（包括助理检察官）对其所属检察机关的独立性；二是检察机关上下级之间的非集权性。前者指检察官在行使职权时不依赖当事人与法官，享有独立自主权。[①] 地区检察官完全独立于其他检察官履行负责起诉所在辖区内违反州法的犯罪行为的职能。州检察权同样也是高度分散的，每个郡检察官的运作几乎享有完全的自主权。没有任何郡检察官向联邦总检察长报告工作，或者认为自己应该受到他的命令或建议的约束。郡检察官也没有与本州总检察长的意图保持一致的义务。[②]

1. 公诉权的制约机制

在美国，大部分地方检察官设有选举办公室，检察官由选举产生，检察官只对选民负责。美国各州地方（首席）检察官决定是否起诉、认罪协商以及求刑均要考虑当地选民的反应，由于注意社会舆论，较不易流于个人偏执，否则下次即无当选可能，这也可以说是司法地方化的表现。[③]

---

① 张鸿巍：《美国检察制度研究》，法律出版社 2019 年版，第 40 页。

② 艾瑞克·卢拉、玛丽安·L. 韦德主编：《跨国视角下的检察官》，杨先德译，法律出版社 2016 年版，第 46 页。

③ 吴巡龙：《检察独立与检察一体——兼评检察官未经检察长核定迳行起诉事件》，《月旦法学》2005 年第 9 期。

检察系统也制定了相关的行业性规范。如《全美检察准则》(National Prosecution Standards）与《联邦地区检察长手册》等行业性规范亦对起诉裁量权的限制均有明文约定。《全美检察准则》第 1 条第三款从宏观上约定，检察官无论何时都应对公民个人权利保护投入热情，但在行使自由裁量权时必须将“社会权利”置于极其重要的位置。《联邦地区检察长手册》也专章详细规定了联邦检察官的检察原则，意在科学规范检察官的自由裁量权。该准则第 9 条规定，其适用范围包括提起和撤销公诉、选择指控罪名、辩诉交易、无罪申诉、以不起诉换取合作以及参与量刑。显而易见，这几乎涵盖了检察业务的最主要方面，也是最易滋生自由裁量权滥用的领域。①

美国的独立检察官制度也曾发生过重要作用。独立检察官不是常设的职位，而是专门对某个高级的行政官员的违法行为进行调查和起诉的临时性的官员，这里的高级行政官员包括总统、副总统、各部的正副部长以及相应职务的官员。被任命为独立检察官的人不是政府官员，而大多是职业律师，法学教授，也可以是法官。例如，水门案担任特别检察官（独立检察官前身）的哈佛教授考克斯，由于他不畏权势的坚持，终使尼克松黯然辞职，因此将独立检察官法制化，考克斯也被誉为“国家的良心”。独立检察官的职权包括人员任免权，司法调查权，传询证人权，向国会报告权和起诉权。②

在美国，公诉权运行的主要制约机制有大陪团审查、预审以及直接

① 张鸿巍：《美国检察机关起诉裁量权之限制及救济》，《中国刑事法杂志》2010 年第 2 期。

② 后来在克林顿总统执政时期，斯塔尔也曾担任过独立检察官，对“拉链门”事件进行调查。美国国会每五年都要重新审议《独立检察官法》并决定是否继续沿用。该法律最终于 1999 年 6 月 30 日到期，后未获延期。

作出无罪判决。

（1）大陪审团审查

美国大陪审团的起源，来自英国殖民时期及独立战争期间，[①] 对于权力行使的不信任，需要一个能够对抗专制、免于恣意追诉，而由市民参与保障人权独立与安全的机制。美国《宪法》第5修正案规定：“任何人非经大陪审团起诉，不受死刑案件或不名誉犯罪之审判。”大陪审团主要审查检察官准备正式起诉状之犯罪事证是否充分。

美国大陪审团程序兼具“剑”与“盾”的功能，前者筛选案件是否足以追诉、具有审查“不当起诉”的功能，后者独立收集犯罪证据并自行提起公诉，具有独立的追诉机能。联邦大陪审团由16至23名陪审员组成，采任期制。陪审员的选任，不采由检察官及辩护人的讯问程序，亦无不附加理由之拒绝制度，审查程序不公开。大陪审团有权无需令状传唤证人、调取证据。检察官呈交大陪审团的证据，不受传闻法则及违法证据排除法则的限制。被告并无在大陪审团前陈述证据的权利，辩护人亦不能参与。大陪审团只审查检察官单方提出的证据，不要求检察官应将有利于被告的重要证据提交大陪审团，审查标准为有相当理由（probable cause）足认其犯罪。评议采多数决。

美国的轻罪案件由治安法官（Magistrate）审判，重罪案件则由审判法官（trial judge）审判。美国各州法律不同，重罪案件的起诉书有两种情形，一为由“大陪审团”提出起诉书（Indictment），一为由检察官签名提起起诉书（Information）。前者，系检察官向大陪审团提出证

① 实际上，大陪审团的起源可追溯到1166年英王亨利二世颁布《克拉伦登法》，规定由郡的每个百户邑中选出12名乡绅对犯罪进行控告，1194年查理一世发布《巡回法庭章程》，把这种控诉方式规定为巡回审判的规则，由此确立起大陪审团负责起诉的制度。

据，经大陪审团核准后，向法院提起正式起诉状。联邦以及约有三分之一的州规定，重罪必须经大陪审团审核后才能起诉；有三分之二的州规定，大陪审团及检察官皆可起诉重罪。[①]

显然，大陪审团制度与小陪审团制度相比，从陪审员选任程序严格、证据采严格证据法则、有罪心证需达排除合理怀疑程度、评议全体一致判决，有显著差别。由于大陪审团成员是普通平民，缺乏独立审查案件是否应当起诉的能力，在某种程度上大陪审团审查程序的进行及结果反而在很大程度上取决于检察官，甚至被人批评为“检察官的橡皮图章”。[②]

统计资料显示，大陪审团实际过滤不当起诉案件之驳回率（nottruebill）低于2%，实效明显不彰。[③]针对此，有学者提出，应当通过以下措施强化大陪审团：第一，强化大陪审团调查的独立性和公正性；第二，保护证人的权益；第三，保障被告的权益。[④]

（2）预审

预审（Preliminary Hearing）是防止检察官滥行起诉非常重要的机制之一。预审被认为有多重目的，例如决定被告是否应释放、交保或羁押，当事人也常利用这一程序作证据开示或者取得弹劾证据的目的，但最重要的功能在于审查是否对被告起诉。一般认为预审之目的及理论基础，在于防止草率的、恶意的、无充分证据的、政治或宗教迫害的起诉。从公平正义而言，此程序确保非有充足的证据基础不得

① 王兆鹏：《起诉审查——与美国相关制度之比较》，《月旦法学》2002年第9期。

② 朱朝亮：《人民参与检察官追诉审查机制之探讨》，《检察新论》第22期。

③ 朱朝亮：《人民参与检察官追诉审查机制之探讨》，《检察新论》2017年第22期。

④ 杨崇森：《美国大陪审团之功能与运作》，《军法专刊》2010年3期。

起诉的原则。[①]

在大陪审团起诉的法域，被告有要求在（被害人或警察）控诉后一定期间内举行“预审”的权利，在预审程序中由治安法官决定案件是否应交付大陪审团审查。不过，在有些州，检察官可以在控诉后、预定的预审期日前，取得大陪审团的起诉书，则预审程序就不再举行。其理论基础为，检察官的案件已经大陪审团审查通过，即无滥行起诉的问题，无需再经预审审查。[②]在联邦的许多地方法院，因为此规定，事实上已不再有预审程序的举行。通常这些地区，每日都有大陪审团执勤，可以迅速审查检察官的控诉后签发起诉书。但也有少数州规定，检察官不得通过取得大陪审团起诉书，来逃避预审程序。[③]

在 Lem Woon v. Orefon 案[④]中，联邦最高法院判决，请求预审并非（不可剥夺的）宪法权利。但是，联邦与大多数州都规定被告有请求预审的权利。因此原则上，除非被告放弃此权利或检察官在法定期间内取得大陪审团的起诉书，否则刑事诉讼必须经过预审程序。[⑤]

然而预审并非强制规定，所以被告可以放弃此一权利。在某些法域，有大约 50%的案件，被告放弃了请求预审的权利。被告放弃预审的常见原因有：预审程序会花费太多的时间及金钱；认罪协商常在预审程序前发生，其中检察官提出的条件之一是被告放弃请求预审的权利。[⑥]

不过，有些州如加利福尼亚州规定，即使被告放弃预审的权利，检

---

① 王兆鹏：《起诉审查——与美国相关制度之比较》，《月旦法学》2002 年第 9 期。

② 《联邦刑事诉讼规则》第五（C）则中就规定：在预审期日前，如已取得大陪审团的起诉书，无需举行预审。

③ 王兆鹏：《起诉审查——与美国相关制度之比较》，《月旦法学》2002 年第 9 期。

④ 229 U.S. 586（1913）.

⑤ 王兆鹏：《起诉审查——与美国相关制度之比较》，《月旦法学》2002 年第 9 期。

⑥ Kamisar, Lafave, Israel & King, supra note 6, at 933.

察官也有权请求预审。特别是检察官担心证人不能在审判中到庭，或者证人证言可能在审判中发生变化，检察官就可以通过预审程序要求证人到场作证，来保全证言。因为证人在预审程序中的陈述，符合一定条件时，可以成为审判中的证据。①

（3）直接作出无罪判决（Motion for judgement of acquittal）

美国审判为当事人进行主义，审判开始先由检察官向裁判者作开始陈述，简略陈述本案的犯罪事实及法律依据。检察官必须排除合理怀疑地证明被告人所实施的犯罪事实。在检察官举证完毕后，再由辩护人传唤证人，反驳检察官的证据或证明对被告有利的事实。

在联邦以及绝大多数州，如检察官未尽举证责任，法官得依职权或辩护人申请，直接作出无罪判决。判断检察官是否尽到举证责任的一般标准为：将证据作最有利于检察官的可能性解释时，理性之人也不能形成被告有罪至毋庸置疑的心证程度。此外，在检察官举证后，由辩护方举出全部证据，法院此时也可依申请或依职权，直接作出无罪判决。②

对于法官此时作出的无罪判决，案件即告确定，检察官既不能上诉，也不能重新起诉。

2. 实务中公诉程序滥用的情形

美国刑事司法实践中常见的公诉程序滥用主要有歧视性起诉、隐瞒证据的起诉以及报复性起诉三种。

（1）歧视性起诉

在美国的当事人主义刑事诉讼下，检察官对于是否起诉以及以什么

---

① 朱朝亮：《人民参与检察官追诉审查机制之探讨》，《检察新论》2017 年第 22 期。

② 王兆鹏：《起诉审查——与美国相关制度之比较》，《月旦法学》2002 年第 9 期。

罪名起诉有较大的裁量权，但是这种裁量权绝不是没有边界的，而必须受到宪法（修正案）“正当程序条款”的保护。因此，检察官不能仅仅因为对某些种族、宗教、政治派别乃至贫富状况、个人恩怨等因素而有歧视性地对特定的人提起追诉。但是，从美国的历史上来看，因为检察官出于种族歧视、政治敌意、政党利益等个人因素而专横地发动起诉的例子并不少见，如新奥尔良地区检察官詹姆士·加利森起诉克雷·肖刺杀肯尼迪，对民权运动的领导人马丁·路德·金提起的诉讼等。①

虽然美国联邦法院在 YickWov. Hopkins 一案中明确肯定了被告人有反对歧视性地选择起诉的宪法权利，但是在实践中这一权利的实现却被施加了重重限制。根据美国联邦最高法院的判决意见，要成功地声请构成歧视性起诉，声请人必须要完成两个方面的证明：第一，证明其他与自己类似情况的人未被起诉；第二，证明检察官起诉乃是出于歧视。在 1996 年阿姆斯特朗案中（U.S. v. Armstrong），最高法院驳回了被告方要求检控方开示相关歧视性证据的申请，更是进一步增大了被告方成功声请的难度。所以，从数量上来看被告方提出歧视起诉声请的案件呈上升趋势，但是几乎没有成功的案例。多数情况下法院裁定案件中检方的起诉决定存在“合理的基础”，或者检察官提起诉讼的“并非出于恶意”，抑或声请人因无法提供足够的证据而径予驳回。②

（2）隐瞒证据的起诉

关于检察官隐瞒关键证据而提起公诉，可分为以下三种类型：

第一，检察官隐瞒关键的证人证言，如佛罗里达州的理查德森杀死

① 桂亚胜编译：《美国检察权的滥用》，《中国刑事法杂志》1997 年第 5 期。

② 闫召华：《公诉不端：美国的实践及其启示——基于判例与规则的双重分析》，《中国刑事法杂志》2010 年第 7 期。

孩子骗保案。理查德森是一名农场工人，他在 1976 年被指控为了骗保而杀死自己的七个孩子，最终被判处死刑。但是，1995 年佛罗里达州法院的一名法官发现该案的检察官隐瞒了能够有力证明理查德森无罪的证据，最终推翻了该谋杀案的判决。本案中能够证明被告无罪的一些关键证据未被检察官向被告方展示，其中包括：一份孩子的保姆承认是她下毒杀死这些孩子的宣誓证词，一份证人称自己是在被办案人员严重殴打之后被迫作伪证的声明，一些狱友提供的否认理查德森曾在牢房里承认杀人的证词，而最关键的则是理查德森从未购买过任何保险。

第二，检察官隐瞒专家证言，如纽约的艾里克·杰克逊超市纵火案。1980 年艾里克·杰克逊被法院判定谋杀罪成立，判决认定他在布鲁克林的沃德堡超市纵火，最终造成房屋顶坍塌、多名消防队员牺牲的严重后果。可是后来，死者家属的代理律师偶然地发现，一位专家证人曾在勘查火灾现场后告诉检察官：超市起火并非人为纵火，而是电器起火引起。可是该检察官仍然坚持自己并未隐瞒证据，法官经过审查后发现备忘录中专家证人明确写明超市大火系电器故障所致。最后，法院推翻了原来的判决，被告人无罪释放。①

第三，检察官隐瞒物证鉴定结论，如德汉姆县大学生球员强奸案。2006 年德汉姆县发生了一起恶性的黑人女孩被轮奸的案件，在证据不足的情况下，德汉姆县的检察官尼方轻率地认定 3 名大学生曲棍球员参与实施了该起强奸案，并对他们提出起诉。三名被告的律师发现案中缺乏关键的 DNA 证据，就向法庭提出陈述。结果，刑侦实验室的鉴定发现受害者身上并没有 3 名被指控的大学生球员的 DNA。经过进一步的

---

①　桂亚胜编译：《美国检察权的滥用》，《中国刑事法杂志》2012 年第 47 期。

调查发现，这些能够证明大学生球员无罪的 DNA 检测报告就掌握在检察官尼方手中。尼方的造假行为严重违反了职业道德。尼方还对媒体散布不利于被告的过激评论，说这些大学生球员是“一帮流氓”，并暗示他们受到“黑幕”的保护。由于检察官尼方在办案过程中采用了不正当的欺骗手段，他随后被北卡罗来纳州检察院起诉，并在 2007 年被判有罪，罪名是欺骗法官，错误地以强奸罪起诉 3 名大学生球员。同时，尼方隐瞒被告方的 DNA 证据和向媒体提供关于被告的负面评论的多项行为，违背了北卡罗莱纳州司法人员的职业行为准则，因此尼方被剥夺法律执照并辞去检察官的职务。①

需要指出的是，美国的地方检察官实行选举制，难免会有检察官为了在选举中获胜而不惜对无辜的人发动错误的公诉。因为不端行为有利于检察官对陪审团施加有效的影响而在法庭获胜，这种超越职业道德限制的诱惑是非常强烈的，所以有的检察官不可避免地屈从于这一诱惑。在德汉姆县大学生球员涉嫌强奸案中，北卡罗来纳州方面经过调查，证实检察官尼方就是为了寻求竞选连任，在处理案件时进行欺骗和歪曲。②

(3) 报复性起诉

在美国，检察官报复性起诉最典型的是检察官改以更重的罪名起诉被告。例如在布莱恩案中，检察官因为布莱恩否认与同案犯参与了犯罪而被作为成年人起诉。布莱恩是一名 15 岁的美国黑人男孩，被控与两名成年男子一起实施入室盗窃和行凶杀人。由于布莱恩是未成年人，所以分案起诉，对他的起诉由政府律师办公室负责。处理成年同案犯的

① 《大学生球员强奸案真相》，《今古传奇》2010 年总第 242 期。

② 《大学生球员强奸案真相》，《今古传奇》2010 年总第 242 期。

联邦助理检察官会见了布莱恩，要求他进行合作，作证指控成年同案犯，以换取宽大处理，甚至有可能撤销起诉。布莱恩否认他与成年同案被告参与了这些犯罪。检察官威胁他，如果他坚持拒绝作证，就要把他作为成年人起诉，并有可能被判处终身监禁。布莱恩仍然坚持说，他对这些指控的罪名一无所知。检察官果然撤销了布莱恩在未成年人法庭的起诉，而把布莱恩作为成年人起诉。布莱恩的辩护律师以检察官报复为由，请求撤销大陪审团的起诉。在控辩双方的参与下，法官举行了听证。在开庭审理中，法官宣布案子驳回，并签发了以检察报复为由驳回起诉的裁定书。①

在实务中导致检察官提起报复性起诉存在多种缘由。有的是因为被告人请求保释，有的是因为被告方主张证据排除，甚至有的是被告方请求改变管辖。例如，在 U.S. v. DeMarco 案，被告请求将案件由芝加哥移转管辖至洛杉矶审判，检察官警告被告若坚持此一请求，将提起更重罪名的控诉。在法院准许被告移转管辖的请求后，检察官果然再取得大陪审团增加另一项新罪名的起诉书。法院认定此案构成报复性起诉。②

在有的案例中，由于被告请求宣告误审，检察官变更重罪进行起诉。例如，在 U.S v. Jamison 案中，上诉审法院就指出，被告在行使请求宣告误审的权利时，应当毋庸担心检察官会在重新审判时以更严重的罪名指控；本案重新审判的事实与证据，与前审几乎相同，检察官也未能提出正当理由说明起诉重罪的原因；若不驳回重新审判的较重

① 安吉娜·J·戴维斯著：《专横的正义——美国检察官的权力》，李昌林、陈川陵译，中国法制出版社 2012 年版，第 128—130 页。

② 王兆鹏：《论报复性起诉》，《月旦法学》2013 年第 12 期。

罪名，等于逼迫被告选择接受第一个不符合正当程序的审判，或接受第二个更重刑罚的审判，对被告极度不公平，最终判决本案构成报复性起诉。①

3. 联邦最高法院关于公诉滥用的判断标准

在五十多年的诉讼实践中，美国联邦最高法院判决先将公诉滥用的标准从"司法报复行为"延伸至"检察报复行为"，又从"推定报复理论"限缩到"事实报复判定"，最后适用宽松程度介于二者之间的"利益权衡"标准。②

在 1969 年 North Caronila V. Pearce 案中，美国联邦最高法院首先确立了"司法报复行为"的概念。美国联邦最高法院在该案终审判决中表示：依正当法律程序规定，被告在合法行使上诉或声请再审等权利时，不应有遭受报复或处罚之恐惧。本案被告因为行使请求再审的权利，却遭受更长刑期的处罚或报复，违反宪法正当法律程序的规定。当然，再审法院并非绝对不能科处被告以更长的刑期，但必须是原确定判决之科刑程序后，确实有应科较重刑期之特定行为发生。③

在 1974 年的 Blackledge V. Perry 案中，联邦最高法院又将"司法报复行为"理论延伸至"检察报复行为。"在被告声请上诉复审后，检察官即取得对大陪审团对被告的起诉书，在与前诉完全相同的犯罪事实下，用重罪起诉取代先前的轻罪起诉。联邦最高法院判决本案违反正当

① 王兆鹏：《论报复性起诉》，《月旦法学》2013 年第 12 期。

② 王兆鹏：《论报复性起诉》，《月旦法学》2013 年第 12 期。

③ 395 U.S. 711（1969）.

程序。[①]此案的判例形成了“推定报复理论”，即：被告不需要证明检察官确实有报复的意图，而只需证明在其行使权利后，法官有判决更重刑期的行为或检察官有起诉较重之罪的行为，即推定司法或检察行为具有报复性质，被告应获得法律上的救济。此时公诉机关应当充分证明，自己所持有的客观性的证据，足以证明起诉有着合法与正当的目的，而不是出于报复；反之，如果公诉机关并不能提出证据证明上述观点，就应当作出有利于被告的判决。[②]

但是，检察官变更较重的罪名进行起诉，并不必然构成公诉程序滥用。在1978年的Bordenkircher V. Hayes案中，最高法院表示：Pearce与Blackledge二判决中，宪法正当程序禁止国家为报复行为，目的在于使被告在行使权利时，不会有遭受报复的恐惧。但是，该二判决的意旨，并非只要被告在行使权利时，有遭吓阻的可能性，就与正当程序相违背。[③]辩诉交易的性质是双方自由谈判，被告有权自由接受或拒绝检察官的提议，因此不存在报复的情形。本案检察官只是将被告面临的困难抉择挑明说出，被告方也完全知道，如果不认罪，检察官将以重罪起诉，这种行为是辩诉交易的正常谈判，并未违反法律正当程序。

1982年U. S. V. Goodwin案，联邦最高法院更明确说明：在审判前的程序，不应采用“推定报复”标准，而应采用“事实报复”的标准，即：在认罪协商程序或审判前程序，被告必须证明检察官确实有报复的意图，才有可能受正当程序的保护。

被告有自由行使权利而无畏惧遭到报复的利益，但检察官也有广泛

① 王兆鹏：《论报复性起诉》，《月旦法学》2013年第12期。

② 王兆鹏：《论报复性起诉》，《月旦法学》2013年第12期。

③ 434 U.S 357, 363（1978）.

裁量权的利益。原则上，当被告证明在其行使宪法或法律权利后，检察官即相应起诉更重的罪名，此时形成报复性起诉的初步证明。法院在此基础上进一步审酌被告不受报复的利益、检察官起诉的利益；如果法院认为被告的利益胜于检察官，则推定检察官系报复行为，此时检察官须举证证明其起诉重罪不是基于报复而是有其他合法原因。

实务中法官进行利益衡量综合考虑的因素包括：案件的复杂性、检察官行为与被告行使权利之间的时间关联性，是否有新证据或事实的出现等，依此等相关因素判断是否具备“实际的可能性”、权衡检察官与被告利益的冲突。例如，检察官承办案件很久，都没有提出重罪，但在被告一行使权利后就立刻提出重罪起诉，法院就可能作出不利于检察官的判决。①

无论在哪种模式下，检察官若对新增或重罪的起诉，有合理的解释，即可反驳被告方“报复起诉”的指控或者法院利于检察官的认定。在案例中，法院曾接受了检察官提出的如下解释：因持续的调查而发现新事实或新证据；因为案件移交，新的承办检察官重新评估案件而作出了不同的决定；为了保护线人；原先的起诉存在错误，后面的诉讼的提起为了纠正原先存在的错误。但是，以下的理由没有被法院接受：检察官经验的不足、审判策略的改变等。②

（二）英国

根据1985年通过的《犯罪起诉法》，英国的起诉分为简易起诉程序

① 王兆鹏：《论报复性起诉》，《月旦法学》2013年第12期。
② 王兆鹏：《论报复性起诉》，《月旦法学》2013年第12期。

及正式起诉程序，前者指轻罪案件，可由追诉者直接向治安法官提出简易起诉书（information）。对于重罪案件，控方需把起诉书先提交治安法院，由治安法官来审查起诉是否具备相当理由，以保护无辜被告免受长期审判之苦。但被告放弃此权利，承认有罪，此时则可直接交付审判。

如果被告否认有罪，则须对控方证据进行审查。如果被告对控方证据表示异议而要求或者治安法官认为有必要时，可以举行预备询问。先由追诉者说明案由，然后传唤证人进行直接询问，再由被告进行反询问。证人询问完毕后，如果治安法官认为证据不充分时，可作出不交付审判的决定。

反之，如果治安法官认为追诉方证据具备表面理由时，须告知被告令其作出说明或者要求其提出有利证据，若被告无法反驳时，则作出交付审判的决定。由治安法院书记官制作正式起诉书（indictment）连同相关文件送交有管辖权的法院进行审判。

本程序仅在审查追诉人之追诉证据表面是否有理，并不对证据作实质性调查，如果追诉者的追诉证据满足了表面有理由的要求，即使治安法官认为被告应受无罪判决，也应当作出交付审判的决定。①

1. 检察官决定起诉的考量因素

检察官决定是否起诉的考量因素主要有两个方面：

一方面，英国皇家检控署为了保证皇家检察官作出公平的控诉决定，要求所有的起诉决定或继续起诉的决定必须首先满足证据的标准：

① 朱朝亮：《人民参与检察官追诉审查机制之探讨》，《检察新论》2017 年第 22 期。

预期可予定罪。[①] 这一点是不变和绝对的要求。这个标准的基本要求是皇家检察官必须对证据充分感到满足（指证据的可信和可依靠性），以便为指控中的问题提供“定罪的实际可能”。简言之，皇家起诉官必须感到起诉方有足够证据，并且考虑到辩护的因素，使定罪的可能性要大于不定罪的可能性。[②]

有人把刑诉中的证明程度分为以下七个等级：第一，“没有意义的证据”，这是一种没有事实根据的怀疑，执法人员在这种情况下，只能采取不限制被嫌疑者人身自由的调查行为；第二，“合理的根据”，即认为某人可能实施了犯罪行为，执法人员据此可以临时限制被嫌疑人的人身自由，如在街上盘查嫌疑人；第三，“可能性证据”，即认为某人可能实施犯罪行为，执法人员可以逮捕被嫌疑人；第四，“优势证据”，即依据已知的全部证据相信嫌疑人的有罪的可能性大于无罪的可能性，有的法律将此规定为预审听证强制被告人到庭受审和提出起诉通知书的证据标准；第五，“表面优势证据”，即依据已知公诉方的证据可排除合理怀疑地相信被告人有罪，有的法律将此规定为大陪审团提出起诉控告书的标准；第六，“超出合理怀疑的证明”，即依据辩诉双方的全部证据，可合理排除怀疑地相信被告人有罪，这是法院判定被告人有罪的标准；第七，“有罪的绝对证明”，即绝对地确定被告人有罪，甚至可以排除不合理的怀疑，当然这是极高的目标了。[③]

只能在有充分证据的情况下起诉，这被界定为定罪的可能性大于判

---

① 中国政法大学刑事法研究中心编：《英国刑事诉讼法（选编）》，中国政法大学出版社 2001 年版，第 543 页。

② 李长城：《论起诉的证据标准》，《四川政法干部管理学院学报》2002 年第 2 期。

③ 杨诚、单民：《中外刑事公诉制度》，法律出版社 2000 年版，第 136 页。

处无罪的可能性。这就需要检察官预测程序结果，但并不要求检察官评价罪与非罪。如果缺乏足够的起诉证据，不论任何理由，都不能进行起诉；如果已经进行起诉，则应当停止。

另一方面，起诉必须符合公共利益。这是一个非常有弹性的标准。是否符合公共利益是依据个人的政治和社会观念以及经验而定的问题。具体的标准通常包括：犯罪的性质；被告人的年龄、健康状况、犯罪记录以及对待犯罪行为的反应（包括赔偿被害人损失的情况）；犯罪行为对被害人的影响；如果进入审判的话，被告可能被判处的刑罚。对于有预谋的犯罪、集团犯罪、歧视性犯罪或者保释的嫌疑人犯罪，通常倾向于起诉。①

由此可以看出，自由裁量权是英国刑事政策的核心问题，同时也是皇家检控署的一个基本问题。皇家检控署有权力起诉任何它愿意起诉的案件，以及不起诉它不愿起诉的案件。“公共利益”可以成为任何决定的合理理由，当然，完全不合理的决定或者与法律相违背的决定可以通过司法审查程序来控制。皇家检控署在原则上保证那些应当予以警告的案件不被起诉。检控署必须对警察机关偏离标准进行控制。有将近三分之一的终止起诉是基于公共利益的理由。皇家检控署只在非常少的情况下建议取消警告。

2. 公诉程序滥用的构成标准②

“刑事公诉程序滥用”（abuse of process）起源于普通法，其原则为

① 皮特·J.P. 泰克编著：《欧盟成员国检察机关的任务和权力》，吕清、马鹏飞译，中国检察出版社 2007 年版，第 61 页。

② 李长城：《英国对公诉程序滥用的制裁及其启示》，《湖南警察学院学报》2014 年第 2 期。

“对被告权利极度和严重的违反将可能导致法庭拒绝审理这一案件。”[①] 根据人权原则，“对被告权利侵犯的程度到了使他不可能进行辩护，一场公正的审判不可能发生，程序将被中止。”在英国的判例中，“程序滥用”被定义为，起诉中的一些事情是如此的不公平和错误，以致法庭不会让一项控诉继续。[②] 公平审判的内容既包括了对控方的公平、对公众的公平，同时也包括对被告方的公平。“不公平和错误”被法庭用来衡量每个案件中的个别事实。

当检察官精心地操纵法庭程序时，将可能产生不公平。在一个案件中，皇家检控署曾精心地采取步骤以确保一名被指控实施一项只能在成年人不出席的法庭中才可被审理的犯罪的被告，直到他达到法官不再有决定是否处置他们的裁量权的年龄。这个案件并未构成程序滥用。基于事实，控方的行为至多显示出行为不端或不诚信。此外，也不存在对被告的偏见，因为无论如何，法官会将案件呈递刑事法院；如果定罪，法官会考虑被告实施犯罪时的年龄及当时的情形。如果程序开始或继续违背了不起诉的承诺，也可能导致不公平而构成程序滥用。

未能进行公正讯问可能构成程序滥用。很多声称的程序滥用与讯问相关，声称不公平或有压力，大多发生在对被告的讯问期间。有一个案件的案犯因毒金洗钱罪被逮捕之后，他从来没有被讯问过就被起诉了。法官认为在以下方面对被告造成了偏见：“被告没有在讯问中回答问题时提供证据，因此也就不可能有权利使这些解释让陪审团考虑。”法官也

---

① The Doctrine of Abuse of Process: A Comment on the Cambodia Tribunal' s Decisionsin the Case against Duch（2007）, Leiden Journal of International Law, 21（2008）,p.730.

② Abuse of Process,http://www.cps.gov.uk/legal/a_to_c/abuse_of_process/, last visited on October 28th,2019.

发现对被告在以下方面产生进一步的偏见："剥夺了一名嫌疑人利用最早期的机会进行解释的权利，尽管他被警告'任何他说或写的材料将会被作为呈堂证供'，这样做绝对是对人权的违反，很显然是一种滥用。"[①]

警方与证人不恰当地联系也可能构成程序滥用。与证人联系总是很敏感的，例如，教导或排练证人应当怎样说话以作为证据，被认为是不职业的。在一个案件中，被告宣称，警察以不恰当的方式联系和会见了控方证人。警察在会见的过程中，谈到证人曾经讲的是不正确的，结果一些证人收回了他们向被告律师所作的声明。有一项声明提出，庭审时不正当的压力已经由警方作出，这可以解释为什么证人突然间撤回了他们的证据。实质上，声明指出，警方基于劝说证人撤回证据的目的而与证人接触，构成了程序滥用。

关于认罪抗辩与滥用程序之间的关系，英国上议院曾在 1977 年作出判决，法庭已经承认在无罪抗辩和有罪抗辩（作为后续审理的障碍）之间有紧密的联系，并基于程序滥用而中止了程序。在被告的抗辩被法庭拒绝的情况下，被告仍可试图讨论，在案件特定的情况下，允许控诉继续将构成程序滥用。如果被被告方的意见说服，法庭将会公开中止程序，而不管先前的抗辩已被拒绝。但是，同样存在相反的案例。可能显示出，如今抗辩的原则已经不再适用，在程序滥用处理的有关原则下，在此领域的进一步扩展尚未能得到很好的解决。

控方的选择性指控可能构成程序滥用。通常，控方被允许作出选择对谁进行起诉。控方没有义务，因为证据对所有人是相同的，所以所有人都应当被相似地起诉。但是，在决定起诉谁，以及可能更重要的不起

① Abuse of Process,http://www.cps.gov.uk/legal/a_to_c/abuse_of_process/, last visited on October 28th,2019.

诉谁，在证据大体相似的情况下，检察官必须公平行事。很显然，任何形式下不正当的区别对待或偏好将是不法的，这可能构成反歧视立法下的一项犯罪；在英国《1998 年人权法》下，并且可能是公权机构的不法行为。在刑事审判中，有时声称控方证人捏造和装饰证据，作为他自己逃避追究的方法。相应地，他的证据将不被考虑。在大多数的案件中，决定这种控诉的可信性是陪审团的事情，不存在滥用的问题。但是，如果声称在污点证人和调查人员之间存在共谋，实际上调查人员通过让嫌疑人提供虚假的证据来发动追诉，而承诺不追究该嫌疑人或其朋友、亲戚；那么，控诉就被这种虚假的“事实”玷污了，并且是很不公平的。

被关押的被告起初以一项罪名被指控、但后来以一项替代的罪名被指控的场合，可能引起一项程序操纵和滥用的指控。因为允许控方有如此大的幅度来提起替代或附加的指控，不仅可以确保被告被关押得更久，而且展示“合理谨慎”的要求也可一并避免。根据规则，羁押时间从被告被指控时起算，相应地，新罪名的指控导致一项新时间的开始，使得一名被告被羁押总共超过 70 天而没有提起公诉时，必须要请求法庭批准延期。考虑到这种可能性，可能有人会宣称，控方通过不适当的增加后来新的指控的目的是为了让被告羁押超过 70 天。

在伍德一案中，上诉人最初被指控谋杀并要求羁押，在他羁押期满的那一天，指控被替代为误杀，治安法官批准了为期 70 天的新期限，因而又开始了新指控罪名下的羁押期。史利姆法官在考虑滥用的控诉时指出：“有人认为，当新指控的提出是基于恶意或不诚实构成程序滥用；在我看来，滥用程序的范围不应如此限制。如果一项新指控的提出仅仅是为了让被告被羁押得更长久，显然与立法的意图相违，就构成程序滥用。如果增加或替代的指控的方式或实践显示，引入新指控的真正目的不是基于对案件的评价发生改变，而主要是让因最初指控而被羁押的被告继续羁押，那么，这种情形构成程序滥用；当然，另一方面，如果引入新指控的目的是因为对案件评价的改变，而导致被告开始一段新的羁押期限，则并不构成程序滥用。”基于事实，史利姆法官认为该案并未构成滥用，因为新指控的提出是基于在此之前曾经开示的证据体系被替代。

在刑事诉讼程序进行的过程中，检察官是否主动对指控的罪名进行变更，存在不同的案例。例如，在 2000 年被裁定为程序滥用的一个案件中，在治安法官已经退庭考虑量刑之后，由于意识到指控罪名可能仅使被告受到罚款的处罚，控方邀请治安法官回到法庭，然后请求他们替换了关于同一事实的一项可能带来监禁刑的指控。在 1993 年的另一案件中，地区法院认为，被告已经选择了在刑事法庭受审，因此检察官有权利把一项普通袭击的指控适当地进行替换。

法庭有裁量权来使程序重复进行，但却不允许它成为烦人的和对法庭程序的滥用。在 1981 年的一个案例中，艾克勒法官认为该案中重复进行的程序构成滥用。他说：“控方基于所有实际的目的来一次愚蠢的指控，在他们认识到把事情搞得过于复杂之后，是否有权如同本应当在最初就基于正确的考虑进行程序一样，重复进行实际上的同一程序？我认为，允许这个特殊情形下的案件这般进行，对上诉人来说是烦扰的，基于此原因，我认为构成程序滥用。”艾克勒法官认为，第二次程序与第一次程序相比，虽然简化并缩短了，但仍是烦人的，并构成滥用。

但是，在 1982 年的另一个案例中，第一次的程序因为延迟被撤销指控，地区法院认为程序不是烦扰的。在 2001 年的一个裁决中，法庭很清楚地传达了一种信息：反复试图对被告定罪将构成压迫和滥用。实际上每一名检察官都有仔细评估司法利益的义务，其中当然也包括考虑延迟和偏见之下的被告人的利益。①

无论声称基于何种基础的滥用，对引起或继续刑事程序的进行构成法庭程序滥用提供证明的责任在被告方，证明的标准是“可能性的平衡”。作为一项一般的原则，通常有必要让被告证明：不仅程序滥用已经发生，而且已经对被告产生偏见，所以作为结果，一次公正的审判已不再可能在他（她）的案件中出现。正如沃夫法官在2001年第2次全体律师会议中在上诉法庭听证会上所说：“如果存在对被告的偏见影响到他参加公正审判的权利，并且通过其他的方式不能得到救济，那么理所当然，中止程序是一个适当的救济。但是如果缺乏这种偏见，中止程序就不具有正当性。”关于延迟的争议，被告方曾提出，一旦提出延迟的争议，应当由控方证明来让法庭满意：一次公正的审判仍然可能。

3.对公诉滥用的制裁：中止程序

在英国，刑事诉讼基本的原则是由控方而不是法庭来决定是否提起公诉，以及如果已经提起公诉的话，是否继续。虽然考虑到在起诉之外的诉讼过程，地方公诉机关在浪费执法政策的管理权，但是确实应当由权力方决定何时起诉，只有滥用程序清晰地表现出来时，法庭才应当干涉。法庭有重要的职责促进公正、预防不公正，从这种职责产生了一种内在的权力来中止起诉，如果法庭认为让起诉继续将导致程序的滥用。法庭为避免程序滥用而中止诉讼的内在管理权只在例外的情形下使用；这一原则的焦点是预防被告出席将会产生偏见的审判。

① David Covker amd David Young with Mank Summers Abuse of Pracess in Giminal Proceedings London: Lexisnesis/Butter woths, 2008. P.116-119.

在关于申请程序滥用的主导案例中，确立了在以下的情形下由于程序滥用而中止控诉是正当的：不可能给予被告公正的审判；或者，在特殊案件的情形下，请求审判被告侵犯了法庭的正义感或正当性，将构成滥用或操纵程序。

所有的法庭都有中止权，但是只有在用其他方式不能纠正对被告造成的偏见的例外情形下才会使用。换言之，一项永久的程序中止是例外而不是原则。被要求运用他们固有的权力来中止程序的法庭将会首先考虑是否有诸如排除特定证据或向陪审团作出指示之类的程序措施来防范庭审的不公平，从而允许起诉继续。自从《欧洲人权和基本自由公约》与欧盟各国国内法合作以来，针对滥用程序提出的申请已经在逐步增加，但是上诉法院针对这一原则的申请保持了一种持续的限制态度。一种清楚的倾向是，法庭将继续审判，法官将用其他的权力（例如排除不公平获得的证据）来规范庭审的指引，以避免对被告的不公平。法庭不会仅为了惩罚控方而运用他们固有的权力来中止程序。足够的判例清楚地表明，基于滥用而中止程序的权力并不是设计为法庭可以直接用以惩戒警察或检察官的一种工具。有法官评论道："应当记住的是，基于程序滥用的中止不能简单地作为一种对皇家检控署惩罚性异议的一种形式。如果有这样的看法是不允许的。"

程序延迟并不必然导致起诉未经审判被中止，尤其是没有不诚信或操纵起诉的证据，或者 / 以及被告引起或实质上导致时间的延迟。对延迟判例的研究揭示：与程序经过的时间相比，法庭更看重延迟对被告建立一个有效案件能力的影响。英国的某地区法庭曾警告道，当国会的立法没有作出具体描述时，法庭不应当对简易案件提交审判创设一个人为的期间限制。中止程序只有在以下情形才是适当的：由于控方缺乏效率导致了过度或过分的延迟；对被告造成的偏见能够被证明或推断。《欧洲人权公约》第 6 条第一款保证了“在一个合理的时间内”公平审判的权利。英国上议院对此的观点是：“只有当刑事程序存在对《欧洲人权公约》第 6 条第一款要求的合理时间违反的以下两种情形下才可以中止程序：第一，一场公正的审理已经不可能；第二，由于任何强制性的原因，对被告审理是不公平的。”

2011 年，英国的一个案件上诉到了欧洲人权法院，在议案程序延迟了 30 至 40 年之后，欧洲人权法庭以滥用程序取消了性侵犯的定罪。在这个案件中，对于长时间的迟延没有很好的理由。控诉人的母亲曾经在 27 年前面对上诉人，但是没有向警察告发。这种延迟已经为控诉人和其他上诉人之间的串谋提供了机会，一名被告方的证人已经死亡，被告依赖的其他书面证据已经不能再获得。上诉法庭审查了这个案件，并提出了以下五条建议：

“第一，由于已不可能对指控的罪状进行公平的审理，法庭应当对其中一些或全部指控的罪状中止程序。

第二，被告方提出此类申请和法官就此作出裁定的适当时间是在庭审中所有的证据都被法庭听审之后。

第三，在就任何特殊的罪状评估延迟给被告造成何种不公平时，法庭应当考虑，与辩方案件直接相关的什么证据在经过这段时间之后已经消失。对支持被告的丢失的文件或死亡的证人进行粗略的估计是没有帮助的，法庭应当考虑什么证据仍然保留了下来。法庭应当把案件作为一个整体，在案件的具体情境中严格地审查丢失证据的重要性。

第四，在已经辨明由于延迟造成对被告不公平，因此法庭有必要考虑通过对陪审团进行重点的标准指示或特别指示的方式，在何种程度上能够对不公平进行弥补。对于因为时间流逝而湮灭的重要的独立证据，不必知道该证据将会支持哪一方。可能在有些案件中，对陪审团的指示也不会消除一方当事人遭受的结果上的不公平，但这些都将依赖于具体的案件事实。

第五，如果控诉人很迟才站出来是不适当的。与此相关的问题是，在争议的事件过去如此之久之后才审理被告是否公平。在决定控诉人的迟延是否不正当时，在头脑里必须牢牢记住的是，性侵犯案件中的受害者在一段时间内通常不愿揭露或谈论她们的经历，存在正当的原因。”①

过度和不利的媒体报道可能使得一场公正的审理变得不再可能，并因此导致法庭中止程序。如在2001年英国的一个案件中，在法庭作出裁决后，一名庭审中的证人撤回了他的证词，并告诉记者他所做的证词是虚假的。但是，在另一案件中，上诉法庭拒绝了不利的公开将会使审判可能不公正的意见。这项决定作出的基础是，在关于被告否认该项指控罪名可能产生的偏见上，陪审团可能有的关于该案公开性的任何回忆，与他们在法庭被合法地告知被告曾多次承认谋杀并认罪的影响相比，无疑是极其微弱的。

控方未能开示有关证据材料将可能导致法庭基于滥用程序而中止诉讼；但是，法庭这样做的前提是，除非被告能够表明他（她）将遭受如此的偏见，以致一场公正的审判已不可能，否则法庭将不会中止诉讼。争议的焦点在于控方未能开示是否导致被告方不能审查证据或控方证人。在一个典型的案例中，该案涉及声称包含有相关信息的一盘录像带不能获得。在此情况下，法庭将考虑证据开示义务的性质和程度，调查机构

---

① 参见RVTBF[2011] EWCA Grim 726一案。

和控方取得或保留该材料是否存在任何的问题。如果在被告首先寻求保留该材料前，控方没有在《1996年刑事审判和公共秩序法》或关于证据开示的一般性指导中规定的取得或保留该材料的义务，随后的审判将不会不公平。相反，如果存在对获得、保留相关材料义务的违反，法庭将有必要考虑，在一种可能性的平衡上，被告是否已证实，由于缺少相关的材料，被告将遭受严重的不公，在此基础上，一场公正的审判将不可能发生。这一问题在2004年的一个案子中被欧洲人权法院考虑。法院认为，只有当证据的丢失使被告与控方相比处于不利状况时，才构成对《欧洲人权公约》第6条(获得公正审判的权利）的违反。1992年的一个案例中，被告不能询问控方证人也导致了一次基于程序滥用基础上的中止程序。

执法者无节制的行为可能导致法庭中止程序。在一个典型的案件中，英国上议院明确指出："国家引诱他的公民实施非法行为，然后寻求控诉他们，这是不能被接受的；法庭可以运用他们固有的权力中止程序，以确保国家的代理执行人不会滥用法律的强制力。"在辨别对可接受的警察行为的限制时，一项有用的指引是，考虑在特定的情形下，如果警察没有比目前做得更多，被告是否有非例外的机会来实施犯罪（虽然每起案件的事实不同）；并且，法庭有必要仔细考虑是否在《1984年警察和刑事证据法》第48条下排除证据或中止程序。当法庭面对警察或检察官的非法行为是如此严重以致威胁到减损法治，法庭就会认为自己一定要阻止案件。

二、职权主义国家检察权的制约与运行

大陆法系职权主义国家的典型代表是德国和法国，这两个国家的刑

事程序也略有不同，例如德国的审前程序中设置了侦查法官，法国的审前程序中则保留了预审法官（虽然如今法国预审法官的重要性日益降低）。

（一）德国

在德国，对检察官提起公诉的制约机制主要是中间程序，而对检察官决定不起诉的制约机制则是强制起诉程序。

1. 以中间程序制约提起公诉

中间程序的目的首先在于监督检察官的起诉权力，即监督检察官恪守起诉法定原则。依照德国《刑事诉讼法》第 170 条第一款，检察官依照侦查结果，认为对被告犯罪事实有足以提起公诉的理由，即足够的犯罪嫌疑（hinreichender Verdacht）时，才能提起公诉，否则应停止程序。但是问题在于，如何担保检察官恪守起诉法定的门槛？即如何防范检察官违反起诉法定原则，把根本未达到法定门槛的案件中滥行起诉？德国采用了中间程序。①

从保护被告的观点来看，中间程序也赋予了被告一个机会去对抗检察官的起诉处分。因为，提起公诉对被告而言是非常重大的不利益处分：首先，被告为了应付审判的讼累，必须付出相当的时间精力；其次，提起公诉会对被告的人身、家庭、名誉产生重大影响，被告往往因被起诉而在社会评价上被认为至少“涉嫌”犯罪；最后，一经起诉，被告便面临判处甚至误判有罪的风险。从起诉法定原则来看，只有已经超过法

① 林钰雄：《论中间程序——德国起诉审查制的目的、运作及立法论》，《月旦法学》2002 年第 9 期。

定起诉门槛的案件，才有让被告承担这些不利的正当理由。因此，通过中间程序的设置，让被告在侦查程序之外，享有再多一次阻止案件进入审判程序的机会。

只有经过法院裁定准许，案件才能进入审判阶段。中间程序是案件提起公诉的必经程序，具有独立的阶段性。案件一进入中间程序之后，法院必须清楚地作出一个准许或驳回的意思表示。一旦经中间程序裁定进入主审程序之后，就开始审判的准备以及正式的主审，案件无论如何不能“回锅”——不但不能再回到中间程序，甚至检察官也不能撤回公诉（§156 StPO）。如果审判法院发现被告犯罪不能得到证明，绝不可能以起诉审查为由而驳回起诉。

中间程序的法院，在收到检察官的起诉书后，在作终局决定之前，法院应当将起诉书告知被告，还应当告知被告有权利在一定期间内提出证据调查的申请，或者对本案的起诉提出异议（§ 201 I StPO）。中间程序适用强制辩护的规定。案件已经起诉后，被告若未选任辩护人，法院即应为被告指定辩护人（§141 I S.I StPO），使得被告能够在与辩护人协商之后，决定要提出哪些调查声请或如何声明异议。关于被告在中间程序中提出的证据调查的申请或声明的异议，由中间程序的全体法官裁定，该项裁定不得抗告（§ 201 II StPO）。

在中间程序，法院的决定基准是“根据合乎义务的裁量”（nach pflichtgemäßen Ermessen），享有较大的裁量空间。此与在主审程序中，法官受到澄清义务的严格约束不同——除非调查申请有合乎法定的驳回事由，否则法院不能驳回申请（§ 244 III StPO）。例如，中间程序法院认为无需进一步调查，依照卷宗便可判断案件是否跨越起诉法定门槛，便可迳行驳回申请。但是，如果是关乎是否合乎法定起诉门槛的调查申请，法院仅以“反正到时候在主审程序就会调查”为由而驳回，则属违法。①

如果经过中间程序的审查，法官认为，检察官起诉的被告犯罪事实，尚未达到足够犯罪嫌疑的起诉门槛，则作出驳回决定。无论如何，中间程序所提供的拒绝开启主审的可能性，对被告而言具有相当的意义；虽然在实务上的诸多案件中，法院经常不假思索、直截了当就裁定开启主审程序，但是，正好在某些特别重要的案件中，中间程序发挥了关键的控制功能，曾经轰动一时的“明镜周刊案”就是一例。该案在中间程序被驳回后，德国检方有自知之明，并未再次起诉。因此，大可认为，驳回起诉的比例之所以很低，正是由于中间程序对检察官的起诉决定，起到了控制的作用。②

2. 以强制起诉程序制约不起诉

德国的强制起诉程序追求两个目的：一方面它使法定原则得到保障；另一方面是保障被害人的利益，使犯罪行为事实上被跟踪（verfolgt）和被起诉。这一规则针对的是在侦查程序进行之后，犯罪的嫌疑已经被否决（verneint），根据《刑事诉讼法》第 170 条第二款，侦查程序已经被中止，这是由检察官决定的刑事程序中止。但是也可以适用于一些特定的案件中，检察官一直没有进行调查的情形。

强制起诉程序需要具备两个条件：

第一，被害人之前已经提起过控告。根据《刑事诉讼法》第 171 条

① Vgl. Kleinknecht/Meyer-Großer, StPO（Kommentar）, 45. Aufl. 2001, § 201, Rdnr. 8.

② 林钰雄：《论中间程序——德国起诉审查制的目的、运作及立法论》，《月旦法学》2002 年第 9 期。

第一款第一项，只有在之前已经提起过刑事控告（Strafantrag）的情形下，才可能启动强制起诉程序。提出公诉要求的人同时也是犯罪行为的受害者（《刑事诉讼法》第 172 条第一款第一项）。其中，《刑事诉讼法》第 172 条中“被害人”与“刑事控告”的概念按照德国《刑法》第 77 条作广义解释。①

第二，没有法律上的结论。《刑事诉讼法》第 172 条第二款第三项对“一项法律上的结论的原因”进行了规范化。因此，对于因为私人起诉和根据《刑事诉讼法》第 153 条裁量原则的程序中止，要求提起强制起诉，都是不合法的。因为在这两种情况下规定了法定原则的中止，不存在检察官原初的起诉的义务，也不能继之以强制的起诉。如果根据《刑事诉讼法》第 153 条规定，检察官中止程序是非法的，那么他就是在实施犯罪，对此则适用抗告。

在检察官决定中止程序（不起诉）时，检察官必须告知申请人《刑事诉讼法》第 171 条的规定。根据《刑事诉讼法》第 172I 条第一款，被害人应在程序中止之后两周的期限内提出抗告。这种抗告是不能被补救的（abgeholfen），因此对于被拒绝的通告，能够在一个月之内提出强制起诉的申请。

《刑事诉讼法》第 172 条第三款对提出申请的形式和内容作出了规定，要求申请人应当提供事实及证据，而且必须由律师签字。关于内容方面，首先，申请人应当说明存在充分的犯罪嫌疑（Darlegung des hinreichenden Tatverdachts）。

根据《刑事诉讼法》第 172 条第四款，申请由州上诉法院管辖。根

① 通过犯罪构成保护的法益或者他的权利直接受到限制，这类人也被视为被害人。

据《刑事诉讼法》第 174 条，检察官能够再次拒绝这些申请，或者根据《刑事诉讼法》第 175 条，最终提起公诉。根据《刑事诉讼法》第 174 条第二款，如果新的事实或者证据被提交了，一个程序能够被再次开始。提起公诉的决定将再次由检察官作出，这就是说，事实上检察官必须提起公诉。

《刑事诉讼法》第 153 条第一款规定了根据裁量原则的程序中止 / 不起诉。如果经调查显示该犯罪行为危害性确实轻微，或者刑罚（Strafverfolgung）的公共利益（造成的损害）能够通过分配任务或者指示的方式得以消除，则检察官可以中止程序，决定不起诉。

如果根据检察官的判断（Auffassung），犯罪嫌疑人的行为并没有达到足够的犯罪嫌疑，即他的罪行或者事实情况不能满足法律规定的犯罪构成的必要的证据，那么根据《刑事诉讼法》第 170 条第二款第一项，刑事程序由于事实方面的原因而中止。检察官并没有义务继续侦查，直到犯罪的嫌疑得到澄清，而是一旦认为没有足够的嫌疑存在，检察官就会中止程序。没有人继续刑事程序的目的是为了要求证明无罪。犯罪嫌疑人受无罪推定原则的保护（《公民权利和政治权利公约》（MRK）第 6 条第二款），也可同法院的中止程序比较，在此没有进行进一步的恢复名誉。无罪推定原则保护嫌疑人免于等同于有罪判决或刑罚的不利状况，而不是免于不具有刑法特性的法律后果。①

检察官在打算程序中止前，应当对提起刑事控告的机构尤其是与程序结局有利益者告知程序中止的原因，并且给予表达意见的机会，② 以

---

① Karlsruher Kommentar zur Strafprozessordnung und zum Gerichtsverfassungsgesetz mit Einfrührungsgesetz, 5. Auflage, C.H.Beck, 2003, S. 1080.

② RiStBVNr.90Abs.1S. 1.

听证的方式进行。①

程序中止通过一个附理由的命令而结束（erfolgt）。它由检察机构来签署。理由必须逐一（im Einzelnen）详细提供，阐明基于何种事实的或法律的原因导致程序中止。显然，通过提供足够的程序中止的理由，就能建立确信。②

如果存在公诉的滥用，则并不能导致程序中止，该程序中止的指令也缺乏法律效力（《刑事诉讼法》第 2 条第一款）。刑事案件能够因同样的事实和法律状况可以被随时再次调查。这适用于根据《刑事诉讼法》第 153 条第一款的中止，但是不适用于根据第 153 条已经执行了任务和指示的中止，该行为不能再被作为犯罪跟踪（verfolgt）。③

关于合理地提出足够的嫌疑，申请（der Antrag）中必须明确，指控的犯罪基于何种具体的案件事实以及基于何种证据证明被告所为。法院必须处于此种地位，对每一个单一的犯罪构成特征，按照刑法在主观和客观方面的规定，对申请的决定进行审核。④对于轻罪的申请(起诉)，须注意提出刑事指控的申请的及时性。⑤如果存在时效的中止，则必须提出，基于何种原因，该犯罪行为仍然是可以追诉的。⑥

此外，申请人必须大致地描述侦查程序中的证人，转述检察官中止

---

① Karlsruher Kommentar zur Strafprozessordnung und zum Gerichtsverfassungsgesetz mit Einführungsgesetz, 5. Auflage, C.H.Beck, 2003, S. 1080.

② Karlsruher Kommentar zur Strafprozessordnung und zum Gerichtsverfassungsgesetz mit Einführungsgesetz, 5. Auflage, C.H.Beck, 2003, S. 1080.

③ Karlsruher Kommentar zur Strafprozessordnung und zum Gerichtsverfassungsgesetz mit Einführungsgesetz, 5. Auflage, C.H.Beck, 2003, S. 1080.

④ OLG Bamberg, NStZ-RR2012, 248.

⑤ OLG Hamm, NJW2000, 1278.

⑥ Satzger, Schluckebier, Widmaier, Strafprozessordnung mit GvG und EMRK Kommentar, 3. Auflage, CarlHeymanns Verlag2018, S. 1103.

刑事程序的决定和总检察官（GenStA）抗告决定的内容，提出他认为在事实或者法律上不合法的原因。[①] 但是，提出的要求不能是极端的。[②] 如果其内容能够从强制起诉的要求中推导出来，[③] 则复述是不必要的，同样，也很少需要复述证人的完整的证言。[④]

一份合法的申请的最后部分是列明证据，同时也可提交新证据或新的事实。申请人必须表明，用什么证据将证明何种事实。[⑤] 而证据是否足以证明指控的事实，则是法官判断一个申请是否具备理由的问题。[⑥]

一般来说，申请人必须说明强制起诉程序的合法性。具体而言，提出者必须作出阐述，他是申请人（§ 171 Satz 1），同时也是受害人；此外，抗告要求的提出者是基于法院的决定（Abs. 2）。申请书必须随后提交，需要注意第 1 条第一款的抗告期限和第 2 条第一款的申请期限。因此原则上判断维护期限（Fristwahrung）的标准日期（如中止决定的开始；抗告的提出；抗告的裁决）必须被明确地加以通知。但是公开的期限维护（Fristwahrung）不是总检察长（GenStA）收到（Eingang）抗告的日期，而是申请者寄出抗告书的日期，通常以邮寄的时间为准。[⑦]

最后，法院作出的决定种类包括：拒绝不合法的申请；拒绝没有理

① BVerfG, NJW 2000, 1027; NJW 2016,44.

② BVerfG, NJW2016, 44.

③ BVerfG, NJW 1993, 286.

④ Satzger, Schluckebier, Widmaier, Strafprozessordnung mit GvG und EMRK Kommentar, 3. Auflage, CarlHeymanns Verlag 2018，S. 1104.

⑤ OLG Celle, NStZ 1988, 568.

⑥ Satzger, Schluckebier, Widmaier, Strafprozessordnung mit GvG und EMRK Kommentar, 3. Auflage, CarlHeymanns Verlag 2018，S. 1104.

⑦ Satzger, Schluckebier, Widmaier, Strafprozessordnung mit GvG und EMRK Kommentar, 3. Auflage, CarlHeymanns Verlag 2018，S. 1104.

由的申请；命令提起公诉以及命令重新侦查（der Wiederaufnahme der Ermittlungen）。[①]

3. 德国刑事错案的教训

缠讼长达十多年最终确定无罪的哈利·沃尔茨案给了我们一个观察德国刑事错案的样本。

1993 年哈利·沃尔茨和安德里亚·查赫结婚，一年后儿子出生后。但是，此后安德里亚只能上半天班，而丈夫哈利又因失业赋闲在家。家庭生活的拮据导致夫妻间矛盾丛生。1996 年 1 月妻子安德里亚与已婚同事托马斯·海姆发展出恋情，这也成为哈利和安德里亚家庭走向破裂的导火索。1996 年 11 月安德里亚正式向法院申请与哈利离婚，并搬到父母家居住。在离婚协商的过程中，双方在儿子凯伊抚养权问题上争执不下。在案发前的第 5 天，由于调解失败，调解员建议哈利将孩子抚养权的问题交由法院裁决。1997 年 4 月 29 日凌晨，安德里亚的父亲因女儿房间内巨大的吵闹声而被惊醒，透过女儿房间的门缝，父亲发现女儿躺在房间的地上。当父亲闯进女儿房间的时候，凶手已经逃之夭夭，只剩下女儿仰面躺在地上，脖子上勒着毛线围巾，下身赤裸，已经没有了呼吸。后经抢救，安德里亚虽然活了过来，但是已经处于无意识状态，终生无法自理。警方在现场发现了两个从胶皮手套上脱落的胶皮指套和一个白

① Satzger, Schluckebier, Widmaier, Strafprozessordnung mit GvG und EMRK Kommentar, 3. Auflage, CarlHeymanns Verlag 2018，S. 1104.

色的塑料袋，塑料袋中有三只胶皮手套和两个万宝路烟盒。警方很快将哈利和托马斯带回警署调查。由于托马斯的妻子为其提供了不在场证明，托马斯在当日就被释放，因为在现场发现的胶皮指套内部提取到了哈利的DNA，并且哈利平时有抽万宝路烟的习惯，哈利被认为是本案的最大嫌疑人。

1998年一审法院以杀人未遂的罪名判处被告人哈利·沃尔茨11年监禁刑。被告人不服判决，提出上诉。二审联邦上诉法院驳回上诉，维持原判。其后，在安德里亚的父亲对哈利于2001年提出的民事赔偿诉讼中，法院对刑事判决中的证据进行独立审查，认为这些证据不足以证明哈利有罪，从而判定被告人胜诉。哈利以该胜诉判决为契机，针对此前已经生效的刑事判决提出再审请求，高等法院决定由本辖区内的另一法院重新审判。2005年法院宣布被告人因证据不足而无罪。针对该无罪判决，检察院和受害人亲属向联邦上诉法院提出上诉。联邦上诉法院审理后认为，该无罪判决存在法律适用错误，于是将此案又发回重新审理。2009年，法院再次判定哈利因证据不足而无罪。①

该起错案的发生，至少有以下三个方面的教训：

首先，案件的证据不够确实、充分。2001年民事法庭和2005年的无罪判决都指出，胶皮指套内部提取的DNA数量过少，并无法排除手套内还有其他人DNA的存在；而在现场发现的塑料袋并未发现哈利的指纹，无法因哈利平常所抽香烟与塑料袋内烟盒相同就证明塑料袋是哈利所有。现有证据还不能达到法庭作出判决所需的确信程度。

---

① 郑明维：《德国错案促进刑诉法多次修订》，《法制日报》2013年6月5日第12版。

其次，研究表明，导致刑事错案发生的主要原因有三个，其中最重要的就是警察或检察官工作不负责任。在该案中，首先，警察在拘捕哈利和托马斯的时候均没有对两人的住处进行仔细的搜查，错失了收集更多证据的机会；其次，警察所做的现场搜查笔录缺失了第3和第4两页，此两页中所记载的内容对案件能够起到多大的作用，就无从知晓；再次，根据警察在现场证据收集记录的记载，除了被害人身旁掉落的两个橡胶指套外，还在被害人的衣柜内收集到装有许多橡皮指套的塑料袋，但是这些橡胶指套并未随案移送检验。这就直接影响了在案件现场提取的那两枚指套的证明能力。2001年的民事无罪判决就明确指出，警方不负责任的调查取证，影响了案件中已有证据的证明力。

然而，当年检方向卡尔斯鲁尔邦法院起诉了哈利，至少到这里为止，刑事诉讼法中为了制衡过度渴望破案的侦查人员所设下的第一大保险机制，确定未能发挥作用。根据法律，检察官是侦查程序的指挥者，这些学有专精的司法人员应当负责让真相受到确实的调查与研究。一件发生在警察身上的暴力犯罪，竟然由熟识被害人的同事进行侦查。这整个案子的相关事证为什么不直接移送到另一个分局进行调查？为什么要任由安德莉亚的同事来解释她的家务事？“这的确是一项疏失”，佛茨海姆刑事调查部长汉斯表示，“但是，毕竟检察官才是侦查程序的指挥者啊”；而检察官则表示：“我办案总也得信任这些警察。”①

为了不让这种结构式的推诿卸责伤及被告权益及无辜的性命，刑事诉讼法其实设有第二道保险机制：在所谓的中间程序中，在做出允许该案件进入主审程序的决定之前，法官应详读检察官所提出的相关

① 托马斯著：《失灵的司法——德国冤错案启示录》，郑惠芬译，法律出版社2017年版，第24页。

卷证资料：侦查结果能否显示出被告被判有罪之充分可能？刑事法院若明确发现侦查缺失或发现举证有任何漏洞，都必须驳回对该被告的起诉，并在一定条件下立刻停止对被告的羁押。然而，在中间程序中刑事法庭对本案并没有发现任何可疑之处，哈利案的发现真相之路就这样继续往下走。①

当然，在本案诉讼的过程中，公众和媒体的积极参与对案件的最终结果产生了巨大的影响。在德国，法律对媒体进行司法案件的报道限制较少。媒体除了允许报道正在诉讼过程中的案件外，还被允许以自己的看法对案件加以评论。因而，法官接受媒体的严厉的批评被视为一项必修课。②

（二）法国

对法国公诉权的运行的探讨可从检察机关起诉裁量权的限制、诉讼行为无效以及实务等方面展开。

1. 对检察机关起诉裁量权的限制

法国检察机关在启动公诉中的权力涉及到的一个重要方面就是便宜追诉原则的适用，尤其涉及不起诉的限制，包括普通不起诉和与替代措施相关联的不起诉（即所谓的第三条道路）。

法国法律对检察机关起诉裁量权的限制主要有以下两个方面：

一方面是追诉义务的限制。检察官虽然在原则上有不进行追诉的裁

---

① 托马斯著：《失灵的司法——德国冤错案启示录》，郑惠芬译，法律出版社2017年版，第24页。

② 郑明维：《德国错案促进刑诉法多次修订》，《法制日报》2013年6月5日第12版。

量自由，但是，在以下三种情况下仍然要受强制提起公诉：

其一，根据等级性原则，共和国检察官必须接受来自驻上诉法院检察长的领导。向检察官告发犯罪行为的任何人，对检察官作出的不予追诉决定，均可向驻上诉法院检察长提出异议，后者可以书面指示命令检察官发动追诉。

其二，来自被害人的制约。在检察官作出不起诉决定时，被害人可以向民事法官提起民事诉讼，这可使检察官不想发动的公诉自动得到发动。另外，被害人也可通过直接传票程序将犯罪行为人传唤到法庭上。①

其三，来自上诉法院预审庭的制约。在预审程序中受理案件的上诉法院预审庭，可以就检察官提出的立案调查意见书中未指出的主要犯罪事实或与之有关联的事实，命令对受到控告的人进行追诉，或者对尚未受到审查的人提起追诉。②

另一方面是追诉禁止的限制。在特定情形下，检察机关在进行追诉前，必须等待受到损害的当事人或者公共行政部门向其提出“告诉”，或者事先得到批准，然后才能作出决定，否则就禁止提起公诉。实务中主要是以下三种情形：

其一，被害人提起告诉。一般来说，被害人的告诉只是使司法机关或检察机关获知犯罪行为的发生，这种告诉并不能对公诉产生任何作用，共和国检察官在未受到告诉的情况下，仍然可以进行追诉；同样，尽管有人告诉，共和国检察官仍然可以决定不予追诉。但是，当犯罪仅对社会秩序造成轻微的损害，而且主要是侵害了私人利益的时候，或者

① 2007年3月4日《法国刑事诉讼法典》第85条新增一款，对被害人成为民事当事人的条件作出了一定的限制。

② 《法国刑事诉讼法典》第202条、第204条、第205条。

尽管社会秩序受到严重扰乱，但是由于强烈的个人精神道德原因促使被害人不主张进行任何追诉的情况下，法律也规定提起公诉要以被害人告诉为先决条件，如诽谤罪。但是，即使在提起公诉以被害人告诉为先决条件的情况下，检察机关仍然有基于便宜追诉原则的行动自由。①

其二，行政部门告诉。在某些特定情况下，由于受到犯罪行为危害的主要是行政部门，所以必须由该行政部门提起告诉，才能做出提起追诉的决定，这尤其是在涉及货币和金融利益的情况下。例如，在国家信贷遭受危害的情况下，只有在财政部长或公共机构如省或市政的法定代表人提起告诉后才能启动追诉。②

其三，经过事先的批准。对于三种类型的人员，只有经过事先批准才能进行追诉。首先是议会议员（包括国民议会和参议院的议员），其后是共和国总统，最后是财政部长与政府成员。其中，对于政府成员在履行职责过程中实施的被定性为重罪或轻罪的行为应当承担责任的，只有在获得共和国司法法院调查委员会同意意见后，驻最高法院检察长才能启动共和国司法法院的预审委员会。调查委员会经过调查后，作出不予追诉的裁定或者要求驻最高法院检察长提起公诉的裁定。③

2. 诉讼行为无效程序的提起

大陆法系的职权主义（也称为“审问制”）诉讼在整体上是官方主导进行的发现真实的过程。④ 在职权主义诉讼制度下，每一种参与刑事

① 魏武：《法德检察制度》，中国检察出版社 2008 年版，第 66 页。

② 魏武：《法德检察制度》，中国检察出版社 2008 年版，第 66—67 页。

③ 魏武：《法德检察制度》，中国检察出版社 2008 年版，第 67—68 页。

④ 麦高伟 · 杰弗里 · 威尔逊：《英国刑事司法程序》，姚永吉等译，法律出版社 2003 年版，第 4 页。

诉讼的国家机关都必须对查明案件事实的真相负责。大陆法系的刑事诉讼呈现出明显的“阶段性”，其中审前的预审程序有着重要的地位。侦查、检察、预审机关的每项调查都必须进行详细的记录，形成一个内容完整的“卷宗”，该卷宗成为下一个诉讼阶段活动的基础。①

出于真实发现的考虑以及对职业法官真实探求能力的高度信任，大陆法系国家在庭审时贯彻直接言词原则，证人出庭率高，但是“卷宗”中审前调查阶段保存的证人在警察、预审法官、检察官面前所作的陈述笔录仍然广泛运用于法庭的审理。在法庭审判时，法官依靠包含有审判前陈述和警、控方搜集的官方记录的卷宗进行询问。② 因此，卷宗对于法官心证的形成起着重要的作用。③

法国由预审法官主持审前程序，预审的过程即案件卷宗形成的过程。④ 出于对传统预审侦查与司法职能不分、单向性和秘密性的反省，现代大陆法系国家的预审程序已经通过公开性、口头性、当事人参与性，实现了“司法化”，并在一定程度上对抗化，⑤ 从而充分保证卷宗信息的公正、可靠。预审法官的目的是发现“事实真相”，因此预审法官必须评估案件材料并在必要时作进一步的侦查以决定是否使案件进入到审判。通常预审法官在自己的办公室里，在证人和被害人在场的情况下提审被告，让证人和被害人重复证词，并记录下被告的陈述。当预审法官被任命时，程序对辩护方和当事人都更公开了：查阅卷宗权、调查请求权和上诉权相应产生。全部预审文书以及经预审产生的所有决定都归

① 李长城：《大陆法系的刑事卷宗制度及其启示》，《中国刑事法杂志》2010 年第 10 期。

② 宋冰：《读本：美国与德国的司法制度及司法程序》，中国政法大学出版社 1999 年版，第 172 页。

③ 李长城：《大陆法系的刑事卷宗制度及其启示》，《中国刑事法杂志》2010 年第 10 期。

④ 宋英辉等：《外国刑事诉讼法》，法律出版社 2006 年版，第 284 页。

⑤ 孙长永：《探索正当出程序——比较刑事诉讼法专论》，中国法制出版社 2005 年版，第 13 页。

入一个卷宗。卷宗的完备和使案件进入庭审的足够证据的存在意味着审前程序的结束。[①] 在预审结束后，预审法官需要将全部案卷材料移交检察官。[②] 法国所有实体和程序性的侦查都记录在检察官控制下的卷宗里面，辩护律师有权随时查阅卷宗。[③]

在法国，启动公诉权是进行追诉的初始行为，这一诉讼行为直接导致发动公诉，同时这一行为也是要求预审法庭受理案件的行为[④]。检察院可以通过签发通知书、直接传讯、立案侦查意见书等各种方式直接发动公诉。[⑤] 发动公诉是进行公诉的第一步，但是"发动公诉"单独不构成"进行公诉"，因为本义上的"进行公诉"包括全部诉讼行为，通过这些诉讼行为，已经发动的公诉将一直进行到法院作出终局判决。本义上的进行公诉包括"诉讼指挥"，尤其是提出各项意见书，以便进行预审以及对刑事诉讼作出判决，甚至还包括对已经作出的判决提起上诉。[⑥]

在长期的历史发展中，法国逐渐形成了较为独特的"诉讼行为无效"和"程序无效"的制度来防范审前程序中国家追诉权力的滥用，其中就包括对公诉程序滥用的制约和防范。

导致刑事诉讼中权力机关诉讼行为无效的原因有两类：第一类是法律条文中以文字明确规定某项手续"如不遵守，以无效论处"；第二类是法律并未明文规定的无效的"实质性无效"，即诉讼行为因为违反刑

① J-YMckee:Criminal Justice System sin Europeand North America:France, The HEUNI series,2001,p.26-28.

② 宋英辉等：《外国刑事诉讼法》，法律出版社 2006 年版，第 68 页。

③ Bron Mckillop: Inquisitory Systems of Criminal Justice and the ICAC: A Comparison, November, 1994.p.15.

④ 贝尔纳・布洛克著：《法国刑事诉讼法》，罗结珍译，中国政法大学出版社 2009 年版，第 88 页。

⑤ 宋英辉等著：《外国刑事诉讼法》，北京大学出版社 2011 年版，第 101 页。

⑥ 贝尔纳・布洛克著：《法国刑事诉讼法》，罗结珍译，中国政法大学出版社 2009 年版，第 88 页。

事诉讼法规定的某项实质性手续，致使当事人利益产生危害，即为无效诉讼行为。[①]

对于诉讼行为无效的提起，既可由当事人依权利提出，也可由预审法官或检察官以及上诉法院预审庭在未收到当事人申请的情况下依职权主动提出。如果当事人认为已经产生了无效事由的，应当向上诉法院预审庭提出说明理由的申请，由预审法官将诉讼卷宗移送预审法庭庭长。[②]

由检察官依职权主动提出诉讼行为无效的程序为：首先，如果检察官认为已经产生了导致诉讼行为无效的事由，则检察官应当要求预审法官报送案件卷宗；然后，由检察官将该卷宗转送上诉法院预审法庭，并向预审法庭提出裁决诉讼行为无效的请求；与此同时，检察官也必须将提出诉讼行为无效的事由以正式通知的方式让当事人知晓。预审法官应当在检察官以及当事人参与、知情的“三角结构”下作出撤销无效诉讼行为的决定。即，如果预审法官认为某一诉讼行为或某一诉讼文书无效，应当在听取检察官的意见并且告知当事人之后，向上诉法院预审庭提出撤销无效诉讼行为的请求。[③] 此外，提出请求的无效事由的时间不可过迟，一般应当在实体辩护之前提出，[④]还应当遵守法定的形式并说明理由。[⑤] 无论是基于法定无效还是基于实质无效申请撤销或者依职权撤销违反法律规定的诉讼行为，理由都必须是该种无效行为已经损害了

---

① 罗结珍译：《法国刑事诉讼法典》，中国法制出版社 2006 年版，第 172 页。

② 罗结珍译：《法国刑事诉讼法典》，中国法制出版社 2006 年版，第 172 页。

③ 罗结珍译：《法国刑事诉讼法典》，中国法制出版社 2006 年版，第 172 页。

④ 贝尔纳·布洛克著：《法国刑事诉讼法》，罗结珍译，中国政法大学出版社 2009 年版，第 441 页。

⑤ 贝尔纳·布洛克著：《法国刑事诉讼法》，罗结珍译，中国政法大学出版社 2009 年版，第 437—438 页。

当事人的利益。[①]

宣告无效的范围可以仅限于“不符合法律规定的手续的预审行为(文书)”。宣告诉讼行为无效的后果有两种：撤销不符合法律规定的手续的预审行为（文书）或者仅删除文书中不符合法律规定的部分。最高司法法院认为，这项义务意味着禁止采取任何方法重新建立被撤销的文书的主要内容。[②] 如果此类文书并不影响刑事追诉，那么追诉继续进行；否则，追诉应当按照符合法律规定的方式重新开始——在仍有可能重新开始追诉的情况下。[③]

诉讼行为的无效可能产生“波及力”，即不符合法律规定的手续的文书之后的各项文书也可能无效并被撤销。[④] 对于无效诉讼行为是否产生波及效力是撤销部分诉讼文书还是全部文书或该项撤销事由是否扩大到无效行为之后的部分程序还是全部程序，须由预审法庭来决定。[⑤]

3. 乌特罗冤案的教训

虽然《法国刑事诉讼法典》等法律通过诉讼行为无效制度来防范国家追诉权力的滥用，但是实践中仍有公诉滥用的案例发生，其中乌特罗

---

① 罗结珍译：《法国刑事诉讼法典》，中国法制出版社 2006 年版，第 172 页。

② 贝尔纳·布洛克著：《法国刑事诉讼法》，罗结珍译，中国政法大学出版社 2009 年版，第 444 页。

③ 贝尔纳·布洛克著：《法国刑事诉讼法》，罗结珍译，中国政法大学出版社 2009 年版，第 442 页。

④ 贝尔纳·布洛克著：《法国刑事诉讼法》，罗结珍译，中国政法大学出版社 2009 年版，第 442 页。

⑤ 贝尔纳·布洛克著：《法国刑事诉讼法》，罗结珍译，中国政法大学出版社 2009 年版，第 444 页。

冤案就震惊了法国乃至整个欧洲。

2001年法国北部乌特罗市多名犯罪嫌疑人因涉嫌“对儿童性侵犯”而被捕，经过司法调查，该案于2004年预审开庭，共17名犯罪嫌疑人被指控组成犯罪团伙在数年间多次性侵、虐待儿童，包括受害儿童在内的多名证人出庭作证。案情公布后，令人发指的指控犯罪事实立刻激起公众的愤怒。毫无悬念地，该案一审判处其中10名被告有罪，服刑从18个月到20年不等。但是，一名被告以绝食方式向执法部门抗议以示自己的无辜，在被关押93天后死在狱中，另外一名被告在被拘禁17个月后服用过量药剂死亡。二审期间心理专家证实此案预审中大多数孩子做了伪证。该案在2005年12月被改判，6名在押被告获得释放。该案件给人们造成了持久的阴影，更给法国司法界带来史无前例的耻辱和质疑。

对于乌特罗冤案，人们可以得出以下教训：

第一，诉讼行为无效和程序无效制度并不能够自动地起到制衡追诉权力滥用的作用，甚至于完全可能成为毫无用处的摆设。

第二，对于被告方权利的漠视，乃至对于辩护律师正当行使辩护和质疑的权利进行打压，造成了审前程序控辩双方组合中一边倒的局面，最终不可避免地一步步走向难以改变的错案的结局。

第三，律师，仍然只有辩护律师才能成为错案纠正的关键性力量。因此，来自于司法系统外部的力量才最有可能打破“一错到底”的司法惯性。

有人提出，检察官作为司法官定位对理解检察职能的性质和刑事案件调查阶段产生的证据的可信度也非常关键；[①] 作为司法官，我们可以

① 艾瑞克·卢拉、玛丽安·L. 韦德主编：《跨国视角下的检察官》，杨先德译，法律出版社2016年版，第109页。

赋予检察官证据收集权，赋予起诉卷宗中书面文件更高的可信度，以及更大的案件处理自由裁量权。[①] 然而，面对发生的那些冤案、错案，我们还是难以充分的放心。

在不同的诉讼程序传统中，检察官角色的性质通常以不同的方式配置。与英国公诉与侦查相互独立不同，法国的检察官有权指导和塑造侦查活动（虽然在实践中极少发生）——但是由于已经卷入拘留、审讯嫌疑人以及开展其他证据收集的活动中，起诉的决定是侦查活动的继续，而不是代表一种新的、独立的评估。检察官的司法地位定义了检察官存在的角色和价值观，也在一定程度上决定了对被告人的相应保护措施。[②] 但是笔者认为，对此不能过于信任，监督仍然不可缺少。

（三）日本

日本在战后从职权主义模式转向当事人主义模式，但是实践中传统的影响仍然根深蒂固，根据笔者在下文中提出的“单摆进化”的宿命理论，日本刑事诉讼制度虽经历诸多改革，但在整体上仍然属于职权主义模式。

日本《检察厅法》第 4 条规定，“检察官，事关刑事，执行公诉，向法院请求法的正当执行，并且监督裁判的执行。关于属于法院权限

① 艾瑞克·卢拉、玛丽安·L. 韦德主编：《跨国视角下的检察官》，杨先德译，法律出版社 2016 年版，第 124 页。

② 艾瑞克·卢拉、玛丽安·L. 韦德主编：《跨国视角下的检察官》，杨先德译，法律出版社 2016 年版，第 124 页。

的其他事项，在职务上认为确有必要时，向法院请求告知，陈述自己的意见，作为公共利益的代表人，执行其他法令所给予的权限。”从这个规定所确定的检察官形象是被赋予了广泛权限的“法的看守人”的形象。[①] 根据《检察厅法》第191条，检察官是可以进行侦查的，所以可以认为司法人员是第一种含义的侦查官，而检察官是“补充性的侦查官”。[②]

日本现行刑诉法采用了国家追诉主义、起诉垄断主义，所以能够决定起诉、不起诉以及担当公诉的也就是检察官。另外，在采取起诉便宜主义的日本，检察官被赋予即使存在客观的犯罪嫌疑、有起诉的可能，也可以日后进行起诉的权限（暂缓起诉），检察官的这类裁量权，对于刑事司法的运行有着非常大的影响。从刑事政策的角度来看，检察官的暂缓起诉权限具有更加重要的机能：具有对更加重大的案件可以集中刑事审判的人力、物力资源的合理性意义。[③]

1.检察权的内部制约机制

日本检察权的内部制约机制，包括检察厅内部的制约机制和法务省内部的制约机制。检察厅内部的制约机制包括：提高检察官的任命条件、上级对下级的制约以及设置检察监察室。法务省内部的制约机制包括法务大臣的指挥权和召开检察首脑会议。[④]

在与检察官独立性与身份保障不相矛盾的情况下，将等级引入检察

① 森际康友：《司法伦理》，于晓琪、沈军译，商务印书馆2010年版，第168页。
② 森际康友：《司法伦理》，于晓琪、沈军译，商务印书馆2010年版，第169页。
③ 森际康友：《司法伦理》，于晓琪、沈军译，商务印书馆2010年版，第168页。
④ 徐尉：《日本检察制度概述》，中国政法大学出版社2011年版，第265—269页。

官职权行使的原则就是“检察官共同体原则”。[①] 关于起诉、不起诉的决定，以及是否要上诉等，因为有所谓的审批制度，所以检察官在行使这一类权限时也要受到上司的指导。[②] 在这种情况下，如果检察官与上司的意见不一致，如何解决就成了问题。[③]

《检察厅法》承认检察职务的独立性与身份的保障性，这也可以从一个侧面说明检察官的准司法官性质。但是，在实际个案中，当出现对被告人有利的情况而发生争议时，即使审判机关指出侦查的违法性，检方也只是说“检方的主张没有得到认可，非常遗憾”，在检察机关不想承认其检察机能行使不充分的姿态上，不仅不能看到“客观性”，相反，只能看到倾向于必罚主义的追诉方的冷酷。[④]

2010 年发生的大阪地检署的特侦组篡改证据（日期）的案件，尤其让人震惊。该案件由日本朝日新闻揭发后，日本最高检察署亲自指挥侦办，两天后即申请法院逮捕涉案的主任检察官，后来进一步追究特侦组的部长和副部长，因为涉案的主任检察官曾把篡改日期的动作向这两位长官报告，因此这两位部长也被逮捕，后来以藏匿人犯罪和隐匿证据罪被起诉和定罪。[⑤]

正是因为这样，对于客观义务论和准司法官论，即使在学界内部也存在着相反意见。他们认为，必须根据嫌疑人和被告人防御权的扩充、

---

① 森际康友：《司法伦理》，于晓琪、沈军译，商务印书馆 2010 年版，第 171 页。

② 森际康友：《司法伦理》，于晓琪、沈军译，商务印书馆 2010 年版，第 172 页。

③ 检察行政性的弊端在发生于 20 世纪 50 年代的日本造船渎职案件中有集中体现：船商向高官行贿，检察官对此调查，法务省有权管检察长对案件的侦查。执政党主席命令法务省领导人犬养指令检察长暂停侦查，等到高官们将涉案证据全部销毁后才继续侦查，该案在检察史上留下了永远的阴影。

④ 森际康友：《司法伦理》，于晓琪、沈军译，商务印书馆 2010 年版，第 176 页。

⑤ 蔡碧玉等：《检察权之监督》，《裁判时报》2016 年第 12 期。

强化，而不是根据“客观公正义务论”来对检察官进行约束，而是通过彻底实行当事人主义来确保程序正当。①

批评者指出，即使在今天看来，作为战后改革课题的“检察的民主化”依然没有得到实现。检察官侦查过程中侦查的纠问性以及公判过程中根据调查笔录作出裁判的现实也没有任何的变化。② 首先是有效地控制公诉权限行使的法律手段的必要性的问题。虽然赋予检察审查会（再度）决议拘束力的方式，取得了一定成果，但这只是停留在起诉方面的控制上。其次，对于即使从一般市民的角度也认为是不当的检察官的起诉处分，应当研究进行实效控制的法律手段的可能性。③

2. 检察权的外部制约机制

日本检察权的外部制约机制包括检察审查会、检察官适格审查会、准起诉（即交付审判程序）以及司法权对公诉权滥用的制约。④

在日本，监督检察官作出“不当不起诉”的外部机制有两种，即交付审判程序和检察审查会制度。

（1）交付审判程序

第一种监督检察官不当不起诉的外部机制是交付审判程序。告诉、告发人就案件调查官员被告发滥用职权罪，主要限于日本刑法第 193 条至第 196 条等有关公务员职权滥用罪，告诉或告发人如果不服检察官的不起诉处分，可以申请将案件交付该检察官所属检察厅所在地之管辖法

① 森际康友:《司法伦理》，于晓琪、沈军译，商务印书馆 2010 年版，第 177 页。

② 森际康友:《司法伦理》，于晓琪、沈军译，商务印书馆 2010 年版，第 177 页。

③ 森际康友:《司法伦理》，于晓琪、沈军译，商务印书馆 2010 年版，第 177 页。

④ 徐尉:《日本检察制度概述》，中国政法大学出版社 2011 年版，第 270—281 页。

院审判。不过，必须首先向作出不起诉决定的检察官提出申请书，如果检察官认为其申请有理由，就应提起公诉；① 如果认为没有理由，则应在收到申请书七日内附具不起诉的理由、犯罪事实及证据，将文书及证物一并送交法院。② 法院如果认为申请有理由，则必须指定辩护人代替检察官实行公诉。③

（2）检察审查会

第二种监督检察官不当不起诉的外部机制是检察审查会，即被害人或告诉人等对不起诉处分不服，如声请审查时，由审查会全体十一人出席召开审查会议，调查案件记录，有时传唤证人，或向公务机构函询请求为必要事项的报告，检讨检察官所作的不起诉处分妥当与否。关于案件的罪名并无限制，即使没有人声请，审查会亦可依职权审查案件。检察审查会的决议，在过去并无法律上之拘束力。

2004 年日本新《刑事诉讼法》对检察审查会制度进行了修正。首先，新设了基于检察审查会的起诉决议而提起公诉的制度，在一定范围内肯定了检察审查会决议的法律拘束力。具体而言，检察审查会经第一阶段审查，如果作成起诉相当的决议，检察官对于该案件再度作出不起诉处分、或在一定期间内未提起公诉，若再经检察审查会进行第二阶段审查，一旦以八人以上多数再次作成应提起公诉的决议（即起诉相当决议），则基于该决议应当提起公诉。其次，维持公诉应由法院指定律师负责。最后，创设了审查辅助员。当检察审查会认为有必要时，可从律师中委任审查辅助员，由其进行相关法令解释的说明、案件事实面及法

---

① 日本《刑事诉讼法》第 264 条。

② 日本《刑事诉讼法》第 266 条、第 268 条。

③ 邱忠义：《人民参与检察官不起诉或起诉处分之变革》，《检察新论》2017 年第 22 期。

律面问题点的整理、证据的整理、法律观点上的必要建议、制作决议书的辅助工作等。在决议起诉相当的第二阶段审查时，必须要委任审查辅助员。①

根据自 1949 年检察审查会制度实施起到 2007 年，其中约九成案件是基于声请进行审查。最近每年检察审查会审查的案件约有 2300 至 2400 件。依累计数量的多少，依次为业务过失致死伤、伪造文书、滥用职权、伤害或伤害致死、欺诈、毁损名誉、盗窃、伪证、杀人、施暴行罪等。

依照统计，议决的比例，“不起诉妥当”者占 55.5%，“起诉相当”“不起诉不当”占 11.4%，其他驳回声请、移送及终止审查者占 33.1%。议决之后，检察官参考决议作出起诉处分的，相当于占“起诉相当”及“不起诉不当”之议决案件的 8%。这些提起公诉案件裁判的结果，有罪率为 93.6%，无罪、免诉、不受理、撤回公诉的比例为 6.4%。由于通常第一审的无罪率不到 1%，所以两相比较之下是有相当差别的。②

截止 2013 年 4 月，日本的强制起诉案件共有 7 件，其无罪率为 100%。虽然如此，也不是据此就可直接废止该制度。因为检察审查会对于检察官之追诉活动有决定性的影响，以国民参加的方式保障公诉权行使的适当、正确，在日本已生根而且扮演重要角色。③

检察审查会制度在裁判员制度的光环反衬下，起初并未受到太多注意。只是到了 2010 年，因民主党前干事长小泽一郎之政治献金收支报

---

① 三井诚：《日本检察审查会制度》，陈运财译，《法学新论》2005 年第 21 期。

② 三井诚：《日本检察审查会制度》，陈运财译，《法学新论》2005 年第 21 期。

③ 三井诚：《检察审查会制度》，《现代刑事法》2005 年第 7 卷。

告涉嫌造假一案，东京地方检察厅特搜部两度以罪嫌不足以不起诉处分，但遭到东京第五检察审查会两次决议应当“强制起诉”，引发对此制度的热烈讨论。①

如何评估此制度呢？对此，井上正仁教授提出以下疑问：第一，审查会是审查检察官的不起诉决定，还是查清犯罪真相？第二，社会或被害人之利益与被告不受任意起诉的不利益，二者孰轻孰重？第三，政治责任、道义责任、社会责任与法律责任的区别在哪里？第四，检察审查会是否让处理公共事务或专业事务人士不敢勇于任事？②

早在全日本第一起强制起诉案件中，即2001年7月之兵库县明石市天桥事件中，辩护人对于强制起诉制度即认为有违法疑义。因在该案检察审查会之决议书中，即已明白表示系站在“从市民观点，在公开裁判之场合厘清事实与责任，希望可以防止重大事故再次发生”的立场，这就与检察官起诉案件的标准全然不同。③

普通国民不理解刑事程序与民事程序的差异，或基于“应报理论”的观点，认为上位者应承担责任之想法虽可理解，但角色换成起诉以追求法院有罪判决目标的检察官，就必须撇开情绪，从是否满足犯罪构成的专业角度来判断。④日本实务上标准是检察官确信有罪才提起公诉，仅有可疑程度不会起诉，因此也就不会以上述市民观点作为起诉的依据。原曾担任东京地方裁判所法官、现为律师的山室惠即批评检察官与检察审查会的起诉变成双重标准。

---

① 陈文琪：《另一形式之国民参与——日本检察审查会之动向》，《检协会讯》2017年第126期。

② 陈文琪：《另一形式之国民参与——日本检察审查会之动向》，《检协会讯》2017年第126期。

③ 李鸿维：《日本检察官审查会之强制起诉观察》，《检协会讯》2013年第88期。

④ 李鸿维：《日本检察官审查会之强制起诉观察》，《检协会讯》2013年第88期。

司法权之所以作为权力分立的一环，甚或具有违法审查权，即在于必须坚持法律判断，有时确实是少数意见；倘所有案件均可以“人民公审”以人民意见为唯一依据，将有极大可能因此侵害少数人权利与其基本权的可能。检察官具有司法官属性的关键点也在于此：有时必须和多数意见对抗，坚持法律上的专业判断，但并不表示必须将人民声音完全拒却在外。因为国民参加是现今刑事司法的潮流，人民应有权利了解检察官为何作出如此的判断。①

此外，未经起诉的案件，尤其是尚未不起诉处分确定的案件，被告、辩护人甚至媒体社会，处于与检察官完全资讯不对等的情形，受制于侦查不公开的规定，无法公开进行对话，检察官常因此处于“哑巴吃黄连”之窘境，尤其在多次发回续查的案件中，更是如此。相比之下，已经起诉的案件，被告或其辩护人可由阅卷知悉检察官取得的证据及进行的侦查行为，从而作出适当的评论。若有误解、虚构等情形，检察官也可公然进行解释说明。②

3. 公诉权滥用的理论与实践

对检察官不当起诉问题的解决，日本学者尝试依诉讼条件论及公诉权滥用之法理，解决不当起诉之问题。③

日本公诉权滥用论的主张缘起于 1945 年，起因是实务上发生一系列不当追诉案件：意图蹂躏劳工劳动争议权的追诉；同类案件显然不公平的差别追诉；基于违法搜索、拘提的追诉；审判长期拖延的追诉案件。

---

① 李鸿维：《日本检察官审查会之强制起诉观察》，《检协会讯》2013 年第 88 期。

② 李鸿维：《日本检察官审查会之强制起诉观察》，《检协会讯》2013 年第 88 期。

③ 朱朝亮：《人民参与检察官追诉审查机制之探讨》，《检察新论》2017 年第 22 期。

辩护人团体在现行法制无法节制检察官滥权追诉的情况下，就从解释论入手，藉由主张检察官追诉违反宪法比例原则、平等原则、正当法律程序原则、速审权保障等法理，高喊“起诉本身是不公正的话，审判就不可能公正”“意图违反宪法基本理念，恶意起诉国民”“拒绝恶意追诉的裁判”等口号，主张公诉权滥用，要求以不受理或免诉终止审判程序，因而展开一系列公诉权滥用的论述。①

关于在公诉中检察官的行为，20 世纪 60 年代有把检察官公诉权的行使判为违法的国家赔偿的判例。以此为背景产生的公诉权滥用论，迫使各方面对检察官公诉权的行使方式进行反思。因为，对于检察官的不起诉处分有检察审查会、准起诉程序（即交付审判程序）的规制，但是对于起诉处分却没有规制。针对此，公诉权滥用无效论主张，即使检察官的起诉在实质上是有效的，但是当其在形式上违法或者不当的时候，法院就不需要进入实体审判，而必须终止程序。②

日本刑诉制度对于“不当起诉”案件，只有《刑事诉讼法》第 257 条检察官撤回起诉以及第 339 条不受理裁定。前者全赖检察官自律，后者设定的审查门槛太低，所以救济极为有限。

日本学者主张公诉权滥用的类型有三类：③

第一，嫌疑不充分的追诉，与起诉门槛如何设定及如何审查有关；

第二，逾越裁量法则之追诉，又分基于可罚的违法性理论应缓起诉、基于刑事政策特别预防的观点应缓起诉、违反宪法的平等原则的差别起诉三类；

---

① 朱朝亮：《人民参与检察官追诉审查机制之探讨》，《检察新论》2017 年第 22 期。

② 森际康友：《司法伦理》，于晓琪、沈军译，商务印书馆 2010 年版，第 175 页。

③ 朱朝亮：《人民参与检察官追诉审查机制之探讨》，《检察新论》2017 年第 22 期。

第三，程序瑕疵的追诉，可分为：侦查程序瑕疵的追诉与公判程序瑕疵的追诉。前者指提起公诉系依靠侦查中的陷阱侦查、违法搜索、扣押等违反令状精神的方式取得；后者指案件因检察官举证不足，导致审判长期拖延未决的情况。

关于公诉的滥用首先涉及到的就是起诉的证据标准的问题，换言之，应当达到什么样的证据标准才可提起公诉。对此，没有犯罪嫌疑是否可以起诉，成为学界长期的争议内容之一。

部分学者认为，在缺乏犯罪嫌疑时提起公诉构成公诉滥用，法院应当驳回此类起诉；明显无罪的被告有权向法院提出申请，要求获得无罪判决，法院应当予以支持。例如高田教授明确提出，检察官只有在相信案件有充分定罪可能的前提下，才拥有对案件提起公诉的权利。换句话说，如果检察官明确地知道被告尚未构成足够的嫌疑，在此情况下却提起了公诉，此时公诉权并不成立，检察官反而构成了公诉权的滥用。井户田教授进一步提出，有足够的犯罪嫌疑是提起公诉的诉讼条件之一，但是并非只要具有足够犯罪嫌疑即可提起公诉，还必须满足另一诉讼条件，即“不存在应当起诉犹豫的情节”。对于不具备足够犯罪嫌疑而起诉的案件应当驳回，对于存在足够犯罪嫌疑、但是同时存在应当起诉犹豫的情节应酌定不起诉的案件，由于案件缺乏继续诉讼的条件，法院应当判决免诉。①

但是，平野龙一教授等学者对此表示强烈的异议。平野教授认为，把存在足够的犯罪嫌疑作为公诉权的成立要件，必然要求法院对案件进行“两次实体审理”，即庭审之前先由法官审查是否有足够的证明证实

① 孙长永：《抑制公诉权的东方经验——日本“公诉权滥用论”及其对判例的影响》，《现代法学》1998 年第 6 期。

犯罪嫌疑已经存在，然后在正式庭审时再次进行案件事实的审理。这是绝对不可以的，因为如果这样做，就违反了日本刑事诉讼法在审前阶段要求严格贯彻的排除预断原则。①

对于两种观点的争议，田宫裕教授通过公诉权和审判权之间的关系对检察官起诉裁量权的界限进行了论述。田宫指出，现代刑事诉讼以法院为中心，其后的理念是通过审判权来制约公诉权。审判权对公诉权的制约不仅仅在法庭审理阶段，同样包括审前阶段，尤其是审查是否准许提起公诉；公诉绝不是由检察官（公诉机关）一方就能作出决定的，同样应当是一个“三角结构”的诉讼模式。因此，作为一方当事人的检察官提起的公诉时，通过法院进行司法审查是必不可少的。缺乏犯罪嫌疑的起诉和应当起诉犹豫（即酌定不起诉）的起诉均构成公诉滥用。对于超出检察官起诉裁量权的界限，如对于轻微犯罪起诉或者违反平等原则的进行歧视性起诉以及检察官仅仅基于个人的主观恶意而提起的公诉，法院都应当裁定驳回。

在关于违法侦查的公诉是否构成公诉滥用的问题上，日本的一些学者如田宫裕认为，违法侦查的公诉存在的问题是未能以公诉来阻止违法侦查，不属于典型意义上的公诉滥用。但是，如果检察官明知或者应当知道目前的案件是警察违法侦查的结果，仍然提起公诉，那么对于检察官“法制维护者”的身份并不相符，也是对非法侦查、侵犯人权的纵容，非法侦查完全可能导致错误的定罪。因此，违法侦查的公诉也必须明确地纳入公诉程序滥用的范围。

关于法院对公诉滥用进行审查的范围问题又是一个关键点。在判断

① 孙长永：《抑制公诉权的东方经验——日本“公诉权滥用论”及其对判例的影响》，《现代法学》1998 年第 6 期。

是否构成公诉滥用的标准上，田宫裕认为，法院对于公诉滥用轻微的行为不作审查，而仅审查“重大且明显”地滥用公诉裁量权的情形；并且，法院不审查案件的实体问题，而仅审查案件的程序问题，即审查只能停留在是否应当起诉的限度范围内。在法院审查的启动上，田宫教授认为，法院审查的时间应当是在正式开庭之后、证据调查之前进行。[①]三井诚教授和松尾浩也教授在田宫裕教授的观点的基础上，又对法院进行公诉滥用审查的范围进行了限缩。他们主张，为了防止法院审查程序的复杂化和实质化倾向，法院对于公诉滥用的审查应当仅限于“基于不法意图而对明显轻微犯罪的追诉”。[②]

必须要注意的是，法院对是否应当提起公诉进行审查而不涉及到实体事实是不可能的，对于排除预断的问题，可以通过类似于预审法官的设置加以解决。田宫裕教授的观点要求把对公诉滥用的审查放在开庭之后、而不是开庭之前，也存在很明显的缺陷。三井和松尾教授把法院审查并驳回公诉的范围仅限于特别轻微的案件，实际上使得大量的案件被排除在法院审查之外，难以起到充分防范公诉程序滥用的实效。

不过，日本学者关于公诉滥用的主张受到日本实务部门的普遍抵制。例如，如曾任法务大臣官房审议官的龟山继夫认为，公诉滥用的适用只能作为极其例外的非常救济手段，不需要像学者所主张的构建“诉中诉”，即在普通的刑事诉讼程序之外增加设置公诉滥用的审查程序。另一方面，对于实务中可能存在的公诉滥用，在现行刑事诉讼法中也可找到加以解

① 孙长永：《抑制公诉权的东方经验——日本“公诉权滥用论”及其对判例的影响》，《现代法学》1998 年第 6 期。

② 孙长永：《抑制公诉权的东方经验——日本“公诉权滥用论”及其对判例的影响》，《现代法学》1998 年第 6 期。

决的办法，例如撤回起诉。对于日本现有的检察审查会制度进一步加以改革，可以解决起诉裁量权的一般审查问题，因此更具有现实性。[①]

曾经担任过三十年检察官、后来成为大学教授的土本武司也认为，由法院对提起公诉的案件进行实体审查不符合刑事诉讼的法理，因为根据审判中心原则，案件的实体问题（即最终有罪或无罪）应当是法庭审理和裁判的对象，如果将其作为法院审查的诉讼条件而作出程序性裁判，没有任何意义。至于违法侦查的程序性问题，可由该违法侦查所获得的证据被排除而得到解决。[②] 土本武司还指出，现行法并没有规定公诉程序滥用的专门审查程序，[③] 并且，实务中对检察官起诉犹豫裁量进行法律审查也很困难。[④]

对于公诉滥用理论，日本检察官一贯提出反对，学者之间的分歧也未得到消除，加上日本刑事诉讼长期的职权主义传统因素（在二战后日本刑事诉讼表面上是当事人主义，但实质上仍是职权主义），因此日本各级法院在早期的判例中对于公诉程序滥用一直持否定的态度。例如，日本最高裁判所(即最高法院）在樱山煤矿案件的上告审判决书中写道，虽然本案中检方提起的公诉具有侵害劳工争议权的意图，但是只要程序合法，法院就不能以公诉不合法为由而予以排斥。[⑤]1966 年最高法院又

---

① 孙长永:《抑制公诉权的东方经验——日本“公诉权滥用论”及其对判例的影响》,《现代法学》1998 年第 6 期。

② 土本武司著:《日本刑事诉讼法要义》，董璠舆、宋英辉译，五南图书出版公司 1997 年版，第 181 页。

③ 土本武司著:《日本刑事诉讼法要义》，董璠舆、宋英辉译，五南图书出版公司 1997 年版，第 180 页。

④ 土本武司著:《日本刑事诉讼法要义》，董璠舆、宋英辉译，五南图书出版公司 1997 年版，第 182 页。

⑤ 孙长永:《抑制公诉权的东方经验——日本“公诉权滥用论”及其对判例的影响》,《现代法学》1998 年第 6 期。

明确指出，根据违法侦查的起诉不为无效。[①]

但是，进入20世纪60年代以后，日本地方法院陆续出现了支持公诉滥用理论的判例，例如1962年东京地方法院对“第二次国会乱斗案件”所作的一审判决。该判决书中明确表述：提起公诉受到起诉便宜主义的支配，但是如果检察官滥用了公诉权，那么这种公诉必须被宣告为不合法。此后，大阪地方法院、福岗高等法院、仙台高等法院、东京高等法院等相继作了类似的裁判。

在同一时期，日本的各地方法院仍然存在大量否定公诉滥用理论的判例。直到1977年川本案件二审判决之前，下级法院中还没有出现过因公诉滥用而导致公诉无效进而公诉被驳回的判例（除了大森简易法院）。大森简易法院在1965年所作裁定公诉滥用成立的判决后来也被日本最高法院撤销。[②]

在川本案件的诉讼中，[③]第一审辩护人提出，检察官对公害受害人的川本提起公诉缺乏合理的根据和正当性。东京地方法院驳回了辩护人的主张，但是这一判决被第二审的东京高等法院以滥用公诉因而公诉无效为由撤销。二审判决指出，检察官的起诉裁量权的行使并非没有界限，如果检察官基于重大过失或者故意滥用起诉裁量权，损害了当事人以平等权为核心的基本人权，法院容忍公诉明显违反正义时，法院应当驳回公诉。

检察官以二审判决违反判例为由提出上告，日本最高法院裁定驳回

① 土本武司著：《日本刑事诉讼法要义》，董璠舆、宋英辉译，五南图书出版公司1997年版，第118页。

② 孙长永：《抑制公诉权的东方经验——日本“公诉权滥用论”及其对判例的影响》，《现代法学》1998年第6期。

③ 公害受害人的水俣病患者川本与其他患者及支援者一起到加害单位——氮气有限公司要求就被害赔偿问题进行面谈，结果同该公司职员发生暴力冲突，双方互有轻伤。

上告。“一方面，检察官依据裁量权提起公诉，另一方面，检察官应当以公益代表人的身份行使公诉权，兼顾维护公共福利和保障个人基本人权，诚实地行使公诉权限，而不得滥用公诉权。”

在实务运用方面，最高裁判所采用了极其保守的见解：①

第一，对于嫌疑不充分的追诉，认为只要在检察官提起公诉时，审酌起诉的各种证据资料，认为有犯罪嫌疑，就应认为检察官的起诉为必要且充分，没有违法滥权。

第二，对于逾越裁量法则的追诉，认为能够以公诉起诉裁量权滥用主张公诉本身为无效者，仅限于在“公诉提起本身已构成职务犯罪”的极端情形，故即使同案共犯间有不平等的追诉裁量，仍不构成公诉权滥用。

第三，对于侦查程序的手续瑕疵，最高裁判所则采用违法证据排除法则，不采纳直接认定起诉无效的主张；对于审判长期未决的公判程序的手续瑕疵，仅在高田案件（该案历经二十多年一直未作出判决）认为属于公诉权滥用而作出免诉的判决，之后则全部不再作出免诉判决。

显然，日本在战后从职权主义模式转向当事人主义模式，但是传统的影响仍然根深蒂固，法官在公诉程序滥用裁决上依然表现得保守和矛盾。

三、各国检察权制约与运行实践评述

公诉是各国检察机关最核心的职能，公诉程序滥用是公诉权运行实践中的非正常状态（非法状态），为了防范公诉程序的滥用，各国在实践中发展出了相应的机制进行制约，这些制约机制存在差异，同时也有

① 朱朝亮：《人民参与检察官追诉审查机制之探讨》，《检察新论》2018 年第 22 期。

相同之处。

（一）各国对公诉滥用的制约机制存在差异

两大法系对公诉滥用的制约机制在一些方面存在明显差异，具体主要体现在以下几个方面：

第一，制约方式不同。英美法系对公诉程序滥用的制裁机制是诉讼中止，即中止被裁定为构成滥用的公诉程序；大陆法系国家在长期的历史过程中则形成了以“诉讼行为无效”“程序无效”的制度来防范审前程序中国家追诉权力的滥用，其中就包括对公诉程序滥用的制约和防范。

以法国为例，宣告诉讼行为无效的后果有两种：撤出不符合法律规定的手续的预审行为(文书）或者仅删除文书中不符合法律规定的部分。最高司法法院认为，这项义务意味着禁止采取任何方法重新建立被撤销的文书的主要内容。[①] 如果此类文书并不影响刑事追诉，那么追诉继续进行；否则，追诉应当按照符合法律规定的方式重新开始——在仍有可能重新开始追诉的情况下。[②] 诉讼行为的无效可能产生“波及力”，即不符合法律规定的手续的文书之后的各项文书也可能无效并被撤销。[③] 对于无效诉讼行为是否产生波及效力，是撤销部分诉讼文书还是全部文书，或该项撤销事由是否扩大到无效行为之后的部分程序还是全部程

① 贝尔纳·布洛克著:《法国刑事诉讼法》，罗结珍译，中国政法大学出版社 2009 年版，第 444 页。

② 贝尔纳·布洛克著:《法国刑事诉讼法》，罗结珍译，中国政法大学出版社 2009 年版，第 442 页。

③ 贝尔纳·布洛克著:《法国刑事诉讼法》，罗结珍译，中国政法大学出版社 2009 年版，第 442 页。

序，须由预审法庭来决定。[①]

第二，判断是否构成公诉程序滥用的标准不同。英美法系对构成公诉程序滥用采取裁定的标准，即并不通过成文法的形式明确规定哪些情形构成公诉程序滥用，而是交由法官对具体个案中是否构成公诉程序滥用进行裁决。在检察官与被告方的充分、有效参与下，法官综合考虑案中的相关因素，推敲检察官实施的有关公诉行为能否得到合乎情理的解释，从国家正当追诉犯罪的利益与被告人获得公正审判的利益的角度进行双向衡量，最终作出裁决。

大陆法系对构成公诉程序滥用采取“法定加裁定”的标准，即一方面通过法律条文中以文字明确规定某项手续“如不遵守，以无效论处”；另一方面法律虽未明文规定某诉讼行为无效，但是由于该诉讼行为违反刑事诉讼法规定的某项实质性手续，致使对当事人的利益产生了危害，[②]也构成无效行为，应当由司法官进行裁决。

第三，提请进行公诉程序滥用审查的主体不同。在英美法系国家，由被告方向法庭提出进行构成公诉滥用的审查。在大陆法系国家，对于诉讼行为无效的提起，既可由当事人依权利提出，也可由预审法官或检察官以及上诉法院预审庭在未收到当事人申请的情况下依职权主动提出。如果当事人认为已经产生了无效事由的，应当向上诉法院预审庭提出说明理由的申请，由预审法官将诉讼卷宗移送预审法庭庭长。如果检察官认为已经产生了导致诉讼行为无效的事由，则检察官应当要求预审法官报送案件卷宗；然后由检察官将该卷宗转送上诉法院预审法庭，并

---

① 贝尔纳·布洛克著:《法国刑事诉讼法》，罗结珍译，中国政法大学出版社 2009 年版，第 444 页。

② 罗结珍译:《法国刑事诉讼法典》，中国法制出版社 2006 年版，第 163 页。

向预审法庭提出裁决诉讼行为无效行为的请求；与此同时，检察官也必须将提出诉讼行为无效的事由以正式通知的方式让当事人知晓。[①]

第四，对于是否构成公诉滥用进行审查的时间以及主体不同。在英美法系，由庭审法官对是否构成公诉程序滥用进行审查；在大陆法系，则由审前的法官对是否构成公诉滥用进行审查。

第五，对于公诉滥用审查程序的易发性不同。在英美法系，对是否构成公诉程序滥用的审查乃是作为最后的方式，换句话说，对是否构成公诉程序滥用的审查只是例外而不是原则，提请法院进行公诉程序滥用的审查申请的提出受到严格的限制。英美国家信奉的准则是：应当由控方而不是由法庭来决定是否提起公诉，以及是否继续；只有当滥用程序清晰地表现出来时，法庭才应当干涉。在大陆法系，公诉滥用审查程序则易于发动。首先，对是否构成公诉程序滥用进行审查的申请可以在审前很早的阶段可随时提出。其次，检察官、预审法官均负有主动调查核实是否构成诉讼行为无效的法定义务。

两大法系对检察权滥用的制约机制存在差异并非偶然，而是有着深刻的原因，具体体现为以下方面：

第一，刑事诉讼理念的不同。英美法系奉行程序正义的理念，而大陆法系奉行发现真实的理念。在英美法系程序正义理念之下，如果检察官滥用公诉程序，对被告人造成难以消除的偏见，以致无法实现公正的庭审，那么，这一追诉程序必须被中止。在大陆法系，公诉程序的滥用往往伴随着冤假错案的产生，为了发现实体真实，就必须宣告有关诉讼行为和诉讼程序无效。

① 罗结珍译：《法国刑事诉讼法典》，中国法制出版社 2006 年版，第 163 页。

第二，刑事诉讼架构的不同。英美法系奉行当事人主义，刑事诉讼主要由双方当事人推进，这就要求作为居中裁判者的法官充分尊重检察官的自由裁量权（例如美国审前程序中的辩诉交易），而不能对检察官提起公诉的决定进行过度的干涉。大陆法系奉行职权主义，国家司法机关在审前阶段就积极运用职权主动介入进行审查。与对抗制下由双方当事人各自负责建立案件和提出关于事实的观点不同的是，在职权主义诉讼制度下，每一种参与刑事诉讼的国家机关都必须对查明案件事实的真相负责，侦查、检察、预审机关的每项调查行为都必须进行记录以便接受审查。

第三，权力制约方式的不同。英美法系是“权利保障型”，即以权利制约权力，当事人有权向法庭提请审查公诉程序滥用；而大陆法系是“权力制约型”，即以权力制约权力，通过司法官对诉讼行为和诉讼程序的监督审查来制约公诉权的行使。

第四，检察官角色的不同。在英美法系，检察官是当事人的角色，有强烈的追求胜诉的动机，不可能主动提起公诉滥用审查的申请。在大陆法系，检察官是“准司法官”的角色，又被称为“站着的法官”，负有强烈的客观公正义务，所以法律赋予其主动提起诉讼行为无效以及诉讼程序无效的申请。

第五，刑事卷宗制度的不同。刑事卷宗只是存在于大陆法系国家，[①] 而英美法系并没有类似“卷宗”的对应物。[②] 在大陆法系国家的审

① 大陆法系国家“卷宗”的英文单词是“dossier”，国内有学者提出“英美法系卷宗制度”的概念其实是不准确的，在英美法系只能称作“（准备诉讼的）文件”，其英文单词是“file”，英美法系和大陆法系最大的区别就是前者控方不会有“卷宗”（或文件资料）提交给初审法官在认定案件事实之前阅览。

② Bron Mckillop: Inquisitory Systems of Criminal Justice and the ICAC:A Comparison, November, 1994. p.28.

前程序中，侦查、检察、预审机关的每项调查都必须进行详细的记录，形成一个内容完整的“卷宗”，该卷宗成为有关机关审查是否构成诉讼行为无效以及诉讼程序无效的便利条件和重要依据。

第六，刑事诉讼阶段划分的不同。英美法系的刑事诉讼以法庭审理为中心，强调控辩双方的纠纷在“庭审日一次性解决”。而在大陆法系，与科层型权力组织相关的若干因素，结合起来降低了诉讼转变为激烈争执的可能性。诉讼过程被分割为不连续的若干步骤，并且在不同层级的权威面前展开。

（二）各国制约公诉程序滥用的启示

英美法系和大陆法系作为法治建设成熟的典范，在公诉程序滥用的制约上展现出一些共同之处，主要体现为以下三点：

第一，制度目的相同。两大法系公诉程序滥用的制约机制均体现了在处理指控权与审查权二者之间关系上对公正的追诉的强烈追求。任何权力都有滥用的危险，公诉权的行使也不例外。特别是国家追诉程序一经发动，结果很可能是被告人被定罪和判刑，其诉讼标的的严重性使得两大法系国家均对公诉程序的公正性强烈关注和积极追求，并以严格的审查权对指控权进行必要的制约。

第二，核心价值相同。两大法系公诉程序滥用的制约机制均以实现被告人的公正审理为核心价值。与强大的国家追诉机关相比，个人总是弱小的，如果在决定其命运最关键的法庭审理阶段，他不能接受公正的审理，必然会导致其不利的不公正结局。因此，两大法系为了避免将审前阶段可能导致对被告人产生不公正偏见的因素带入正式庭审，设置了一系列的防范措施，而对公诉程序滥用的制约机制就是其中重要的一环。

第三，审查构造相同。两大法系国家对公诉程序滥用的审查均以“三角结构”的模式进行。以中立无偏的法官为顶点，以对抗的两方为底点的“三角结构”被视为发现真相和保障权利的最佳设置，两大法系国家对公诉程序滥用的审查构造同样是“三角结构”。在此需要指出的是，“公诉程序滥用”（abuseofprocess）起源于普通法，但是对其相关的司法审查实践如今已经扩展到了国际性的刑事司法中，其中，欧洲人权法院近年来作出的一系列判决起着重要的指引作用。例如，被告提出他接受公正庭审的欧洲人权公约权利已经被公诉程序的延迟所侵犯的案例，就刊登在 2001 年欧洲人权法院上诉法庭第 2 次全体律师会议的公报上。控方可能将经常地面对如下争议：由于正在进行中的刑事指控与欧洲人权公约不相容，该项刑事指控构成程序滥用。因此，在决定一名被告是否能够接受公正审判时，现代各国一定要考虑《欧洲人权公约》第 6 条的保障。

法治建设历史悠久的两大法系竟然也会不时出现公诉程序滥用的案例，这种事实让人震惊；与此同时，两大法系发展出来的、成熟的制约机制也给中国在内的很多国家带来重要的启示。概括起来，主要有以下五个方面：

第一，必须时刻警惕公诉程序可能滥用的危险。任何权力的运行都有滥用的危险，与公诉权紧密相连的公诉程序也不例外。公诉程序滥用的起因既可能因为检察官的主观动机而起，也可能因为客观制度的缺陷所致。公诉程序滥用的结果将会是被告人被错误地追诉、羁押、审判乃至定罪、判刑。

第二，公诉程序滥用的制约机制以实现被告人的公正审理为核心价值。与强大的国家追诉机关相比，个人总是弱小的，如果在决定其命运最关键的法庭审理阶段，他不能接受公正的审理，必然会导致其不利的不公正结局。为了避免将审前阶段可能导致对被告人产生不公正偏见的因素带入正式庭审，需要设置相应的防范措施。

第三，对公诉程序滥用的防范必须引入检察系统之外的力量。公诉程序在某种程度上具有一定的封闭性，而检察官是公诉程序的“主宰”，如果缺乏来自外部的强力制衡，必然难以避免公诉程序滥用的产生。以中国为例，检察院向法院提起公诉时，法院仅主要从程序方面进行审查，实际上造成了公诉程序的易于发动。需要注意的是，被告方尤其是辩护律师是防范公诉程序滥用的积极、重要的力量。

第四，审判权的介入对公诉程序滥用的防范起着至关重要的作用。从法理来看，现代刑事诉讼以法院为中心，其后的理念是通过审判权来制约公诉权，这一点在两大法系是共同的。审判权的介入审查包括审前阶段和审判阶段，二者缺一不可。审判权的介入应以“三角结构”的模式进行，即以中立无偏的法官为顶点，以对抗的双方为底点。

第五，虽然用排除非法证据在内的方法也可以在一定程度上防范追诉权力的滥用，但是，通过“诉中诉”的方式由法院对公诉程序的滥用进行专门的审查是不能或缺的。对于缺乏足够犯罪事实的嫌疑人的起诉是应当禁止的。如果提起的公诉超出了检察官合理裁量权的正当边界，例如对于轻微犯罪起诉或者违反平等原则的歧视性起诉以及检察官仅仅基于个人的主观恶意而提起的公诉（包括报复性起诉），法院都应当裁定。

第二章　中国特色社会主义法治体系中的检察职能

新中国检察制度的产生与发展，受到了列宁的法律监督思想以及前苏联模式的一定影响，不过，我国并未全面模仿苏联的检察模式，而是结合中国国情作了重要的改变。本章将首先探讨我国检察制度的产生和特质，然后分析中国检察权运行的特点，最后阐释中国检察权运行的制约机制。

第一节　中国检察制度的产生与发展

我国检察制度除了具有国外检察制度的一般内容和特征之外，还具有自身的特质，这是由于中国检察制度的产生和发展具有独特的制度背景、社会条件和历史原因。

一、我国检察制度的产生

在中国古代，从商周时期起就有专司监察职务的御史制度，特别是秦代以后，御史制度在监察考核、监督选任和纠举弹劾官吏方面，始终具有重要的作用。[①] 在中国，“监督”从古到今都是政治生活中十分重要的一个词汇，监督也是我们政治法律体系与社会结构体系中极其显要的制度现象和社会现象。监督制度在中国非常发达并有顽强的生命力，究其原因，它与中国社会以权力为核心的精妙绝伦的金字塔型的社会结构与官僚体制相关。[②]

然而，御史制度毕竟存在于中国封建社会的“人治”阶段，与现代法治社会中的检察制度有着根本的不同。国内有学者从法治的立场反思传统监督模式，指出：以“人盯人”的方式实行监督，虽操作灵活，但效力缺乏稳定性；倡导清官能吏，监督者虽高风亮节大义凛然，但制度却严重依赖于人的因素；“风闻言事”式的监督，权力范围宽泛却缺乏规范化；监督效果虽能立竿见影，但治标难治本。[③]

中国现代意义上的检察制度是清末从日本引进的。1906 年清政府颁布的《大理院审判编制法》中按照大陆法系的做法首次规定了检察制度。[④]1907 年颁布高等以下各级审判厅试办章程，对检察制度又做了具体规定。除法律规定必须亲告案件（如胁迫、绑匪、通奸等）以外的刑

① 张智辉：《检察制度的起源和发展》，《检察日报》2004 年 2 月 10 日第 4 版。

② 孙笑侠、冯建鹏：《监督：能否与法治兼容？——从法治立场来反思监督制度》，《中国法学》2005 年第 4 期。

③ 孙笑侠、冯建鹏：《监督：能否与法治兼容——从法治立场来反思监督制度》，《中国法学》2005 年第 4 期。

④ 张智辉：《检察制度的起源和发展》，《检察日报》2004 年 2 月 10 日第 4 版。

事案件，无论因被害人告诉、他人告发、警察移送或检察官自行发现，都由检察官提起公诉。检察官独立行使下列职权：第一，对刑事案件提起公诉；第二，收受诉状请求预审及公判；第三，指挥司法警察逮捕罪犯；第四，调查事实收集证据；第五，民事保护、公益陈述意见，第六，监督预审和公判，并纠正其违误；第七，监督判决之执行；第八，查核审判统计表等。

虽然清末改制有很大的局限性，然而清末建立检察制度，在法律形式上承认司法的一定独立性以及审检分离，在价值观念与法律原则上否定了中国封建社会沿袭几千年的司法与行政不分、指控与裁判不分的传统法制，对于中国司法体制的近代化发展具有重要意义。清末确立的主要以日本为范型的检察制度模式，对后来民国时期检察制度的建立和发展产生了重要的影响。[①] 辛亥革命推翻清政权后建立的南京临时政府，实行三权分立原则，同时沿用了晚清改制后的司法体制，法院参照《法院编制法》采用四级三审制，并且各级审判厅设置同级检察厅。在其后的北洋政府时期（1912 年 4 月至 1928 年 6 月）基本上沿用了这一司法体制。在北洋政府统治时期检察制度初步确立，并经过一定时期的运行取得了一定的经验，相关的制度也逐步建立。

检察官的职权主要集中于刑事案件方面，其职能范围包括：

第一，侦查案件。检察官受理案件后即开展侦查，必要时可以采用羁押、扣押、搜索等强制性措施，但需先请示检察长，除非属于现行犯等需要即刻采取行动的情况。

第二，批准逮捕、指挥逮捕。在实施逮捕方面，法律不仅赋予检察

① 龙宗智：《检察制度教程》，法律出版社 2002 年版，第 53 页。

官指挥司法警察伪权力，还可以调动更大范围的人员，包括宪兵以及森林、铁路、海船、税务等方面的警察。

第三，提起公诉。检察官对自行侦查的案件以及司法警察移送的案件有提起公诉的权利。刑事被害人有权向检察厅申诉，请求检察厅提起上诉。

第四，监督审判。总检察长对高等审判庭以下法院的判决如果认为与法律抵触，可要求大理院予以撤销。对同一审判机关的判决，检察机关认为有必要再审时，可由检察长依照抗告程序或非常上告程序要求重审。在一审刑事案件预审时，推事（法官）应征询检察官意见，检察官应在三日内提出意见书。对审判机关的判决及其执行，检察官可以采用“请求变更”的方式来要求法院予以改变。

第五，监督判决的执行。一是部分执行事宜由检察官直接实施，如没收、扣押或者保管财产的处理。二是监督执行一些即时执行的刑罚，如指挥、监督死刑执行。三是对徒刑、拘役等长期执行的刑罚情况进行监督。如记录罪犯服刑情况、监督监所管理人员执行公务等。

从总体上来看，清末改制在法律形式上建立具有大陆法系的特点，接近于日本等国的检察制度模式，帝制推翻后建立的南京临时政府、北洋政府乃至后来的国民党政府都大致继受了清末改制所确立的司法制度模式，使我国检察制度的初创和旧中国的发展时期就体现出比较明显的大陆法系检察制度的特点，包括检察官与法官的同等司法官地位、检察一体制、检察官对侦查的指挥监督及调度司法警察的权力，以及在法官职权主义的审判制度背景中行使公诉权力等。主要的原因之一在于，中国几千年封建专制的文化传统与强调国家职权的运用、注重社会安定价值的大陆法系模式更为契合，而英美法系强调个人主义价值倾向、强调以争斗对抗的方式解决冲突的对抗制诉讼模式则不易为国人所接受。①

与清末及北洋政府时期相比，国民党统治时期检察官的职权有加强趋势，突出体现在检察官职权的强化和公诉裁量权的扩大，包括赋予检察官在一审辩论终结前追加起诉和撤回起诉的权利，同时使其上诉、抗告权规范化，并确认最高法院检察署检察长拥有非常上诉权，对各级法院的生效判决可以向最高法院提出非法上诉。此外，检察官刑罚执行监督权力加强。检察官不仅指挥公诉案件刑事判决的执行，而且指挥刑事自诉案件的判决执行。在监狱和看守所方面，检察官可以巡视监狱，同法官一样接受刑事被告人的陈述。依照国民党政府颁布的有关法律规定，检察机关的职权主要包括：(一）实行和指挥侦查；(二）提起公诉、实行公诉；(三）协助自诉、担当自诉；(四）指挥刑事裁判的执行。

国民党政权时期的检察制度具有以下特点：

第一，实行审检合署，但审检职能分离，互不干涉。

第二，检察官权限强大，地位重要。北洋政府时期的检察制度采用德日模式，检察官在刑事诉讼中起着关键作用。首先，检察官是审前阶段的主持人。检察官是侦查主持机关，警察虽然承担主要的侦查业务，但只是侦查辅助机关。司法警察办理规定事项有成绩或有废弛职务的情形者，检察长官有直接的奖惩权。检察官对全部刑事案件的侦查权，以及调度奖惩司法警察的权力，是检察官权力强大的突出体现。其次，南京

① 龙宗智:《检察制度教程》，法律出版社 2002 年版，第 57 页。

政府实行公诉为主、自诉为辅、公诉支持自诉的制度，检察官独占公诉权，同时支持自诉，因此对于审判的发动具有决定作用，对审判的进行发挥重要影响，同时对法院就程序和实体问题的处理发挥监督作用。再次，检察官指挥刑事执行活动。可见，检察官参与刑事诉讼的全过程，可以说是刑事诉讼中最重要的角色。①

第三，检察官具有职务上的独立性，但必须接受上级的监督指挥，而对后者尤为强调。一方面，检察官有权依法令之规定独立行使其职务；另一方面，检察官又有义务“服从其监督长官之命令”。后者形成检察机关内部“上命下从”的关系，使全国检察官成为统一整体。

第四，检察官司法官化，任职资格较高。在旧中国，检察官与法官一样被视为国家司法官员，适用与法官基本相同的任职条件，享受同等待遇，给予同等的职业保障，而且彼此间有时互换任职。这种任职资格与身份待遇与大陆法系的德国相似，它与检察官在刑事诉讼中的重要作用相适应，也与旧中国实行的职权追诉模式相关。同时，审检合署制度也为检察官司法官化提供了方便条件。②

新中国的检察制度是在新民主主义革命根据地检察实践的基础上，结合中国国情创制起来的。革命根据地时期是在中国共产党的领导下取得新民主主义革命胜利的关键阶段，从各苏维埃政府、边区政府到解放区政府颁行的大量刑事诉讼规则以及确立的刑事司法制度是当时特定政治和社会条件下的产物，既适应了复杂的革命和战争形势的需要，又为新中国成立后的司法制度建设积累了宝贵的经验，是党和人民集体智慧

---

① 龙宗智：《检察制度教程》，法律出版社 2002 年版，第 64 页。

② 龙宗智：《检察制度教程》，法律出版社 2002 年版，第 65 页。

的集中体现。在根据地的各个时期众多刑事诉讼规则的制定（也包括根据地司法工作的推进）显示出中国共产党“抛弃国民党旧司法”“另起炉灶”确立新型人民司法的卓越努力。[①]

例如，各地抗日民主政府颁布的法院组织条例都规定了检察人员提起公诉的职权。司法机关的检察员提起公诉的案件一般为普通刑事案件。在陕甘宁边区，侦查案件由检察员负责，如果认为罪案不能成立，即将案件裁定撤销。对特种刑事案件的公诉也可由检察机关提起。在晋察冀边区，由地方行政首长兼任的检察官“实施侦查、提起公诉”。苏中区的司法机关中不设检察人员，除公安机关外，区级以上政府为了维护社会秩序和群众利益，也可行使检察职权，对刑事被告人提起公诉。在太岳区，一般机关、团体、部队也可向法庭提起公诉，不过如果材料和事实不充足，法庭可以拒绝受理。[②]

革命根据地时期的有关法律规定正是新中国法律制度的直接源头，它所确立的若干刑事法律原则和制度在今天仍有重要的影响，尤其是确立的“政法传统”强调党对司法工作的绝对领导，突出司法机关之间的密切配合，在新中国成立后得到了沿袭。[③]

新中国成立初期，中央人民政府颁行的《中华人民共和国法院暂时组织条例》《中央人民政府最高人民检察署暂时组织条例》及《地方各级人民检察署组织通则》是新中国关于司法组织和诉讼程序的重要法律，为新中国成立之初的刑事诉讼活动提供了法律依据。

---

① 李长城：《刑事立法权的异化——中国地方性刑事诉讼规则研究》，法律出版社 2014 年版，第 45 页。

② 张希坡、韩延龙主编：《中国革命法制史》，中国社会科学出版社 2007 年版，第 420—421 页。

③ 李长城：《刑事立法权的异化——中国地方性刑事诉讼规则研究》，法律出版社 2014 年版，第 45 页。

二、我国检察制度的发展

我国检察制度的发展变化大致可以划分为三个历史阶段。

第一阶段是法律监督权的初步确立阶段。在新中国成立后，我国检察制度以苏联法律监督理论为指导，逐步确定了检察机关作为国家法律监督机关的基本定位。1949 年 12 月 20 日经毛泽东主席批准的《中央人民政府最高人民检察署试行组织条例》颁布，规定了检察机关具有以下六项职权：(1) 检察全国各级政府机关及公务人员和全国国民是否严格遵守人民政协共同纲领及人民政府的政策方针与法律法令；(2) 对各级司法机关之违法判决提起抗诉；(3) 对刑事案件实行侦查、提起公诉；(4) 检察全国司法与公安机关犯人改造所及监所之违法措施；(5) 对于全国社会与劳动人民利益有关之民事案件及一切行政诉讼均得代表国家公益参与之；(6) 处理人民不服下级检察署不起诉之申请复议案件。①1954 年《宪法》规定了检察机关的设置、领导体制、基本原则与主要职权等内容；同年制定的《中华人民共和国人民检察院组织法》进一步对检察制度进行了明确。这两部法律奠定了检察权基本体系的架构基础。但是，从 1957 年开始的“反右”斗争以及后来发生的“文化大革命”使中国刑事诉讼制度与整个法制建设陷于停滞状态。②

第二阶段是恢复重建阶段。随着 1978 年党的十一届三中全会的召开，我国检察机关进入恢复重建时期，检察制度由此进入新的历史发展阶段。1979 年《人民检察院组织法》奠定了“法律监督机关是维护国家法制统一的机关这一基调，并且也奠定了法律监督机关要实行法律监

① 刘志成：《人民检察制度的诞生与发展》，《人民检察》2011 年第 20 期。

② 张培田：《法的历程——中国司法审判制度的演进》，人民出版社 2007 年版，第 138 页。

督这一方向”。[①]1982年第五届全国人大五次会议通过的《宪法修正案》重新确立了检察机关的法律监督机关地位，对前述内容进行了明确规定。在这一时期，《民事诉讼法》与《行政诉讼法》均规定了人民检察院的法律监督权，但缺乏可操作的具体规定。

第三阶段是法律监督权的调整与完善阶段。1996年通过了《中华人民共和国刑事诉讼法》修正案，修正案关于检察权的调整体现在以下几个方面：首先，取消了检察机关的免予起诉权，扩大了检察机关不起诉的范围。根据1996年修正后的《刑事诉讼法》，检察机关对于犯罪情节轻微、依照刑法规定不需要判处刑罚或者免除刑罚的，可以作出不起诉决定，不能再作出定罪免予起诉的决定。再次，限制了检察机关的侦查权。根据《刑事诉讼法》修正案的规定，检察机关侦查的对象只能是国家机关工作人员。最后，加强了刑事诉讼监督职能，调整了法律监督权行使的方式。根据《刑事诉讼法》修正案的规定，人民检察院在刑事诉讼的立案、侦查、审判以及执行诸阶段的法律监督作用得到进一步加强。最高人民检察院第九届检察委员会第52次会议在2000年1月通过了《检察改革三年实施意见》，提出了以下改革目标：强化法律监督；加强上级检察机关对下级检察机关的领导；全面建立主诉、主办检察官办案责任制；改革经费管理机制；改革干部人事制度；改革检察机关内、外部监督制约机制等。

第二轮司法改革以2007年党的十七大为开启标志，直至2013年十八届三中全会之前。党的十七大报告提出，要深化司法体制改革，优化司法职权配置，规范司法行为，建设公正高效权威的社会主义司法制

---

① 何勤华：《检察制度史》，中国检察出版社2009年版，第414页。

度，保证审判机关、检察机关依法独立公正地行使审判权、检察权。最高人民检察院于2009年3月印发《关于深化检察改革2009—2012年工作规划》提出：优化检察职权配置，完善法律监督的范围、程序和措施；健全对检察权行使的监督制约；完善检察工作中贯彻落实宽严相济刑事政策的制度和措施；改革和完善检察组织体系和干部管理制度；改革和完善政法经费保障体制等五个方面的要求。为积极推进人民检察院提起公诉案件的量刑建议工作，促进量刑的公开、公正，2010年2月，最高人民检察院实施了《人民检察院开展量刑建议工作的指导意见（试行)》，明确了量刑建议的原则、适用范围、建议的具体内容等。

第三轮司法改革的时间跨度为2013年11月十八届三中全会至今。十八届三中全会全体会议通过了《中共中央关于全面深化改革若干重大问题的决定》，提出要“深化司法体制改革，加快建设公正高效权威的社会主义司法制度，维护人民权益，让人民群众在每一个司法案件中都感受到公平正义。”这次会议标志着我国第三轮司法改革的全面启动。《决定》要求完善确保依法独立公正行使审判权和检察权的制度、优化司法职权配置、推进严格司法、保障人民群众参与司法、加强人权司法保障、加强对司法活动的监督。

为贯彻落实党中央精神，最高人民检察院于2015年2月16日印发并实施了《关于深化检察改革的意见（2013—2017年工作规划)》（检察改革第四个三年改革意见)，提出了人民检察院应当完善保障依法独立公正行使检察权的体制机制；建立符合职业特点的检察人员管理制度；健全检察权运行机制；健全反腐败法律监督机制；强化法律监督职能；强化对检察权运行的监督制约等六个方面的改革任务。

员额制和检察人员分类管理改革。2013年3月1日，中共中央组织部、最高人民检察院联合下发《人民检察院工作人员分类管理制度改革意见》，将检察机关政法编制内的人员划分为检察官、检察辅助人员、司法行政人员三类。最高人民检察院于 2015 年 2 月 16 日印发《关于深化检察改革的意见（2013—2017 年工作规划）》，明确提出建立检察官员额制度，要求入额检察官政治素养、专业素质、办案能力、职业操守过硬，明确入额办案人员的权力和责任。通过员额制改革，实现检察官对案件终身负责，能够提高法官检察官的工作积极性，增强办案责任感，保证案件办理质效。

但是，第三轮检察改革仍有不足之处。有学者指出，司法责任制改革明确了入额检察官的办案职责，但是与其相关的配套性改革措施不够完善，检察官独立办案后的监督机制仍不健全，检察官履职保障机制和待遇仍然没有到位。进入人民监督员监督程序的案件占全国职务犯罪案件总量比例也是较小。捕诉合一可能引起审查起诉形式化，这一现象也需要检察机关接下来用制度予以规范。内设机构要精简，但检察业务的精细化、专业化建设也是检察工作的重要方向，如何协调好两者的关系，就成为现实的问题。这些问题也是检察机关在将来的司法改革过程中亟待解决的。①

2018 年，随着《宪法修正案》以及《监察法》的通过，我国的国家架构由过去的“一府两院”正式转变为“一府一委两院”，其中，检察机关职务犯罪的侦查职能转隶至监察机关。2018 年新修订的《人民检察院组织法》最终确认了刑事、民事、行政与公益诉讼“四大检察”为核心的监督格局，由此进一步拓宽了法律监督的范围。

---

① 高一飞、陈恋：《检察改革四十年的回顾与思考》，《四川理工大学学报》（社会科学版）2018 年第 6 期。

根据最高人民检察院制定的《2018—2022年检察改革工作规划》，今后一个时期检察改革的总目标是：全面、充分履行宪法和法律赋予检察机关的法律监督职责，构建以刑事检察、民事检察、行政检察、公益诉讼检察为主要内容的检察机关法律监督职能体系，构建与国家治理体系和治理能力现代化要求相符合，与建设中国特色社会主义法治国家相适应的新时代检察体制和工作机制。

由上述发展历程可见，我国检察机关作为法律监督机构是各种因素综合作用的结果，既有其普遍性的一面，更有其自身的特色。而且，中国检察制度发展的历史表明，尽管经历过诸多变化，但是检察权的法律监督权定性自确定以来始终未发生过变化，检察机关始终都是国家的法律监督机关。但是同时，检察权的外延和行使方式则并非一成不变，而是随着不同时期国家任务、各项制度的变革而进行动态调整。①

我国检察制度除了具有国外检察制度的一般内容和特征之外，还具有自身的特质，这是由于中国检察制度的产生和发展具有独特的制度背景、社会条件和历史原因：②

第一，检察机关的定位和功能是在社会主义的政治体制中实现的。在社会主义国家的法律理论和实践中被视为国家机关最重要的组织与活动原则包括党的领导、国家机关服从政治、群众广泛参与社会管理和国家事务以及民主集中制等。③ 社会主义法治理念包括依法治国、执法为民、公平正义、服务大局、党的领导五个方面的内容。我国政治体制的关键是中国共产党对各项事业的领导，即执政党“统揽全局，协调各

---

① 周新：《论我国检察权的新发展》，《中国社会科学》2020年第8期。

② 龙宗智：《我国检察学研究的现状与前瞻》，《国家检察官学院学报》2011年第1期。

③ 马尔琴科：《国家与法的理论》，徐晓晴译，中国政法大学出版社2010年版，第257页。

方”；这种体制的特点是集中性，而不是分权与制衡。党中央是领导社会主义法治建设的核心力量，司法机关在司法工作中，必须服从党的领导，必须服务于党所设定的党和国家的大局。同时，检察官应当具有党性，而且应当增强党性。

不能否认，任何国家的检察机构作为国家制度的一部分，都具有一定的政治性。但是，在其他法治国家和地区，这种政治性受到法治原则和检察独立原则的限制。因此，检察机关排除政治和行政干扰，对执政党或政府的领导人物发动侦查和追诉，为常见情形。同时，检察政策的设定与实施也有相当的自主性。

在中国的司法工作中肯定执政党的领导地位并发挥其领导作用，是一种历史必然性的体现。[①] 在我国转型期法治功能有限的情况下，党对司法工作的领导有利于协调各种矛盾，弥补司法资源不足、难以全面有效地应对社会需求的问题。[②] 转型期是指我国从确定建立现代化社会主义国家的目标至现代化基本实现的这一时期，我国转型期的法治模式是一种“有限法治”，即传统的治理方式仍然发挥着基本、主导的作用，法治的方式与人治以及其他非法治的治理方式将并存相当长的时间。[③] 中国传统的社会治理方式和社会治理结构发生了重要变化，社会治理过程对司法的依赖空前加重，而司法难以承载这样的社会使命。中国社会长期积累的或由社会变革所引发的各阶层、各主体之间的矛盾都直接、间接地交给了司法。与之不相适应的是，在中国社会特定条件下，司法在处理这些矛盾和冲突时受制并顾忌于多方面的压力，从而可能难以坚

---

① 龙宗智：《论依法独立行使检察权》，《中国刑事法杂志》2002 年第 1 期。

② 龙宗智：《转型期法治与刑事政策》，《法学》2005 年第 3 期。

③ 龙宗智：《中国转型期法治发展特点与发展战略》，《中国政法大学学报》2010 年第 2 期。

守应有的法律立场。在中国，法院并非是各种问题的解决中枢，甚至也并非社会正义的最后一道防线。[①] 转型期党对司法工作的领导有利于综合运用法律手段和其他手段，协调、解决各种社会矛盾。党对检察工作进行领导的具体内容，主要体现为政治领导、思想领导以及组织领导。

在我国当前的政治体制下，检察机关既要服从中心、服务大局，坚持执政党的领导，又要坚持法治原则，依法独立行使检察权，面临完全不同于西方国家的制度背景与执法条件，如何建设与履行职能，在已有的法治和检察理论中找不到现成答案，需要中国的检察研究者进行认真探索。

第二，我国检察事业的发展，受制于转型时期的社会状况及转型时期法制建设的情况与特点。在我国实现高度发达的战略目标之前，将在一个较长的时期内持续处于全面转型中：由计划经济向市场经济转型，由经济、政治、文化等方面的一元社会向多元社会转型，由封闭社会向开放社会转型，由政治权力无所不能、无所不为的全能政治逐步向依法执政和依法行政转型。由于市场经济体制的建立以及对外开放国策的推行，社会变革的大趋势已经不可逆转。[②] 社会的转型产生了对法治即依法治国的社会需求。因为只有实现法治，才能保障市场经济的运行；只有实现法治，才能有效解决转型期的各种社会矛盾与纠纷，保障社会的长治久安，而司法机关在依法治国的过程中具有重要作用。另一方面，在社会的转型期，有效实现法治的条件并不具备，社会治理方式还没有实现根本转型，在有些方面改革的推进还步履维艰，维护法治的工作还受到许多条件制约和障碍，因此不可避免地会以“相对合理”的方式来

---

① 滕彪:《司法的变迁》,《中外法学》2002 年第 6 期。

② 龙宗智:《中国转型期法治发展特点与发展战略》,《中国政法大学学报》2010 年第 2 期。

推进法治。在转型期，如何以一种“相对合理”的方式推动检察工作和制度建设，也是需要研究的问题。

第三，新中国检察制度的产生与发展，受到了列宁的法律监督思想以及苏联模式的一定影响。不过，苏联检察模式的正当性与有效性并未获得历史的证明。因为苏联的法治未能有效建立，有时已建立的法治还受到极大破坏，如 20 世纪 30 年代的大清洗时期，检察机关维护国家法制的功能就无法履行。[①] 我国检察制度已经结合中国国情作了重要改变：其一，检察机关受人大监督，不是国家的“最高监督”；其二，中国检察监督主要是司法监督，包括刑事诉讼和执行监督、民事审判与行政诉讼监督等，但不从事“一般监督”；其三，中国检察机关实行上级检察院与同级地方党委的双重领导，不实行垂直领导。一般认为，双重领导更有利于加强党委的领导和实现为大局服务，有利于加强检察机关的监督和管理；而垂直领导，更有利于检察权行使的独立性，防止检察权的地方化，实现执法的严格和统一。

在我国，由于特定的政治、社会结构，司法机关的独立性是有一定约束性的。一是由于政治体制上执政党的领导地位和司法机关受人大监督、对人大负责的政治体制的要求；二是因为在执行国家政策方面，需要检察机关“服务中心、服从大局”，检察活动作为国家政治战略的组成部分，应当服务于国家建设的大局，需要受制于由执政党宣示的某些政治需求；三是从实际运作看，由于目前的特定体制和条件，司法机关的能力（包括协调能力、资源调动能力）以及处置权威，都是十分有限的。检察机关如果脱离了特定政权（党委、人大与政府），往往会“举

① 龙宗智：《中国转型期法治发展特点与发展战略》，《中国政法大学学报》2010 年第 2 期。

步维艰”，甚至“寸步难行”。检察机关要获得资源以及其他方面的支持，就必须在独立性方面作出某种让渡，例如对大、要案件的办案情况进行“汇报”乃至请示。否则的话，检察机关若想要求政权机构对检察事务鼎力支持往往是一厢情愿。①

我国《宪法》和有关法律肯定了检察机关的独立性，同时《检察官法》也承认检察官的外部独立性，然而检察官的内部独立性尚未获得法律的确认。在我国，宪法、司法机关组织法和诉讼法规定了人民法院、人民检察院依法独立行使职权，这种独立是一种集体独立，或称“官署独立”，而非个人独立。应当说，在我国检察制度中，检察权的独立行使，主要是就指检察机关行使权力时，具有法律制度上的独立性。这种整体独立，是以检察长负责制和检察委员会制度来保证的。在现行体制中，检察官受检察长领导，任何检察活动应服从检察委员会的决定，虽然检察官也是检察权行使的主体，但在法律制度上还没有确立检察官在检察机关内部的独立性。因为诉讼法仍是以人民检察院而非检察官为诉讼主体，检察官是检察院意志的执行者，其本身在诉讼法上还缺乏独立的地位。同时，法律还没有赋予检察官合法对抗行政指令权的权力。②

然而，我国检察权的行使必须保持一种独立性。因为依法治国要求检察机关与检察官加强检察权独立性的意识。作为捍卫法制并实施法律监督的检察官，如果不能按照其赖以产生的法制原则发挥应有的功能，也就失去了其存在的意义和价值。但是，我国检察机关的独立只能选择一种既肯定独立性又限制独立性的“相对独立”的模式。这虽然可以说是一种制度选择，但就中国检察制度当前背景而言，这又是一种不以人

① 龙宗智：《论依法独立行使检察权》，《中国刑事法杂志》2002 年第 1 期。

② 龙宗智：《论依法独立行使检察权》，《中国刑事法杂志》2002 年第 1 期。

的意志为转移的宿命。[①]

第二节　中国检察职能的内容和特点

中国的检察职能既体现了检察原理的一般规律，同时又有鲜明的本土特色。

一、我国检察职能的内容

我国的检察职能可以分为刑事诉讼中的检察职能和刑事诉讼以外的检察职能，后者包括检察机关在民事、行政以及公益诉讼方面的职能。

（一）刑事诉讼中的检察职能

我国《刑事诉讼法》第 7 条规定了三机关的相互关系，明确人民法院、人民检察院和公安机关进行刑事诉讼，应当分工负责、互相配合、互相制约，以保证准确、有效地执行法律。

我国《刑事诉讼法》第八条规定，人民检察院依法对刑事诉讼实行法律监督。人民检察院是国家的法律监督机关，在刑事诉讼活动中，有权对侦查机关的立案侦查、审判机关的审判活动和执行机关的执行活动是否合法进行监督。这种监督贯穿于刑事诉讼活动的始终，主要包括：

---

① 龙宗智：《论依法独立行使检察权》，《中国刑事法杂志》2002 年第 1 期。

1. 侦查监督

我国公安机关自行决定立案、撤案，自行决定和执行搜查、扣押、取保候审、刑事拘留等强制措施。根据我国《刑事诉讼法》的规定，检察机关侦查监督的内容包括：第一，对公安机关的立案活动进行监督；第二，对公安机关侦查案件进行审查，决定是否逮捕起诉；第三，对公安机关的侦查活动是否合法实行监督。

在警检关系上，最高检力推“检察引导侦查”制度，实践中发生较为严重的刑事案件如毒品、涉黑以及命案时，公安机关往往会邀请检察机关提前介入侦查。

《刑事诉讼法》第 170 条规定，人民检察院对于监察机关移送起诉的案件，人民检察院经审查，认为需要补充核实的，应当退回监察机关补充调查，必要时可以自行补充侦查。《检察规则（2019）》中规定了检察机关有权要求监察机关进行鉴定、① 在审查起诉中可以要求监察机关补充提供证据材料、② 排除非法证据，同时可以要求监察机关另行指派调查人员重新取证③ 以及退回监察机关补充调查。④

2. 侦查

《刑事诉讼法》第 164 条规定了人民检察院对直接受理的案件的侦查。2018 年修改《刑事诉讼法》，人民检察院对直接受理的案件的侦查

① 《最高人民检察院检察规则》第 332 条。
② 《最高人民检察院检察规则》第 340 条。
③ 《最高人民检察院检察规则》第 341 条。
④ 《最高人民检察院检察规则》第 343 条。

范围作了调整，贪污贿赂犯罪国家工作人员的渎职犯罪等，不再由人民检察院立案侦查，而是由监察机关调查。

根据《刑事诉讼法》第 19 条第二款的规定，人民检察院立案侦查的案件主要是以下两大类：

第一，人民检察院在对诉讼活动实行法律监督中发现的司法工作人员利用职权实施的非法拘禁、刑讯逼供、非法搜查等侵犯公民权利、损害司法公正的犯罪，可由人民检察院立案侦查。

检察机关是国家法律监督机关，依法对诉讼活动实行法律监督，是检察机关的重要职责。这里的司法工作人员根据我国《刑法》第 94 条的规定，是指有侦查、检察、审判、监管职责的工作人员，这里的诉讼活动包括侦查、审判、执行的全过程。

第二，对于公安机关管辖的国家机关工作人员利用职权实施的重大犯罪案件，需要由人民检察院直接受理的时候，经过省级以上人民检察院决定，可以由人民检察院立案侦查。

2018 年修改《刑事诉讼法》时根据监察体制改革的精神作了文字修改，将案件范围明确为“公安机关管辖的国家机关工作人员利用职权实施的重大犯罪案件”。这样规定，一是与修改前人民检察院的“机动侦查权”的案件范围相一致，即国家机关管辖的国家机关工作人员利用职务实施的重大犯罪案件，如国家机关工作人员利用职务实施的杀人、强奸等重大犯罪案件。其中，“重大犯罪案件”指的是个案，而且是公安机关不便立案侦查，由人民检察院立案侦查更为适宜的个别案件；二是要经过省级人民检察院或者最高人民检察院决定，才可由人民检察院立案侦查。

人民检察院在侦查直接受理案件中，可以适用我国《刑事诉讼法》

第二编第二章关于“侦查”的一般规定，即讯问犯罪嫌疑人、询问证人的规定；勘验、检查，搜查，查封、扣押物证、书证，鉴定，通缉等的规定。

3. 决定不起诉

根据我国《刑事诉讼法》和有关司法解释的规定，[①] 我国司法实务中存在以下四种类型的不起诉：

第一，法定不起诉，《刑事诉讼法》第 177 条规定了不起诉的条件和程序，其中第一款明确规定，犯罪嫌疑人没有犯罪事实，或者有本法第 16 条规定的情形之一的，人民检察院应当作出不起诉的决定。

第二，酌定不起诉，指虽然犯罪但是情节轻微，依照规定可以不需要判处刑罚或者免除刑罚，也称相对不起诉。其中，“不需要判处刑罚”是指刑法第 37 条规定的情形，即对于犯罪情节轻微不需要判处刑罚的，可以免予刑事处罚；“免除刑罚”则是指刑法中关于自首、立功、未成年人犯罪、犯罪中止、正当防卫、紧急避险等规定中免除处罚的规定。在这种情形下，人民检察院享有不起诉裁量权，是否起诉由人民检察院根据案件具体情况而定。[②]

第三，证据不足不起诉，指经过补充侦查，但是仍然证据不足，达不到起诉的条件，也称为存疑不诉。

第四，附条件不起诉，指依据案情已经达到了起诉的条件，但是出于一些刑事政策对特定类型犯罪的规定，可以由检察官附加一些条件，如果犯罪嫌疑人完成了这些条件（如赔偿被害人、参加社区劳动等），

---

① 《人民检察院刑事诉讼规则》第 403 条、第 406 条。

② 《中华人民共和国刑事诉讼法注释本》，法律出版社 2019 年版，第 132 页。

就可以附条件的不提起公诉，也称为暂缓起诉（如果嫌疑人未能完成这些约定的条件，仍然要提起公诉）。例如，我国2012年《刑事诉讼法》第271条规定，对于可能判处一年有期徒刑以下刑罚的未成年人犯罪，符合起诉条件，但有悔改表现的，人民检察院可以作出附条件不起诉的决定。

《检察规则》第365条规定，人民检察院对于监察机关移送起诉的案件，发现犯罪嫌疑人没有犯罪事实，或者符合《刑事诉讼法》第16条规定的情形之一的，经检察长批准，应当作出不起诉的决定。监察机关认为不起诉的决定有错误可以向上一级人民检察院提请复议，[①] 该条规定也与公安机关对普通刑案检察院作出不起诉决定可以向上一级人民检察院提请复议的规定完全一致。

4. 提起公诉、支持公诉

根据我国《刑事诉讼法》的规定，“人民检察院认为犯罪嫌疑人的犯罪事实已经查清，证据确实、充分，依法应当追究刑事责任的，应当作出起诉决定，按照审判管辖的规定，向人民法院提起公诉。”概括起来，我国检察院提起公诉的证据标准有三大特点：第一，与法院作出有罪判决时所适用的证据标准在表述上近似，都是“事实清楚，证据确实充分”；第二，公诉的证据标准在法院对案件进行实体审理以前不受司法审查，[②] 主要由检察人员自己掌握；第三，对于是否达到提起公诉证据标准的判断是检察人员的主观因素作用于案件证据事实的客观因素的结果。

① 最高人民检察院《检察规则》第379条。

② 孙长永：《探索正当程序——比较刑事诉讼法专论》，中国法制出版社2005年版，第294页。

从2018年开始最高检推行大部制改革，我国检察机关开始实施捕诉一体化改革，原来由侦查监督部门负责的审查批捕工作改由公诉部门一并承担。捕诉一体化工作展开以来取得了一定的成效。首先是办案效率提高，如工作流程减少后，退侦、退补率明显下降。其次是案件质量方面得到提高，检察人员从整体上把握案件，通盘考虑该捕与不该捕的情况。最后是促进了检察引导侦查，体现在检察人员经常以书面补侦的方式加强侦查主导，尤其在证据方面主动监督公安机关。

5. 刑事审判程序监督

我国《刑事诉讼法》第203条规定，人民检察院发现人民法院审理案件违反法律规定的诉讼程序，有权向人民法院提出纠正意见。刑事审判程序监督的范围按审判程序分，包括一审、二审、再审和死刑复核程序；按照案件的性质区分，包括对公诉案件和自诉案件以及附带民事诉讼审判程序的监督。

刑事审判程序监督的内容包括，第一，人民法院对刑事案件的受理活动违法；第二，人民法院对刑事案件的管辖不符合法律规定；第三，人民法院审理案件违反法定的审理和送达期限；第四，审判组织的成员不合法；第五，法庭审理违反法定程序；第六，侵犯当事人和其他诉讼参与人的诉讼权利和其他合法权利；第七，法庭审理中，对有关回避、强制措施等程序问题所做的决定违反法律规定；第八，审判人员徇私枉法。

6. 刑罚执行监督

根据《刑事诉讼法》等法律、司法解释中相关条文的规定，检察机关对人民法院发生效力的刑事案件判决裁定的执行和监狱、公安机关及其下属的看守所、拘留所等执行机关的活动是否合法实行监督。其中，人民法院负责死刑、罚金刑、没收财产刑、无罪判决和免除刑罚判决等的执行，公安机关负责管制、拘役、缓刑、假释、监外执行等的执行，有期徒刑、无期徒刑、死缓则由看守所监狱等执行。

（二）公益、民事、行政诉讼监督

我国检察机关进行民事审判、行政诉讼法律监督的法律依据主要是《宪法》和《人民法院组织法》对人民检察院法律地位职权范围的原则规定。此外，有关程序法对此也作了专门规定。例如，我国修订前的《民事诉讼法》第 10 条规定，人民检察院有权对民事审判活动实行法律监督；第 150 条至第 188 条，对人民检察院实施法律监督的手段、条件、法律效力等监督程序问题作出了具体规定。我国《行政诉讼法》第 10 条规定，人民检察院有权对行政诉讼实行法律监督；第 63 条规定，人民检察院对人民法院已经发生法律效力的判决裁定，发现违反法律法规规定的，有权按照审判监督程序提出抗诉。

2018 年新修订的《人民检察院组织法》确认了刑事、民事、行政与公益诉讼“四大检察”为核心的监督格局，由此进一步拓宽了检察院法律监督的范围。隐藏在检察机关内设机构调整背后的内容，除了检察权的专业化、专门化趋势，更有检察权外延调整的深层意涵。检察机关借助内设机构调整将传统民行检察权能分置，为民事检察权能、行政检察权能、公益诉讼检察权能与刑事检察权能的均衡发展搭建了组织框架。自此，检察权能实现了由“刑事检察”一家独大到“四大检察”多元发展的转型。

二、我国检察职能运行的特点

我国检察职能的运行具有以下特点：

第一，公诉为刑事控诉的主要形式，同时受自诉的补充与有限救济。根据我国《刑事诉讼法》的规定，对涉及国家和社会利益而且需要采用专门侦查手段的刑事犯罪，由检察机关提起公诉进行追诉；对于不需要采用侦查手段的轻微刑事犯罪，刑事诉讼法规定由被害人采取自诉程序追诉。另一方面，鉴于两种起诉形式各有其局限性，我国刑事起诉制度中又确立了在一定条件下公诉与自诉相互救济的原则。其中，自诉救济公诉表现在：根据《刑事诉讼法》第170条第（三）项的规定，被害人有证据证明对被告人侵犯自己人身、财产权利的行为应当依法追究刑事责任，而公安机关或者人民检察院不予追究被告人刑事责任的，被害人有权直接向人民法院提起诉讼。

第二，检察机关垄断公诉权。只有检察官有权代表国家提起和支持公诉，其他任何机关、团体和组织都无权行使刑事案件的起诉权。我国实行公诉权由检察机关独占的制度，即对刑事案件是否提起公诉以及怎样提起公诉，均由检察机关自行审查决定，其他机关无权干涉。人民法院可以通过审判权来最终决定公诉权提出的诉讼主张及其诉讼请求是否成立，也可以建议检察机关改变起诉罪名等，但无权改变公诉决定本身。

我国检察机关垄断并单独行使公诉权，主要表现是：提起公诉权的独占性，公诉内容的改变完全取决于检察机关而非其他主体，撤回公诉没有法定限制并基本取决于检察机关的意愿，不起诉决定不受司法审查限制。

第三，在起诉法定原则的前提下，实行一定程度的起诉便宜主义。为了严格执法，有效实现国家刑罚权，我国在公诉制度上实行法定起诉原则，即对构成犯罪、具备起诉条件的案件，检察机关应当作出起诉决定，按照审判管辖的规定，向人民法院提起公诉。只是对于“犯罪情节轻微，依照刑法规定不需要判处刑罚或者免除刑罚”的案件，检察机关可以作出不起诉决定。由于起诉便宜主义只是针对“犯罪情节轻微”的案件，因此，我国公诉制度中的便宜主义属于“微罪不举”类型。

第四，公诉兼具审判监督，检察机关在公诉活动中具有双重职能。① 我国的检察机关是国家的法律监督机关。刑事诉讼法规定，检察机关对刑事诉讼实行法律监督，这就决定了检察机关在行使公诉权过程中，同时行使着法律监督职权。检察机关提起公诉和支持公诉，在行使刑事诉权的同时，还要在符合法律条件的情况下采用特定形式对人民法院的审判活动是否合法实行监督。检察机关发现人民法院审理案件违反法律规定的诉讼程序，有权向人民法院提出纠正意见。因此，在我国，公诉和审判监督是既相区别、又密切联系的统一体。检察机关进行公诉、追诉犯罪的过程又是实施法律监督的过程。因此，出庭检察人员的诉讼角色既是国家公诉人又是法律监督机关的代表，担负着审视法庭依法审判的职责，其有责任将出席法庭时所发现的法庭审判中的违法情况向本院汇报，以便于检察机关对人民法院的审判活动实施监督。

第五，公诉权的延续性与生命力较强，再次发动的可能性较大。② 由于注重实质正义和罪责追究，我国现行法律对公诉权的再次发动未作严格限制。具体表现为：一是对未生效判决的抗诉未作限制。而在有些国家，一审刑事判决尤其是陪审团作出的判决，检察机关原则上不能抗诉，否则违背“双重危险”原则。二是对生效判决的抗诉权强大。上级

① 龙宗智：《论我国的公诉制度》，《人民检察》2010 年第 19 期。

② 龙宗智：《论我国的公诉制度》，《人民检察》2010 年第 19 期。

检察院对下级法院、最高人民检察院对各级人民法院的刑事生效判决均可提起抗诉，启动重新审判，而且这种抗诉权没有限制次数。

第六，公诉权集中于检察机关而非检察官个人。我国实行控诉主体单一主体制，即诉讼法上的控诉主体是检察机关而非检察官个人。[①] 检察官只有代表检察机关时，其诉讼行为才具有法律效力，检察官如果违背检察机关的整体意志实施个人行为，事后又没有得到检察机关的认可，检察官的个人行为无效。不仅如此，从检察机关公诉工作的工作机制看，也是行政性色彩较重，司法性较弱。比如，对案件的审查起诉，虽然是由承办人审查，但须经科处长监督，最后需由检察长决定是否提起公诉。

因此总体上看，我国公诉权配置具有主导性、强势性、一定程度的灵活性、延续性较强等特征。我国检察官实际上负有侦查、决定是否起诉、实施公诉、监督裁判、指挥执行五项任务，并非纯粹与被告地位对等的当事人。

第三节　中国检察权的制约机制

中国检察权的制约机制受到传统文化、历史发展以及司法体制的影响。

我国检察权的制约主要包括检察机关的内部制约、法院的制约、当事人的制约以及人民监督员的制约。

---

① 龙宗智:《论我国的公诉制度》,《人民检察》2010 年第 19 期。

一、检察机关的内部制约

（一）上级检察院的制约

我国的检察体制采用的是双重领导体制，宪法规定上级检察机关领导下级检察机关。但是，我国法律中并没有明确上级检察机关对下级检察机关公诉案件的指挥权、职务承继权和案件移转权，上级检察院一般只对下级检察院进行业务上的指导。实践中上级检察院对公诉案件的监督制约包括事前监督和事后监督。事前制约包括请示汇报、审批制度，事后监督包括备案审查制度、案件质量检查制度和目标考核制度。其中，上级检察院以设定工作目标对下级检察院进行考核的方式，体现了较强的行政性，在实践中起着有效的“指挥棒”作用。科层制的特点包括职务制、阶层制、薪俸制、考核制。①

一方面，在中国目前的现实状况下，如果没有目标考核制度，很多人就缺乏工作的动力和积极性，相关检察业务的进展就极可能大打折扣，因此，我国上级检察机关的目标考核制度在较长一段时间内可能还是不可或缺的，业绩考核指标的设定对于“上命下从”的维系起着重要作用。

另一方面，不少地方检察机关习惯于通过各种统计数据的排队来形成绩效优劣的位次，如全年批准逮捕案件数和人数、提起公诉的案件数和人数、自侦案件立案数、提起公诉率、撤案率、决定不起诉率、无罪宣告率等等，这些数据客观上成为评价一个检察院、一个业务部门或检察人员个人办案质量效率的主要根据，有些数据同时成为对检察人员进

① 滕彪:《司法的变迁》,《中外法学》2002 年第 6 期。

行奖惩的根据。容易产生重结果不重原因、重形式不重实质的弊端，[①] 如果加上考核目标的设定存在不符合刑事诉讼规律、不符合办案实际的情况下，就会产生严重的负面效应。例如，在强调四大检察职能的背景下，有些省份为了强化民事检察这块“短板”，就一下把年民事检察办案的指标提升。

需要注意的是，在推行司法责任制与员额制后，我国的司法绩效考核呈现出以下新特征：第一，经济性增强；第二，注重办案业绩，奖酬向一线办案人员倾斜；第三，注重时段绩效，呈现出一定程度的“绩效中心”特征；第四，重视量化指标，探索考评精细化；第五，考核信息化程度提高。因此，可能存在“工作量标准与办案质量、办案效果标准”之间的矛盾，即对工作量的特别重视有时影响办案效果的提升。此外，还存在贯彻司法责任制去行政化与业绩考核行政主导之间的矛盾。[②]

因此，在上级检察机关对下级检察机关目标考核的设定上，一定要量力而行、简便易行，要避免“好高骛远”“过犹不及”，应当充分尊重检察官的办案自主权，在检察一体与检察独立之间取得平衡，在考核的公正性与效率性之间找到平衡。

（二）本级检察院的内部制约

长期以来，我国检察机关内部实行的办案体制是“三级审批制”，即：检察人员承办、办案部门负责人审核、检察长或者检察委员会决定。在这一体制中，检察官承办案件，部门负责人有审核权，决定权则

① 李建明：《刑事错案的深层次原因——以检察环节为中心的分析》，《中国法学》2007 年第 3 期。
② 龙宗智：《试论建立健全司法绩效考核制度》，《政法论坛》2018 年第 4 期。

集中于检察长和检察委员会，从而形成了以上命下从的行政性关系为特点的办案责任机制。[①]“三级审批”制符合我国的国情，在一定程度上较好的起到了检察内部制约的作用，有利之处在于便于强化对办案人员的监督并保证检察活动的统一性，不足之处在于检察官的独立性受到一定限制。

检察委员会也是检察院内部制约的重要设置。检察委员会实行少数服从多数的原则，[②]检委会作出的公诉与否的决定，具有法律上的强制力，承办检察官必须执行。检察委员会制度作为具有中国特色检察制度的构成要素，应当说符合中国检察建设实践的需要。这种集体决策、集体领导的制度与检察长个人负责制有机结合，形成了中国式的检察机关内部领导体制。

需要指出的是，我国检察委员会制度与审判委员会制度其功效与意义是有区别的。审委会确实存在一种所谓“不看病的医生开药方”的问题，检察委员会制度却不能与审委会问题等同视之。检察委员会在受到一定限制的情况下决议个案，不仅在实践中具有积极意义，而且在法理上也是能够成立的。

笔者在某市检察院挂职期间，同时也是检察委员会的委员，两年内参加了市检察院的全部各次检察委员会会议。深刻感受到，检察委员会在发挥集体智慧讨论复杂疑难案件、制约基层检察院的不起诉决定以及形成抗诉意见等方面确实起着不可替代的重要作用。不过，有些基层检

---

① 龙宗智：《论依法独立行使检察权》，《中国刑事法杂志》2002 年第 1 期。

② 但是，在笔者最近就某地六区一市的检察委员会运行实践进行调研的过程中，发现检察委员们对此的观点并不统一。有的检察官认为检委会实行检察长决定制，不实行少数服从多数的原则。

察院的检委会制度建设普遍并不健全，检委会在议决事项、讨论程序、会议记录等方面还需进一步规范。

2021 年最新的《检察委员会规则》进一步加强了检察委员会的作用，其中明确规定“检察委员会是办案单位之一”；此外，检察委员会的议事程序也得到了进一步的规范。我国的检察委员会在推行员额检察官制度后的新时期必将发挥更为积极和科学的作用。

二、法院的制约

法院对检察机关提起的公诉进行审查，并在法庭审理的基础上作出判决。从我国 1996 年《刑事诉讼法》颁行开始，检察机关向人民法院移送案件提起公诉时，人民法院仅进行程序性的审查，而不再进行如 1979 年《刑事诉讼法》规定的实体审查。立法者的意图是为了避免法官进行实体审查可能产生先入之见，所以改为程序性审查。

但是如此一改，又产生了始料未及的另一后果：起诉的易于发动。法院对于检察机关提起公诉的案件仅作形式审查，公诉审查程序起不到对案件信息的严格核实和过滤作用，很少因为控方证据不充分而拒绝进入庭审程序。

因此，我国对公诉权的制约主要集中在对不起诉的制约，对提起公诉的制约几乎缺失，刑事案件在证据不是十分充足的情况下，可以提起公诉，并进而启动审判程序。确实，我国以往司法实务的状况是“一旦批捕就必定提起公诉，一旦提起公诉就必定判处有罪”，反映了检法关系的接近化甚至一体化，与法治发达国家和地区通常以中立的法官在庭审之前通过司法审查程序过滤掉一部分案件有很大的区别。

三、当事人的制约

当事人的制约包括犯罪嫌疑人、被告人的抗辩和被害人的制约两个方面。其中，犯罪嫌疑人、被告人通过自己以及律师向检察机关提出自己无罪、罪轻的证据和辩护性意见。在此方面，我国《刑事诉讼法》在侦查、起诉、审判等各个诉讼阶段中均作出了详细的规定。

根据法律，被害人对于检察机关作出的不起诉决定，有权申诉或者直接向法院起诉。我国《刑事诉讼法》第180条的规定，被害人如果不服检察院作出的不起诉决定，可以自收到决定书后七日以内向上一级人民检察院申诉，请求提起公诉。人民检察院应当将复查决定告知受害人。对人民检察院维持不起诉决定的，被害人可以向人民法院起诉。被害人也可以不经申诉，直接向人民法院起诉。人民法院受理案件后，人民检察院应当将有关案件材料移送人民法院。《刑事诉讼法》第210条也规定，被害人有证据证明对被告人侵犯自己人身、财产权利的行为应当依法追究刑事责任，而公安机关或者人民检察院不予追究被告人刑事责任的案件，可以提起自诉。

但是，在司法实践中，受害人直接向法院起诉的这类“公诉转自诉”案件常常较难取得胜诉。原因之一是，这些案件中的受害人往往缺乏专业上的支持。因为这些受害人多属较为弱势的群体，有时难以有足够的资力聘请到优秀的刑事律师来帮助自己，最终就较难在专业的举证和质证上获得成功。相比之下，在德国的强制起诉制度中，或由法院强行要求检察官提起公诉，或是由政府财政出资聘请专业律师担当公诉，追诉的成功率自然大为提高。

近年来，被害人的刑事申诉工作逐渐受到更多的关注。最高人民检察院于2012年1月颁布的《人民检察院刑事申诉案件公开审查程序规定》要求检察机关办理申诉案件程序透明化，接受社会监督。各地检察机关在实践中创造性地发展出了申诉案件的公开答复、公开听证（包括引入第三方进行听证）等方式。显然，这些做法有利于保证办案质量，促进社会矛盾化解，维护申诉人的合法权益，提高检察机关的公信力。

四、人民监督员的制约

为了有效防止检察机关工作人员滥用职权以作为或不作为方式损害公民合法权益，检察机关设置了相应的制度和程序，保障人民群众参与检察工作，实现检察工作透明化。人民监督员制度是现行法律框架内的一项检察制度改革，人民群众可以通过这一方式在一定范围内约束检察官的行为。最高人民检察院2003年10月制定了《关于人民检察院直接受理侦查案件实行人民监督员制度的规定》，并先后在2015年（《关于人民监督员监督工作的规定》）和2019年（《人民检察院办案活动接受人民监督员监督的规定》）进行了修订。

（一）人民监督员的监督范围与权力

根据最高检的上述规定，我国人民监督员对检察官的监督制约有以下主要方面：

第一，人民监督员的监督范围在2019年9月之前主要是：检察机关拟作撤案、不起诉处理和犯罪嫌疑人不服逮捕决定的职务犯罪案件以及检察机关或检察人员在办案中发生的“五种情形”[①]进行监督；[②]在2019年9月之后主要包括：案件的公开审查、公开听证；检察官出庭支持公诉；巡回检察；检察建议的研究提出、督促落实等相关工作；法律文书宣告送达；案件质量评查；司法规范化检查；检察工作情况通报等。[③]人民检察院对不服检察机关处理决定的刑事申诉案件、拟决定不起诉的案件、羁押必要性审查案件等进行公开审查。第二，人民监督员可以提出复议的要求。对于人民检察院反馈的决定，参加监督评议的多数人民监督员仍有异议的，可以向组织案件监督的人民检察院提出复议；负责审查的案件承办部门应当另行指定检察人员及时、全面进行审查，提出审查意见报本院检察长或者检察委员会研究决定；组织案件监督的人民检察院应当在收到人民监督员提出的复议要求之日起三十日以内作出复议决定；原处理决定与复议决定不一致的，由作出原处理决定的人民检察院依法及时予以变更或者撤销；人民检察院作出的复议决定为最终决定，复议决定与人民监督员的表决意见仍不一致的，负责复议的人民检察院应当向提出复议的人民监督员说明理由。[④]

2003年我国试点的人民监督员制度，得到社会各界广泛赞同和充分肯定，最高检2010年颁订《关于实行人民监督员制度的规定》及《人

① 五种情形指应当立案而不立案或者不应当立案而立案；超期羁押；违法搜查、扣押、冻结；应当给予刑事赔偿而不依法予以确认或者不执行刑事赔偿决定；检察人员在办案中徇私舞弊、贪赃枉法、刑讯逼供、暴力取证等。

② 最高人民检察院2003年10月制定的《关于人民检察院直接受理侦查案件实行人民监督员制度的规定》、2015年发布的《关于人民监督员监督工作的规定》第2条。

③ 最高人民检察院2019年8月发布的《人民检察院办案活动接受人民监督员监督的规定》第8条。

④ 参见最高人民检察院2015年发布的《关于人民监督员监督工作的规定》第26条。该规定中关于复议程序的内容在最高人民检察院2019年8月发布的《人民检察院办案活动接受人民监督员监督的规定》中被废除，可能原因之一是实践中适用率较低。

民监督员选任管理办法》来执行人民对检察权的外部监督，较日本广泛许多；姑不论其实际是否充分落实，但在制度设计上，却已实践检察民主化的精神；若能调和侦查不公开原则所要保护的侦查利益及个人隐私权益，开放让人民适度参与向来不公开的检察程序，则会更佳。

作为回应“谁来监督监督者”的实际举措，不仅是检察机关，法学界乃至全社会都对人民监督员制度寄予厚望。然而，作为一项初生的制度，人民监督员不可避免地存在定性模糊、缺失民意以及运行机制等结构性缺陷，目前这些缺陷已致这一改革措施置于生死存亡的十字路口，改革的方向是扩大监督范围、建立由外部选任的、在诉讼程序内具有法律效力的人民监督员诉讼制度。①

当然，我国的人民监督员制度在某些方面可能还有待改进。例如，人民监督员到底是“精英型”还是“大众型”，人民监督员监督程序的启动到底是“随机型”还是“受命型”，上述问题都值得研究和展开试点。因此，我国人民监督员制度的完善还需假以时日，耐心培育。②

（二）继续改革的模式借鉴

新中国的法律制度曾以苏联为师，20 世纪末俄罗斯在刑事司法改革中重新确立了陪审审理，引起国内学界关注，③日本也在最近几年推

① 陈卫东：《人民监督员制度的困境与出路》，《政法论坛》2012 年第 4 期。

② 需要指出的是，虽然公众监督在各国和地区的检察实践尤其是公诉实践中都很重要，但是实际的发展确实也可称得上“一路艰难”，这从日本、韩国等的实践状况也可看出。参见蔡碧玉：《检察的人民参与》，《月旦裁判时报》2017 年第 1 期。

③ 在此方面的研究文献如：陈瑞华：《陪审团制度与俄罗斯的司法改革》，《中外法学》1999 年第 5 期；章礼明：《评俄罗斯刑事陪审团制度的重建》，《河北法学》2004 年第 8 期。

行裁判员制度，[①] 得到域外较高评价。[②] 亚洲的日本和欧洲的俄罗斯同属大陆法系传统，但是在刑事陪审团的改革上却采用了不同的模式。哪一种公民参与模式更值得中国检察制度作为改革的借鉴？以下试分析之。

1. 日本模式

日本确立了21世纪司法制度改革三个方面的目标，即：使国民满意的司法制度、支撑司法制度的司法队伍、确立司法制度的国民基础。[③] 国民的参与是日本司法改革审议委员会改革日本司法制度的重心，实行裁判员制度就是其中一个极其重要的举措。日本民间对刑事司法系统的批评始于20世纪80、90年代一系列高度死亡阴影下的无罪案件，其中一些无辜的被告忍受了长达几十年的监禁。法官被批评为发现真实的能力低下，一些号召刑事陪审的公民组织开始出现。这些公民组织认为外行人员的参与可以矫正法官有限的生活经验，并对被告的人权是一种必要的保障。[④] 尤其是，法庭对卷宗的依赖被认为是阻止了公众的理解。外行的参与将有可能缩短审判并用直接和言词的辩论代替以卷宗为基础的审判，从而将法庭的工作向公众公开。不过，裁判员制的起源却不是直接起源于民间活动。相反，裁判员制生长于政府发动的、致力于

① “裁判员”是日语音译，英文拼写为 Saiban-in 。

② Daniel Senger .The Japanese Quasi-jury and The American Jury: A Comparative Assessment of Juror Questioning and Sentencing Procedures and Cultural Elements in Lay Judicial Participation, University of Illinois Law Review,2011.

③ 最高人民检察院法律政策研究室编译：《支撑21世纪日本的司法制度——日本司法制度改革审议会意见书》，中国检察出版社2004年版，第11页。

④ Why Jury Trials? http://www.baishin.com/01kiso/index.htm ,last visited May 10, 2009.

加强法治的改革运动。①

日本的裁判员制度设计有两大目的，一是为陪审员提供充分机会有意义地参与裁判，以赢得公众的信任，二是保留职业法官精英司法的理念，以维持裁判与量刑决定的连贯性和可预测性。②最高法院承认司法面临的最大挑战是赢得公众的信任，并不是像批评者所认为的司法制度的任何缺点，而是因为生活的图景变了，人们的价值观变得更加多元化。③最高法院相信来自社会的压力已从从前的一个同质的日本社会变化成了一个有多元价值和观点的社会，让司法裁决与这种观点的多元化相一致的唯一方式就是让外行公民的代表参与到商议之中。司法裁决因此变得更坚实地来自于常识，并获得公众的信任。另一方面，裁判员制度保留职业法官发现真相的职责，以保证裁决作出的连贯性和可预测性。最高法院和法务省承认在职业法官和外行人员观点之间的分歧上搭建桥梁会改善司法系统，但是坚定不移地维护法官的首要裁决者地位。日本的司法体制可以模仿美国的对抗制运行当事人主导的程序，但是发现真相的要求是如此之高以致法官必须扮演监督者的角色，以作为当事人活动不充分的补充。④与审判的时间和透明性的问题相分离的是，最高法院强调，司法的高质量和正义是不容置喙

① Ingram Weber，The New Japanese Jury System: Empowering The Public, Preserving Continental Justice，East Asia Law Review，2009，p.149-151.

② Ingram Weber，The New Japanese Jury System: Empowering The Public, Preserving Continental Justice，East Asia Law Review，2009，p.125.

③ Ingram Weber，The New Japanese Jury System: Empowering The Public, Preserving Continental Justice，East Asia Law Review，2009，p.154.

④ Sup. Ct., 21 Seiki no shiho seido wo kangaeru: shiho seido kaikaku ni kan suru saibansho no kihontekina kangaekata [Thinking About the Judicial System for the 21st Century: A Basic Conception of the Courts with Respect to Judicial Reform]（Dec. 8, 1999），available at http:// www.courts.go.jp/about/kaikaku/sihou_21.html（last visited May 10, 2009）.

的。因此，对最高法院来说，司法系统改革的目标是通过在考虑中注入外行的观点同时增强裁决的合法性，同时把发现真相的任务托付给职业法官。①

裁判员制度中职业法官的参与和授权，并不是设计来用机构的思考代替外行的考虑。相反，法官服务于通过向外行陪审员解释他们的逻辑和方法，保证在最低限度上考虑法庭认为在作出裁决时重要的因素，以这种方式来增强公众对司法的信任。裁判员制试图在外行参与的优点和精英层的影响之间达到一种很有野心的平衡。② 为了达到这种平衡，需要对陪审员的角色进行一定限制。③ 并不奇怪的是，最高法院反对全部由陪审员组成的合议庭。最高法院认为，美式陪审制将会导致法庭发现真实功能的退化，因为陪审团的裁判不附加任何理由，外界的观察者将不能保证陪审员所作考虑的诚实性。

官方试图创造一种既让陪审员充分地参与裁判、又不牺牲裁判的连贯性，并在此过程中保留精英司法的理念。外行参与将会导致更加直截了当的考虑，也导致更好的司法质量。因为他们的参与保证了法庭的判决满足公众的期待和信任，外行人士必须在裁决中扮演实质的角色。④ 职业法官有义务作为外行人士的法律专家。这个目标是为了创造一个可以恰当地被称为“人民法庭”的系统并同时反映职业法官的考虑。通过

① Ingram Weber，The New Japanese Jury System: Empowering The Public, Preserving Continental Justice，East Asia Law Review，2009，p.155.

② Ingram Weber，The New Japanese Jury System: Empowering The Public, Preserving Continental Justice，East Asia Law Review，2009，p.172.

③ Ingram Weber，The New Japanese Jury System: Empowering The Public, Preserving Continental Justice，East Asia Law Review，2009，p.155.

④ Ingram Weber，The New Japanese Jury System: Empowering The Public, Preserving Continental Justice，East Asia Law Review，2009，p.156.

这种分工，裁判员制试图一点点积累外行参与的益处——增强公众对司法和更符合生活复杂性的裁决作出的过程的信任——而没有让司法系统屈从于假定的外行观点的不连贯性或偏见，也没有放弃受教育的法律职业精英所支持的观念。①

三名法官、六名陪审员将听审争议性的案件，一名法官、四名陪审员将听审非争议性的案件。法官们保留着排他的解释法律和决定程序的特权。裁决通过绝大多数人的投票得出，并且需要至少一名法官、一名陪审员同意。与德国参审制不同，裁判员只参加一个案件的审理。法官被期待作为法律专家，教给陪审员复杂的法律概念和解释司法裁决作出过程背后的基本原理，陪审员则被期待提供常识和不同的视角，使得陪审员能够有意义地形成决定。②

不同于职业法官审理的是，日本裁判员制度不只是体现为投票裁决的方法，更重要的是由陪审员对职业法官的审理进行竞争和修正。陪审员在讨论之初形成他们自己对证据的评价。要求法官至少说服两名陪审员以保证法庭认定事实和量定刑罚得到公众的检验，确保在每一案件中，当法庭在判决中的标准偏离了公众的正义观念时，陪审员起到一种修正的杠杆作用。出于同一目的，陪审员理由的书面化、上一级的审查，以及要求至少一名职业法官的同意，都用以保证对非理性、随意性思考的排除，保证一种在裁决上的一致、可预测的标准。③

① Ingram Weber，The New Japanese Jury System: Empowering The Public, Preserving Continental Justice，East Asia Law Review，2009，p.128.

② Ingram Weber，The New Japanese Jury System: Empowering The Public, Preserving Continental Justice，East Asia Law Review，2009，p.128.

③ Ingram Weber，The New Japanese Jury System: Empowering The Public, Preserving Continental Justice，East Asia Law Review，2009，p.172.

与英美国家的同行相比，日本的陪审员可以询问证人、被告和被害人，有更多的权力去探寻与他们作出裁决相关的真相。此外，与美国的陪审员也不一样，他们拥有直接控制量刑的标准。日本陪审团的人员组成和裁决规则也提供了裁判员比德国参审制下的同行更多的影响。在德国，听审重罪案件由两名陪审员、二至三名法官组成，对被告的多数判决需要三分之二的多数决定。在日本，陪审员超过法官的数量至少是二比一，在两种形式的陪审团中，达成裁决时只需要一名法官的同意。法官对讨论的指导也给予日本陪审员比德国同行更多的权力，日本最高法院已经强调了陪审员与职业法官之间的平等与合作。所有裁决都要求至少一名法官和一名陪审员同意意味着，在非对抗性的庭审中，职业法官的角色能够有效地否决任何他参加的裁决。①

总之，职业法官既没有正式的权力也在至少目前没有倾向引导陪审员作出特定的结论。当发现事实、定罪和量刑时，陪审员至少和法官平等分担。考虑到他们在陪审团中人数的优势和法官的意见要在讨论中展示，人们可以说，相对于法官，陪审员在能力上要占优势。法官在发现事实、定罪和量刑的过程中，其角色是平等、或稍低于陪审员。法官角色中拥有更大影响的是作为法律建议者。②

2. 俄罗斯模式

近年来，俄罗斯联邦在迈向民主与法治国家的进程中，开展了深

① Ingram Weber，The New Japanese Jury System: Empowering The Public, Preserving Continental Justice，East Asia Law Review，2009，p.167.

② Ingram Weber，The New Japanese Jury System: Empowering The Public, Preserving Continental Justice，East Asia Law Review，2009，p.168.

刻的司法改革，俄罗斯陪审团制度的重建正是作为整个司法制度改革的核心部分。① 俄罗斯的传统刑事诉讼结构具有明显的职权主义特征：法院地位不中立，控审职能不分，控辩双方法律地位不平等。俄罗斯通过司法改革吸收了一些民主的诉讼原则和程序，但是职权主义的特征仍然明显。②

2001 年《刑事诉讼法》和 1993 年《宪法》的条款是对这一传统的打破，主要是《宪法》规定了对抗制和当事人平等的原则。这两个原则是存在解释空间的概念，也是对普通法的理解存在多样性的大陆法系国家的定义。但是，俄罗斯的《宪法》和新《刑事诉讼法》典直接采用的是英美对抗式的程序。俄罗斯的陪审团制度以美国陪审团制度为蓝本，也再次表明了俄罗斯政治精英学习英美制度的决心。③

在改革家们看来，刑事陪审团制度的引进可以打破法官与检察官之间存在的过于紧密的关系，使法官保持中立地位，而且陪审团取代职业法官裁决被告人有罪与否，避免刑事审判沦落为侦查结果的草率审查；使法官不再对定罪问题承担责任，从而保护法官免受行政部门干扰。从更大范围的意义来看，陪审团审判使公众有广泛参与司法的机会，使他们对法律改革和政府活动的关注有所加强，有望在俄罗斯建立一种更加人道和平等的公共哲学，并且陪审团制度可以激发其他各项改革的活力，从而引导出进一步的改革。

---

① William Burnbam and Feffrey Kabn :Russia' s Criminal Procedure Code Five Years Out, Review of Central and East European Law, Volume 33（2008）,p.74.

② 参见尹丽华：《刑事诉讼法律观的嬗变——俄罗斯新刑事诉讼法述评》，《现代法学》2003 年第 6 期。

③ William Burnbam and Feffrey Kabn :Russia' s Criminal Procedure Code Five Years Out, Review of Central and East European Law, Volume 33（2008）, p.75.

俄罗斯刑事陪审适用范围为最轻三年以上有期徒刑的重罪案件，大多是带有加重情节的谋杀罪、贿赂罪、组织犯罪。例如以暴力、恐吓或其他非法手段强索财物、妨害司法罪（如伪证或对儿童性侵的刑事案件）。轻罪由治安法院审理。至于涉及恐怖主义性质的犯罪，如叛国罪、绑架人类罪和扰乱社会秩序罪等侵害国家法益或重大社会法益的案件的，仍然由职业法官来审理。

俄罗斯的陪审团与英美法系的陪审团一样，有 12 名从社区中随机抽选出的陪审员。① 与英美法系刑事陪审团作出“有罪”或“无罪”裁决不同的是，俄罗斯陪审团作出裁决的形式是就被告人被指控的行为向陪审团提出的几个问题作出回答。陪审法庭进行法庭审理是陪审员顺利完成其责任——回答任何一个刑事案件都要回答的主要问题——的重要手段。这些问题形成诉讼文件，即所谓的问题清单。列入问题清单的有：基本问题、个别问题和是否对承认有罪的受审人从宽处罚的问题。编制问题清单的第一步由审判长完成。审判长在评议室拟定最后措辞，并在问题清单上签字，向包括陪审员在内的所有在场的人宣读，然后将问题清单交给首席陪审员。②

在陪审团职权的精确范围的问题之外，还存在着向陪审团提交的关于案件事实的提问的问题。最高法院提出的问题是特殊和广泛的。如果法庭建议的任何一条细节性的问题未得到证明，陪审团应当对整个问题回答“不”，使得陪审团以接受暗示同意他们本不同意的决定的方式运

① William Burnbam and Feffrey Kabn :Russia’s Criminal Procedure Code Five Years Out, Review of Central and East European Law, Volume 33（2008），p.77.

② 古岑科主编：《俄罗斯刑事诉讼教程》，黄道秀等译，中国人民公安大学出版社 2007 年版，第 468 – 470 页。

作。[①] 实际上，法官（受最高法院的影响）对陪审员提出的问题远远超过三个，以此来影响陪审团判断的生成。因此可以说，陪审员并非处于完全“自由的”状态下作出的认定。充分反映了俄罗斯国家司法权力对公民分享司法权的不信任以及干预。

俄罗斯的立法者没有注意到，过去苏联时期属于“秘密”的情形总共只有三到四种，而现在此类“秘密”有近三十种。结果导致辩护方最终无法获取文件和任何材料，因为其所需信息总会被归入某种“秘密”之范畴（国家的、商业的、家庭的、医疗的等等）。凡是有悖于指控倾向的事实材料都可能不被附于刑事案件的案卷之中；尽管此类决定可以向法院申述，但是俄罗斯的各级法院往往会支持控诉方。此外，对于非国家性质的诉讼参与人取得的鉴定结论或专家结论一律不予归入刑事案件材料之中。法官对此会作出如下解释，即故意提供虚假结论或虚假鉴定的法律责任未曾告知过鉴定人。[②]

法律禁止上诉庭基于法庭不同意陪审团对事实的认定而推翻裁决；然而，上级法庭可以基于法律错误而进行推翻。在 1997 年至 2000 年之间，高等法院撤销的陪审团的无罪判决的比率为 50%，而撤销的陪审团的有罪判决的比率仅为 15%—16%。虽然更多最近的统计显示陪审团无罪判决的改判率在不同程度上有缓慢的下降，它仍然超过有罪改判率的 5 倍。在 2001 年高等法院推翻了 43%的无罪判决和 6.7%的有罪判决。在 2002 年，高等法院推翻的无罪判决的比率为 32.4%，推翻的

① William Burnbam and Feffrey Kabn :Russia’s Criminal Procedure Code Five Years Out, Review of Central and East European Law, Volume 33（2008）, p.82.

② 望德舍夫等:《俄罗斯联邦刑事诉讼中犯罪人有罪证明中的相关问题》，元轶、王冰清译，《证据科学》2009 年第 6 期。

有罪判决为5.9%。巴热卢乌斯夫法官也提出了数据：在陪审团审理作出的50起无罪判决中，有20起在上诉中被推翻。① 在一些无罪裁决中，很清楚的是，一些案件的侦查工作进行得很拙劣，证据很薄弱；② 而在另一些案件中，有罪证据非常充分。关于推翻陪审裁决的统计显示，密集于寻找法律错误显示了对于陪审团关于证据的观点的不信任。③

尽管俄罗斯的司法改革步骤沿着对抗制刑事程序的道路，但是实践中的转变仍未完成。刑事诉讼法典在一些部分设置了对抗性的特征，但其余部分仍然是反对抗制的。在此，主要的问题是刑事诉讼法典创造了对抗性的审判，但是却保留着以前的审前调查阶段及其产品——卷宗——仍然决定着后面的司法程序。④ 正如普京总统在抱怨陪审团的无罪判决时所言，"很多问题要归因于审前调查和法庭指控的低质量。"⑤

控辩双方在审判前的地位并不平等。例如，调查员不需要开示他获得的"原始"材料，而是从中挑选出、并决定部分材料放入辩方后来会

① William Burnbam and Feffrey Kabn :Russia' s Criminal Procedure Code Five Years Out, Review of Central and East EuropeanLaw, Volume 33（2008）, p.77.

② William Burnbam and Feffrey Kabn :Russia' s Criminal Procedure Code Five Years Out, Review of Central and East European Law, Volume 33（2008）, p.81.

③ William Burnbam and Feffrey Kabn :Russia' s Criminal Procedure Code Five Years Out, Review of Central and East European Law, Volume 33（2008）, p.77.

④ William Burnbam and Feffrey Kabn :Russia' s Criminal Procedure Code Five Years Out, Review of Central and East European Law, Volume 33（2008）, p.5.

⑤ The full passage was: "the new, for our legal system, institution of trial by jury has exposed-several problems. However, in my view, many of these problems are linked to the low qualityof preliminary investigations and state prosecutions in court. Appropriate note of this mustbe taken without delay." Vladimir Putin, "Vstupitel' noe slovo na Vserossiiskom soveshchaniirukovoditelei pravookhranitel' nyh organov", 21November 2006, available at <http://www.president.kremlin.ru/text/news/2006/11/114256.shtml>.

看到的案件文件中。① 相比之下，辩方获得的任何材料都要求马上呈交给控方。侦查人员认为，如果辩方律师独立地收集证据，存在收集活动对涉及的证人发生不利影响的危险。甚至辩方律师也相信，对辩方收集的证据存在一定偏见是自然的和可以预料的，因为辩方律师由客户付费以实施有效率的代理。看起来没有人担心控方同样会产生偏见和倾向性，以及警察和其他的调查人员对他们自己处理的案件的结果有强烈的利益。但是，回应者们怀疑警察和侦查人员对任何特殊的案件有足够的利害关系以致会歪曲调查的结果。②

转型时期社会矛盾产生的冲突以及刑事案件发生率的节节升高，成为政府亟需解决的问题，刑事司法系统在不断膨大的犯罪率之中疲于奔命。一个国家经济振兴离不开一个稳定的社会治安环境，外国投资者也往往将其作为投资风险的重要参考因素。刑事案件在数量上逐年上升，但是司法投入的不足也是俄罗斯刑事诉讼制度目前面临的问题。陪审团审判的最大阻力可能还是来自部分法律人对参与该制度的消极态度。对陪审团所持的反对意见，主要来自保守立场的法官、检察官和部分律师。俄罗斯过去的庭审一直采用的是“审问制”，而现行与陪审团制度契合的“对抗制”，对俄罗斯司法人员来说是一项新业务。③

陪审法庭案件从 2011 年至 2013 年件，每年大约有 600 到 700 件之间，约占刑事案件总数的 0.05%，无罪率是 20%，而法官审理案件宣告无罪的比例不到 10%，陪审团审判宣告无罪的比例不到 1%。陪审团

① William Burnbam and Feffrey Kabn :Russia’s Criminal Procedure Code Five Years Out, Review of Central and East European Law, Volume 33（2008），p.53.

② William Burnbam and Feffrey Kabn :Russia’s Criminal Procedure Code Five Years Out, Review of Central and East European Law, Volume 33（2008），p.54.

③ 章礼明：《评俄罗斯刑事陪审团制度的重建》，《河北法学》2004 年第 8 期。

审判的案件比例虽然偏低，但确实改变了人们对司法的不信任与冷漠。

（三）传统模式的影响与“单摆进化”的宿命

亚洲的日本和欧洲的俄罗斯同属大陆法系职权主义传统，但是在刑事陪审团的改革上却设计了不同的路径。日本裁判员制度回应提高国民对司法信任的要求，设计了一种混合式的新陪审制，即让裁判员（即陪审员）在刑事审判中实质性地参与定罪和量刑，同时又保留职业法官在审理中的权力，维护了刑事判决的连贯性和可预测性，并在实际运行中受到检察官和法官的支持。俄罗斯新刑事诉讼法典及陪审团则是根本脱离了原来的大陆法系传统，设计了英美式法系完全由陪审员来认定事实的模式，但是在运行实践中却受到了职业法官的修正，包括庭审法官向陪审员提出较多的问题、同时又限制陪审员审理的范围，还包括上诉法院直接推翻陪审团的裁决（尤其是无罪判决），以维护职业法官刑事判决的连贯性、可预测性。由此看来，日本采取了一种由职权主义向当事人主义发展的中间状态，比起俄罗斯由职权主义直接变为当事人主义审判的改革，面临的阻力更小，更容易实现预先设计的目标。

笔者认为，物理学中的“单摆”理论同样适用于刑事诉讼的改革。物理学中的单摆是一根绳一端系着一个小球，另一端固定，使其左右摆动，左右达到的最高点就是最大振幅。与此类似，职权主义与当事人主义犹如单摆的左右两端，世界上具有职权主义传统的国家进行刑事诉讼改革，多是向当事人主义学习和借鉴，但是不可能由一个端点一下变为另一个端点，而必须经过中间各点的逐步发展、演进——这就是笔者所提出的“单摆进化”模式。

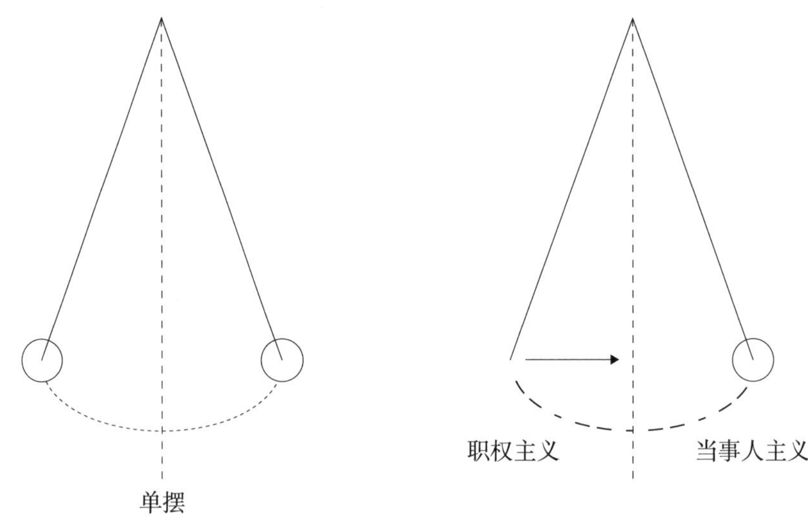

单摆现象与刑事诉讼改革

“单摆进化”的理论基础是自由秩序理论和理性建构理论的结合。哈耶克提出的“自由秩序原理”认为，制度并非设计而成，而是产生于人们的自由行动，[①]但是人的理性在制度发展的过程中并非完全没有作用，因此“单摆进化”理论认为，社会制度的发展变革是自然演进与人之理性设计共同作用的产物，刑事诉讼改革同样如此。“单摆进化”的社会基础在于，任何制度的改革都有其运行的政治、经济、文化背景，需要相关机构和人员（即制度）来加以执行，而这些都绝非一朝一夕之间就可完成巨变，而只能以渐进的方式逐步推进，使得条件一点一点地具备，直至最后水到渠成。“单摆进化”理论说明国家的刑事诉讼改革不可能脱离传统模式的影响，成功的改革应当在传统模式的基础上进行逐步“改革”或者说“改良”，而跨越式的“刑事诉讼革命”在实践中一定会招到抵制和产生变形——这就是刑事诉讼改革“单摆

① 参见弗里德利希·冯·哈耶克：《自由秩序原理》（上），邓正来译，三联书店 1997 年版，第 216 页。

进化”的宿命。

日本的最高法院清晰地表达了一种与达马斯卡的阶层模式相似的观点，依据这种观点，日本的单一制以连贯性和同质性为特征，同时也保证了公正和可预期的裁判。在裁判员制度中职业法官角色的设计反映了对诞生现代日本法的大陆法传统的持续的继受。这一传统追求连贯性，通过信任训练有素的职业法官发现真相并提供判决理由，并通过上级法院的审查来保障判决的适当性，从而可在司法系统内适用高度权威的裁决标准。裁判员制度标志着民主的提升和日本对大陆法传统的确认。[①]研究者们持续和一致地坚信，裁判员的引入不会要求对司法改革委员会表达的司法制度的核心特征（即“阶层模式”）的任何偏离。[②]所有的调查者都同意，职业法官仍保留发现真相的职责并且保证了裁决作出的连贯性。如果建议将来扩大陪审员制度的参与，而不允许司法官员在最低的程度上确保裁决的过程服从于最高法院公平的概念，这种观点将会遭遇到法官和检察官的强大阻力，很可能会失败。[③]

俄罗斯陪审团虽然形式上采用了美国式 12 名陪审员审理事实的制度，但实际上并没有以英美法系的“合作模式”运行，而是按大陆法系的“阶层模式”运行。在英美陪审制的合作模式之下，外行的裁决者只

---

① See Daniel H. Foote, From Japan’s Death Row to Freedom, 1 PAC. RIM. L. & POL’Y J. 11 (1992)（discussing four cases in which innocent individuals were sentenced to death based on faulty findings of fact）, p.129.

② See Daniel H. Foote, From Japan’s Death Row to Freedom, 1 PAC. RIM. L. & POL’Y J. 11 (1992)（discussing four cases in which innocent individuals were sentenced to death based on faulty findings of fact）, p.157.

③ See Daniel H. Foote, From Japan’s Death Row to Freedom, 1 PAC. RIM. L. & POL’Y J. 11 (1992)（discussing four cases in which innocent individuals were sentenced to death based on faulty findings of fact）, p.172.

有一个单一的任期或者在他们的所在地居住有限的一段时间，并认为他们面对的案件中的争议是独一无二的。没有官方的指导暗示哪些因素应当得到证明或者何时一种严格的证据的门槛已经达到。“鲁莽驾驶”“自卫”之类术语的定义在不同的社区、不同的人之间也存在差异，并且不存在外部的标准来裁决何者为正确。在一群裁决者之间解释的差异通过商讨的过程在内部得到解决。裁决的作出不需要精确地遵从任何预定的过程，上级的审查受到限制。[①] 由于每一个案件被认为是独一无二的，并且每一个陪审团在争议的焦点上带来不同的价值，所以可预期的裁决并不被期待。对相似案件根本不同的反应被合作模式的官员视为一种由熟悉生活复杂性的裁决者所执行的一种适当的案件的个别化。与之相反，俄罗斯刑事陪审团按照“阶层模式”运行。阶层模式下的官员所成长的系统将司法定义为忠实于制定法和明确的标准，他们认为外行的陪审员可能忽视这些标准以及可能对提出的目标不抱同情，而在案件评价中采用他们自己的标准，最终导致裁决的不连贯性——这在阶层法官的眼中看来是不正确的，因为这种不同代表着对相似环境下案件归类化的失败，可能导致对标准的忽视、不连贯、过分感性或者偏见。[②] 因此俄罗斯为了执行比较连贯、稳定的标准，由庭审法官向陪审员提出较多的问题、同时又限制陪审员审理的范围，还包括上诉法院以较高的比例直接推翻陪审团的裁决（尤其是无罪判决），这正是大陆法系国家阶层模

---

① See Daniel H. Foote, From Japan’s Death Row to Freedom, 1 PAC. RIM. L. & POL’Y J. 11 (1992) (discussing four cases in which innocent individuals were sentenced to death based on faulty findings of fact), p.136.

② See Daniel H. Foote, From Japan’s Death Row to Freedom, 1 PAC. RIM. L. & POL’Y J. 11 (1992) (discussing four cases in which innocent individuals were sentenced to death based on faulty findings of fact), p.137.

式特征的反映。虽然俄罗斯的立法者已经从刑事诉讼法中取消了关于调查案件情况应客观、全面和充分的规定，这些已不再是刑事诉讼程序的任务之所在，但是确立客观真相一直是刑事诉讼本来的目的。实际上，俄罗斯诉讼法学中起着中流砥柱的核心观点一直是“实体真实的发现作为诉讼目的是公共利益、司法本源利益的要求。”①

对于我国人民监督员制度的改革而言，也不应当忽视传统的影响，不应当脱离现有制度和条件的限制，应当加强各方面的调研，在充分论证、研讨的基础上，从宏观上进行整体和长远的设计，并在加强各地试点工作的基础上进行适当修正，力求稳妥、渐进地推动改革顺利进行。

---

① 望德舍夫等：《俄罗斯联邦刑事诉讼中犯罪人有罪证明中的相关问题》，元轶、王冰清译，《证据科学》2009 年第 6 期。

第三章　新时代中国检察职能运行的机遇与挑战

经过改革开放以来四十多年的探索，我国的刑事司法和检察改革积累了较为丰富的经验，对于刑事司法规律的认识和把握也日益增强，我国《刑事诉讼法》进行了三次修订，司法改革也进入了第三轮。①

上一轮司法改革着重于优化司法职权配置、落实宽严相济刑事政策、加强司法队伍建设和加强司法经费保障等四个方面。在采取中央统筹、自上而下、有序推进的方式下，完成了各项改革任务。在改善我国司法机关的某些工作机制、完善刑事诉讼程序制度、加强政法经费保障等方面成效比较显著。

从2013年起，我国进入了第三轮司法改革时期。② 本轮司法改革积极推行司法责任制、强化诉讼监督、完善人民监督员制度、完成职务犯罪侦查权转隶、捕诉合一与内设机构改革。

---

① 龙宗智：《加强司法责任制：新一轮司法改革及检察改革的重心》，《人民检察》2014年第12期。

② 第一轮司法改革的时期是1997—2007年，第二轮司法改革的时期是2008—2013年。高一飞、陈恋：《检察改革40年的回顾与思考》，《四川理工学院学报》2018年第6期。

第一节　司法制度和检察改革带来的机遇

本轮司法改革给我国检察官制度以及公诉权运行机制的建设带来了很好的机遇。

一、员额制下检察官的独立性增强

检察权本身兼具司法性与行政性。长期以来，我国检察机关内部实行“三级审批”的办案机制，其有利之处在于便于强化对办案人员的监督并保证检察活动的统一性，但它与检察权的性质以及检察权行使的内在要求有矛盾，在实践中也表现出明显的弊端。一是具有“审而不定、定而不审”的特点，因此不符合司法活动直接性和亲历性的要求，难以保证诉讼决定和诉讼行为的正确性；二是形成办案人员对领导的依赖，难以充分调动检察官的积极性与责任感，不利于培养精英型检察官；三是审批环节过多导致诉讼效率低下，浪费了司法资源；四是办案责任不明确，发生错案时难以进行追究。上述弊端在国家司法制度和诉讼体制的改革的大背景下日益明显。[①]

在公诉案件办理制度中，检察官缺乏独立性，不仅与司法规律不符合，同时难以激励检察官的办案积极性与工作责任感。对此进行改革，就要求使检察官尤其是公诉检察官，从缺乏自主性和独立性的案件承办

① 龙宗智:《论依法独立行使检察权》,《中国刑事法杂志》2002 年第 1 期。

人员成为有职有权的检察权行使相对独立的主体。因为“检察一体制”强调检察机关作为整体发挥其功能，但在另一方面，我们又必须肯定办案检察官的独立性。①

实行主诉检察官办案责任制，有利于克服上述弊端，符合检察工作尤其是公诉工作规律。但是，从2000年开始普遍推行的这项改革，实施效果并不理想，究其原因主要有：一是受我国高度集中的政治体制的影响，司法机构尤其是司法人员的独立性十分有限，近年来这种集中性还有所增强。二是配套制度跟不上。包括相当部分公诉检察官的素质还不能适应主诉检察官独立办案的要求，有责任而无待遇，压力过大但待遇偏低使得制度难以为继。三是检察机关内部资源有限，使主诉检察官责任制在一定程度上流于形式。但是，主诉检察官制度比较符合诉讼及公诉工作的规律，作为我国检察机关在实践中的创新制度，应该总结经验并予以推广。培养公诉人队伍，实行适合中国刑事司法制度和检察制度的主诉检察官责任制是完全必要的。②

近年来，为了完善检察官办案责任制，一些地方试行主任检察官责任制。最高检在2013年12月出台了《检察官办案责任制改革试点方案》，其中规定，主任检察官为办案组织负责人，对案件办理负主要责任。但是，实践中发现这种主任检察官办案责任制与原来的三级审批办案程序并没有本质上的区别，与去行政化的初衷有所偏离。

人们意识到主诉检察官制度和主办检察官制度的改革初衷，是要给那些优秀的检察官充分赋权，并把其他人剥离出检察官序列，而这项改革必须整体推进，因此最高检后来着力推动检察人员分类管理及内设机

① 龙宗智:《论依法独立行使检察权》,《中国刑事法杂志》2002年第1期。

② 龙宗智:《论依法独立行使检察权》,《中国刑事法杂志》2002年第1期。

构改革等配套措施。[①] 根据2013年中共中央组织部、最高人民检察院联合下发的《人民检察院工作人员分类管理制度改革意见》，检察机关政法编制内的人员划分为检察官、检察辅助人员、司法行政人员三类。

最高人民检察院于2015年2月印发《关于深化检察改革的意见》，提出要建立检察官员额制度。员额制改革成效关系着司法责任制的落实。通过员额制改革，实现检察官对案件终身负责，能够提高法官检察官的工作积极性，增强办案责任感，保证案件办理质效。

我国检察机关内设机构改革形式上表现为机构的增减和重新排列组合，背后反映的是对检察权性质和检察权运行规律的认识。2016年1月中央政法委主要负责同志在中央政法工作会议上指出，目前，有的地方法院检察院内设机构过多，造成司法职能碎片化。最高法院、最高检察院已制定内设机构改革试点方案，以整合基层司法资源，提高办案质量和效率。实际上，近年来我国检察机关在内设机构改革推行“大部制”，也是在一定程度上是对国外经验的充分借鉴。[②]

新一轮司法改革的方向是加强司法机关内部建设，改革重心是加强司法责任制。在最高检公布实施《关于完善人民检察院司法责任制的若干意见》后，2017年10月全国各级检察机关全面推行检察官办案责任制。司法责任制符合司法运行规律，加强司法责任制针对我国司法“审理者不裁判，裁判者不负责”的固有弊端，能够有效提高司法质量，建立司

---

① 万春等：《主任检察官办案责任制三人谈》，《国家检察官学院学报》2014年第6期。

② 例如，在德国，检察院内部主要根据不同的业务设立不同的部门和部门领导。德国柏林市检察院在检察院直接领导下有三个部门：管理部（包括物证处、后勤处和物流处）、主要业务部门（设立从A到G七个主要部门负责开展调查）和刑事判决监督执行部。主要业务部门负责开展调查，决定案件是否向法庭起诉，对案件作出相应处理。下设的七个部门按照办理案件的性质分工，如B部门主要办理恶性、有组织的刑事犯罪案件；C部门主要办理经济犯罪案件；E、G部门办理青少年犯罪案件和进行青少年犯罪预防；F部是反毒品犯罪部。

法公信力。[①]

对领导干部干预司法活动进行追责制度的确立也进一步保障了检察官的独立性。最高人民检察院于2015年6月起施行的关于《检察机关贯彻执行〈领导干部干预司法活动、插手具体案件处理的记录、通报和责任追究规定〉和〈司法机关内部人员过问案件的记录和责任追究规定〉的实施办法（试行)》要求检察机关要严格把握自己职责范围，认真做好干预、过问检察机关司法办案活动记录并及时对干预、过问检察机关司法办案活动线索进行处置。显然，检察人员职业保障机制的健全有效地去除了检察官办案的后顾之忧。

截至目前，全国各级检察机关均顺利遴选出员额检察官，基层检察院的优秀检察官得以充分配置到办案一线。我国员额检察官制度充分提升了检察官的责、权、利体系，员额检察官的独立性得到较大增强。

二、检察官对刑事诉讼的主导性增强

我国检察官对刑事诉讼的主导性增强主要体现在以下三个方面：

（一）起诉自由裁量权扩大

2004年中央政法工作会议指出，要正确运用宽严相济的刑事政策。2006年"两高"的报告明确规定，我国现阶段实行"宽严相济"的刑事政策，随后最高人民检察院在《关于进一步深化检察改革的实施意见》中提出，

① 龙宗智：《加强司法责任制：新一轮司法改革及检察改革的重心》，《人民检察》2014年第12期。

在检察工作中要进一步完善贯彻“宽严相济”刑事政策的工作机制。

在公诉环节贯彻宽严相济刑事政策，主要包括推进刑事和解制度在公诉环节的落实、推行办理未成年人案件工作机制与办案方式改革以及适用普通程序审理被告人认罪案件，检察官的起诉自由裁量权得到扩大。[①]

刑事和解是指在犯罪行为发生后，经由调停人使受害人与加害人商谈达成协议，加害人一方对受害人一方进行物质性赔偿等，受害人一方表示不再追究加害人一方的刑事责任。刑事和解制度提升了被害人在刑事追诉程序中之参与地位，合乎刑事追诉经济原则，能够有效地减少矛盾，减少法院判决后的消极因素，有助于在全社会增进和谐的社会关系。各地检察机关对刑事和解积极探索，逐步完善相关制度，内容涉及案件甄别（哪些案件适用和解程序）、案件的分流、检察机关在刑事和解中的作用、和解的模式、和解协议的效力和执行等问题。[②]2012年修改后的《刑事诉讼法》规定，对于应当判处三年以下有期徒刑的案件可以适用刑事和解。笔者认为，我国法律把刑事和解只限于适用于轻微刑事案件（应当判处三年以下有期徒刑的案件），适用范围还是过于狭窄了。

检察机关在青少年刑事程序分流中举足轻重，我国各地的检察机关在此方面已经进行了多年的探索，尤其在2012年《刑事诉讼法》修订后，我国各地检察机关的未成年人检察工作取得了很大进展。2012年《刑事诉讼法》增设“未成年人刑事案件诉讼程序”专章，共十一条，内容包括未成年人诉讼的基本原则、犯罪记录封存、附条件不起诉等。之后，根据办理未成年人刑事案件的专业化要求，全国各地检察机关均成立了

① 龙宗智：《论我国的公诉制度》，《人民检察》2010年第19期。

② 龙宗智：《论我国的公诉制度》，《人民检察》2010年第19期。

专门的未成年人案件办理机构，配备了专门的办案人员，未成年人检察工作得到极大推进。对于大多数犯罪情节轻微、确有悔罪表现的涉罪未成年人，检察机关依法适用“少捕、慎诉、少监禁”的刑事政策，积极探索多元化的柔性处理方式，尽量避免因羁押对未成年人造成不良影响。2018 年，全国的酌定不起诉、法定不起诉、附条件不起诉案件分别同比上升 23.5%、14.1%、16%。[①] 以成都市为例，2015 年以来，全市检察机关共对 680 名涉罪未成年人作出不批准逮捕的决定，不捕率为 43.84%；对 376 名犯罪嫌疑人依法作出不起诉（含附条件不起诉）决定，不诉率为 21.96%。[②] 另一方面，检察机关努力贯彻预防未成年人再次犯罪的宗旨，对涉罪未成年人加大跟踪帮教的力度，促使其真诚认罪悔过，帮助其矫正偏差行为，增强社会适应能力，为其顺利回归社会创造条件。

在普通程序简易审的被告人认罪案件中，检察官在审前程序中扮演着决定性的角色。2003 年最高人民法院、最高人民检察院和司法部联合发布《关于适用普通程序审理“被告人认罪案件”的若干意见（试行）》，其中第 3 条规定，人民检察院可以在提起公诉时书面建议人民法院适用普通程序简易审理。第 7 条规定，适用普通程序简易审理的被告人认罪案件，被告人可以不再就起诉书指控的犯罪事实进行供述；公诉人、辩护人、审判人员对被告人的讯问、发问可以简化或者省略；对控辩双方无异议的证据，可以仅就证据的名称及所证明的事项作出说明，合议庭可以当庭予以认证；控辩双方主要围绕确定罪名、量刑及其他有争议的问题进行辩论。

最高人民检察院有关负责人指出，未来的司法实践中，可以考虑将

① 《不起诉的合理适用专题研讨会在苏州举行》，《法制日报》2019 年 4 月 26 日。

② 成都市人民检察院：《成都市人民检察院未成年人检察工作白皮书（2015—2017）》。

部分情节简单、无争议案件的不起诉决定权逐步授予检察官行使。[①] 当前一些地方检察机关为了防止不起诉权的滥用，设置了不少不起诉决定的审批程序；有的对起诉率进行考核，发挥考核的指挥棒作用，从导向上控制不起诉权的行使。设定这样的程序，固然可以保障案件质量，但也不可避免地导致了诉讼拖延，降低了不起诉权的适用率，有违司法规律。因此，不起诉案件的审批程序还可以再进行精简，决定不起诉的权限也可以探索适当下放。[②]

（二）公诉权的延伸与量刑建议

在量刑程序改革中，检察官的量刑建议及支持量刑建议的公诉活动是公诉权的延伸，也是我国量刑程序改革的重要环节。[③]2008 年《中央政法委员会关于深化司法体制和工作机制改革若干问题的意见》要求"规范自由裁量权，将量刑纳入法庭审理程序"。按照中央的统一安排，由最高人民法院牵头落实这一重要司法改革项目，最高人民检察院为协办单位之一。为积极推进人民检察院提起公诉案件的量刑建议工作，促进量刑的公开、公正，2010 年 2 月，最高人民检察院颁布实施《人民检察院开展量刑建议工作的指导意见（试行）》，明确了量刑建议的原则、适用范围、建议的具体内容等。我国检察机关的量刑建议改革作为量刑规范化改革的重要内容，对进一步发挥公诉职能，限制法官的自由裁量权，实现量刑公正，起到了重要的作用。

---

① 童建明：《论不起诉权的合理适用》，《中国刑事法杂志》2019 年第 4 期。

② 童建明：《论不起诉权的合理适用》，《中国刑事法杂志》2019 年第 4 期。

③ 龙宗智：《论我国的公诉制度》，《人民检察》2010 年第 19 期。

（三）认罪认罚从宽制度下检察官的权力得到进一步强化

党的十八届四中全会提出“完善刑事诉讼中认罪认罚从宽制度”以来，这一改革受到高度关注。2014 年全国人大常委会授权在部分地区开展刑事案件速裁程序试点工作，实际上刑事案件速裁程序就是认罪认罚从宽制度的初步实践。认罪认罚从宽制度在我国刑事诉讼中本来已有体现，如自首和坦白从宽、公诉案件刑事和解程序、刑事简易程序等。但由于这些法律规定在“从宽”评价中缺乏统一协调的实体和程序机制，使得被告人即使认罪，也不必然获得案件速审速决的效率收益和轻罪轻判的实体收益，从而影响到“从宽”的真正落实。①

最高人民检察院 2015 年修订发布的《关于深化检察改革的意见》提出“推动完善认罪认罚从宽制度”。认罪认罚从宽，即对于犯罪嫌疑人、被告人自愿认罪并接受处罚的案件，依法在实体上从宽处理和在程序上从简处理。认罪认罚制度是我国宽严相济刑事政策的制度化，也是程序分流原则的具体化。认罪认罚从宽制度强调诉辩双方协商和当事人双方和解，有利于减少社会对抗，修复社会关系。据估算，基层法院管辖的 80%左右的案件可以归入被告人认罪认罚案件，② 这样不仅有利于从普通程序中分流大部分较为简单的刑事案件，而且通过对被告人不认罪的较为复杂案件进行精细化审理，也会有力促进我国以审判为中心的诉讼制度改革。

2018 年修订后的《刑事诉讼法》第 15 条规定了认罪认罚从宽原则，该条规定：犯罪嫌疑人、被告人自愿如实供述自己的罪行，承认指控的

---

① 张相军等：《检察环节认罪认罚从宽制度的适用与程序完善》，《人民检察》2016 年第 9 期。

② 张相军等：《检察环节认罪认罚从宽制度的适用与程序完善》，《人民检察》2016 年第 9 期。

犯罪事实，愿意接受处罚的，可以依法从宽处理。在司法实践中，一般是指犯罪嫌疑人、被告人对司法机关根据其犯罪事实、情节、认罪、悔罪、赔偿或者和解等情况给出的刑罚表示明确接受，特别是接受人民检察院提出的包括主刑、附加刑以及适用缓刑等的具体的量刑建议。根据最高人民检察院的工作报告，2022 年我国量刑建议采纳率 98.3% ；一审服判率 97%，高出未适用该制度案件 29.5 个百分点。

对于认罪认罚的犯罪嫌疑人，被告人可以依法从宽处理。一方面，“从宽”是指在实体上从宽。从实体法的规定来看，自首、坦白等都具有认罪的性质，因此，对于具有这些情节的，都应当根据刑法的规定，确实是否需要从宽处罚以及从宽的具体幅度；另一方面，“从宽”还包括程序上的从宽，也就是对认罪认罚的犯罪嫌疑人、被告人适用轻缓的强制措施，作出轻缓的程序性处理，或者适用更为便利的诉讼程序。

在认罪认罚案件从宽制度中，检察官的权力具体体现在以下方面：

第一，在诉辩协商方面，检察官拥有包括量刑协商的宽泛权限。检察机关可以从案件移送审查起诉之日起至法院判决作出前，与犯罪嫌疑人、被告人及其辩护律师就与定罪量刑有关的事项达成协议。协商的内容，既包括量刑建议协商，也可包括涉案财产处理的协商、必要附随义务的协商等。

第二，检察官具有较大的裁定不起诉的权限。认罪认罚案件实体上“从宽”，在检察环节主要体现为不起诉和提出从宽处罚的量刑建议。关于不起诉，国内各界较为一致的看法是，我国《刑事诉讼法》第 173 条规定的相对不起诉，限定条件比较严格，已经不适应司法实践中分流案件的需要。因此，有必要将“犯罪情节较轻，真诚悔罪，并支付被害人赔偿，依法可能判处一年有期徒刑以下刑罚的案件”均纳入相对不起诉的范围。同时，扩大附条件不起诉的范围，将目前仅适用于未成年人犯罪的附条件不起诉扩大至成年人“犯罪情节较轻，真诚悔罪，并支付被害人赔偿，依法可能判处三年有期徒刑以下刑罚的案件”，同时可规定一年以上三年以下的暂缓起诉考验期。[①] 应当说，从刑事诉讼法学发展的规律和世界各国实践的发展来看，检察官不起诉裁量权的扩大（以附条件不起诉为主）是一个必然的趋势。我国检察实践的发展也印证了这一点。

（四）企业合规不起诉成为社会治理的热点

2018 年最高检发布 11 项检察政策，明确对企业负责人涉经营类犯罪依法能不捕的不捕、能不诉的不诉、能不判实刑的提出适用缓刑建议。2020 年 3 月，最高人民检察院开展首轮企业合规改革试点工作，以合规不起诉、合规不批捕等刑事激励举措助推改革试点工作的进一步深入。2020 年底，最高人民检察院主要负责人在企业合规试点工作座谈会上进一步要求，要加强理论研究，深化实践探索，稳慎有序扩大试点范围，以检察履职助力构建有中国特色的企业合规制度。最高人民检察院《“十四五”时期检察工作发展规划》要求，“稳慎试点涉案企业合规管理，依法可不捕、不诉、不判处实刑的涉案企业及其责任人须承诺并践行可管控的整改措施，积极探索中国特色现代企业规制司法制度。”[②]2022 年 4 月，经过前两批成效显著的改革试点，全国检察机关全面推开涉案企业合规改革工作。试点以来，全国共办理相关案件 5150

① 张相军等：《检察环节认罪认罚从宽制度的适用与程序完善》，《人民检察》2016 年第 9 期。
② 孙国祥：《企业合规改革实践的观察与思考》，《中国刑事法杂志》2021 年第 5 期。

件，已有 1498 家企业整改合格，3051 名责任人被依法不起诉；另有 67 家企业整改不实，243 名责任人被依法追诉。①

陈瑞华教授指出，企业合规附条件不起诉制度在以下方面具有重要的价值：

第一，企业合规不起诉模式建立了正向激励机制。它不仅吸纳了企业合规检察建议的某些长处，还明确将涉案企业承诺和施行有效的合规计划和建立有效的合规管理制度作为涉案企业和企业家获得不起诉机会以及换取合规考察不起诉“奖励”的附加条件以及必要前提。

第二，它还构建了一种反向归咎机制。对于违反企业合规附条件不起诉协议，既不认罪悔罪，又不主动配合检察机关调查活动并按要求开展合规工作对检察机关“阳奉阴违”、作出虚假合规承诺、开展虚假合规的企业，检察机关不仅可以认定其整改无效，按照正常刑事诉讼程序提起公诉，还可以以其认罪悔罪态度恶劣为由，撤回对其认罪认罚的认定，并依法从严提出量刑建议，“以儆效尤”，警示其他涉案企业和潜在的不合规企业诚信合规。

应当说，通过上述两种正向奖励机制和反向归咎机制以及合规考察期间内的持续性合规监管，企业合规附条件不起诉这种“胡萝卜加大棒”的不起诉制度，相对于企业合规检察建议这种奖励给得早、惩罚不够、后续监管跟进不足导致合规整改有效性无法确保且带有过分“偏爱”意味的企业合规检察建议具有明显优势。②

第三，更有助于实现企业犯罪的溯源治理。企业合规附条件不起诉通过对涉案企业长期持续的合规监管，可以做到将抓前端治合规“已病”

① 参见《2023 年最高人民检察院工作报告》。

② 陈瑞华：《企业有效合规整改的基本思路》，《政法论坛》2022 年第 1 期。

和抓末端治合规“未病”相结合，在封堵合规漏洞的同时消灭企业犯罪因子，根治企业犯罪“病灶”，实现企业犯罪的源头治理。在合规考察期间内，企业需要配合有关考察监督主体的持续性监管，定期向检察机关和考察监督主体提交自我合规整改报告，确保涉案企业合规整改工作的持续性和有效性，避免“一放了之”。

最后，企业合规附条件不起诉还可以通过确定合规有效性标准的方式确保涉案企业真整改和真合规。[①] 没有合规刑事激励机制，就没有企业接受和推行合规计划的强大推动力，而推动企业合规构建的最有力刑事激励机制便是企业合规附条件不起诉制度，因为它不仅使企业免于被定罪的危险以保住企业的商业声誉，还可以推动企业自省，构建合规内控体系应对可能的合规风险。

三、审前的诉讼化构造取得经验

从法理上看，刑事诉讼的核心结构是一个三角结构，即控辩双方在相对立的两个端点，就争议的事项提出各自的观点和依据，然后由居于顶点的第三方居中裁断。在刑事审判阶段的诉讼构造应当是正三角结构，对此各界已达成共识。需要注意的是，刑事诉讼的各个阶段，其理想化的构造均应当是三角结构，包括审前阶段以及审后的执行阶段。例如，目前我国刑罚执行阶段服刑罪犯的减刑程序就采用了法院、检察院、监狱三方到庭的方式进行审理。审前阶段也同样应当采用三角型的诉讼化构造，例如，国外申请阶段由法官批准的搜查、羁押等。

---

① 陈瑞华:《企业有效合规整改的基本思路》,《政法论坛》2022 年第 1 期。

在我国，审前程序传统的模式为“双方组合”。近年来，我国检察机关积极探索如何在审前阶段就一些争议性问题采取诉讼化的方式进行处理，并取得了一些宝贵的经验。例如，各地检察机关试行了不起诉案件公开审查制度、逮捕听证制度、刑事申诉公开答复制度等。实际上，发挥公开听证制度的保障作用，推进公民有序参与司法已成为我国检察改革的一项重要内容。

早在2001年最高人民检察院公诉厅印发了《人民检察院办理不起诉案件公开审查规则（试行）》，要求公开审查存在较大争议且在当地有较大社会影响的不起诉案件，让公诉权接受外部监督。近年来，一些地方检察机关对符合不起诉条件的部分案件专门召开听证会，建立公开审查制度，召集案件当事人、其他诉讼参与人，邀请人大代表、政协委员、侦查人员、基层组织代表、司法所社区矫正工作人员、相关业务专家等参加，就不起诉问题共同交换意见，积极听取各方的想法，最后作出决定，增强了不起诉活动的透明度，确保了不起诉案件的公正、准确处理。①

最高人民检察院在2012年颁布《人民检察院刑事申诉案件公开审查程序规定》，要求检察机关办理申诉案件程序透明化，接受社会监督。显然，刑事申诉案件的公开审查有利于保证办案质量，促进社会矛盾化解，维护申诉人的合法权益，提高执法公信力。

最高人民检察院在制定的《2018—2022年检察改革工作规划》中进一步明确要求健全刑事申诉案件受理、移送、复查机制，完善刑事申诉公开审查机制。各地方检察院积极试行刑事申诉案件公开答复制度。

① 童建明：《论不起诉权的合理适用》，《中国刑事法杂志》2019年第4期。

例如，2019年10月22日，眉山市检察院和仁寿县检察院邀请了律师、人大代表、政协委员、人民监督员、律师、法官和仁寿县彰加乡镇及村社代表公开答复一起刑事申诉案件。案件还要回溯到2000年5月26日，原案被告人李某军驾驶客车行驶至国道213线时，因车辆打滑撞上路边土坎后侧翻，造成乘客邓某芬等三人死亡，其他五名乘客不同程度受伤的重大交通事故。2000年10月，仁寿县法院以李某军犯交通肇事罪，判处有期徒刑三年，并向死者家属和受害人赔偿共计24590元。受害人邹某明不服此判决上诉至市中级人民法院，在法院两次维持原判决裁定后，邹某明仍然不服，并长期到市县两级检察院申诉上访、请求检察机关对该案进行抗诉。为了有效化解此案，市检察院和仁寿县检察院决定邀请部分人大代表、政协委员、人民监督员、援助律师、法官和村镇社区代表对此案进行公开答复。答复会上，仁寿县人民检察院对申诉人提出的原案存在的12个问题逐一进行答复，并阐述法院判决正确，检察院不予抗诉的理由。受邀人员也一一发表了自己对该案的看法，一致认为检察机关审查处理意见正确，检察官工作态度认真，高度负责。申诉人最后充分认可市县两级检察院所作的工作，表示通过此次公开答复打开自己多年的心结，对检察院答复非常满意。①

最高人民检察院制定的《2018—2022年检察改革工作规划》中把完善审查逮捕工作机制列为主要任务之一，其中要求完善逮捕必要性审查机制，建立有重大影响案件的审查逮捕听证制度。在此之前，国内学者在应当加强我国逮捕程序的司法化改革方面已基本达成共识。他们指出，我国的审查逮捕未能建立侦查机关与辩护方同时到场的言词听证程

① 四川省眉山市人民检察院:《检察情况反映》2019年11月14日。

序，[①] 我国现行刑事强制措施体系较为完备仍需从逮捕羁押的司法化等方面进行完善，[②] 审查逮捕的诉讼化是审判中心下完善诉讼结构的必然要求。[③] 审查逮捕采用对审听证的方式，在相互抗辩的基础上充分听取相关各方的意见，在逮捕与否这一重大程序决定上，能够防止片面性，符合检察官办案方式"适度司法化"的改革路径。[④] 最高检相关负责人提出，审查逮捕程序从封闭审理走向诉讼化审查，符合审查逮捕的司法属性。[⑤] 近年来我国刑事司法体制改革的系列举措，为设置逮捕听证程序提供了制度支撑，增强审查批准逮捕程序的公开和透明，有利于提高司法公信力，促进社会的整体和谐。[⑥]

最高人民检察院确定上海、四川等六省市为捕诉合一背景下的审查逮捕听证制度的试点省份，M 市是四川省确立的四个试点地区之一。为了确保规范开展审查逮捕听证制度试点工作，2019 年 4 月 M 市检察院与市公安局、市司法局、市律师协会联合制定了《关于建立审查逮捕听证制度的实施办法(试行)》，对逮捕听证相关方面的内容作出了规定。逮捕听证程序在实务中的运行效果如何？笔者在检察院挂职期间，在为期一年多的时间内对 M 市下辖六区县试行逮捕听证试行的情况进行了持续调研。使用的相关材料包括：逮捕听证的全程录像、《审查逮捕意见书》《审查逮捕公开审查笔录》以及访谈等。

从 M 市试点适用的 102 起审查逮捕听证案件来看，适用的案件范

① 陈永生：《逮捕的中国问题与制度应对——以 2012 年刑事诉讼法对逮捕制度的修改为中心》，《政法论坛》2013 年第 4 期。

② 易延友：《刑事强制措施体系及其完善》，《法学研究》2012 年第 3 期。

③ 闵春雷：《论审查逮捕程序的诉讼化》，《法制与社会发展》2016 年第 3 期。

④ 龙宗智：《检察机关办案方式的适度司法化改革》，《法学研究》2013 年第 1 期。

⑤ 孙谦：《司法改革背景下逮捕的若干问题研究》，《中国法学》2017 年第 3 期。

⑥ 张泽涛：《构建中国式的听证审查逮捕程序》，《政法论坛》2018 年第 1 期。

围的罪名包含：盗窃(23起)、毒品17(贩毒10起，容留他人吸毒7起)、诈骗（8起，含电信诈骗1起、集资诈骗1起、合同诈骗1起)、交通肇事(7起)、寻衅滋事(6起)、故意伤害(4起)、卖淫4(组织卖淫1起、介绍容留卖淫2起、传播性病1起)、敲诈（3起)、非法侵入住宅、妨害公务、非法捕捞水产品与开设赌场各2起。我国《刑法》对这些罪名的最低刑期绝大多数为三年以下有期徒刑，重大、复杂、疑难案件较少涉及，这也符合基层院处理的刑事案件主要为轻罪案件的特征。

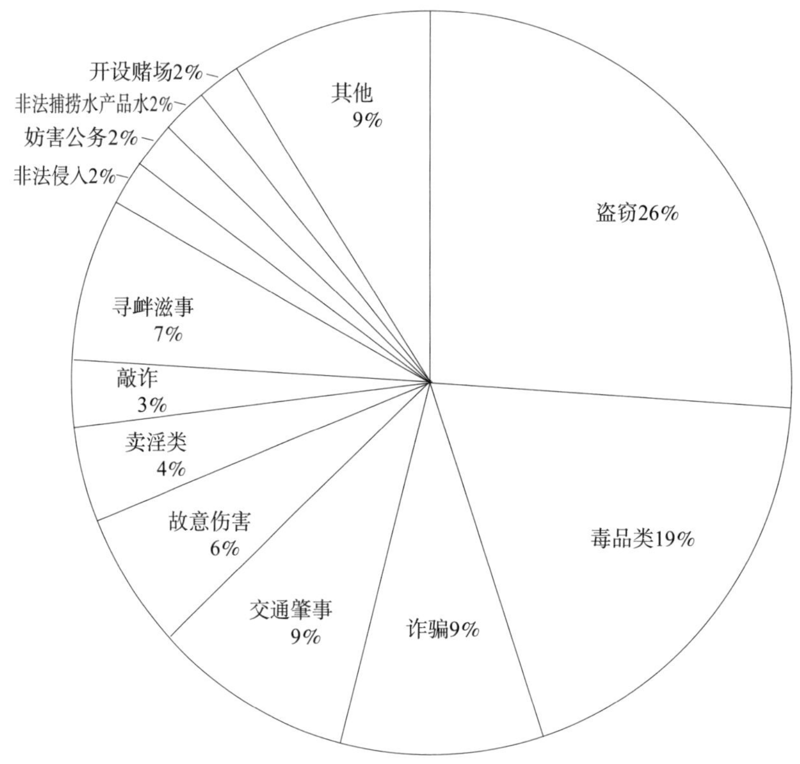

适用逮捕听证的案件类型

注：其他指放火、挪用资金、抢劫、非法持有枪支、持有、使用假币、伪造印章与包庇各1起。

在逮捕听证应当有律师参与的问题上，各界比较能够形成共识。如果没有辩护律师的参与，就无法形成有效的听证博弈。不过，如果犯罪嫌疑人不参加逮捕听证的情形下，律师参与如何才能达到实质的效果？根据我国《刑事诉讼法》的有关规定，在审查逮捕阶段辩护律师还不能查阅案卷，值班律师通常也不看卷，而是通过案件承办人对案情的介绍来了解案情。但是，值班律师如果主要根据办案人员的介绍来了解案情，也可能存在并非客观公正的情况。在M市试点的102起审查逮捕听证案件中，律师参与率为100%，其中19起案件犯罪嫌疑人委托了辩护律师，其余案件中犯罪嫌疑人的辩护人均由值班律师担任。[①] 几乎所有的犯罪嫌疑人均未参与听证（除了有一起案件处于人身自由状态下的犯罪嫌疑人参与了听证）。

有被害人或被害人家属参与听证的案件有16件，分别是1件交通肇事案、1件非法侵入住宅案、8件盗窃案、2件寻衅滋事案、2件敲诈勒索案、1件伪造印章案以及1件故意伤害案。其中的一件交通肇事案和一件故意伤害案中，嫌疑人家属与被害人家属双方同时在场参与了听证。被害人及其家属在审查逮捕听证会上表达出的意见大致可分为三种。其一，被害方提出逮捕犯罪嫌疑人。如在D区吴某故意伤害案中，被害人的妻子提出，现在已出了3万元医疗费，希望对方把医疗费出了，现在看来家属态度不是很配合；被害人徐某提出，我们希望逮捕吴某。其二，如果嫌疑人履行了赔偿，被害方同意不批捕。如在R县叶某故意伤害案中，被害人近亲属在听证会上提出，没有获得赔偿；嫌疑人亲属只找我们协商过一两次，并不是他们说的十余次，我们也愿意

① 有点意外的是，D区28件逮捕听证案件中，值班律师提出“可以逮捕”的占了多数，“对于逮捕，没有异议”，甚至就是“建议逮捕”。对此，笔者认为可能的原因有以下两点：第一，值班律师是由司法机关安排的，D区的值班律师可能不自觉地认为自己的身份是法律工作者，较为中立，而不同于辩护律师。第二，这些案件可能在犯罪嫌疑人的社会危险性上本来就没有争议，是为了“凑数”才举行审查逮捕听证的。

再次协商。其三，被害方愿意谅解，但是要求被告出来后不再实施骚扰等违法行为。如在雷某寻衅滋事案中，被害人提出愿意谅解犯罪嫌疑人，但是希望他出来后能遵纪守法。该案最终的处理结果是不批捕、未起诉。

其他参与审查逮捕听证的旁听人员可以分为两大类：第一类人员包括村社区干部、社区网格员、犯罪嫌疑人原单位领导和同事，这类参与人员在审查逮捕听证时的发言内容主要都是证实犯罪嫌疑人平时在社区和工作单位表现良好；第二类包括人大代表、政协委员、人民监督员等，这类参与人员在审查逮捕听证时发表的意见多数是要求逮捕犯罪嫌疑人。在调研中有人认为，人大代表、政协委员、人民监督员到场，只是起到一种形式化的作用，因为这些人员通常对于法律是外行，他们多从朴素的正义观、而非专业法律的角度发表观点，对案件办理并无太大的实质性帮助。

在举行逮捕听证的场所方面，M 市试点的 102 起案件听证地点均为检察院里的办案区，其中 R 县检察院还设置了专门的审查逮捕听证室，该听证室内具有远程视讯功能。国内有些试点审查逮捕听证的地方检察机关也有选择在看守所举行听证的。① 显然，在看守所举行逮捕听证的好处就是犯罪嫌疑人可以直接参与。

在逮捕听证的程序上，通常由检察官来首先介绍基本的案情。例如，在 D 区某案件的逮捕审查听证会上，承办检察官首先向参会人员介绍了听证会的程序以及参加人员的相关权利义务，随后向参会人员介绍了该案基本案情、法律适用条款及证据情况，并就该案存在的风险点

---

① 孙谦：《司法改革背景下逮捕的若干问题研究》，《中国法学》2017 年第 3 期。

进行解释。先请侦查人员及辩护律师分别阐述了自己的观点，并听取参加听证会的各方代表观点。检察官在听取各方意见后，结合该案的犯罪情节和事实证据，经过综合评定，当场作出不批准逮捕的决定。

不过，这与该市规范性文件规定的内容有一定差异。《M 市关于建立审查逮捕听证制度的实施办法（试行)》第 11 条“审查流程”规定：听证审查由检察官主持，先由侦查人员说明提请逮捕的事实和理由，着重阐述犯罪嫌疑人社会危险性情况，接着犯罪嫌疑人、辩护律师发表意见，出示、提交相关证据材料，检察官对各方提出的观点或材料有疑问的，可以发问，最后，检察官充分听取各方意见后，根据权限范围，依法作出审查决定。

对于侦查人员与犯罪嫌疑人及其辩护律师对于是否应当逮捕存在争议的审查逮捕听证案件，听证内容主要是围绕双方提出的争议点，主要包括以下两个方面：

一方面，社会危险性方面的争议，这方面的争议占了绝大多数。在这些听证案件中，律师提出的犯罪嫌疑人不具备社会危险性或社会危险性已降低的理由往往包括：犯罪嫌疑人已认罪悔罪，已赔偿，系初犯、偶犯、从犯，自首，犯罪情节轻微，被害人已谅解，犯罪嫌疑人的个人情况、家庭情况以及受害人情况等，主要证据已固定。与此相对，侦查人员在听证会上提出的申请逮捕的社会危险性方面理由则有：犯罪嫌疑人有前科；曾被强制戒毒；系无工作、无固定住址的三无人员；系组织者、首犯；系网上追逃抓获；若不逮捕，有串供风险；不批捕有可能再犯（贩毒嫌疑人)；已构成轻伤；诈骗数额大；有逃跑可能；未赔偿被害人。

D 区 28 起逮捕听证案件中犯罪嫌疑人认罪率为 100%，主要争议除了一起案件是适用刑罚争议（可能判处拘役）之外（此案处理结果是批准逮捕)，其余案件均为“社会危险性”的争议，均无证据开示。

另一方面，犯罪构成方面的争议。包括两个方面，其一，有的律师提出犯罪嫌疑人的行为性质尚不足以构成犯罪，如某案中，律师提出，犯罪嫌疑人的确闹过事，但是否构成寻衅滋事罪，对此存疑；有的律师则提出现有证据不足以证明构成犯罪；其二，有的律师提出证据方面的异议。如某案中，律师对于公安机关所说的犯罪嫌疑人持有4000元的假币持有异议，认为当年证据是否有效是有疑问的；某案嫌疑方对于被害人陈述（报案）不认可；在某侵入住宅案中，律师提出“强制手段”进入无法证明；在某盗窃案件中，犯罪嫌疑方对指控的罪名提出异议，认为自己不是共同盗窃、只是掩饰犯罪所得。

从逮捕听证审查的结果来看，不批捕的占28%，批捕的占72%。与以往相比，在试行审查逮捕听证之后，不捕率明显上升。从M市不批捕案件的处理结果来看，判处一年以上三年以下有期徒刑的占58%，判处一年以下有期徒刑的占12%，判处拘役的占3%，未起诉的占27%。

从M市的运行实践来看，审查逮捕听证具有以下五个方面的重要功能：

第一，保障人权，提高逮捕质量。在社会治安形势较为严峻的情况下，公安机关比较更注重打击犯罪的力度和效果，因而对批准逮捕的期望值往往较高，提请批捕时不说明、不论证社会危险性的状况不同程度地存在，有时申请逮捕也是侦查人员推卸责任的做法。在我国目前的有关规定下，批捕后如果不起诉、起诉后如果不判刑，就极可能被认定为“错案”或者在业绩考评上扣分。在之前的司法实务中，有些轻微刑事案件不该捕的也捕了，不该诉的也诉了，不该判的也判了。

审查逮捕采用听证的形式后，改变了检察机关以往仅凭审阅公安机关报送的案卷材料作出是否批捕的审查形式，采用双方直接、言词抗辩的诉讼化构造，公安人员需要在听证会上说明请求逮捕的理由是什么，也让参加审查逮捕听证的各方充分了解检察机关在决定是否逮捕上的慎重。

例如，在刘某交通肇事案的审查逮捕中，根据法律，刘某已经构成了交通肇事罪，但刘某积极悔罪，刘某家属已对被害人家属进行了经济赔偿，并取得了谅解，那么捕还是不捕呢？在公开审查听证会上，办案侦查员充分阐明了刘某构成犯罪，有逮捕的必要性；辩护律师出示了无逮捕必要性的相关证据材料，并说明死者家属和刘某家属进行了深入沟通。整个会议在事实和证据面前进行了充分讨论，在综合评判各方意见的基础上，检察官当场作出不批捕的决定，大家一致表示赞同。负责该案审查批捕的检察官说，“在听取了侦查员和辩护律师对案件和嫌疑人的整体评判后，增强了我的内心确信，通过听证，让我倍感纠结的捕与不捕的问题，得到了很好的解决。”①

从试行实践来看，实施审查逮捕听证后逮捕率降低，检察官的司法亲历性更为明显，在决定是否批准逮捕上更为客观公正，审查逮捕听证确实明显起到了提高逮捕质量、加强人权保障的功效。

第二，捕诉一体，促进纠纷解决。检察官在审查逮捕听证过程中比较注重社会矛盾的化解，充分利用一切条件和可能，促成犯罪嫌疑人与被害人双方和解，弥补被害人遭受侵害的损失，修复社会关系。并将犯罪嫌疑人是否与被害人达成和解协议、取得被害人谅解或积极赔偿被害

① 刘德华等：《四川省仁寿县检察院举行案件公开审查听证会》，正义网，http://www.jcrb.com/procuratorate/jcpd/201904/t20190428_1995764.html。

人损失作为是否适用逮捕强制措施的重要考虑因素。在逮捕听证程序中，被害人的主体地位得到体现，有利于在被指控人与被害人之间达到一种平衡，[①]从而促进纠纷解决，修复刑事社会秩序。

例如在黄某、蒋某、代某故意毁坏财物案中，黄某因工程结算及民工工资讨要未果等问题，指使蒋某、代某将某公司楼面的陶瓷面砖砸坏。鉴于其系初犯，且双方达成赔偿协议，参加听证人员一致认为可以不批准逮捕三名犯罪嫌疑人。检察官通过综合评判后，作出不批捕决定，化解了重大项目工程施工中的矛盾，达到了三个效果的统一。

第三，教化矫正，实现特殊预防。审查逮捕本来属于刑事诉讼程序中的一个环节，然而实践表明，审查逮捕程序还可具有刑事实体法的教化矫正功能，实现特殊预防，这也验证了整体刑法学的合理性。审查逮捕听证的教化矫正（亦称惩罚教育）功能，可以下述两个案件为例。

案例一 在李某盗窃案的审查逮捕听证会上，侦查员说："李某盗窃其母亲银行卡里的 1 万余元转走，微信转账 11500 元，如果不逮捕李某，很可能实施新的犯罪。"作为被害人的李某母亲说："我儿子把我银行卡里的 1 万余元转走，后来又把我微信里的几百元转走，他把这些钱拿去在网吧挥霍，我和丈夫商量决定，要让他受到处罚才能使其悔改，他就是被上网迷住了，老是找亲戚借钱不还，他拿不到钱就发脾气，我希望依法处理，通过实施逮捕让其接受教育改造。"但是，显然李某的母亲并不希望自己的儿子因偷盗自己的财物而被起诉和定罪判刑。检察官在综合被害人的意见等案件因素后作出了逮捕的决定。

案例二 赵某将汽车修理厂里一辆汽车上的一部手机偷走，该手机

① 在德国司法实践中，在成功达到"犯罪人——被害人平衡（A-G-O）"后，也可以中止刑事追诉程序。Sehen: Ostendorf, Jugendstrafrecht, 5. Auflage, Nomos, 2009, S.119-121。

已找到并退还，该手机鉴定价值 2324 元。在该案的审查逮捕听证中，在公安机关人员发表意见后，汽修厂老板说：“赵某上班才 5 天，没有什么不良习惯，能够遵守单位的规章制度，可以对他从轻处理。”同事员工说：“赵某还年轻，有个教训就对了，没有前科，还是要给他个机会，可以对他从轻处理。”被害人李某说：“赵某是个年轻人，还是算了，给他个机会。”嫌疑人赵某的母亲说：“他刚成年，刚从职高毕业，希望大家给他一个机会改过自新，我以后会对他加强管教。保证监督他在司法机关通知时随传随到。”值班律师说：“作为家长还是要加强管教，孩子刚成年要知错能改，多学习法律，大家都对赵某表示谅解，家属要感恩，要让他认真吸取教训，以后踏实工作。”检察官告诫犯罪嫌疑人家长以后要对其加强管教，最后作出了不批捕的决定。

第四，沟通意见，实现风险化解。我国目前处于社会转型期，涉案当事人的利益诉求可能存在不理性的状况，一旦在案件处理中得不到满足就可能采用信访等方式来扩大影响，从而可能带来一定的社会风险。有的案件争议即使只是涉及到“社会危险性”，后期也存在着当事人信访的可能，因此司法机关在审查逮捕程序中也承担着化解社会风险的重要任务。审查逮捕听证一方面有效地保障了被害人的合法权益，增强其主体地位，另一方面也通过犯罪嫌疑人和被害人双方的意见沟通以及参与逮捕听证的其他人员的意见表达，有效降低被害人对不批准逮捕结果不满意、不服气、不接受，反复上访的风险。

例如，在 D 区郑某、徐某、邓某涉嫌寻衅滋事案中，因为买一碗面的服务问题发生口角，进而发生抓扯，意外撞倒油锅致被害人何敏烫伤，事发后郑某等主动到案如实供述，并积极做好善后工作，垫付了 10 万元的医药、护理、生活等费用。三名犯罪嫌疑人准备拿 30 万来赔偿，但徐某要求赔偿 100 万元。律师在审查逮捕听证会上提出，何某说自己的伤残评定为九级，后续治疗需要做个小手术恢复，加上误工损失和精神抚慰金，按照法律规定，不会超过十七八万的损失；几位犯罪嫌疑人均年轻，尚在创业阶段，辩护人认为不予批捕不会引发社会风险，不会串供、毁灭、伪造证据；从现场视频中可以看到三名犯罪嫌疑人的认罪态度及积极赔偿的表达是非常明确的。

在审查逮捕听证会的旁听人员发言阶段，社区主任说："我带社区网格员到犯罪嫌疑人郑某所居住的小区进行走访，郑在小区居住期间表现良好，有两个小孩子，妻子没有工作，看到他们主动弥补过错，考虑到三个家庭，建议惩罚与教育相结合，给三个小家庭一个机会，建议检察机关可以不予逮捕。"犯罪嫌疑人所在村干部说："郑某在村上还是表现好。"案发地社区主任说："如果不批捕会不会给受害人家庭带来危险，如果双方没谈好，能羁押还是羁押好一点。"区政协法群委主任说："被害人是打斗中无意撞倒油锅造成的伤害，没有达到情节恶劣的程度，个人倾向不予逮捕。"区人大法工委副主任说："要区分主要与次要的关系，部分犯罪嫌疑人予以逮捕，部分嫌疑人变更强制措施，不予逮捕。"最后，区人大法工委主任说："今天听证会被害人及其诉讼代理人缺席，比较遗憾，公安机关和检察机关应该将今天的听证情况反映给他们听，要有反馈，不能自说自话，要加大调解力度，促成赔偿金额的达成，并做好以案释法的工作。"最后，该案审查逮捕听证的结果是不批捕，被害方也最终并未提出异议。假如被害方不服检察机关的这一处理结论，找当地人大反映，或者去信访，至少地方对此知情，可能不太会得到支持。

第五，社会参与，实现程序公开。在审查逮捕听证程序中，检察机关主动接受社会各界的监督，听取各方的意见和建议，听证程序的公开和透明能够有效消除封闭式审查程序可能在社会公众中产生的不理解和不信任。

例如在D区史某放火案的审查逮捕听证中，检察机关邀请了区人大代表、政协委员、特约检察员、侦查机关办案人员、值班律师等参加，依次从犯罪嫌疑人的认罪悔罪态度、社会危险性等方面对犯罪嫌疑人是否有逮捕必要性发表了意见。检察官在听取各方面意见后，经过综合评定，对史某作出了批准逮捕的决定。

通过听证，审查逮捕程序实现了从书面到口头、秘密到公开、从行政化到诉讼化的重要转变。对于事实争议不大的轻罪刑事案件，检察官在审查逮捕听证程序中不只是考虑批捕与否，还要更多地考虑案件的最终处理——尤其在我国实施捕诉一体化之后，审查批捕的检察官与随后负责起诉的检察官往往是同一人。因此，对于大多数轻微刑事案件（其中有很大一部分涉及到经济赔偿），检察官在审查逮捕听证程序中的角色已经在一定程度上由案件的“批捕者”转变为类似“法官”的角色。

在审查逮捕听证程序中，如果被害方与犯罪嫌疑人意见沟通以及赔偿落实情况良好，检察官可以依法作出不批捕（以及随后不起诉）的决定；如果轻罪案件中犯罪嫌疑人认罪态度良好，真诚悔过，检察官也可以作出不捕、不诉的决定，最终实现轻微刑事案件在审前阶段的分流。

四、检察职能由刑事独大向多元均衡发展

2022年全国检察机关共办理民事案件31.6万件、行政案件7.8万

件，比 2018 年分别上升 1.5 倍、3.3 倍。[①] 其中，对认为确有错误的行政裁判提出抗诉 872 件，法院已审结 566 件，其中改判、发回重审、调解及和解撤诉 338 件，比前五年上升 4%，改变率 59.7%；提出再审检察建议 1059 件，比前五年上升 43.5%，采纳率 56.9%。[②]

从公益检察诉讼的办案数量来看，2018 年全国检察机关立案 11.3 万余件，2019 年为 12.7 万余件，2020 年达到 15.1 万余件，2021 年为 16.9 万余件，年平均增长率为 14.36%。2022 年为 19.5 万余件，[③] 同比上升 16.45%。新领域（包括新增法定领域和非法定领域）立案数量大幅增长，占比已接近三分之一，特别是安全生产和个人信息保护领域案件数量增加很快。[④] 其中，办理国有财产保护、国有土地使用权出让领域公益诉讼 5.9 万件，促请追偿受损国有财产、追缴土地出让金 533.7 亿元。办理食品药品安全领域公益诉讼 15.4 万件。办理生态环境和资源保护领域公益诉讼 39.5 万件，年均上升 12.5%。

在未成年人检察工作方面，首先，对侵害未成年人犯罪“零容忍”，从严追诉性侵、虐待、暴力伤害等侵害未成年人犯罪 29 万人。最高检会同教育部、公安部等建立侵害未成年人强制报告、密切接触未成年人单位入职查询制度，并纳入法律规定。已通过强制报告追诉犯罪 5358 件，对不予报告的督促追责 719 人。其次，积极运用附条件不起诉，最大限度教育挽救涉罪未成年人。对涉嫌轻微犯罪、有悔罪表现的，附条件不起诉 7.1 万人，适用率由 2018 年 12.2%升至 2022 年 36.1%；对犯

① 参见《2023 年最高人民检察院工作报告》。

② 参见《2023 年最高人民检察院工作报告》。

③ 参见《2023 年最高人民检察院工作报告》。

④ 胡卫列、孙森森：《完善公益诉讼制度，推动公益诉讼检察高质量发展——2022 年检察理论与实务研究盘点之五》，《人民检察》2023 年第 2 期。

罪较严重的起诉17.9万人，比前五年下降36.9%。最后，创新履职融通家庭、学校、社会、网络、政府、司法“六大保护”。针对严重监护失职，发出督促监护令7.6万份；协同民政部等出台意见，推动将35.5万名事实无人抚养儿童纳入制度保障范围；指导河北、上海、江苏等地检察机关提起民事公益诉讼，推动国家有关部门对电竞酒店、盲盒、密室逃脱、剧本杀等新业态予以规范。[①]

最高检通过发布指导性案例和典型案例持续引导案件规范化办理。例如，2022年最高检发布生态环境公益诉讼主题2批5个指导性案例，反映了公益诉讼检察在生态环境领域探索创新的新成果。2022年最高检单独或联合其他部门共发布涵盖生态环境和资源保护、食品药品安全、国有土地、国有财产保护、安全生产、妇女权益保护等领域各个主题典型案例12批110件。这些指导性案例和典型案例的发布为总结公益诉讼检察司法实践经验、统一办案标准和提炼法律规则发挥了积极作用。

最高检第35批指导性案例均为未成年人检察公益诉讼案例，其中，检例第141号为浙江省杭州市余杭区人民检察院对北京某公司侵犯儿童个人信息权益提起民事诉讼、北京市人民检察院督促保护儿童个人信息权益行政公益诉讼案，检例第142号为江苏省宿迁市人民检察院对章某为未成年人纹身提起民事公益诉讼案，检例第143号为福建省福清市人民检察院督促消除幼儿园安全隐患行政公益诉讼案，检例第144号为贵州省沿河土家族自治县人民检察督促履行食品安全监管职责行政公益诉讼案，检例第145号为江苏省溧阳市人民检察院督促整治网吧违规接纳未成年人行政公益诉讼案。

---

① 参见《2023年最高人民检察院工作报告》。

最高检通过在全国范围内开展相关专项监督活动来推动各项检察工作。例如，2022 年全国检察机关持续开展“公益诉讼守护美好生活”“为民办实事破解老大难”公益诉讼质量提升年等专项监督活动，聚焦人民群众关切，积极回应公共利益诉求，在生态环境、食品药品安全等重点领域，以公益诉讼检察办案实效守护人民群众美好生活，取得了积极成效。[①] 针对一些“消”字号抗（抑）菌制剂非法添加化学药物危害健康，组织公益诉讼专项监督，促请查处涉案问题产品 61 万余件。贯彻长江保护法，制定实施服务长江经济带发展 10 项检察举措，立案推动多部门协同解决船舶污染顽疾。围绕黄河流域生态保护和高质量发展制定 18 项检察举措，会同水利部开展专项行动，山西、河南、陕西等沿黄 9 省区检察机关共护黄河安全。开展“守护海洋”专项监督，山东、广西、海南等地检察机关办理海洋环境保护公益诉讼 4562 件，服务海洋强国战略。

笔者认为，我国检察机关积极发挥四大检察职能，在我国目前的经济社会发展中起着以下重要的作用：

第一，针对多发案件的根源，通过制发检察建议推动治理，防范于未然。例如，针对未成年人在校园收到性侵害的问题，最高检向教育部发出一号检察建议，加强未成年人防范性侵的学校保护。最高检就民事公告送达不尽规范和虚假诉讼问题向最高人民法院发出第二号、第五号检察建议，得到积极回应。最高检向中央有关部门发出第三号检察建议，助推将各类金融活动纳入有效监管。针对办案中发现的窨井伤人问题，最高检向住房和城乡建设部发出第四号检察建议，该部牵头 6 部门联手共治，整改窨井安全隐患 101 万余处。针对寄递毒品等违禁品问

① 胡卫列、孙森森：《完善公益诉讼制度，推动公益诉讼检察高质量发展——2022 年检察理论与实务研究盘点之五》，《人民检察》2023 年第 2 期。

题，最高检向国家邮政局发出第七号检察建议，该局与 11 部门携手治理。最高检总结危害生产安全犯罪发案规律，向应急管理部发出第八号检察建议，促进公共安全治理模式向事前预防转型。①

第二，依法纠正法院、行政机关存在的违法和裁量不当的行为，提升司法公信。例如，2022 年 5 月最高人民检察院将李某荣等七人与李某云民间借贷纠纷抗诉案等四件具有典型性的案例作为第 38 批指导性案例（检例第 154—157 号民事生效裁判监督主题）发布。其中，李某荣等七人与李某云民间借贷纠纷抗诉案（检例第 154 号）对司法实践中常见的民间借贷案件如何审查鉴定意见以及法院合理分配举证责任的问题具有重要的指导意义。在民间借贷纠纷案件中，当事人用以证明交付借款或还款的书证往往系孤证或者存在形式、内容上的瑕疵，难以形成完整的证据链条。本案中，还款字据系孤证且自身存在重大瑕疵，债务人据此主张所借款项已经清偿，法院未要求债务人就还款字据项下的款项交付情况作出合理说明并提供相关证据，亦未在必要时依职权调取相关证据，属于举证责任分配失当。在经过多次鉴定且鉴定意见存在冲突的情形下，司法机关应当统筹考虑鉴定内容、鉴定程序、鉴定资质以及当事人在关键节点能否充分行使诉权等因素，并结合案件其他证据，综合判断鉴定意见是否可以采信，防止出现“以鉴代审”的情况。此外，郑某安与某物业发展公司商品房买卖合同纠纷再审检察建议案（检例第 156 号）中，则针对一房二卖纠纷中当事人可得利益损失、法院行使自由裁量权明显失当的情形，通过加强检察监督，在实现个案公正的基础上，促进统一裁判标准，提升司法公信力。

---

① 参见《2023 年最高人民检察院工作报告》。

第三，对于复杂纠纷（历史疑难问题）溯源治理，通过检察介入，实现实质性化解争议。例如，2021 行政检察十大案件中胡某诉湖南省某市某镇政府行政强制监督案的意义在于，检察机关对于有多个诉讼纠纷、矛盾尖锐复杂，依法不支持监督申请的案件，避免就案办案，结合本案诉讼和所涉其他诉讼、行政复议情况，综合分析申请人实质、合法诉求和事实，开展公开听证、释法说理，促进双方真诚沟通，实质性化解行政争议，对法院、行政机关存在的违法行为依法予以纠正。又如，2022 十大行政检察典型案例中，严某等诉上海市及某区规划和自然资源局撤销验收合格证监督案的示范意义在于：当行政行为因规范性文件的滞后，已经不能满足人民群众日益增长的新需求时，检察机关应当充分发挥行政监督职能，既要探索何种方式能获得案件办理的最佳政治效果、法律效果、社会效果，通过一揽子化解乡民争议，解决老百姓家门口“出行困难”的问题；同时也要挖掘《民法典》的公法价值，推进国家治理体系和治理能力现代化，通过检察建议促进行政机关提高规范性文件制定标准。再如，苏某诉山东省某市房管局、赵某房屋行政登记监督案的意义在于，一些行政诉讼案件中，即便错误的裁判结果得以纠正也无法实现对当事人合法权益的全面保护。检察机关通过对涉诉行政行为及关联行政行为的合法性进行审查，并对与所办案件相关的一系列诉争进展情况保持跟进，发挥一体化办案优势，依法能动运用检察监督方式和手段，纠正法院确有错误的生效裁判，确保当事人受损的合法权益得到全面救济，推动行政争议实质性化解，将国家住房保障政策落到实处。

第四，通过检察监督修补制度缺漏，发挥“最后救济”功能，实现扶危救困。例如，在“难以撤销的婚姻”的案例中，天津市津南区检察院主动履行行政检察监督职责，积极开展行政争议实质性化解工作，帮助当事人恢复正常生活。二十多年前，王某经介绍与某萍登记结婚。可短短一个多月后，新娘突然离家出走不知去向。一家人的生活从此乱了套，王某受到严重精神刺激不久被诊断为精神分裂症，王某的父亲没几年就郁郁而终，母亲也在大病一场后长年卧床生活不能自理。王某的妹妹作为其法定监护人，为了给王某申领低保，踏上了为哥哥解除婚姻关系的坎坷道路。接连碰壁后，她来到了津南区检察院。为了查明某萍的真实身份信息，检察院办案团队来到津南区档案局调取婚姻登记档案，终于发现了一份年久发黄的《婚姻状况证明》，证明上盖有“C县双田乡人民政府户口专用章”及“C县双田乡舒家村村民委员会”的公章，这成为寻找某萍的唯一线索。办案组奔赴千里抵达四川省C县，当地检察机关派员一起赶往某萍婚姻登记证明上的地址，找到了某萍的家人，并最终联系上这位“消失的新娘”。依据最高人民检察院会同最高人民法院、民政部、公安部联合出台的《关于妥善处理以冒名顶替或者弄虚作假的方式办理婚姻登记问题的指导意见》，津南区检察院就此案召开撤销婚姻登记争议化解听证会，远程视频连线某萍，她表示愿意配合撤销婚姻登记。津南区检察院依法向区民政局制发检察建议，民政局依法撤销王某二十多年前的婚姻登记，王某因此具备了申领低保的必备条件。困扰王某一家多年的问题，终于得到解决。①

第五，针对司法实践中存在的事关当事人切身利益、解决难度大的制度性问题，以检察建议、抗诉等方式展开监督，最终通过个案的办理达到解决制度性难题的目的，实现最佳的法律效果、社会效果。李某案就是一例。2014年，武汉居民李某在下班时间被指派送货返家途中发

① 《无法撤销的婚姻》，中央广播电视总台栏目《今日说法》（2023年7月25日）。

生了交通事故，导致一级伤残。事后，他和家人提出工伤认定申请，历经波折，先后提起民事诉讼和行政诉讼，历经一审、二审、再审，穷尽了所有的法律手段也未能实现权利的救济，最终向武汉市人民检察院提交监督申请书，申请检察机关依法对法院做出的判决进行监督。此案先后经过湖北省检察院和最高人民法院的两次抗诉，最终成功实现以个案推动行业治理规范的功效。

在李某受伤事故发生的几个月后，家人去申请工伤认定，但最终却无奈撤回申请。因为根据《工伤保险条例》第 14 条第六项的规定，职工在上下班途中受到非本人主要责任的交通事故或者城市轨道交通、客运、轮渡、货车事故伤害的，应当认定为工伤。其中，交通事故非本人主要责任的认定很关键，关键的证据是事故认定书。但是，李某的事故是一个单方交通事故，他提供不了事故认定书，当时交管部门并没有对事故责任进行认定，只有一份交通事故证明说明了当时的情况。李某后来提交申请的时候，离事故发生已经超过三个月了。根据相关规定，超过三个月交管部门只能提交事故证明，不能提供事故认定责任书，而事故证明只是证明这个事故发生的经过，没有结论性的意见，事故责任认定则有一个结论性的意见。没有事故责任认定书，李某在这起交通事故中所承担的责任就无法明确，当地人社部门以此为由终止了工伤认定。

在律师的建议下，李某以用人单位应当承担赔偿责任为由向法院提起民事诉讼。这起民事诉讼案件经过一审、二审后，法院作出判决，认为李某与用人单位存在劳动关系，应当进行工伤认定程序与救济。所以李某又被迫从行政的工伤认定的这个角度来进行他的救济。根据法院的判决，李某再次来到人社部门申请工伤认定。人社部门作出的《不予认定工伤决定书》中认为，李某受伤的情形不能认定为在下班途中受到“非本人主要责任”的交通事故伤害，不予认定为工伤，理由就是李某无法提供交通事故认定书。李俊对此提出行政复议，复议也是维持决定。李某不服，随后向法院提起行政诉讼，请求依法撤销人社部门不予认定工伤的决定。这起行政诉讼案件也是先后经过一审、二审、再审。法院经审查认定，人事部门做出的决定并无不当，因此驳回了李某的诉讼请求。这起案件前前后后经历了民事诉讼、行政诉讼，最终的结果还是不予认定工伤。

这时李某了解到，按照相应的法律救济途径，他可以申请检察机关依法进行监督。武汉市人民检察院经过审查认为，武汉市法院的判决确有错误，于是向湖北省人民检察院提起抗诉。湖北省人民检察院受理这起抗诉案件后，进行了全面的调查核实，阐述抗诉意见和理由。检察机关审查完案件材料后认为，这起案件存在以下两个关键的争议点：

争议点一：李某应认定为上下班途中受伤，还是因公外出受伤？当地人社部门认为李某是下班途中受伤，根据《工伤保险条例》第 14 条第六项的规定，需要证明他是在非本人主要责任的事故中受到伤害，才能认定为工伤。但是李某乙方无法提供相关证据。

法院认为，李某给客户送完了材料，那么工作就结束了，送完材料之后所发生的交通事故，实际上与工作原因无关。

检察机关则认为，李某是受用人单位指派，需要到工作场所之外从事与工作职责有关的活动，符合《工伤保险条例》第 14 条第五项的规定：职工因公外出期间，由于工作原因受到伤害或者发生事故下落不明的，应当认定为工伤。按照这一项的规定，认定工伤不需要提供事故责任证明。

争议点二：应该由谁来承担本案中“非本人主要责任”的举证责任？

法院判决书中写道，李某未能证实事故系非本人主要责任造成，因而认为人事部门做出不予认定工伤的决定并无不当。法院认定，在非主要责任的举证责任方面，李某是驾车者，那他就相当于是肇事者，就应该提供相关的证据材料，即由劳动者来承担这个责任。

检察机关则提出，根据《工伤保险条例》第 19 条第二款的规定，职工或者其近亲属认为是工伤，用人单位不认为是工伤的，由用人单位承担举证责任。在本案中，职工认为他是工伤，用人单位某公司不认为是工伤，那么公司应当提供这个李某是承担交通事故主要或者是全部责任的证据材料，即举证责任应该是用人单位来承担。

经过对案件的详细审查，湖北省人民检察院向湖北省高级人民法院提出抗诉。2020 年 8 月，湖北省高级人民法院再审这起案件。法院认为，李某多次认可下班途中受伤，再加上交通事故发生的地点靠近他的住所，按照一般理解应视为下班回家途中受伤；此外这起交通事故的责任认定也需要由当事人举证。最终湖北省高级人民法院判决维持原判。

虽然抗诉意见没有得到湖北省高级法院的认可，但是检察官认为法院的判决也并没有推翻检察院的抗诉意见，还是可以再坚持一下。这次判决结果出来后，李某一家人也不想放弃。他们表示，只要还有能走的法律途径，就要坚持下去。因此，湖北省人民检察院向最高人民检察院汇报了此案，并提请最高人民检察院抗诉。最高人民检察院对案件进行全面审查后向湖北省高级人民法院依法提起抗诉。最终，湖北省高院改判判决，要求人社部门就该事故依法作出工伤认定。2022 年 7 月，李某终于拿到了一份期盼了八年的认定工伤决定书。①

① 《两次抗诉后的改判》，中央广播电视总台栏目《法治在线》（2023 年 3 月 1 日）。

第六，通过案件办理进行监督，促进立法和制度完善。例如，2022年检察公益诉讼在促进制度建设方面取得长足发展，主要体现在法律、司法解释和地方立法层面。一是法律层面，《反垄断法》《反电信网络诈骗法》《农产品质量安全法》《妇女权益保障法》4部单行法新增了检察机关提起公益诉讼的条款。特别是新修订的《妇女权益保障法》以列举方式明确了公益诉讼检察监督的具体情形，丰富了检察公益诉讼条款的立法形式。二是司法解释层面，最高法、最高检联合发布了《关于办理海洋自然资源与生态环境公益诉讼案件若干问题的规定》，为办理海洋公益诉讼案件提供规范指引。①

第二节　新时代检察职能运行面临的挑战

与此同时，我国新一轮的司法改革和正在进行的检察改革在具体的实际条件下向前推进的过程中，在检察权的运行上又产生了一些新的问题和挑战。

一、职务犯罪案件办理中检察机关与监察委关系的协调

作为深入推进党风廉政建设和反腐败斗争重要成果的《监察法》实施两年多以来总体上运行良好，新设立的监察委员会整合了原属政府的

① 胡卫列、孙森森：《完善公益诉讼制度，推动公益诉讼检察高质量发展——2022年检察理论与实务研究盘点之五》，《人民检察》2023年第2期。

监察厅、预防腐败局以及人民检察院的职务犯罪自侦部门，并与纪委合署办公，在检察院与监委之间的关系应当如何定位？

以龙宗智教授为代表的国内学者对《监察法》与《刑事诉讼法》的衔接和协调已有相当的研究，学界较为一致的观点是《监察法》及《监察法实施条例》的有关规定应当逐渐与《刑事诉讼法》保持一致，以实现刑事法治的统一。不过，考虑到现实国情下强力反腐的必要性，监察实务中的留置措施以及监察委在纪法案件中的决定性地位可能需要在较长的一段时期内保持现状。

在此情况下，一个关键的问题是：检察院能否以及如何监督监察委？对此，存在否定和肯定两种观点，以下分别述之。

（一）否定检察院有权监督监察委的理由

否定检察院有权监督监察委的理由，主要有以下方面：

第一，与监察委的性质不相符合。例如，有人曾指出，监察委员会是实现党和国家自我监督的政治机关，其性质和地位不同于行政机关、司法机关，[①] 因此，检察机关对监察委应当积极配合，而不是进行监督和制约。

第二，于法无据。虽然人民检察院是宪法规定的法律监督机构，但是法律并未明确规定人民检察院有权监督监察委员会。而且，人民检察院监督监察委，也并不符合惯例。因为，在《监察法》修改以前，检察院并不监督纪委（及其实施的“双规”）和监察部门（及其“两指”）。

① 闫鸣：《监察委员会是政治机关》，《中国纪检监察报》2018 年 3 月 8 日。

第三，监察委不是单纯的侦查机关。根据《中华人民共和国监察法》第 11 条规定，各级监察委员会对所有行使公权力的公职人员进行监察，包括：对公职人员开展廉政教育，对其依法履职、秉公用权、廉洁从政从业以及道德操守情况进行监督检查；对涉嫌贪污贿赂、滥用职权、玩忽职守、权力寻租、利益输送、徇私舞弊以及浪费国家资财等职务违法和职务犯罪进行调查；对违法的公职人员依法作出政务处分；对履行职责不力、失职失责的领导人员进行问责；对涉嫌职务犯罪的，将调查结果移送人民检察院依法提起公诉；向监察对象所在单位提出监察建议。因此，监察委并非侦查机关，不需要接受检察机关的监督。

第四，立法机关并没有将监察机关调查职务犯罪的程序纳入刑诉法，监察机关调查职务犯罪的程序并不受刑诉法的调整和规制。虽然有专家学者在刑诉法修正草案公开征求意见时对此表示反对，但是法律是党的主张和人民意志的集中体现，现在法律既然已经全国人大常委会通过并实施，就应把思想和行动统一到国家法律上来，认真理解其精神，不折不扣地予以实施。①

（二）肯定检察院有权监督监察委的理由

另一种观点则是肯定检察院有权监督监察委，其理由主要有以下方面：

第一，监察委既是政治机关，也是司法机关。监察机关与检察机关一样，既讲政治、讲政策，也要努力把法律执行好。现在监委办案总体

① 朱孝清：《修改后刑诉法与监察法的衔接》，《法治研究》2019 年第 1 期。

质量好，且一直在提升。监委移送的案件经过政策、纪律过滤，总体上要求很严，监委也是在追求最好的办案效果。①

第二，讲政治与依法办案绝对不是对立的，而是同向同质的。一方面，不能脱离办案空谈讲政治。作为司法机关，讲政治就是体现在每一个案件办理中。每一个案件都涉及到人民群众的利益和感受，涉及到对经济社会的影响，如果在办案过程中各个方面都充分考虑周全，就是讲政治；另一方面，不能以讲政治为托词，不依法办案。依法办案是司法机关的本职，是党和国家赋予司法机关的职责要求。② 法律效果好就是政治效果好，二者是统一的。"讲政治"不仅体现在对纪委处理干部决定的拥护上，也体现在对职务犯罪办案质量的严格把关上。③

作为法律监督机关，作为司法机关，至少要做到两点：一是实体上不办错案，基本要求是不能把无罪的人追究刑事责任；二是程序上依法规范，充分保证被追诉人的权利。如果办的案件，事实上是错的，或者办案中有不法行为，政治效果、社会效果就根本无从谈起。所以，不办错案的底线既是一个业务要求，更是一个讲政治的指标。④

第三，监察委就是专门的职务犯罪侦查机构，应当接受检察机关监督。首先，在我国《刑事诉讼法》第 108 条中指出，"侦查"的含义是指公安机关、人民检察院对于刑事案件依照法律进行的收集证据、查

---

① 王守安：《关于提升职务犯罪检察工作品质的几点思考》，《职务犯罪检察工作专刊》2020 年第 6 期。

② 王守安：《关于提升职务犯罪检察工作品质的几点思考》，《职务犯罪检察工作专刊》2020 年第 6 期。

③ 孙长国、张天麒：《程序衔接 + 实体配合：监察机关与检察机关办案中沟通机制研究——基于 M 市的实证分析》，《黑龙江政法管理干部学院学报》2020 年第 3 期。

④ 王守安：《关于提升职务犯罪检察工作品质的几点思考》，《职务犯罪检察工作专刊》2020 年第 6 期。

明案情的工作和有关的强制措施，据此，监察委并未列入侦查机关的范畴；然而，《刑事诉讼法》第 19 条规定，“刑事案件的侦查由公安机关进行，法律另有规定的除外”，据此，新《监察法》实施后，原检察机关的自侦机构转隶至监察委负责调查职务犯罪案件，就属于“法律另有规定”的情形。其次，在域外刑事司法语境中，“调查”就是我国的“侦查”。例如，英语中的 investigation 和德语中的 Untersuchung、Ermittlung，原意均为“调查”，翻译为中文均为“侦查”。此外，域外侦查的启动方式为随机启动型侦查，只要发现有犯罪嫌疑的存在即可展开调查；而我国侦查的启动方式为程序启动型侦查，须满足一定的证据审查条件才可在立案后展开正式侦查。根据《监察法》的规定，监察委员会为了履行职权可以采取谈话、讯问、询问、查询、冻结、调取、查封、扣押、搜查、勘验检查、鉴定、留置等措施，上述措施就是侦查措施。① 实务中也有同志指出，监察委的职务犯罪调查是追诉职务犯罪的发端，调查终结后进入诉讼环节无需重新立案，其调查所获取的证据直接作为刑事诉讼的证据，实质上就等同于刑事诉讼中的侦查活动。② 最后，《宪法》第 134 条规定，中华人民共和国人民检察院是国家的法律监督机关，《刑事诉讼法》第 8 条也规定，人民检察院依法对刑事诉讼实行法律监督。据此，人民检察院对作为刑事侦查机关的监察委进行监督具有充分的法律依据。而且，在检察院的职务犯罪自侦查机构未转隶监察委之前，就是由检察院的侦监部门对其进行监督。

---

① 也有人指出，监察调查权具有行政调查与刑事侦查的二元属性。参见李勇：《〈监察法〉与〈刑事诉讼法〉的衔接问题研究——“程序二元证据一体”理论模型之提出》，《证据科学》2018 年第 5 期。

② 林森、金琳：《检察机关办理监察委移送案件难点问题探究——以检察机关与监察委办案衔接为视角》，《时代法学》2020 年第 5 期。

第四，我国侦、诉、审三机关之间互相分工、互相配合、互相制约的关系并未改变。我国侦查、起诉、审判三机关之间互相分工、互相配合、互相制约的关系构成了中国特色的刑事诉讼基本架构，①虽然受到了部分学者的批评，②但是经过了四十多年的实践，在实务层面总体运行良好，各方均能认可和接受。《监察法》修改后，监察委收取了职务犯罪案件的侦查权，侦、诉、审三机关之间互相分工、互相配合、互相制约的关系并未改变。如我国《宪法》（2018 修正）第 127 条第二款中规定，监察机关办理职务违法和职务犯罪案件，应当与审判机关、检察机关、执法部门互相配合，互相制约。《监察法》第 4 条也明确规定，“监察机关办理职务违法与职务犯罪案件，应当与审批机关、检察机关、执法部门互相配合，互相制约。”正如学者指出，在侦、诉、审三个诉讼阶段中，要强调后面程序对前面程序的制约，即重视法院对侦、诉机关的制约，检察院对侦查机关的制约。③

最高人民检察院相关负责人多次强调，配合是政治要求，制约是法律责任。目前监检之间配合上应该比较到位，制约方面我们还需要更加自觉。有人说，现在实际上形成了一种以监察机关为中心的向心型关系模式，协作有余，制约不足，违背了平行制约，导致起诉审查形式化。如果个别地方确实有这种现象，也主要是因为有的同志也是基于种种原因，认为发挥检察职能作用空间不大，没有积极尽责。④

---

① 我国《宪法》第 140 条规定，人民法院、人民检察院和公安机关办理刑事案件，应当分工负责，互相配合，互相制约，以保证准确有效地执行法律。

② 龙宗智：《论配合制约原则的某些“负效应”及其防止》，《中外法学》1991 年第 6 期。

③ 左卫民：《健全分工负责、互相配合、互相制约原则的思考》，《法制与社会发展》2016 年第 2 期。

④ 王守安：《关于提升职务犯罪检察工作品质的几点思考》，《职务犯罪检察工作专刊》2020 年第 6 期。

第五，检察监督监委是办案实践的需要。在法理上，任何权力的行使都应当接受监督，监察委也不例外。我国《监察法》第 53 条、54 条规定了监委应当接受人大监督、社会监督、舆论监督。然而，在实践中监察委却在局部上存在有效监督不足的状况。例如，笔者在对某市全部扫黑除恶刑事案件的调研中发现，市检察院曾让下辖某县的监委移送有关涉案人员保护伞的线索，但是监委并未移送，后来不了了之，检察机关也无可奈何。由于对监察委的监督于法无据，使得对黑恶案件“破网打伞、打财断血”的办法不多，协调力度不足。监察委自行查处监察人员涉嫌犯罪，这种内部监督的力度和效果存在局限性。此外，监委取证人员的专业素质差异较大，确有加强监督和规范之必要。

为了充分保证办案的质量，尤其是要避免可能出现的职务犯罪案件的无罪判决，目前监委对于检察机关的介入和把关是非常欢迎的。因为监察机关办理案件的质量如果出现了重大瑕疵，可能会被上升到政治的高度，所以监察委对于职务犯罪案件尤其是大要案证据的收集情况往往主动请求检察机关办案人员参与讨论，对于检察机关提前介入、退回补充侦查时提出的意见都做到逐条反馈。①

第六，坚持依规依纪依法，是新时代纪检监察工作的鲜明特点，也是依法治国和依规治党的必然要求。最近，中央纪委国家监委提出，适应新形势新任务，推进纪检监察工作高质量发展，必须更加注重实事求是、依规依纪依法，更加注重以法治思维和法治方式推进监督、防治腐败。要加强干部队伍教育管理监督，进一步强化法治意识、法治思维、法治素养，确保执纪执法权受监督、有约束，要细化制度规则，公正规

---

① 孙长国、张天麒：《程序衔接 + 实体配合：监察机关与检察机关办案中沟通机制研究——基于 M 市的实证分析》，《黑龙江政法管理干部学院学报》2020 年第 3 期。

范履职，创新完善纪检监察权力运行机制和管理监督制约体系，把权力关进制度的笼子，在法治轨道上推进纪检监察工作高质量发展。①

二、检察主导认罪认罚与法院裁判之间存在一定冲突

在法理上，审前程序中应当以检察机关为中心，审判程序中应当以法院为中心；然而，在实际上，检察官对案件处置权力的扩大事实上造成了对法官权力的分割。

在笔者的调研中，某市检察院的常务副检察长表示，检、法两家之间有时会存在一定的"博弈"，认罪认罚制度的推行可能会加剧某些地方检、法两家之间关系的"紧张"。

首先，我国法律和司法解释规定法院对于检察机关的量刑建议一般应当采纳，值得商榷。2018 年《刑事诉讼法》第 201 条规定了法院对于认罪认罚案件采纳检察院指控罪名和量刑意见，该条规定，"对于认罪认罚案件，人民法院依法作出判决时，一般应当采纳人民检察院指控的罪名和量刑建议，但有下列情形的除外：（一）被告人的行为不构成犯罪，或者不应当追究其责任的；（二）被告人违背意愿认罪认罚的；（三）被告人否认指控的犯罪事实；（四）起诉指控的罪名与审理认定的罪名不一致的；（五）其他可能影响公正审判的情形。人民法院经过审理认为量刑建议明显不当，或者被告人、辩护人对量刑建议提出异议的，人民检察院可以调整量刑建议。人民检察院不调整量刑建议或者调整量刑建议后仍然明显不当的，人民法院应当依法作出判决。"可以看

① 曹溢：《坚持依规依纪依法，推进纪检监察工作高质量发展》，中央纪委国家监委网站。

到，上述除外情形在实务中发生的几率很小，因此，根据《刑事诉讼法》的规定，法院“一般应当采纳”检察院的量刑建议。该规定实际是对法院作为裁判机关的权威地位造成了不当的冲击。即使在辩诉交易适用率极高的美国，也未规定法院“应当”采纳检察官的量刑建议。

其次，检、法两家如果对案件证据和事实的判断存在不同，属于正常情况，应当允许合理存在。刑事案件在证据的搜寻、事实的调查以及决定如何处理的过程中，必不可少地包含办案人员的主观判断和裁量，这正是刑事案件的魅力所在，也正是刑事案件产生争议的根源。

再次，认罪认罚制度很大程度上改变了我国以往的刑事诉讼制度，并且要求适用比例过高（要求适用率85%以上），但是有些方面（如控辩平衡）的准备尚不充分，可能影响到检察机关的客观公正性。

检察官在公诉活动中的客观公正性，主要体现在以下三个方面：第一，客观公正地审查起诉，评判案件，决定是否起诉及如何起诉。第二，客观公正地准备诉讼及支持公诉。因此在法庭上，如果发现情况变化，应当撤回起诉，或者改变控诉，而不应当讳疾忌医、将错就错。第三，客观公正地对待法院判决。这主要是指抗诉权的行使，无论是一审判决抗诉，还是再审抗诉，都应当坚持客观公正的原则，既要抗错误的无罪、罪轻判决，又要抗错误的重罪判决。①

目前的实践中存在检察官以抗诉权压制上诉权和裁判权的做法。认罪认罚案件中被告人一旦提出上诉，检察院往往就会提出抗诉。对此，持支持意见者可能认为，被告认罪就如同作出了承诺，因而不可反悔，自然也就不享有上诉权。但是，刑事被告的审前认罪并不简单地等同于

① 龙宗智：《论我国的公诉制度》，《人民检察》2010年第19期。

民商事活动中的承诺，换言之，认罪被告在一定的正当范围内应当是享有“反悔权”的；而且，被告虽认罪，但可能不一定认罚，就法庭量刑判决而言，被告也享有一定范围内的上诉权。

此外，有的地方把认罪认罚案件被告的上诉率纳入业绩考评也对检察官提出抗诉产生了一定的影响，产生以抗诉压上诉的情况。实际上，不同地区提起公诉的年度案件总数及案件类型存在差别，单纯以某地认罪认罚案件的上诉率作为指标衡量案件办理质量并不科学。因为有的地区可能某年度提起公诉案件总数不高，但其中黑社会组织犯罪案件（主犯被告往往提起上诉）占了较高比率，结果就是该地区年度上诉率较高。但在发达城市地区，案件基数较大，即使有少数认罪认罚的被告提起上诉，对于年度总体数据的统计影响也极小。

根据最高人民检察院提供的数据，2020 年全国检察机关审查起诉阶段对认罪认罚从宽制度的适用率超过 85%，检察机关量刑建议被法院采纳率约为 95%。2021 年全国检察机关审查起诉阶段对认罪认罚从宽制度的适用率超过 85%，量刑建议采纳率超过 97%。这意味着，绝大多数刑事案件定罪量刑的权力已经从法官手中转移到检察官手中，法官对认罪认罚案件的“法庭审理”整体上看基本是一个过场。孙长永老师就此指出，根据相关立法规定和司法实务，不难得出结论：认罪认罚从宽制度的实质是“中国版的检察官司法”。①

我国的认罪认罚从宽制度既不同于美国的答辩交易制度，也不同于欧洲大陆的认罪协商或者量刑协商制度，与日本的所谓“检察官司法”也有重大区别。例如，大陆法系刑事案件的协商性司法有三个显

① 孙长永：《中国检察官司法的特点与风险——基于认罪认罚从宽制度的观察与思考》，《法学评论》2022 年第 4 期。

著特点：一是除德国正式审判中的认罪协商以外，普遍有适用范围的限制，一般不适用于最严重的和一些特殊的犯罪案件；二是多数国家只允许控辩双方就量刑进行协商，不允许就指控数量和罪名进行协商。即使是量刑协商，受实体真实原则和责任原则的影响，被追诉人所能获得的量刑优惠也有明确的限制；三是除少数国家外，协商性司法的适用率相对较低。例如，意大利的依当事人请求而适用刑罚的程序最先确立于 1981 年，但直到 2012 年，法院适用该程序处理的刑事案件也只占当年审结的全部刑事案件的 22%。法国 2004 年就确立了事先认罪出庭程序，但这一程序在 2016 年的适用率也只有 15%。这是因为，协商性司法只是欧洲大陆国家化解刑事司法负担的多种方式之一，除协商性司法外，这些国家普遍通过不断扩充检察官的起诉裁量权和传统的刑罚令程序、简易程序的适用范围，以不起诉和附条件不起诉、速决程序等途径控制进入正式审判程序的案件总量，以实现效率与公正的动态平衡。①

中国的检察官司法是认罪认罚从宽制度实施以后才出现的现象。在此之前，中国刑事诉讼的整体构造特征是“侦查中心主义”，在以羁押讯问为核心的纠问式侦查与“案卷笔录裁判”为特征的形式化庭审之间，检察官基本上只是一个“二传手”的角色，民间所谓“公安做饭、检察端饭、法院吃饭”的说法，形象地展示了公检法机关流水作业的刑事诉讼模式，由此导致非法取证、超期羁押、隐瞒证据、错案频出等一系列严重问题，引起学界和实务界强烈关注。2014 年 10 月，《中共中央关于全面推进依法治国若干重大问题的决定》提出“推进以审判为中心的

① 孙长永：《中国检察官司法的特点与风险——基于认罪认罚从宽制度的观察与思考》，《法学评论》2022 年第 4 期。

诉讼制度改革”和“完善刑事诉讼中认罪认罚从宽制度”的改革任务后，学界和实务界开始围绕上述两项互相配套的改革任务积极探索完善制度的对策。但是，到目前为止，以审判为中心的诉讼制度改革完全采用了技术性微调的进路，除了“两高三部”于2017年6月出台的《关于办理刑事案件严格排除非法证据若干问题的规定》以及最高人民法院与司法部于2017年10月推出的刑事案件律师辩护全覆盖试点措施以外，实质性的进展乏善可陈。相比之下，认罪认罚从宽制度从授权试点到修改立法和全面实施，进展相当顺利。在最高人民检察院的强力推动下，认罪认罚从宽制度的适用率不断提升，近两年已经稳定在85%以上；同时，检察机关利用内设机构改革之机全面推行“捕诉一体”办案机制，从而使得检察机关在诉前可以监督、制约、引导侦查，在诉后可以监督、制约、压制审判，形成检察机关主导下的侦、捕、诉、判一体化的格局，因而检察官司法迅速成为中国刑事诉讼的突出特征。①

实践证明，在“侦查中心主义”的诉讼构造没有得到根本改变以前，片面追求诉讼效率，轻易挤压本来就不太严格的程序机制，轻信集羁押权、公诉权、裁判权（实质上）和诉讼监督权四大权力于一身的检察机关声称的控辩“合意”，必然导致错诉和误判的风险升高。② 至少从近期来看，中国检察官司法的现状将基本得到维持。深入推进以审判为中心的刑事诉讼制度改革，确保被告人获得公正审判的权利，系统完善认罪认罚从宽制度的运行规则和配套机制，从而有效化解认罪认罚从宽制度

① 孙长永：《中国检察官司法的特点与风险——基于认罪认罚从宽制度的观察与思考》，《法学评论》2022年第4期。

② 孙长永：《中国检察官司法的特点与风险——基于认罪认罚从宽制度的观察与思考》，《法学评论》2022年第4期。

所蕴藏的风险，将是中国刑事司法改革的长期课题。①

三、个案中检察权滥用的风险仍然存在

检察权的运用如果超出了办案人员合理裁量的范围，以一种表面“合法”、实际在本质上违反法律的方式行使，就构成了检察权的滥用。检察权的滥用既是对法条明确规定的内容的违反，也是对法律公平正义的精神的违反。

目前我国刑事诉讼实践中个案中检察权滥用的风险仍然存在。一方面，员额检察官权力扩大后带来新的廉政风险。例如，实施捕诉一体化之后，检察机关的内部监督弱化，在外部监督方面，公安机关很少提出复议，当事人对于不逮、不诉的救济权利较小，能够改变的力度不够。一旦出问题，社会各界质疑，会有风险。在办案人员减少、办案压力增大的情况下，员额检察官如何避免先入为主、思维定式、一竿子错到底，如何尽力做到客观公正办案，需要认真地思考和解决。另一方面，以往案例中出现的各种形式的检察权滥用的原因尚未从根本上得到消除。

（一）公诉权滥用的常见形式

以检察权中的公诉为例，公诉滥用的常见形式有：

---

① 孙长永：《中国检察官司法的特点与风险——基于认罪认罚从宽制度的观察与思考》，《法学评论》2022 年第 4 期。

1. 枉法不诉

检察机关对实施了犯罪行为的人提起公诉是很自然的事情，但是实践中却有过检察机关对实施了严重犯罪行为的人枉法不提起公诉的案例。人们不禁好奇：这种奇特的事情是怎么发生的呢？山西运城就曾发生过一起检察机关对故意伤害他人致死的案犯作出不起诉决定的事件。

2003年，姚某、黄某峰、张某强等人共同殴打吴某鹏导致其次日死亡，运城中院一审判处被告姚某死刑、黄某峰10年有期徒刑，而其余案犯均在逃。一年后张某强到运城市公安局盐湖分局投案，盐湖区检察院决定对张某强不予起诉。他们的理由是：现有证据不能证明张某强实施了犯罪行为，经过两次退回补充侦查后证据仍然不充足，达不到起诉的条件。

由于重要证据的变化，本来有罪的事实变成了现在的“无罪”。根据卷宗资料显示，张军强投案自首后，该案共犯的口供发生了蹊跷的“突变”：在张某强自首前，姚某（一审上诉后改判死缓）、黄建峰均供述张某强积极参与了对被害人吴某鹏的殴打；但是在张某强自首后，姚某和黄某峰的口供竟然“不约而同”地变为“张某强没有参与殴打吴世鹏，而且还对殴打吴某鹏进行了劝阻”。

有关检察院能够有罪不诉是因为对案件实施了违法的管辖。故意伤害致死案件可能判处无期或死刑，必须由中级人民法院进行一审，相应由与中级人民法院相同等级的检察院提起公诉或者作出不起诉的决定，中级院以下的基层检察院无权处理（包括作出不起诉的决定）。因此，运城市盐湖区检察院对本案无管辖权，更无权对应当由中院合并审理的共同犯罪案件擅自进行分案处理，盐湖区检察院的不起诉决定违反了

《刑事诉讼法》。

虽然没有起诉，但是曾经发生了的有罪的事实毕竟难以掩盖，在案中也就必然会暴露一些“疑点”与自相矛盾之处。张某强是否参与了对死者吴某鹏的殴打？如果真的没有参与共同伤害（殴打）致人死亡的行为，那他为什么要潜逃、而在一年之后才到公安机关自首？姚某和黄某峰是本案的共犯，也是张某强是否实施殴打行为的关键证人，他们的证言作了个 180 度的大转变，原因是什么？为什么恰好发生在张某强自首之后？前后不同的证词到底哪一个是真实的？在上述疑点未得到充分澄清的情况下，运城市盐湖区检察院就作出了不起诉的决定，显然让人难以信服。

基层检察院滥用权力、有罪不诉的纠正必须依靠当事人以及上级检察机关的监督。该案中，在被害人家属及其律师提出申诉后，经过认真复查，2014 年 4 月山西省运城市检察院作出了《刑事申诉复查决定书》，认定张某强构成犯罪，应当依法追究其刑事责任。①

2. 证据不足的起诉

由于是否达到提起公诉的证据标准具有一定的主观性，不同的人对于同一案件事实可能有不同的判断结论，这种差异性的存在在法理和司法实践中都允许有一定的存在空间。但是，对于是否达到起诉的证据标准的判断，对于接受大致相同的法律教育的一国之内的“法律职业共同体”（即检察官、法官、律师、法学学者）而言，不可能对同一事实得出大相径庭的结论。换句话说，不可能把不具备基本犯罪事实的“案件”

① 李鹏飞：《山西运城故意伤害致死，不起诉决定书 9 年后送达受害人家属》，中新网。

认为“已经构成犯罪”、应当追究刑事责任。如果真的如此，就不是检察人员自由裁量权的合理运用，而是滥行公诉。

我国的实务中存在将证据不足的案件提起公诉的滥用情形。在江西省一桩申诉了223次的投毒冤案中，全国人大代表连续多次提出建议后，最高人民法院调取了该案的案卷进行审查后，指令江西省高院再审。一位曾长期担任江西省吉安地区检察院公诉处处长对记者说：“要是我还没有退休，这个案子在我的手里肯定起诉不了。”“如果用法律人专业的眼光来审视这个案子，可以看出存在非常明显的问题，可谓漏洞百出。”①

需要重视的是，由于实践中警检关系的密切性，地方检察机关往往将地方公安机关移送审查起诉的证据不充足的案件也提起公诉，下述双流县的案件即为典型一例。四川省双流县一起民事纠纷被作为刑事案件处理，当事人被县检察院以职务犯罪的罪名起诉到法院，经过70多次喊冤，县检察院最终以证据不足为由决定不起诉当事人。2002年初销售员罗某臻准备从化工厂辞职，却因货款结算、工资等和厂方发生纠纷。2004年底双流县公安局以罗某臻涉嫌职务侵占犯罪将案件移送双流县检察院审查起诉。在经过两次补充侦查后，2005年8月双流县检察院对罗某臻正式提起公诉，指控他涉嫌职务侵占犯罪，并在双流县法院进行了刑事审判。庭审一波三折，由于控辩双方对案件存在很大争论，罗某臻的辩护人和检察机关均在庭审中提出延期审理。2006年2月双流县检察院以事实、证据有变化为由，向法院申请撤诉。2007年2月双流县检察院对他决定不起诉。双流县检察院在“不起诉决定书”中

① 刘长、周楠：《控方改口，法院照判；一桩毒杀案，223次申诉》，《南方周末》2013年12月20日。

说，经过审查并退回补充侦查后，检察院“仍然认为双流县公安局认定本案的证据不足，不符合起诉的条件”。罗某臻说，他蒙冤四年多以来，四处鸣冤，为此付出了大量的精力和钱财，身体每况愈下，他决定提起国家赔偿。[①]

3. 报复性起诉

与“有罪不诉”相对应，“无罪而诉”又是公诉程序滥用的另一种极端形式。报复性起诉就是指检察官仅仅因为报复特定的公民，而将其提起公诉并进入法庭审理乃至最后定罪，而事实证明这些被起诉的人往往是无辜的。

公民本无罪，公诉机关为何还要起诉他？其中必有蹊跷。从国内案例来看，通过对无辜的公民提起公诉，然后逼迫其让步（主要是在涉及第三方的经济利益上），是一种较为常见的动机。

浙江省临安市吴某雷案[②]就是一例。由于路权之争，浙江温州企业家吴某雷因为与浙江省临安市政府在一起公路投资上产生的纠纷，在九年之内先后因同一罪名两次被抓捕。2000 年 3 月，吴某雷曾因涉嫌“虚假出资”被逮捕，在关押 375 天后无罪释放。当时，浙江省临安市相关部门要求吴某雷的公司退出省道项目，在吴某雷拒绝后，随即被临安市公安局刑拘，一个月之后被临安市检察院批准逮捕。数月之后，杭州市检察院作出决定，认为吴某雷等人不构成犯罪。临安市检察院不服并提出复议，浙江省人民检察院再次认定，吴某雷等人并不构成虚假出资等罪名。

① 《70 次喊冤，他终于洗脱嫌疑》，《成都商报》2007 年 3 月 19 日第 14 版。

② 沈雁冰：《抓一个人等于赚近 7 个亿》，《法律与生活》2009 年 11 月（上）。

此后几年间，临安市相关部门多次要求吴某雷的蓝光公司放弃省道的路权，被吴某雷坚决拒绝。在双方僵持不下的情况下，2007 年起吴某雷开始实名举报临安市相关部门有关领导在公路设计和建设过程中涉嫌贪腐，自己受到打击陷害。由于吴某雷一直坚持举报临安市相关部门的有关领导，在案件已经结束多年后的 2009 年，吴某雷被以同样的“虚假出资”的罪名再次逮捕。吴某雷的家人无法接受，认为这是临安有关方面“欲加之罪，何患无辞”，一者让无辜的受害者吴某雷不再或者无法继续举报，因为他的举报对一些地方领导的政治前途带来极大的威胁，二者逼迫吴某雷退出路权的争夺，将自己合法拥有的路权拱手相让。

无罪起诉的极端案例显示出，有时候在地方政府的强势介入下，地方检察机关难以恪守“公正”职责，无辜公民的弱势地位可能会进一步加剧。吴某雷案就是其中一例。

在实务中的报复性起诉根据起诉对象的不同，可分为对权利人（公民）的报复性起诉、对记者的报复性起诉、对证人的报复性起诉以及对律师的报复性起诉等。

4. 选择性起诉

检察官在决定对哪一名（些）被告提起公诉的问题上具有一定的裁量权，在两大法系均是如此，只不过英美法系的检察官总体上具有更大的起诉酌定权。但是，检察官的起诉酌定权显然应当有一个合理、公平的范围，检察官最终决定起诉这名被告而不起诉其他的同案共犯，必须有正当的理由，否则就构成了选择性起诉的滥用。选择性起诉可以分为“替罪羊”型选择性起诉、避开麻烦型起诉以及歧视性起诉三类。

“替罪羊”型的选择性起诉的典型案例如2011年贵阳市“3.28”违法建筑坍塌事故白云区城管科长和临时聘用人员的国土执法监察大队长被起诉。避开麻烦型的选择性起诉如王书金案。

显然，避开麻烦而不起诉（包括追究起诉），实质上维护的是极少数司法工作人员的非法私利，对这些人而言不去“触碰地雷”，固然“省事”；然而，这种公诉程序的滥用必然以牺牲无辜公民的追寻真相的正当权利为沉重代价，与刑事司法的使命——实现正义——的要求背道而驰。

歧视性起诉最常见的案例是交通肇事。根据我国《刑法》的规定，交通肇事属于过失犯罪，实务中通常判处三年以下的有期徒刑。肇事车辆一般都购买了交通强制保险，在造成交通肇事后，保险公司一般会对被害方进行赔偿，犯罪嫌疑人即肇事人员的认罪态度一般都比较好，对于此类案件实践中大部分会作出不起诉决定。但是在实际操作中，对于有正式工作尤其是在党政机关、事业单位上班或者学历较高的交通肇事人员，检察机关一般会作出不起诉的决定；而对于农民等没有正式工作的交通肇事人员，检察机关倾向于提起公诉。

原因在于，我国有关法规规定，受过刑事处罚的人员不具备在党政机关、事业单位工作的资格，上述在党政机关、事业单位上班的肇事人员如果被起诉到法院被定罪判刑，必将失去现有工作。没有正式工作的交通肇事人员则不会担心面临此种境遇，检察机关工作人员认为将此类人员起诉到法院后，再建议合议庭对被告人判处缓刑或者免予刑事处罚即可。

虽然两种处理结果从表面上看起来好像没有多大的差别，但是对于进入庭审程序、并被判刑的农民被告来讲，这种起诉确实仅仅因为身份的差别所致，不具有正当性，是一种歧视性的起诉，侵害了部分交通肇事人员的公平的权益。

（二）造成公诉权滥用的原因

1.检察官角色之偏差问题

从检察官的角色来看，一方面检察官为履行其打击犯罪的职责需要成为热情的控诉方当事人；另一方面检察官又因其法律监督功能需要充当冷静、无偏的准法官。换言之，检察官在三角型的诉讼结构上需同时担任一个底点（当事人）和一个顶点（裁决者）的角色，这种角色上内在的矛盾性使得检察官的客观义务难以有效实现。

我国刑事诉讼法规定了三机关分工负责、相互配合、相互制约的诉讼架构，但是在实践中检察机关对于公安侦查机关的配合多于制约甚至“制约”在一定程度上仅仅具有形式上的意义。对于实践中“强势”的公安机关，有些检察机关工作人员或称“不便监督”，或是不敢监督，使得在事实不清、证据不足的案件“顺利”通过公诉审查、进入审判阶段。一些检察人员在潜意识里认为，侦、诉、审由公、检、法三机关各管一段，犯罪嫌疑人、被告人有没有罪最终是要由法院来认定的。不仅如此，有些检察人员对于提起公诉的证据不很充足的案件，还寄希望于“司法同仁”的法官多加“配合”，以便将被告“成功”地定罪。如此一来，我国检察官的角色就只是一个“传递者”，检察人员只是定罪“流水线”上的“操作工人”。

但是，检察官“传递者”的角色定位会造成警检关系以及检法关系的“混乱”。就警检关系而言，检察机关如果不能对侦查（终结）的案件严格把关，必然弱化检察权对侦查的监督作用，可能导致案件从侦查程序开始一错到底。就诉、审关系而言，虽然法院是对被告定罪、量刑的权威裁判机构，但是并不意味着检察机关就只是一个单纯的卷宗材料“传递者”；相反，检察权的适当行使能够过滤掉大量不需要进入审判程序的刑事案件，尤其可使一些错案“止步于公诉”。

根据宪法和法律规定，检察机关是国家的法律监督机关，担负着监督法律统一严格实施的责任，而且强调要加强刑事审判监督。但是，在公诉实践中，检察机关又将自己单纯地定位于公诉机关，往往只是从是否有利于对被告人定罪来考虑自身职责。因此，一定程度上影响了客观公正性的实现。①

检察官的角色偏差在司法实践中主要体现为：

第一，检察人员在审查逮捕阶段讯问犯罪嫌疑人未尽全面收集证据材料的义务。审查逮捕阶段的讯问不同于侦查中的讯问，检察人员通过讯问犯罪嫌疑人可以进一步核实证据，特别是通过听取犯罪嫌疑人无罪、罪轻的辩解，发现侦查阶段所获取到的证据之间的矛盾，进一步查清事实，避免错捕。但是在实务中，侦查监督部门的检察人员由于人少案多、办案时间短、物质保障不足等原因，② 办案人员往往并不会见犯罪嫌疑人，而只根据书面材料决定是否批捕。不过，侦查机关提请批准逮捕的案件材料主要是证明犯罪嫌疑人有罪或罪重的证据，而犯罪嫌疑

① 龙宗智：《论我国的公诉制度》，《人民检察》2010 年第 19 期。

② 如笔者在调研中了解到，2011 年西南某省会城市职务犯罪案件的犯罪嫌疑人都关押在一个名叫“烂泥沟”的较为偏僻的地方，由于区院交通工具不足，区院的检察人员前去提讯一次就需提讯很多犯罪嫌疑，其做法是把本区检察院需要提讯的犯罪嫌疑人一次性全部叫出来，简单讯问两句之后就让他们签字。

人在侦查讯问过程中提出的辩解或供述有的甚至不完整地装入侦查卷宗，检察人员如果只是对侦查卷宗进行书面审查之后决定是否批捕，就可能出现错误的批捕。①

第二，检察人员在审查起诉阶段不是站在法律监督者的客观公正立场，而是单纯站在控方立场，仅从控诉的角度评价案件。② 审查起诉制度在理论上要求检察人员对不利于和有利于嫌疑人的证据一并注意，但是我国的一些检察官却仅从积极追诉的立场看待案件。例如，在浙江张氏叔侄案件中，在检察院审查起诉期间，张高平的辩护律师前在检察院看到了被害人指甲缝里的物质的 DNA 鉴定结果与张氏叔侄的 DNA 不符的结论。但是在案件在正式向法院提起公诉后，律师到法院去复印卷宗材料时，却发现提起公诉的检察机关只向法院移送了两份被告有罪供述的笔录，而那份对张氏叔侄极为有利的 DNA 鉴定报告却没有踪影。开庭审理时，辩护律师强烈要求公诉人出示那份 DNA 鉴定报告，甚至当庭说出了鉴定文号，在此情况下，公诉人最后才被迫出示该 DNA 鉴定报告。③

第三，地方检察机关面对自己办理的案件缺乏主动纠错的动力。人们还记得，在张氏叔侄冤案中，新疆石河子快要退休的张飚检察官在看到张氏叔侄拒不“认罪”、不断申诉的情况下，调来二人的卷宗进行查看，即发现该案存在重大疑点，很可能确系冤案，就向该案审结地的浙江省检察院发去关于该案存在疑点的函。但是，没有回音，张飚检察官

① 金海珠:《审查逮捕阶段讯问犯罪嫌疑人的问题探究》,《法制博览》2013 年第 10 期。

② 龙宗智:《中国语境中的检察官客观义务》,《法学研究》2009 年第 4 期。

③ 《浙江张氏叔侄冤案：没有止于检察院》，凤凰网，http://news.ifeng.com/mainland/special/zhangshiyuanan/ content-3/detail_2013_04/03/23816071_0.shtml。

又连续发去几封函件，仍是泥牛入海。不得已之下，张飚检察官向最高人民检察院寄去了该案的情况反映。最终，在最高检的介入下，才启动了张氏叔侄案的纠正程序。人们也记得，吉林省发生的金哲红案，其家人申诉长达 18 年。2014 年，在最高检要求重审金哲红案的意见下，吉林省检察院提起了新中国成立以来全国第一起无罪抗诉案。

2. 基层司法地方化问题

在我国检察机关的人事、财政等受制于地方政府的现实状况下，检察人员缺乏必要的身份保障，检察机关缺乏必要的独立性，也容易导致公诉程序的滥用。贵州省黔南州龙里县公安局监管大队行政拘留所长毛大军任职期间，被有关领导打击报复、制造了徇私枉法的冤案材料，历经一审、二审、发回重审、再次上诉，被羁押 291 天后无罪释放。在“案”发之前，就有人在公共场合当面指着他的鼻子说，“毛大军，你过不了这个春节，我要让你到监狱里去过年！”案值 3000 元的“徇私枉法”案在龙里县人民政府会议室首次开庭，由县检察院检察长亲自作为公诉人、县法院院长亲自作为审判长、全县股级以上干部全部到庭旁听，县电视台长达一周滚动报道。①

除此之外，重庆彭水“诽谤县委书记”的诗案、山西运城的稷山文案、宁夏公安局对发帖举报者王某的跨省追捕，无不反映出“基层司法地方化”的存在，显示出刑事司法权力的行使有时被地方的实权人物干预甚至操纵、缺乏有效制约，有时甚至沦为个别领导对他人打击报复的工具。司法地方化造成了基层司法权运行的垄断性、封闭性，其危害还

① 《从“徇私枉法”到无罪释放：拘留所长被拘 291 天》，《贵州都市报》2007 年 9 月 18 日第 16 版。

在于，在缺乏当地以外的因素对地方司法权进行有效制约的情况下，容易导致司法主体滥用权力，并且难以得到纠正，受害公民的权利也难以得到有效救济。

在223次申诉的江西李锦莲“投毒”冤案中，2003年6月最高检将该申诉案转交江西省检察院办理，江西省检察院前后复查一年多之后决定不予抗诉。2005年鉴于全国人大代表连续提出建议，最高人民法院调取了该案卷宗，审查之后指令江西省高院立案再审。但是，2011年江西省高院的再审判决依然维持原判。江西高院的法官对李锦莲说：“在这里要改真的很难，要到最高法院去。”①

由于认识的局限，或者由于行政长官意志，又或者由于利益和其他因素的影响，一些检察院对部分案件在缺乏法律和事实依据的情况下强行起诉，即对案件承办机构和承办人都明确表示不构成犯罪，或证据不足以认定构成犯罪的案件仍然提起公诉，同时，该诉不诉的情况也时常发生。有的检察人员由于缺乏司法公正的信念，在大量案件的处理过程中，公诉活动越来越被流程化了，越来越成为例行公事。② 这些都与客观公正义务的要求背道而驰。

需要注意的是，在今后较长的一段时期内，我国司法行政化的特点将难以去除，其原因有以下几个方面：

第一，我国的基本体制具有较强的行政性要素。在我国的政治体制中，执政党统揽全局，协调各方。执政党的领导是国家权力运作最根本的原则。这种集中与统揽，形成一种整体协调、上下联动的全面

① 刘长、周楠：《控方改口，法院照判；一桩毒杀案，223次申诉》，《南方周末》2013年12月20日第1版。

② 龙宗智：《论我国的公诉制度》，《人民检察》2010年第19期。

体制与以上命下从为特征的行政逻辑。由此可见，司法行政化的根本原因在于基本体制的行政性要素进入司法。这种进入，在一定程度内是必然而无法抗拒的，这是一个基本的约束条件。因此，无论检察制度的改革还是公诉权运行机制的改革，都受到这一体制性条件的约束，司法依法独立无论是外部独立还是内部独立都十分有限。在改革中，无论是司法行政化的消除还是司法地方化的抑制都较难推进。按照司法规律去除行政化，在这种大行政体制中，对司法可能还会出现不利的影响。①

第二，我国检察官个体的责任能力较弱，去行政化可能会受到一定阻碍。由于我国司法资源配置的有限性，常使司法机关必须以行政的方式聚合整体力量，以抗衡行政干预、社会不守法等外部挑战。因此，检察机关以检察一体化来增强办案能力，抵御地方的不当干预，有其合理性。在这种情形下，去行政化可能会受到一定阻碍。②

第三，在我国的政法传统下，公检法三机关的关系构造未变，真正实现司法责任制还较为困难。如我国的刑事诉讼构造中，虽然公、检、法三机关分工负责，但相互制约时又讲“互相配合”，司法独立与中立容易受到冲击。这对实现真正的司法负责制，对通过司法负责制实现司法的独立、中立和有效的司法审查会带来不利影响。且有党政领导与协调，角色交叉与角色混同很难避免，司法与行政势必相互渗透，彼此间关系也容易纠缠不清。③ 此外，社会矛盾突出，维护社会和谐稳定任务

---

① 龙宗智：《如何看待和应对司法改革中遇到的矛盾和问题》，《人民检察》2016 年第 14 期。

② 龙宗智：《加强司法责任制：新一轮司法改革及检察改革的重心》，《人民检察》2014 年第 12 期。

③ 龙宗智：《加强司法责任制：新一轮司法改革及检察改革的重心》，《人民检察》2014 年第 12 期。

很重，集中化方式、超常规方式常常难以避免，司法改革的社会环境条件不是很有利。[①] 加之认识不统一，学者们常说的“法律共同体”远未形成，有效推动司法改革难免存在一定阻力。

第四，我国检察机关实行的双重领导体制并未彻底改变，检察机关仍然难以充分独立。长期以来，我国检察机关实行地方领导与上级检察机关领导并行的双重领导体制，但因检察院的人员任免、经费保障主要由地方负责，因此实际形成地方领导为主的体制，检察机关上下级之间实际的领导关系薄弱，[②]“检察一体制”难以有效贯彻，造成检察机关地位附属化和检察权地方化，依法独立行使检察权难以从体制上得到保障。为此，必须改革体制，加强纵向关系，减弱地方影响，在干部管理体制和财政供应体制实行以系统为主、地方为辅。[③] 近年最高检推进省级以下检察院人财物统管的改革，政法专项编制收归省级统一管理，全国共有 16 个省份实现了省级财物统一管理，换言之，还有一半的省份仍由地方负责经费保障。显然，人财物省级统管虽然可能有利于排除一定程度的地方影响，但也要付出相当的代价。[④]

1. 检察机关的内部考核制度对执法偏向的影响

检察人员兼具司法和行政的双重属性，我国检察机关推行的业绩考

---

① 龙宗智：《加强司法责任制：新一轮司法改革及检察改革的重心》，《人民检察》2014 年第 12 期。

② 龙宗智：《如何看待和应对司法改革中遇到的矛盾和问题》，《人民检察》2016 年第 14 期。

③ 龙宗智：《论依法独立行使检察权》，《中国刑事法杂志》2002 年第 1 期。

④ 例如，在四川省范围内的检察机关，成都市检察机关不愿意实现省级财物统管，因为这样一来，全省统一标准的话，成都市检察机关工作人员的收入就会下降很多；相比之下，甘孜、阿坝、凉山自治州检察机关则积极响应省级财物统管，因为这样意味着收入标准的上浮。

核制度就是对检察人员进行管理的重要一环，但是由于我国业绩制度在某些方面的不足反而导致检察人员为了通过考评而在一定程度上丧失了必要的独立性，进而发生公诉滥用的后果。

在最高检政治部的积极推动下，近年来我国各地基层检察机关的规范化管理建设取得了很大发展，制定了涵盖全部检察工作的规范化管理标准。检察官考评机制建设的成效在于充分运用现代信息技术手段，严格办案标准和程序，切实规范执法行为。但是，我国的检察官绩效考评机制也存在一定程度的负面效应。首先，数字化的管理存在局限性。唯数字论不符合司法的实际状况，不能体现司法工作的法律效果和社会效果。案件的处理过程不能简单地类同于普通商品的流水线生产。其次，考评机制是对检察官进行行政式的管理，重结果轻过程，违背了司法运行的一般规律。最后，考评机制可能催生“数字大跃进”，伴随而来的是重打击、轻保护、重入罪、轻出罪，有刻板化的倾向，不能如实反映和良性引导检察工作实践，检察机关“当事人化”的倾向更为明显，而检察官的客观公正义务难以兑现，最终导致刑事诉讼法保障人权的价值难以实现。

特别是在现行检察官内部的业绩考核制度中，起诉、抗诉等办案数字的增加属于工作业绩的上升，而凡是这些数字的减少则属于业绩的下降，实务中对撤案、撤诉、不起诉或降低指控等限制过严。在这种指挥棒之下，各检察机关批捕之后一定会想方设法起诉到法院。这种违背司法运行规律的“紧箍咒”可能妨碍检察官履行客观公正的法律监督者的义务。①

地方检察机关在每年年终都要参加检察系统的内部考核和政府机关要求的绩效考核，绩效考核的分数直接决定本单位一年来的工作成效以

① 龙宗智:《中国法语境中的检察官客观义务》,《法学研究》2009 年第 4 期。

及年终的奖金数额。根据目前的规定，如果检察官起诉的案件如果被法院判决无罪，那么就是“错案”。出现“错案”会对案件承办人和办案单位的实际利益带来巨大的负面影响。首先，办案单位在年底的绩效考评中会被大幅度地扣分，[①] 案件承办人取消年底考评，很可能受到纪律处分，严重者会失去工作岗位，甚至还要被追究渎职的刑事责任，办案单位的分管领导则要为此承担连带责任。

为了获得一个较好的考核分数，有些检察人员对于依据法律应当绝对不起诉的案件作出存疑不起诉或者相对不起诉的决定；有的公诉机关对不应撤回起诉的案件却做出了撤回起诉的决定，以规避业绩考核中被扣分。当然，检察机关还要竭尽所能全力避免“最可怕的”无罪判决的出现。检察人员的上述行为就构成了公诉程序的滥用。需要注意的是，上级检察机关对有关考评指标控制过严的情况在2012年《刑事诉讼法》实施后并没有发生太大变化。

2016年5月笔者在S省M市四家检察院调研新刑诉法的实施情况时，某基层检察院的侦监科长反映，当案件中的证据发生变化时，县检察院撤个案，市检、省检都要来过问，说我们把全年的指标都占了。他说，业绩量化之后，上面（即上级检察机关）只重视数据；案件上到了检委会，嫌疑人明明无罪，检察机关也不敢撤案。[②]

2. 检察机关的外部制约不足问题

检察机关是我国的法律监督机构，不过，“谁来监督监督者”一直

① 贺东艳：《论公诉程序的滥用及规制》，贵州大学2016年硕士学位论文，第12页。

② 在调研中，一位有三十年工作经验的老公诉科长说，如果出了一个无罪判决案件，市院、省院会让你不断地写报告。

是一个没有很好地得到解决的问题。根据《刑事诉讼法》的规定，对于公安机关移送起诉审查的案件，检察机关作出不起诉决定的，公安机关只能向检察机关要求复议，对于检察机关复议维持不起诉决定的，公安机关可以向上级检察院提起复核。显然，申请复议以及提请复核的程序具有行政性的特征，是一种决定与被决定的“双方组合”，公安机关能够施加的制约极其有限。实务中来自检察机关以外的监督很少，公诉权的监督主要通过检察机关内部的层级结构进行（如科、处长、检察长、检委会）。显而易见，仅从检察机关内部对公诉权进行制约，具有很大的局限。

刑事权力制约的方式包括以权力制约权力和以权利制约权力。如果受到来自于体制外的甚至相反立场的机构的权力或者当事人权利的制约，追诉方较难轻易地滥用刑事程序。从我国的很多案例来看，外部制约的不足，正是造成公诉滥用的重要原因。具体而言，我国的公诉程序的运行在以下三个方面缺乏必要的制约。

（1）法院审查制约缺失

从我国1996年《刑事诉讼法》颁行开始，检察机关向人民法院移送案件提起公诉时，人民法院仅进行程序性的审查，但是，如此改革产生的另一后果却是起诉的易于发动，即法院对于检察院提起公诉的案件基本“照单全收”。因此，我国对公诉权的制约集中在不起诉的制约，对提起公诉的制约几乎缺失，刑事案件在证据不足的情况下，可以轻易地起诉，并进而启动审判程序。[①] 法院对于检察机关提起公诉的案件仅作形式审查，公诉审查程序起不到对案件信息的严格核实和过滤作用，

① 谢小剑:《公诉权制约制度研究》，法律出版社2009年版，第277页。

很少因为控方证据不充分而拒绝进入庭审程序。

在公诉机关变更公诉和撤诉都同样缺乏法院的审查和制约。《人民检察院刑事诉讼规则》第 461 条规定，“变更、追加、补充或者撤回起诉应当报经检察长或者检察委员会决定，并以书面方式在人民法院宣告判决前向人民法院提出。”换言之，《人民检察院刑事诉讼规则》规定公诉机关可以自行决定撤诉在内的公诉变更行为，而不需要其他机构的审查和批准，实质上是一种自我授权。最高人民法院《关于执行刑事诉讼法的司法解释》第 242 条规定，“宣告判决前，人民检察院要求撤回起诉的，人民法院应当审查撤回起诉的理由，作出是否准许的裁定。”实务中的状况是法院对于检察院提出撤诉的请求“逢撤必准”。

相比之下，在法治发达国家的公诉程序中法院审查起着重要的把关作用。正如学者林钰雄所言，在整个欧陆法系的检察官制中，理论上最为圆融、实务上也最具成效的监督机制，既非上级监督，也非国会立法，而是法院审查。[①]在德国，如果检察官滥行起诉时，法官可在中间程序予以驳回。实务中德国检察官移送起诉的案件有大约 20%被法院驳回。如果检察官滥用权力不起诉，法官可在被害人的请求下裁定命令发动强制起诉程序。

（2）当事人的制约缺失

首先，犯罪嫌疑人、被告人难以对控方产生足够的制约。例如，在浙江张氏叔侄案件中，在审查起诉阶段张氏叔侄一见到检察官就声称自己被刑讯、屈打成招，恳请检察官查清事实，但是检察官并未如他们所希望的那样站在公正的立场进行审查。辩护律师也向检察官提

① 林钰雄：《检察官论》，法律出版社 2009 年版，第 116—117 页。

出质疑：犯罪嫌疑人在借手机给被害人与家人通话之后实施犯罪岂不是自留罪证？并且，张辉、张高平在关于犯罪行为实施过程的供述上存在本质性的差异。辩护律师指出，如果当初检察院能够认真履行审查职责，重视身为“案犯”的张氏叔侄的申辩意见，通过严格复核证据来澄清存在的疑点，该错案在早期阶段就会已经得到纠正。“但是因为检察院的失察，疏于监督，把关不严，将疑点重重的冤案提起公诉，最终酿成了错案。”①

其次，被害方对检察机关的制约极为孱弱。根据我国《刑事诉讼法》的有关规定，检察院决定不起诉的，应当将不起诉决定书送达被害人；被害人不服的，可以向上一级人民检察院申诉，请求提起公诉。②但是，如果检察院决定不起诉却不将不起诉决定告知被害人及其近亲属的，被害人及其近亲属就可能无法得知检察院作出的不起诉决定，也就无法及时提出异议进行有效制约。

在山西运城就发生了一起被害人家属九年后才拿到不起诉决定书的案件。2004 年 11 月山西省运城市盐湖区检察院对张某强故意杀人案作出不起诉决定，这份决定书上写道：“被害方如不服本决定，可以自收到本决定书后七日内向本院提出申诉。”但是，直到九年之后的 2013 年 11 月，已死亡的被害人吴某的父母才拿到这份不起诉决定书（重新加盖了公章）；而如果不是律师吕某翻看全案卷宗，这份不起诉决定书很可能还不会送达被害人，而被不起诉人张某强却在 9 年前就已经收到了不起诉决定书。在张某强逃脱罪责 9 年后，被害人家属才获得对不起诉

① 《浙江张氏叔侄冤案：没有止于检察院》，凤凰网，http://news.ifeng.com/mainland/special/zhangshiyuanan/ content-3 /detail_2013_04/03/23816071_0.shtml。

② 《刑事诉讼法》第 176 条。

的申诉权。2014 年 9 月运城市中级人民法院作出判决，认定张某强构成故意伤害罪，判处免予刑事处罚，赔偿被害人家属 2000 元。失去独子的被害人吴某的父母无法接受，向运城市检察院提请抗诉，但是被运城市检察院拒绝。[①]

(3) 公众制约不足

我国公众对公诉程序的监督主要是人民监督员制度。根据有关规定，我国的人民监督员制度适用于三类案件：人民检察院办理的职务犯罪案件中被逮捕的犯罪嫌疑人不服逮捕的案件、拟撤销的案件以及拟不起诉的案件。从我国人民监督员制度实施十多年的情况来看，可能主要存在以下三个方面的不足：

第一，人民监督的启动具有被动性。让哪些案件接受人民监督，完全由检察机关自行决定。换句话说，如果检察院对于依照最高检规定应当接受人民监督的案件而不邀请人民监督员进行监督，那么人民监督员根本不知情。这就很可能导致检察机关提交人民监督的案件具有选择性，有问题的案件就有可能被“漏掉”而不接受人民监督。

第二，人民监督员制度适用的案件范围过于狭窄。根据最高检的上述规定，非职务犯罪案件以及提起公诉的案件并不接受人民监督，而此类案件的数量比最高检规定的“三类案件”的数量大得多，而且相比之下更需要监督。

第三，人民监督在一定程度上流于形式。我们的人民监督员多为退休人员，在他们受邀出席人民监督员会议之前，并不查阅卷宗材料，甚至也不查阅法律书籍，对案件的事实和法律问题缺乏充分了解。在人民

① 李鹏飞：《山西运城故意伤害致死，不起诉决定书 9 年后送达受害人家属》，中新网，2015 年 5 月 7 日。

监督员会议上，先由案件承办人汇报案件情况后，然后依次是分管领导以及检察长发表意见，人民监督员在听取了会上各方的意见后，再发表意见。很显然，人民监督员在会上很容易受到之前的发言人的意见的影响，发表与之附和的意见，而难以提出有力的不同观点。

我国的公众舆论对公诉程序的制约和监督还较为缺乏。我国近年来只有过召开“研讨会”的形式呼吁法院方面重审判决已经生效的案件的先例。如 2011 年学者律师们召开的“聂树斌案”研讨会。

3. 检察内部制约弱化问题

随着我国员额检察官制度和内设机构改革的推行，员额检察官的权力、责任、办案量皆增大，原有的“三级审批”机制下的内部制约容易被弱化。

首先，随着大部制改革的推行，原有的各科、处、室被压缩、合并，员额检察官通过案管办的分案系统领受办案，不存在以往的科、处长审核制度。检察机关的工作人员也认为，员额检察官的待遇高于未入额的其他检察官，他就理所当然地应当承担比以前更重的责任。

其次，随着基层员额检察官办理案件数量的增加，员额检察官遇到疑难复杂或者自己拿不准的案件时，缺乏足够的时间按照流程申请进入检委会讨论。笔者在实证调研中了解到，即使案件进入了检委会讨论，也因作为案件承办人的员额检察官没有时间预先为检委会成员准备好《案件审查报告》，使得检委会成员难以对要讨论的案件进行比较深入的了解，因而难以提出更有价值的意见，只能在大多数情况下附议“同意承办人意见”。即便如此，由于未纳入检察绩效考评范畴，一些基层检察院的检察会近年来召开次数已是很少，并且召开检委会的纸质材料也极为粗疏，甚至就是缺乏。

最后，目前法律对员额检察官与检察长之间的权力尚未作出明确划分，在检察官责任制与检察长负责制之间寻求平衡存在困难。目前我国各省级检察院梳理办案权力，制定权力清单，将部分权力授予检察官行使，使司法责任制改革取得一定进展。但是各省级检察机关权力配置差别较大，而在一省内的三级院差别性清单并未普遍形成。同时存在权力清单效力不足，未能充分监督落实等问题。① 如果检察官的权力来源仅采"授权说"，对确认和保障检察官的主体地位不利，而且领导者的顾虑、领导层的构造、检察权的削弱，以及统一业务应用系统与差异性权力清单的矛盾等主客观因素亦影响权力清单的制定与实施。② 因此，对检察机关的权力配置、权力基础、检察长与检察官的权力边界等问题还有待作进一步的研究，以便为将来《人民检察院组织法》的修订提供足够依据。

最高人民检察院理论研究所邓思清研究员指出，在实行捕诉一体办案机制后，在检察官办案职权扩大的情况下，如何加强对检察官办案的内部监督，有效防止检察官滥用权力，保证案件质量，需要进一步寻找解决方案。从目前实践来看，大部分地方检察机关没有专门制定针对捕诉一体机制下检察官办案的监督制约制度，即使有的地方检察机关制定了相应的内部监督制约制度，执行效果也并不理想，难以实现对捕诉一体机制下检察官办案活动进行有效的监督。③

目前司法实践中在检察机关内部对员额检察官办理案件起到一定制

① 龙宗智、符尔加：《检察机关权力清单及其实施问题研究》，《中国刑事法杂志》2018 年第 4 期。

② 龙宗智、符尔加：《检察机关权力清单及其实施问题研究》，《中国刑事法杂志》2018 年第 4 期。

③ 邓思清：《捕诉一体的实践与发展》，《环球法律评论》2019 年第 5 期。

约作用的常设机制主要是检察官联席会议制度与检察机关的案件管理部门的监督制度。对于疑难案件或者检察官在办案中遇到困难的案件，检察官可以交由部门负责人召开检察官联席会议，讨论案件并提出处理意见，供办案检察官参考。检察机关的案件管理部门则可对检察官办理的案件进行实时监督，发现问题及时向检察官提出。同时，案件管理部门定期组织人员对检察官所办理的案件进行评查，发现问题及时向检察官反馈，以防止类似情况的发生。①

在落实办案质量终身负责制的新形势下，检察官联席会议制度对于提升员额检察官的办案能力能够起到重要的参谋作用。不过，调研表明，有些基层检察院召开的检察官联席会议在形式和内容等方面仍较为随意，我国的检察官联席会议制度在讨论的案件范围、提起程序、议案流程、效力以及记录归档等方面有待进一步的明确规范。通过检察院内部的案件评查制度，对员额检察官所办理的案件依据不同情形分别作出“合格”“瑕疵”“不合格”等评价意见，在客观上也确实能起到实现内部制约、提高办案质量的良好效果。不过，这种评查仅限于在检察机关内部展开，因此在实效性方面不可避免地存在一定缺陷。

四、能动检察与检察谦抑的平衡

检察职能的行使本身具有一定的主动性、扩张性，在参与转型期的社会治理中，更需要发挥检察职能的能动性；但是，另一方面检察职能的行使又需要服从检察谦抑原则。

① 邓思清：《捕诉一体的实践与发展》，《环球法律评论》2019 年第 5 期。

（一）能动检察是国家新发展阶段的需求

我国的社会主义法律体系初步建成后，突出的矛盾是法律实施问题。检察机关作为法律监督者和法制守护人，如何发挥自身职能作用有效地维护法制，仍然是有待进一步解决的问题。[①]检察改革的重要内容是加强法律监督，因此需要调整监督范围、强化监督手段、健全监督机制，提高监督效力，这一过程，也是检察权强化、检察职能进一步发挥的过程，拓展性不言而喻。[②]

2021年6月，中共中央发布了《关于加强新时代检察机关法律监督工作的意见》，其中指出，进入新发展阶段之后，人民群众在民主、法治、公平、正义、安全、环境等方面有新的需求，法律执行和实施仍是亟需补齐的短板，检察机关法律监督职能作用发挥还不够充分，要求检察机关以高度的政治自觉依法履行刑事、民事、行政和公益诉讼等检察职能，为推进国家治理体系和治理能力现代化作出新贡献。

最高人民检察院主要负责人在2022年3月召开的全国人民代表大会上所作的工作报告中提出：依法能动履行“四大检察”职责，在统筹发展和安全中依法能动履职，在融入国家治理中依法能动履职，在依法能动履职中推动人民检察院工作高质量发展。

在发展成为高度发达的国家之前，我国将在较长的时期内处于社会转型期，受制于转型期内各种现实条件的限制，行政管理的规范高效以及法治的完善只能是一个渐进的过程。有的案件涉及百姓的基本民生，可能在现有制度条件下穷尽其他一切手段都难以实现公民的权利救济，

① 龙宗智：《理性对待检察改革》，《人民检察》2012年第5期。

② 龙宗智：《理性对待检察改革》，《人民检察》2012年第5期。

此时检察监督的介入就成为了公民实现权利的最后保障，并且可能通过检察个案的监督推动类案的社会治理，最终促进相关法律规定的修订、提升行政和司法机关裁决的科学性。

能动检察有助于推动我国转型期的社会治理，实现公民权利的有效保障。例如，2022 年十大行政检察典型案例之一的韦某、黎某诉陕西省某市某区建设局撤销备案登记监督案就具有一定代表性。该案中，法院以业主大会不具备主体资格裁定驳回起诉并无不当；但是此案涉及 1500 余户群众切身利益，业委会选举过程中又存在诸多违法情形，导致部分群众产生不满情绪进而引发诉讼。2021 年 1 月 1 日施行的《民法典》针对“业委会成立难”“业主作决议表决难”等问题，明确规定地方政府和社区居委会应当对业主委员会选举等给予指导和协助；对业主大会作出的违反法律、法规的决定，应当责令限期改正或者撤销其决定。对于本案所反映出来的基层社会治理短板和漏洞，检察机关可以通过督促行政机关和有关基层组织履行行业监督和指导职责的方式，规范业委会选举和履职，实质性解决争议。某市检察机关对本案公开听证后，分别向某街道办事处、某社区居委会发出检察建议，建议街道办事处加强对业主大会成立、业委会选举的指导和协助，确保业委会选举依法依规进行；建议社区居委会加强指导和监督，规范引导广大业主依法参与、自我管理，从源头上减少纠纷和矛盾。相关单位采纳检察建议并整改落实。韦某、黎某撤回监督申请，检察机关依法终结审查。

（二）能动检察应当维系合理的限度

维护经济发展是目前我国重中之重的工作，对于一些涉罪企业（无论国企还是民企，无论行业龙头还是小微企业）如果一概治罪的话可能影响经济民生甚至社会稳定。反之，如果，涉罪企业依约施行合规计划，完成有效合规管理制度和体系的建设，就可视为导致企业犯罪的因素已经得到消除，涉罪企业可以因此得到免予刑事处罚，该企业因此得到保全而得以继续参与物质财富的创造工作，对于国民经济发展和社会民生稳定而言都起到了积极的作用，企业合规治理因而值得肯定。然而，另一方面，正所谓“过犹不及”，能动检察如果超过了合理的限度，也可能产生负面效应。

笔者认为，企业的合规治理在以下一些方面还存在争议：

第一，企业合规不起诉是否是企业治理的最佳方式？现代社会对于企业违法犯罪行为的预防以及惩罚有多种方式，如立法（包括法律的制定和修改）、行政和司法。由检察机关主导进行企业守法的治理是否是最佳的选择？在很多情形下工商管理等行政机关通过罚款、吊销、暂停资格证等方式同样可以让企业达到合规。进而言之，商法的治理与刑诉法的治理哪一个更适当？

第二，就治理成本而言，企业合规是否是最佳的治理？在企业合规实践中，往往需要支出高额的鉴定费，这对企业而言是一笔巨大的负担。并且，每个涉罪企业的合规治理方案都需要在检察机关的主导下联合多方力量制定并监督执行。企业合规作为一项耗时费力的系统性整改工程，耗时费力，需要涉案企业和检察机关源源不断地投入的人力、物力和财力。就此而言，通过立法和制度建设的治理可能更符合经济效益的原理，此点对于法治基础偏弱的中国尤其重要。

第三，企业合规治理如何解决法律公平适用的问题？企业合规治理失败的案例极少，因此在某种程度上也可以说“没有不合规的治理”。

实务中涉罪企业的数量是很大的，但囿于检察机关办案力量的限制，实际进入合规治理的企业只能是极少数。在顶着“脱罪管道”批评的质疑下，如何解决企业合规的公平适用？

（三）重提检察谦抑的必要性

检察改革面临社会发展产生的新情况和新挑战。在深化改革的过程中，既要看到当前加强检察监督对于维护法制和司法公正的功效及重要性，又要看到在这一过程中不可避免出现的矛盾和问题。因此，要注意从法治大局出发谋划部门改革，注意检察改革与法制各方面、各因素之间的协调性，注意检察工作的可持续发展。①

这些年最高检在推进改革过程中，能够注意外部监督与自身监督的同步加强、强调检察建设需遵循司法规律与检察规律，提出和实践“理性、平和、文明、规范”的执法理念，体现出对待检察改革的理性态度和清醒认识。下一阶段的改革，要总结成功的经验和做法并继续坚持，某些不足也要克服。现今的司法改革以加强监督为重心，中央重视，各方面支持，中国检察制度目前处于最好的发展时机之一，这种情况下，检察机关更要理性、谦抑，当为则为，不当为则不为。检察建设既要坚持中国特色，又要尊重司法规律和检察规律，检察活动才能不负国家重托和民众期望。

检察改革的重要内容是加强法律监督，因此需要调整监督范围、强化监督手段、健全监督机制，提高监督效力，这一过程，也是检察

---

① 龙宗智:《理性对待检察改革》,《人民检察》2012 年第 5 期。

权强化、检察职能进一步发挥的过程，拓展性不言而喻。但在同时，检察机关也应当对法治系统的协调性予以关注，对自身职能定位与制约因素有清醒把握，注意检察改革中的谦抑性要求。具体而言，应当注意以下三个方面：①

第一，自身定位要适当。我国的检察监督，主要是一种诉讼监督，亦即司法监督，因此属特殊监督而非“一般监督”，是“有限监督”而非普遍监督。不注意我国政体构造以及检察机关的资源制约去拓展监督范围、去做检察机关做不了也做不好的事是不可取的。

第二，职能延伸要适度。我国检察监督虽属涉讼司法监督，但因诉讼案件的来源是社会主体的行为，包括行政机关的管理行为，因此，追求监督的最佳社会效果，避免就案办案，以办案促防范、促矛盾化解，是有效发挥检察监督功能的题中应有之义。例如，检察机关结合办案，对行政管理活动中的漏洞和问题提出检察建议并配合采取预防违法犯罪、防止社会矛盾发生和激化的措施，就是监督职能的合理延伸，许多检察机构已经在这方面创造了丰富经验，取得了明显成效。这种延伸，也就是在刑事司法与行政管理及行政执法的衔接点上做文章。而脱离检察自身业务去延伸监督职能则不适当。

第三，应当尊重司法规律，维护审判权威。我国检察监督具有中国特色，但这种监督是在诉讼构造中展开，是在与司法体制的互动中发挥作用，因此，不能不注意与司法规律相协调。规律是特定构造中事物的内在运行机制的体现，不尊重规律必然受到规律的惩罚。强化检察监督时容易发生冲撞的司法规律有两条，一是诉讼平等，二是审判权威。刑

① 龙宗智：《理性对待检察改革》，《人民检察》2012 年第 5 期。

事诉讼的诉讼构造，是控辩方平等对抗，审判方居于其间、踞于其上的“三角结构”。诉讼平等与审判权威是诉讼的应有之义。这里的诉讼平等，仅指诉讼双方的法律地位平等与诉讼手段对等。我国的诉讼体制仍然是以国家权力为重心，侦查控诉机关拥有辩护方无法比拟的力量与资源，在诉讼过程中，尤其要注意尊重辩护权利，保障诉讼平等。要以理服人而不是以势压人。另一方面，检察机关的审判监督，应当坚持既要实现司法公正，又要维护审判权威的原则。审判权威是法律有效实施的前提条件，审判没有权威，法律就没有权威。而今审判权威耗弱亟须强化，检察改革在加强监督的同时应当加强维护审判权威的措施，包括抗诉权启动既要积极，更要慎重。①

五、民行未检工作面临实际困难

自 2018 年内设机构改革五年以来，我国民事、行政以及未成年人检察工作在推进实践中也面临着一些实际的困难。

（一）民事检察工作面临的主要困难

有人指出，检察机关民事检察类案监督工作仍存在缺乏具体工作规范指引、监督线索来源匮乏、办案人员精准把握研判能力不足、检察机关内部人力资源配置不均衡等问题。②

以省一级检察机关为视角，我国民事检察工作面临以下具体困难：

① 龙宗智：《理性对待检察改革》，《人民检察》2012 年第 5 期。

② 朱佩佩、韩彦霞：《民事检察类案精准监督的路径》，《人民检察》2022 年第 9 期。

第一，基层工作基础薄弱。一方面，长期以来存在的基层院的案源困扰难以破解。以四川省为例，2019 年全省基层院共受理民事检察案件 3172 件，院均 16.87 件，仅为同期审查逮捕案件和审查起诉案件的 8%和 12%。办案量的巨大差距直接影响到民事检察在基层院的地位。① 另一方面，基层院民事、行政、公益诉讼检察机构“三合一”设置导致民事检察办案资源被挤占。四川 188 个基层院中有 51 个基层院检查人数总数在 30 人以下，有四十个基层院除院领导外只有三到五名检察官。机构改革以后，基层院“三合一”部门一般仅能配备 4 到 5 名检察人员，69 个院只有一名员额检察官。基层院有限的人员承担三大检查职能，导致在部分检察院出现了“重公益诉讼、轻民事行政”的新倾向。

第二，工作发展不平衡。一是办案量不平衡，倒三角状况突出。以四川省为例，2019 年四川省、市、县三级检察院民事案件均办理数分别为 402 件、66.95 件、14.75 件。省市两级院囿于办案，指导作用发挥不充分，基层院往往无案可办。② 二是办案类型不平衡。省市两级院办理了 75%以上的生效裁判监督案件，而基层院则办理了 95%以上的审判程序、执行活动监督案件以及百分百的支持起诉案件。三是地区发展不平衡，内地与民族地区工作差距明显。成都、绵阳、南充等六地基层院数量不足全省的 1/3，但 2019 年办理了全省 50%以上的民事检察监督案件。三个民族自治州检察院共办理民事检察监督案件 189 件，院均办案量仅为 3.78 件，与全省 22.03 件的平均水平相比差距明显。③

第三，履职能力不能满足民事监督工作需要。一是精准监督的能力

① 四川省人民检察院第六检察部:《四川民事检察工作情况》2020 年第 6 期。

② 四川省人民检察院第六检察部:《四川民事检察工作情况》2020 年第 6 期。

③ 四川省人民检察院第六检察部:《四川民事检察工作情况》2020 年第 6 期。

偏弱。2019 年四川再审检察建议和抗诉案件占生效裁判监督案件受理数的 13.74%，低于全国平均水平 1.99 个百分点。2019 年全省市级检察院提请省检察院抗诉案件省院采纳率不到 40%，反映出运用调查核实权畏手畏脚，矛盾化解工作不到位的现状。审判程序和执行活动监督虽有一定规模，采纳率也超过了 95%，但多数为浅表性监督，审执人员深层次违法监督案例不多。二是人员配备偏少，素质偏弱。机构改革后，全省 22 个市级院民事检察部门共配备 130 人，占市级院政法专项编的 6.02%，每个月平均 5.91 人；188 个基层院共配备 860 人，基层院政法专项编的 10.67%，每月平均 4.11 人。[①] 三是专业化程度不高。目前全省民事检察部门基本没有区分不同案由设置专业化办案团队。如果说民事审判法官是专科医生的话，民事检察官就是“大杂烩式”式的全科医生。两者专业素质和专业技能均有较大差距，很难实现最高检提出的“技高一筹”的要求。因为，长期以来，我国检察机关最擅长的业务当属刑事检察，民事、行政业务恰为检察官的“短板”。例如，对于公司法、合伙企业法、合同法、民事行为的判定等，很多检察官均缺乏足够的学养，要想在专业的民事法官已经审结的案件中找出明显的错误，其难度可想而知。并且，检察官面对的是经常办案的法官，又缺乏办理刑事案件中经常采用的强制力，真可谓“难上加难”。

此外，三级院一体化办案机制的落实存在法律障碍。目前的情况是在跨区域统一调配检察办案力量的过程，中下级院或其他地区检察院的检察官到需要办案力量的检察院只能作为检察官的助理，没有独立办案资格，一定程度上限制了一体化办案机制作用的发挥。

---

① 四川省人民检察院第六检察部:《四川民事检察工作情况》2020 年第 6 期。

第四，民事检察案件矛盾纠纷化解压力大。2019 年四川省全省办理的民事生效裁判监督结果案件中，没有启动监督纠错程序的 1983 件（同比上升了 52.54%），占办理总数的 79.83%。没有启动监督纠错程序的结果监督案件中，在检察环节通过促成当事人和解和息诉的仅 96 件，占办理案件总数的 3.86%。当事人把检察监督作为维权最后一关，不支持监督申请类案件，促成和解息诉工作难度较大。①

笔者认为，总体而言，我国民事执行检察监督的现实困境主要有以下三个方面：

第一，案源不足问题突出。民事执行检察监督启动方式有两种，即当事人主动申请与检察机关依职权启动。类案监督在实践中存在缺乏案源发现机制是普遍存在的问题。

第二，大量民事执行监督案件仍是检察机关依职权启动。一方面，各级法院的民事执行案件数量巨大，当事人对“执行难”等问题反映强烈；另一方面，检察机关案源匮乏，大量问题未进入检察监督视野和渠道。

第三，法律相关的配套规定不足，成熟的办案工作机制仍在探索之中。民事诉讼法虽然给检察机关监督民事执行活动提供了法律依据，但缺少对监督方式、监督程序、监督效力等具体问题的规定。最高法、最高检《关于民事执行活动法律监督若干问题的规定》虽规定法院对检察机关提出的检察建议应在 3 个月内以回复意见函的形式回复，回复意见函应载明法院查明的事实、回复意见和理由，并附裁定、决定等相关法律文书。但实践中，由于规定内容的模糊性及部分法院对监督的排斥，检察建议的效力并不确定。且法律关于调查核实权的规定过于原则、宽

---

① 四川省人民检察院第六检察部：《四川民事检察工作情况》2020 年第 6 期。

泛，缺乏具体的运行手段及制度保障，检察机关在行使调查核实权时，若有关单位或个人不予配合，检察机关缺乏有效措施予以规制。①

（二）行政检察工作存在的不足

笔者认为，总体而言，我国的行政检察工作可能存在以下几个方面的问题：

第一，办案工作地区发展不平衡。以四川省为例，上半年成都、自贡、宜宾等地工作态势良好，但部分地区需要进一步加大工作力度；生效裁判监督案件监督意见提出数虽然排名全国第三，但仅集中于五个地区，大部分地区尚未提出监督意见。主要办案工作虽同比增长明显，但仍存在 172 个县区院未受理裁判结果监督案件、128 个县区院未受理审判程序监督案件、96 个县区院未受理行政执行监督案件，案件办理、采纳均未实现时间过半、任务过半，离完成全目标还有较大差距。②

第二，公开听证等措施运用不充分。从各地报送的数据看，上半年全省办结的行政检察监督案件中，公开听证、公开宣告的案件仅九件。特别是对申诉人诉求过高、因双方主张反差大而难以化解的案件不善于运用公开听证来破解难题。③

第三，检察建议采纳率有待进一步提高。主要表现在审判活动检察建议和行政执行检察建议采纳率偏低，分别为 58.97%和 46%。一方面

---

① 肖秀云、姜克峰：《民事执行检察监督的困境与对策》，《人民检察》2022 年第 18 期。

② 四川省人民检察院第七部：《关于 2020 年上半年全省行政检察工作情况的通报》，《四川行政检察工作情况》2020 年第 7 期。

③ 四川省人民检察院第七部：《关于 2020 年上半年全省行政检察工作情况的通报》，《四川行政检察工作情况》2020 年第 7 期。

是受疫情影响，绝大部分检察建议尚未得到回复，另一方面是部分地区监督不够精准、建议质量不高以及对检察建议跟踪监督不到位，存在“一建了之”等问题和现象有关，影响监督持续发力。[①]

（三）未成年人检察工作中存在的不足

笔者认为，总体而言，在实践工作推进中，我国未成年人保护与犯罪预防工作仍面临着一定的挑战，未成年人检察工作主要存在三个方面的不足。

第一，低龄未成年人犯罪增幅较大。例如，2021 年四川省检察机关受理未成年人审查起诉数较 2019 年同比上升 25.93%，低龄未成年人犯罪上升幅度较大。部分地区“控辍保学”落实不到位，适龄儿童未能接受义务教育，该群体易成为法治宣传教育的盲区从而导致犯罪。未达刑事责任年龄或有严重不良行为未成年人违法犯罪后，普通学校和家长往往无法对其进行有效管束，《中华人民共和国预防未成年人犯罪法》明确提出由专门学校对有严重不良行为的未成年人进行专门教育，但我省专门学校建设和专门教育工作存在教育矫治措施单一、学生离校后缺乏监管、软硬件建设较差等问题，与新形势下预防和减少青少年违法犯罪的任务不相适应。

第二，性侵未成年人犯罪呈上升态势。例如，2019 年以来，四川省起诉性侵未成年人犯罪持续上升，与持续加大打击力度、入罪门槛降低、法治意识增强及强制报告的落地落实，大量隐藏犯罪被发现有关。

① 四川省人民检察院第七部：《关于 2020 年上半年全省行政检察工作情况的通报》，《四川行政检察工作情况》2020 年第 7 期。

这类案件暴露出相关行政执法部门监管工作缺位，如宾馆、KTV、酒吧、网吧等场所违规接纳未成年人引发犯罪。[①]

第三，侵害农村留守儿童犯罪形势严峻。农村地区留守儿童监护不到位或者监护缺失问题突出，对留守儿童的性教育、法治教育缺乏，导致未成年人自我保护意识和能力较差，易遭受侵害，且案发后监护人往往不能及时发现形成隐案。

第四，近年来利用网络媒介对未成年人实施侵害案件增多，主要涉及性侵和侵财类犯罪。案件反映出青少年使用手机、电脑等情况较为普遍；部分网络平台缺乏有效监管，各种不良信息泛滥。青少年在网络社交软件、网络社区和短视频上易遭受色情信息骚扰、网络诈骗、网络欺凌等情况。

另一方面，我国未成年人检察工作中存在一些亟待解决的问题。

第一，罪错未成年人分级干预的体系有待完善。青少年司法中对于罪错未成年人的分级干预是一个有机的体系，包括早期干预、重点干预，最终是为了实现有效干预，减少青少年犯罪以及再犯。2021 年修订后的两未法针对司法实践中罪错未成年人“无人管”的状况，提出要加强专门学校的矫治功能。[②]但是截至目前为止，专门学校的建设仍不容乐观，具体包括以下几个方面：其一，专门学校的数量并不多，难以满足实务要求；其二，各专门学校的管理模式不一，但多以完全封闭式的管理为主，与“半封闭、社会化”的理想模式相距较远；其三，多数专门学校的课程难以做到针对涉案未成年人产生罪错的原因展开，矫

① 《2021 年度四川省未成年人检察法律监督工作报告》，《四川检察》2022 年第 6 期。

② 宋英辉、钱文鑫：《我国罪错未成年人分级干预机制研究——以专门教育为核心抓手》，《云南师范大学学报》2022 年第 2 期。

治效果并不理想；其四，送入专门学校法律规定需要征求本人和家长同意，实务中基本都是不同意（主要是担心由此带来不良的身份）；其五，法律规定应当由教育指导委员会决定是否送入专门学校，但是教育指导委员会一年内的开会次数并不多，[①] 他们也不知道应当如何做，并且有的区县迄今未成立教育指导委员会。

第二，责令涉罪未成年人接受家庭教育往往难以到位。主要原因在于以下方面：其一，附条件不起诉考察对象自身“闲散”的状态对其作出改变造成阻力。实务中附条件不起诉的未成年人主要包括存在违纪问题的在校生、辍学后生活无序的学龄少年、较早步入社会工作、无业的社会少年等，当他们面对检察官的介入并要求在有限制、有规律的生活环境中改变长时间形成的不良习惯，需要时间与毅力。其二，部分考察对象的家庭不能正视孩子自身存在的问题，将附条件不起诉监督考察作为权宜之计，配合度不高。另外，部分家长文化程度不高，长期积累的不适宜的教育观念和教育方式在短时间内不易作出改变，也在一定程度上影响了考察帮教的效果。[②] 其三，根据最高检发布的《家庭教育指导令》，对涉罪未成年人的家长应当送达《监护告知书》，实务中对于涉罪不起诉的未成年人家长送达《责令接受家庭教育令》，[③] 只有联合公安机关并在特定场所宣告，才有震慑力，效果才好，但是公安人员往往会答复因为工作太忙没有时间到场。

第三，检察机关在适用附条件不起诉时面临困难。一方面，有关条

① 2023 年 6 月笔者和同事在成都市某区检察院调研未成年人附条件不起诉实务时所了解到。

② 2023 年 6 月笔者和同事在成都市龙泉驿区检察院调研未成年人附条件不起诉实务时，未检部负责人特别指出。

③ 参见《成都市中级人民法院发布 2021 年未成年人权益司法保护典型案例》，成都市中级人民法院 2022 年 6 月 1 日发布。

文的适用因为缺乏明确指引而难以判断。主要表现为：其一，附条件不起诉法律适用把握不到位。办案检察人员对适用附条件不起诉的标准、条件把握不准，存在认识上的差别，在贯彻未成年人特殊保护理念上存在偏差。如对可能判处有期徒刑 1 年以下，符合起诉条件的理解把握认识不到位，个别案件经过量刑计算已可能判处一年有期徒刑以上，是否还具备作出附条件不起诉的条件，不能有效进行衡量。其二，对撤销附条件不起诉的法律适用理解不准确。违反治安管理规定或者考察机关有关附条件不起诉的监督管理规定，情节严重的，人民检察院应当撤销附条件不起诉。但实践中，如何判定违反治安管理规定或有关附条件不起诉监督管理规定的行为属于情节严重，难以把握。违反几次规定、违反规定造成何种后果、违反规定达到何种情节能够认定为符合撤销附条件不起诉的条件，仅能靠不同办案人员的内心判断、经验分析，没有明确的参考依据。另一方面，对未成年人的考察帮教工作缺乏全程监督。针对涉罪未成年人的家庭教育指导工作开展较少。很多未成年人犯罪反映出家庭教育的缺失，因此对附条件不起诉未成年人的监护人进行家庭教育指导，能够有效帮助附条件不起诉未成年人改善不良亲子关系，重塑底线意识。但检察官在日常帮教过程中，受限于时间、精力，对考察对象的跟进不足。一般只在考察帮教开始和结束时进行家庭教育指导，对于平时的家庭教育指导开展比较少。有的地方检察院统一购买了社会服务，由社会公益组织和检察官一起对附条件不起诉的未成年人进行考察帮教。由于社会公益组织的参与，部分检察官便放松了对附条件不起诉未成年人帮教工作的实时监督。

第四，社会资源不足限制了未成年人附条件不起诉的适用。未成年人犯罪预防和矫治效果的提升与社会化支持体系等各方面的资源密切相关，国内各地都在此方面面临资源不足的困境。检察机关是办理未成年人涉罪案件的专业机构，但是却缺乏较强的社会资源链接能力，因而在办理附条件不起诉时往往面临缺乏社会帮教资源的窘境。由于目前司法需求转介至相关专业社会组织的制度机制不完善，一些专业化较强的工作也如对涉罪未成年人人身危险性的评估等主要依靠检察官的主观感受和生活经验来决定，缺乏人格甄别、心理干预等专业手段的支撑。①

未成年人犯罪预防和矫治在专业设施资源方面的缺乏主要体现在观护基地、社工组织、专门学校以及专业人员的不足。一些地区观护基地的数量较少、类型比较单一，不能满足诸如戒瘾治疗等矫治需求。截止2020年8月，政府通过向社工组织购买未成年人犯罪预防和矫治方面社会服务的总量并不多。同时，本地的社工组织也需要进一步扶植和壮大，不断提升专业化水平。例如，有些基层检察院采取了“社工机构为帮扶对象提供专业服务，检察机关对帮教工作进行监督指导”的矫治模式，然而，青少年社工参与检察环节涉案未成年人帮教的具体标准、工作流程不明确，工作专业化、规范性有待提高。部分案件监督考察实效性不强，仅限于定期提交思想汇报、电话了解思想动态等常规方式，帮教措施单一，对涉罪未成年人的帮教主要停留在以说教为主的思想教育层面，工作不够深入。②

在调研中，检察官们指出，未成年人综合社会支持体系仍是短板。根据《未成年人检察工作指引》第196条第二款之规定，“人民检察院

① 李长城：《论未成年人犯罪预防的困境及其突破——基于C市的实证调查》，《青少年学刊》2021年第2期。

② 参见《2018年浙江省撤销附条件不起诉案件情况分析》，《未成年人检察工作情况》2019年第7期。

可以会同司法社工、社会观护基地、公益组织或者未成年犯罪嫌疑人所在学校、单位、居住地的村民委员会、居民委员会、未成年人保护组织等相关机构成立考察帮教小组，明确分工及职责，定期进行考察、教育，实施跟踪帮教。”但实践中，其他单位在配合监督考察上所做有限，发挥的作用不充分。检察机关要撬动这些部门和机关、充分调动其资源确实很难。因为这些部门和机关最多就是配合检察院，如果他们不配合，检察机关也没有办法。如果能将其推入到区委机关考核之中，那样就好了。

第五，机制困境影响了未成年人保护和犯罪预防工作的效能。未成年人犯罪预防和矫治是一项综合工程，需要各部门、社会组织等有关方面共同参与。但是，在《未成年人保护法》修改之前主要是检察机关一家勉力支撑，缺乏矫正教育、培训就业等系统的有力支持。《未成年人保护法》修正后，进一步强化了公安部门、学校、教育管理部门的责任，尤其明确民政部门是承担未成年人保护工作的专门政府机构，对我国的未成年司法工作是一个巨大的推进。

然而，我们必须看到，由于缺乏沟通衔接的工作机制，当前各部门开展未成年人犯罪预防与矫治工作均处于各自为战的状态，并没有做到互通有无。以进校园宣讲为例，公安、检察、法院、司法局、教体局都在学生中开展法治课堂教育，那么，各机关可否在相关课程内容的设置及编排上进行系统的分工与协调？或是约定对职高以及社会闲散未成年人由特定的机关进行针对性的法治教育？有关未成年人罪错行为干预主体的定位与职能不完全匹配。具体而言，体现在以下三个方面：

其一，领导主体和责任主体不明确，即缺乏预防矫治未成年人犯罪的具体的领导部门。《预防未成年人犯罪法》第 4 条规定，预防未成年人犯罪，在各级人民政府组织下实行综合治理；第5条规定，各级人民政府在预防未成年人犯罪方面的工作职责包括：制定预防未成年人犯罪工作规划；组织公安、教育、民政、网信、卫生、司法行政等有关部门开展预防未成年人犯罪工作；为预防未成年人犯罪工作提供政策支持和经费保障；组织开展预防未成年人犯罪宣传工作。然而，具体由政府的哪个部门来承担领导责任，并未明确。实际上，确定统筹负责预防未成年人犯罪的专门机构是决定《预防未成年人犯罪法》的有关规定能否在实践中得到有效实施的基础和前提。①相比之下，德国在政府机构中设有专门的青少年管理局，负责处理青少年犯罪预防矫治的相关事务，因而能够专业和高效地完成相关工作。

其二，《未成年人保护法》第9条规定由民政部门承担统筹、协调、督促和指导有关部门的未成年人保护工作，符合民政部门作为困境未成年人救助机构的性质。不过，在预防矫治未成年人犯罪方面，民政局显然并不专业，目前尚未充分具备领导、组织其他部门开展青少年犯罪预防矫治工作所需要的能力。未成年人社会保护试点是民政部门新增的职能，工作任务重，量大面广。有的省份救助管理机构实行"一套人马，两块牌子"，未成年人社会保护中心虽已挂牌，但并未增加编制和人员。各地救助保护机构工作量陡增，使原本就人员不足的县（市、区）救助管理机构力量不足问题更加凸显。②2023年5月有关方面提出，由妇联（妇儿工委）来负责未成年人救助和保护方面的工作。需要指出的是，与民政部门相比，妇联的基础和积累不是优势，此外在财力方面也需要加大投入。

---

① 姚建龙：《〈预防未成年人犯罪法〉的修订及其进步与遗憾》，《少年儿童研究》2021年第5期。

② 彭文浩、朱勇：《湖北省：直面制约因素，完善未成年人社会保护试点工作》，《中国社会福利》2016年第3期。

其三，检察机关在预防矫治未成年人犯罪预防工作中具有重要地位，然而在新法中没有得到足够的确认乃至进一步的提升。2012年《刑事诉讼法》中专章确规定了未成年人刑事诉讼程序后，我国各地检察机关的未成年人检察机构的专业化建设取得很大进展，检察机关因而成为未成年人犯罪预防矫治的所有机关中专业化程度最高的机构。我国检察机关在未成年人案件的工作处于优势地位，理论上应当有更大的空间与作为，但是在新的《未成年人保护法》和《预防未成年人犯罪法》中并未明确“检察主导”的原则。

对未成年人罪错行为进行分级干预的有效机制尚未充分建立。实践中掌握不良行为未成年人信息较多的是学校和教育部门，掌握涉法未成年人信息较多的是公安机关，[①] 检察机关主要负责涉罪未成年人的干预矫治，但是在各部门之间缺乏相关数据信息的共享，相关部门没有形成联动机制，各地普遍缺乏辅助配套的社会支持体系，[②] 总体上尚未充分形成积极干预、有效应对未成年人罪错行为的机制。

实践中，掌握辍学少年、虞犯未成年人信息较多的是学校和教育部门，掌握触法未成年人信息较多的是公安机关，在各部门之间缺乏相关数据信息的共享以及工作的配合衔接。在未成年人刑事诉讼程序中，每一诉讼阶段对涉罪未成年人的帮教工作并没有得到传递，从侦查阶段到刑罚执行阶段不能“无缝对接”，影响了帮教效果的发挥。此外，公检法三机关引入社会力量进入未成年人刑事诉讼的工作情况也各有差别，人民法院与公安机关目前只在合适成年人到场这一方面引入社会力量，而在社会调查、帮教考察等方面则存在空白。

① 宋英辉、尹冷然：《为未成年人构筑保护处分体系》，《检察日报》2017年9月7日第3版。

② 《健全机构提升素能，加强未检工作专业化建设》，《人民检察》2016年第5期。

第四章　建立中国检察职能运行的合理化机制

中国司法制度和检察改革带来的机遇，一方面推动中国检察职能运行机制的优化，实现检察规律与本土需求为有机结合；另一方面，在新的发展时期中国检察职能的运行也面临一些困难有待突破。世界上没有两片相同的树叶，把普遍的规律与中国的实践相结合，力求找到适合于中国国情的道路，探索建立中国检察职能运行的合理化机制，正是学者们和实务界人士长期以来刻苦努力的方向。

第一节　正确处理检察院与监察委之间的关系

一、在职务犯罪案件办理上监检关系的实质是侦诉关系

在现代各国的刑事诉讼中，凡是侦查机关均需接受检察机关的监

督，实际上检察官制度的产生就是为了对警察和法官的权力进行制约。联结侦查机关与检察机关的核心纽带是起诉，我国刑事诉讼的三角构造并未改变。在现代刑事诉讼中，控辩平等对抗、法官居中裁断的等腰三角形是基本的构造形态。① 我国《监察法》修改之后，监察委收取了职务犯罪的侦查权，侦查终结的案件需要通过检察机关提起公诉，然后经过法庭上与被告方辩护律师的交锋，最终由中立的法庭作出判决。因此，在监委成为职务犯罪的调（侦）查机构之后，我国刑事诉讼的构造并没有变成四棱柱形，而是仍然保持了原有的三角构造。

与两大法系国家在侦查阶段由中立的法官对有关强制措施进行审查和批准不同，我国《刑事诉讼法》第 170 条规定，检察机关对侦查机关有侦查监督的职责，其中对普通刑事案件实行立案监督和批准逮捕的审查监督，对于监委移送的职务犯罪案件则主要通过审查起诉来实现侦查行为合法性的监督和侦查证据充分性的审查。

从监察委与检察院的关系来看，首先，一般而论，监察委与检察机关之间是监察与被监察的关系，即监察委的地位要高于同级检察机关。其次，在监察委调查公职人员（也包括检察机关工作人员）的案件中，监察委在经过调查之后，对违反党纪的公务人员作出政务处分，对涉嫌职务犯罪的将调查结果移送检察院审查起诉。对于纪委监委对违法违纪干部作出的内部处分决定，检察机关并没有进行监督的权力；在监察委处理职务犯罪事务时，监察委与检察机关之间的关系就是侦查机关与公诉机关之间的关系，即侦诉关系。

《刑事诉讼法》第 170 条规定，人民检察院对于监察机关移送起诉

① 龙宗智著:《相对合理主义》，中国政法大学出版社 1999 年版，第 178 页。

的案件，人民检察院经审查，认为需要补充核实的，应当退回监察机关补充调查，必要时可以自行补充侦查。最高人民检察院《检察规则》中规定了检察机关有权要求监察机关进行鉴定、[①] 在审查起诉中可以要求监察经过补充提供证据材料、[②] 排除非法证据、同时可以要求监察机关另行指派调查人员重新取证[③] 以及退回监察机关补充调查。[④]

最高人民检察院《检察规则》第 365 条规定，人民检察院对于监察机关移送起诉的案件，发现犯罪嫌疑人没有犯罪事实，或者符合刑事诉讼法第十六条规定的情形之一的，经检察长批准，应当作出不起诉的决定。监察机关认为不起诉的决定有错误可以向上一级人民检察院提请复议，[⑤] 该条规定也与公安机关对普通刑案检察院作出不起诉决定可以向上一级人民检察院提请复议的规定完全一致。

虽然，监察委在调查职务犯罪案件时行使着侦查机关的职能，但是，监察委与检察机关的关系却与公安侦查机关与检察机关的关系略有不同，主要表现在以下三个方面：

第一，检察机关与监委之间是一种协作关系。有人提出，应当确立监察机关职务犯罪调查下的检察引导机制，[⑥] 然而，与检警关系检主警辅不同的是，检监之间并非检主监辅，而是监委自行主导公职人员违法犯罪事实的调查。在监委调查的基础上，检察机关依法审查移送的证据是否确凿、事实是否清楚、法律适用是否准确，并对需要进一步补充调

① 《最高人民检察院检察规则》第 332 条。

② 《最高人民检察院检察规则》第 340 条。

③ 《最高人民检察院检察规则》第 341 条。

④ 《最高人民检察院检察规则》第 343 条。

⑤ 《最高人民检察院检察规则》第 379 条。

⑥ 李奋飞：《职务犯罪调查中的检察引导问题研究》，《比较法研究》2019 年第 1 期。

查（侦查）的事项等与监委沟通协调，化解侦诉工作中存在的矛盾，提高侦查起诉的质量，确保有效追究犯罪。[①] 其中，退回补充调查是在审查起诉过程中补充完善证据、提高指控犯罪精准度、保证案件质量和严防冤假错案的重要手段。例如，在某案中，检察机关在与市监察委员会会商后依法将该案依法退回补充调查。通过补充调查后，补充移送起诉受贿 1 万元，查明巨额财产中的 107 万元并非奖金，并完善了受贿 26 万元的相关言词证据，为后续出庭公诉奠定了坚实基础。

第二，检察机关对监委的监督并非全程监督，有的内容并不进行监督，例如立案程序和留置。监察委（纪检与监察机关合署）调查的程序通常为：(一）受理：接受反映违纪或职务违法犯罪问题的线索和材料，并予以处理；(二）问题线索处置：按照有关规定对受理的问题线索提出处置意见，履行审批手续，进行分类办理；(三）初步核实：按照规定对受理的反映违纪或职务违法犯罪问题的线索进行了解、核实；(四）立案审查调查：按照管辖权限经初步核实认为确有违纪违法事实，并需追究党纪责任或法律责任的，依照规定决定立案审查调查，收集证据，查明违纪违法事实；(五）若达到追究刑事责任的程度，转刑事立案和留置，调查结束后移送司法。在此期间，党纪立案和政务立案可同时进行，也可分开进行。

与普通案件中检察机关可以在提请批准逮捕环节发现公安侦查机关的违法行为并予以纠正不同，监察委对案件的立案不属于刑事立案，从案件开始调查到终结处于封闭的状态（部分也因为办案保密的需要），没有类似提请批捕的环节，一直到案件调查终结移送检察机关审查起

① 樊崇义：《以审判为中心与分工负责互相配合互相制约关系论》，《法学杂志》2015 年第 11 期。

诉。此外，监察委的调查既包括职务违法，也包括职务犯罪，而且职务犯罪的调查往往建立在职务违法的调查基础之上，两者并没有严格的时间节点上的分割。检察机关即便进行监督也会遇到如何准确把握时间切入点的难题。① 同时，对监委缺乏类似《刑事诉讼法》（2018 修正）第 113 条检察机关对公安机关立案监督的类似规定。《检察规则》规定了检察院对看守所和监狱的监管执法监督，② 然而，根据目前的法律规定，留置措施的适用以及留置场所的运行却未纳入检察监督的范围。

第三，检察院对监察委调查终结移送的案件进行，在充分沟通的基础上，提起公诉时有关事实和法律的结论仍以检察机关的意见为主导。根据《刑事诉讼法》的规定，人民检察院依照法律规定独立行使检察权，不受行政机关、社会团体和个人的干涉，检察机关办理监委移送审查起诉案件同样遵循上述原则。因此，强制措施的适用、起诉、不起诉、事实认定、法律适用的最终决定权在检察机关。如果纪检委不尊重检察机关对职务犯罪案件的审查决定和建议，就会导致大众对于职务犯罪案件的司法水平产生质疑，同样会对我党的执政公信力造成不良影响。③

实务中检察机关对监委移送案件在事实和法律上进行自主决定的常见的情形主要有以下三种：

其一，确认是否认定自首。例如，在柯某等五人的职务犯罪案件中，监委移送时起诉意见书中称五名犯罪嫌疑人均系在监委调查前均主动交代了犯罪事实，检察机关在审查过程中发现其中有两名犯罪嫌疑人

---

① 林森、金琳：《检察机关办理监察委移送案件难点问题探究——以检察机关与监察委办案衔接为视角》，《时代法学》2020 年第 5 期。

② 《最高人民检察院检察规则》第 654 条。

③ 孙长国、张天麒：《程序衔接 + 实体配合：监察机关与检察机关办案中沟通机制研究——基于 M 市的实证分析》，《黑龙江政法管理干部学院学报》2020 年第 3 期。

不能认定为自首，仅能认定为坦白，于是商请监委再次对各犯罪嫌疑人到案情况作出详细说明，最后检察机关充分阐述了该二人不能认定为自首的原因，得到了监委的认可与支持。提起公诉时，检察机关认定该二人有坦白情节，最终得到了法院判决的支持。①

其二，对监委查证而未定性的事实进行定性。例如，在该案中，监委查证了罗某帮助柯某套取 138 万元的事实，但是对该行为并没有作出法律上的评价。检察机关在与监委的沟通会议上详细分析了该案证据，阐述该行为已经构成共同贪污犯罪，该定性也得到了监委的认可与支持。

其三，对监委未采取留置措施的犯罪嫌疑人实施逮捕。例如，该案中检察机关在审查起诉中发现未被监委采取留置措施的犯罪嫌疑人赵某贪污数额巨大，可能判处三年以上有期徒刑，且对其继续采取取保候审可能发生干扰证人作证或者串证的危险，于是向监委阐明了依法逮捕赵某的必要性，得到了监委的认可与支持，随后检察机关依法对赵某变更强制措施为逮捕。

二、进一步明确和改善检察院对监察委的监督

检察机关应当加强监督和把关，进一步提高职务犯罪案件的办理质量。2020 年上半年全国检察机关受理审查起诉职务犯罪 7844 人，同比去年下降 32.8%，但是职务犯罪案件捕后不诉、撤回起诉却有所上升，这反映出检察机关审查把关不到位，在发现事实证据方面存在问题或者

① 《自贡市柯某等人 5 人贪污、受贿案》，《职务犯罪检察工作专刊》2020 年第 4 期。

没有逮捕必要的情况下，仍然逮捕或者“带病”起诉。案件质量是刑事司法的生命线，检察机关在审查起诉工作中应当坚守法治思维，加强监督，强化证据意识、程序意识，对于疑难、复杂以及与监委意见不一致的特殊案件尤其要加强沟通，减少捕后不诉、撤回起诉以及因检察环节把关不到位出现的无罪判决，保证案件质量，提升办案效果。①

总的方向应当是进一步实现监察法与刑事诉讼法的衔接。中央纪委国家监委最近提出，要持续深化纪检监察体制改革，促进执纪执法贯通、有效衔接司法，② 实际上，监察法与刑诉法的衔接既是必然的趋势，也是国家法制统一的要求。我国刑事诉讼制度经过四十多年来的运行已经较为成熟，《刑事诉讼法》历经四次修正确立、完善的一系列基本原则和理念也是与国际接轨的，虽然在实践中也难免存在一定的问题，然而总的来说，正处在日益完善之中。刑事诉讼法的理念就是以权力制约权力、以权利制约权力，在正当程序中实现对犯罪的追诉。既然监委是职务犯罪的刑事侦查机关，就要接受刑事诉讼法的调控，就要与刑事诉讼法的原则保持一致，这样国家法律体系的运行才会协调、高效。

可能有人会担心，一旦《监察法》的职务犯罪调查部分纳入《刑事诉讼法》的框架之后，监委办理案件、打击职务犯罪的能力是否会被弱化？可能会有一点影响，但是刑事诉讼法发现真实、保障人权的两大目的必须兼顾，③ 而且关键的一点在于要通过制度的改革从源头上减少职务犯罪的产生，而不是通过弱化被追诉人的防御来实现成功的追究。④

① 王守安：《关于提升职务犯罪检察工作品质的几点思考》，《职务犯罪检察工作专刊》2020 年第 6 期。

② 曹溢：《坚持依规依纪依法，推进纪检监察工作高质量发展》，中央纪委国家监委网站。

③ 李长城：《刑事诉讼目的新论》，《中国刑事法杂志》2006 年第 1 期。

④ 实际上，就目前而言，监委所办刑事案件的总量还是不多的。

具体而言，目前应当着力抓好以下四点：

第一，进一步贯彻纪法区分原则。检察机关显然并非监督监委的全部活动，这样做也并不合适。进言之，监察委的党纪执法行为并不在检察监督之列，检察机关只对监委办理职务犯罪案件的情况进行监督。但是，目前监委办案中的纪法问题(违反政纪与违反刑法）缺乏明确区分，以党纪党规的方式对案件进行处理与追究刑事责任之间也缺乏明确的转换节点。

我国法律制度是违纪违法与刑事犯罪有根本区别的二元处理机制，为了实现监察与刑事诉讼程序的有效衔接和工作协调，监察委应当将一般违法与职务犯罪的管辖适度分离，明确区分违纪金额与涉法金额，为职务犯罪调查程序的启动设置明确的程序节点，同时在办案人员和适用强制措施方面进行区分。如有的监委办案同志是纪委原班干部甚至是从环保、税务等专业部门抽调，不一定具备足够的法律专业素养，对反贪业务也不熟悉，在犯罪构成的理解、证据的收集等方面有所欠缺，就不太适宜主办职务犯罪的调查。在证据方面，违纪证据与刑诉证据在规范性、体系性、充分性等方面显然也存在较大的差距。在强制措施方面，《监察法》以留置代替以往的“双规”是一个很大的进步，但是又带来了人员适用范围扩大的新问题；[①] 因此，对一般违纪与触犯刑法的人员在适用强制措施上也应进行明确区分，并在具体的操作规程上参照《刑事诉讼法》的相关规定。

第二，进一步改善检察提前介入监察。提前介入是目前实务中检察监督的重要形式之一，体现出与监察委“在监督中配合，又要在配合中

① 龙宗智：《监察与司法协调衔接的法规范分析》，《政治与法律》2018 年第 1 期。

监督”的思路。[①] 随着国家监察体制改革全面推开和监检衔接的不断深化，依法提前介入监委办理的职务犯罪案件越来越彰显价值：[②] 一方面，提前介入可以充分发挥检察机关自身优势，用起诉标准对案件依法把关，及早发现问题并提出解决方案，有助于提升案件监察调查质量；另一方面，通过提前介入，检察人员可以明确审查和补证工作的重点，有利于确保案件起诉审查的质量。

目前国家监委和省监委调查的绝大多数案件检察机关均应邀提前介入，工作机制不断完善，实践成效显著，但是部分地区办案中也存在一些问题，比如介入时间过早或过晚，介入意见回复不规范，有的介入质量不高导致后续审查起诉被动等。在提前介入的完善上，总的要求是检察机关要聚焦证据收集、事实认定、案件定性、法律适用进行审查和提出意见，在介入时机上，检察机关要加强与监委的沟通，一般应当在案件进入监委审查阶段、拟移送审查起诉十五日以前介入；还需注意，不得以提前介入意见代替审查起诉意见，[③] 因为提前介入由于介入时间、工作方式的特点，有时难以做到全面阅卷审查，提出的意见和建议仅针对当时了解到的案情，因此仅具有参考性。

第三，进一步规范审查环节的证据补查机制，处理好退回补充侦查、自行补充侦查以及要求监察机关补充提供证据材料之间的关系。[④]

---

① 林森、金琳：《检察机关办理监察委移送案件难点问题探究——以检察机关与监察委办案衔接为视角》，《时代法学》2020 年第 5 期。

② 赖权宏：《求真务实，问题导向，四川职务犯罪检察提前介入工作显成效》，《职务犯罪检察工作专刊》2020 年第 5 期。

③ 赖权宏：《求真务实，问题导向，四川职务犯罪检察提前介入工作显成效》，《职务犯罪检察工作专刊》2020 年第 5 期。

④ 河南省人民检察院第三检察部：《凝聚共识，完善机制，努力提升证据补查工作水平》，《职务犯罪检察工作专刊》2020 年第 6 期。

对于案件事实不清、证据不足，不宜通过边补查边补证方式补充完善的，要依法退回补充调查，这是国家监委、最高检一贯的精神。检察机关要注重与监察机关充分沟通，出具的退回补充调查提纲应当阐明退补理由、补查方向和取证目的，列明需要补查的具体事项和需要补充收集的证据材料条目，说明补充、完善证据需要达到的标准和必备要素等。实务中应当退回补充调查的情形，主要包括：犯罪构成要件事实缺乏必要的证据予以证明的；据以定罪量刑的证据之间、证据与案件事实之间的矛盾不能合理排除的；可能存在以非法方法收集证据情形，影响案件认定的。[①] 监察机关应当及时补充完善相关证据材料后形成补充调查报告，不得以简单的情况说明来代替补充调查报告，对于补充调查无法取得的证据应当书面说明原因、补充调查中所做的工作以及下一步拟采取的措施。

需要注意的是，检察机关自行补充侦查的范围不能超过《人民检察院刑事诉讼规则》第 344 条的规定，即只有案件的主要事实清楚或者当事人关于主要事实情节的供述一致的情况下，检察机关才能针对次要事实、个别情节开展自行补充侦查工作，否则应当将案件退回监察机关补充调查。监委取证的社会配合度较高，通常由监委调查最节约成本。在实务中，有时因为出庭公诉工作的需要，由检察机关开展委托鉴定能够取得更好的效果。例如，在柯某案的审查中涉及 139 个工程合同和 12 家公司的银行流水、财务凭证，需要委托专业机构开展司法会计鉴定，由检察机关开展委托鉴定工作，就案件的争议焦点和指控重点与鉴定机构进行充分沟通，可以为后续出庭公诉工作奠定坚实基础，相比退回补

① 河南省人民检察院第三检察部：《凝聚共识，完善机制，努力提升证据补查工作水平》，《职务犯罪检察工作专刊》2020 年第 6 期。

充调查效果更好。①

第四，贯彻刑事诉讼改革和审判中心的要求，渐次推进监检关系的新发展。我国刑事诉讼改革的总方向是加强权力的制约和权利的保障，尤其是通过强化审判的中心地位来制约侦查权和公诉权。侦查程序中强制措施的司法审查或是第三方审查长期以来一直是国内各界关注的焦点。由于留置措施的适用对象广、时间长以及较为封闭，将来应当逐渐接受检察机关的监督，尤其是职务犯罪案件的犯罪嫌疑人应当拥有向第三方申请变更留置措施的权利。

我国《监察法》第33条明确规定，监委在收集、固定、审查、运用证据时，应当与刑事审判关于证据的要求和标准相一致，此条规定贯彻了审判中心对审前阶段证据规范性的要求。对此，有以下两个问题需注意：

其一，应当完善监委调查阶段的同步录音录像的使用程序。《检察规则》(2019) 第263条第二款规定，对于监察机关移送起诉的案件，认为需要调取有关录音、录像的，可以商请监察机关调取。应当进一步完善同步录音录像的使用程序。例如，规定检察机关因证据合法性审查而需要调取同步录音录像情形下的提起程序、监察机关的审批程序以及在录音录像使用完毕之后的退回程序。②

其二，应当逐步落实监委调查人员出庭作证的问题。《刑事诉讼法》第59条规定："在对证据收集的合法性进行法庭调查的过程中，人民检察院应当对证据收集的合法性加以证明。现有证据材料不能证明证据收

---

① 《自贡市柯某等人5人贪污、受贿案》，《职务犯罪检察工作专刊》2020年第4期。

② 《南充市院与市监委市中院会签职务犯罪案件中加强协作配合的工作意见》，《职务犯罪检察工作专刊》2020年第4期。

集的合法性的，人民检察院可以提请人民法院通知有关侦查人员或者其他人员出庭说明情况；人民法院可以通知有关侦查人员或者其他人员出庭说明情况。经人民法院通知，有关人员应当出庭。”比照此条的规定可以明确，在对证据收集的合法性进行法庭调查的过程中，人民检察院可以提请人民法院通知有关监委的调查人员出庭说明情况。

第二节　从制度上保障检察官的客观公正

作为法律监督者，检察官需要遵循客观义务，依据事实和法律履行法律监督职责。在刑事诉讼中代表国家追诉犯罪时应当保持客观公正的立场，不能为了追诉胜诉而忽视或者隐瞒对被告有利的证据，也不能为了胜诉而压制被告方的正当辩护权。①

检察官坚持客观公正在我国具有特殊的重要性。我国有着职权主义国家的传统，然而却缺乏类似法国的预审法官、德国的侦查法官的设置，公安机关拥有强大的职权而受限不足（例如可以自行决定刑事拘留的最长期限达 37 天）；检察机关对于审判机关也负有法律规定的监督职责，如果检察机关不能坚守客观公正的义务，就可能造成司法机关滥用权力、无辜者被错判有罪甚至被错杀。因此，作为宪法规定的法律监督机构，作为刑事审前程序的控制者，我国的检察官应当做到客观公正。

① 龙宗智：《检察机关办案方式的适度司法改革》，《法学研究》2013 年第 1 期。

一、回归“准司法官”的角色

为了加强检察官在审查卷宗信息中的客观公正义务，首先应当对审前程序中检察官的角色进行正确定位。检察人员应当改变“传递者”的角色认知，不要再把自己定位于定罪“流水线”上的“操作工人”，而应当把自己定位为审前程序中公正、中立的“把关者”。多年来，我国检察机关的性质、职能与其“三级审批制”的行政性办案方式长期存在一定矛盾，自2018年推行员额制检察官制度以来，检察官的自主性权力得到进一步扩大。目前虽然存在检察机关的自身素质、体制逻辑、外部配合等内外障碍，但是仍然有可能为检察机关办案方式的司法化创造一定的运行空间。①

在我国正在进行的刑事司法改革过程中，三机关的关系应当按照刑事诉讼的原理进一步“优化”，即加强侦查权的控制、加强审判权的独立，其中的重要一环就是回归检察官“准司法官”的角色定位。“准司法官”的定位要求进一步加强检察官对于案件监督、审查以及适当处置的权力，及时过滤掉侦查错误的案件，实现负责任的、正当的起诉。

强化检察人员的“准司法官”的身份有利于实现我国“审前程序以检察官为中心”的司法架构。在我国现行司法体制下，侦查权非常强大且制约不足，法院不介入侦查阶段因而几乎对公安机关不产生任何的制约，能够制约侦查权的司法机关就只有检察机关了。“审前程序以检察官为中心”的司法架构符合检察学的法理以及我国检察机关“法律监督者”的法律定位。

---

① 龙宗智：《检察机关办案方式的适度司法改革》，《法学研究》2013年第1期。

检察官的“准司法官”角色有助于审前程序的诉讼化构造。检察官的裁判者角色以侦、辩对抗、检察官居中裁判的“三角结构”为支撑，检察官站在客观的立场，与侦、辩双方保持等距离性、非偏向性，在对有关证据进行严格审查的基础上，就是否批捕和决定起诉作出公正的裁决。

强化检察人员的“准司法官”的身份也有助于提升我国检察官的职业伦理。检察官的职业伦理要求检察官并不以胜诉为最高要求，相反，错误的起诉和定罪被视为检察官的终身耻辱。德国的检察官甚至可以在法庭要求法官判决被告无罪。相比之下，目前我国法律职业群体的职业伦理建设才刚刚起步，检察官的伦理建设也不例外。因此，强化检察人员“准司法官”的身份对于提升我国检察官的职业伦理极其重要。

需要注意的是，“准司法官”的身份要求检察官维护实体公正和实现程序公正并重。有的检察官在公诉活动中，往往比较重实体公正，而对程序公正重视不够，对程序不公正对实体公正的负面影响重视不够。例如，目前的公诉举证，主要依靠书面证言，而证人很少出庭。有争议案件的重要证人不出庭接受质证，只依靠书面证言就定罪，程序上是不公正的，这种不公正可能影响实体处理的公正性，因为书面证言有时是很不可靠的。因此，检察官在公诉活动中坚持客观公正原则，就必须坚持实体公正与程序公正并重。①

我国检察制度改革的基本课题之一，就是肯定和保障检察官的相对独立，以及协调“检察一体制”与检察官的独立性，划定内部独立的合理边界。② 应当确认我国检察官的办案主体地位，限制检察长指令权的

① 龙宗智：《论我国的公诉制度》，《人民检察》2010 年第 19 期。

② 龙宗智：《中国法语境中的检察官客观义务》，《法学研究》2009 年第 4 期。

范围、转变其实施方式，厘清权力划分的逻辑，体现差别化权力配置原则。域外各国为了防止上级检察官滥权，均对指令权进行限制。同时，下级检察官具有相对独立性，对上级检察官的指令有异议权；表示异议后，上级检察官应行使职务承继权或职务移转权；下级检察官违反指令作出的决定依然具有法律效力。我国应当适当借鉴上述经验。

当前解决检察官与检察长的权力分配关系问题，可大体上按照区分大小和上下的原则处理。所谓“大小”，是指大事情由检察长决定，一般事情由员额检察官决定。所谓“上下”，是指案件按正常程序顺向发展的时候员额检察官说了算，逆向发展的时候，如不起诉、撤案等则可由检察长来决定。①

应当进一步完善权力清单制度，主要指向决定权的配置和行使，对逮捕权、公诉权、诉讼监督权等权力进行适当细分与合理配置。同时应适时确立全国统一的权力清单，实现统一业务应用系统与权力清单的对接。应完善与权力清单配套的责任清单和权力运用考核、监督机制，强化权力清单的贯彻落实机制，通过修改法律建立权力清单的法律保障机制。②

应当区别不同业务性质和需要，考虑引进对审听证程序要素，建构审前程序的弹劾制构造，这也是对检察官负责制的配套改革措施，对重要程序事项进行听证，通过司法化构造，以更为公正的方式来解决复杂疑难问题。

采用司法化措施的必要性标准，可以设定为以下两点：一是具有司法性质的决定，即案件的终局性处理决定属于司法审查的事项等，应当

---

① 龙宗智：《加强司法责任制：新一轮司法改革及检察改革的重心》，《人民检察》2014 年第 12 期。

② 龙宗智、符尔加：《检察机关权力清单及其实施问题研究》，《中国刑事法杂志》2018 年第 4 期。

采用司法化方式处理，如不起诉案件的听证程序。二是重大且有争议的程序性决定。为防止片面性，应充分考虑影响作出决定的相关因素，采用或借鉴对审听证的方式，在听取相关各方意见包括相互抗辩的基础上再作决定。如重大有争议案件的批准逮捕，羁押必要性审查，当事人或辩护人、代理人因权利受损害要求司法救济等。①

二、加强侦查卷宗的审查

为了保证批准逮捕以及提起公诉的准确性、公正性，公诉人员必须对侦查卷宗里的证据材料的真实性、合法性、充分性进行认真审查。以往实践表明，造成错误追诉的原因主要有：

第一，未经复核主要证据，草率批捕。检察机关的批捕部门受案数量多，且受到办案期限的限制，有些办案人员不提审犯罪嫌疑人，对主要证据不进行认真复核，可能忽视了案中多处供述或者多名证人证言存在差异，没有对证据之间的矛盾以及问题的关键点进行充分核查。

第二，注重审查有罪证据，忽视搜集无罪辩解和证据。有的办案人员片面强调打击职能，热衷于搜集和审查有罪证据，而对犯罪嫌疑人的无罪辩解和无罪证据置之不理；有的甚至认为是犯罪嫌疑人态度不老实的表现而加以训斥。

第三，不能及时发现侦查人员非法搜集证据的行为。有的案件到了起诉部门才发现证据之间不能相互印证，矛盾重重，只能作出不起诉决定。②

① 龙宗智：《加强司法责任制：新一轮司法改革及检察改革的重心》，《人民检察》2014 年第 12 期。
② 王炳祥主编：《检察艺术》，机械工业出版社 2003 年版，第 120—121 页。

因此，检察人员应当注重对侦查卷宗证据材料的全面审查。检察人员既要认真审查有罪证据和罪重证据（控诉证据），也要认真审查无罪及罪轻证据（辩护证据）；既要认真审查实体证据，也要认真审查程序证据；既要认真审查犯罪构成的定罪证据，也要认真审查影响刑罚的量刑证据。一方面，在很多案件的庭审中，公诉人需要在庭审时主动向法官提出量刑建议；另一方面，有的法庭审理被分为定罪和量刑两个阶段，进行量刑阶段的审理时，公诉人需要和辩护人提出的量刑意见交锋。为了达到法律效果和社会效果的最佳结合，公诉人都需要认真审查案件的证据。对于实务中较常遇到的自首、立功等罪轻证据，公诉人应当重视收集和审查。

公诉人员应当审查同一案件信息是否同时有不同种类的证据予以证实。有的侦查人员在获取到犯罪嫌疑人认罪供述后就认为案件大功告成，而没有提出反映相同案件信息的其他证据如物证等。所以检察人员应当注重对口供以外物证等客观性证据的审查。例如，应当审查侦查人员对于现场的血迹、指纹等是否作了同一鉴定，是否组织了辨认以及辨认的程序是否合法。对于讯问笔录，检察人员应当仔细审查讯问的地点、时间、人数以及签名。有的讯问犯罪嫌疑人的笔录上只有一名侦查员的签名，未在法定场所进行讯问，超出了法定时间讯问等。这些并不只是简单的“手续问题”，相反，反映出讯问未按法律规定的要求进行，可能影响到讯问笔录内容的真实性，检察人员应当排除此类证据。

对于关键的物证，检察人员要仔细审查相关的证据信息是否提取完整。例如，案件中收集的手机在外观辨认之外，是否提取了手机号、手机内存储信息等客观性证据。在毒品案件中，扣押、称量毒品时是否有见证人在场，是否为当场称量毒品；是否对不同形状、颜色、包装的毒品分别鉴定，是否单人送检毒品，与毒品贩卖相关的银行资金往来记录等书证是否及时提取；是否将重要的通话记录以及将技侦手段获取的资料转换成可出示的证据。[①] 此外，检察人员要注意侦查卷宗里不同证据之间的比对和审查。在面对言词证据多、间接证据多的案件，检察人员要严格审查案中已经核实的证据组合起来是否能够形成证据的锁链、是否能够达到定罪事实的排他性、唯一性。

检察人员应当认审查主要证据之间存在的矛盾，分析其可能的产生原因。刑事案件中证据之间存在矛盾可以说是一种必然的现象，不存在矛盾的刑事案件反而可能是“作假”的产物。因为犯罪嫌疑人可能为了逃避刑事打击而作虚伪陈述，证人等出于与当事人的利害关系而作伪证，以及案中存在虚假的鉴定结论等。检察人员的职责就是根据经验和逻辑，通过推理和判断，分析哪些矛盾属于根本性的矛盾(如罪与非罪、实施与未实施、有与没有)，哪些属于非根本性的矛盾（如打了三下还是两下)。对于根本性的矛盾，检察人员要深入探究其产生的原因，要找到其中的破绽，洞察其中可能存在的虚假证据，积极寻求发现案件的真相。如果侦查卷宗里证人证言、嫌疑人的供述和辩解、物证、鉴定结论等证据之间存在的矛盾不能得到排除，而侦查办案人员对此仅作出主观性的解释或进行敷衍的，公诉人员如果再不对其进行严格审查，就很可能就会使错案得不到及时的纠正。检察人员在审查证据时需要注意，证人的利害关系、警方的不当压力等可能导致产生虚假的证据。司法实践表明，证人证言、被害人陈述、鉴定结论等都存在虚假的可能。需要注意的是，公诉人员对于侦查机关出具的“情况说明”也不可轻信，因

---

① 姚俊峰:《论死刑上诉案件检察工作机制的完善》,贵州大学 2016 年硕士学位论文,第 15 页。

为有的侦查机关甚至提供虚假的说明材料。总之，公诉人员不应当过分相信侦讯笔录，更不可奉行“侦查笔录中心主义”。[①]

对于证据之间从表面看不存在明显矛盾的情形，检察人员在审查中也不可掉以轻心。例如，在某杀人案中，虽然犯罪嫌疑人的有罪供述与现场勘验一致，但是犯罪嫌疑人是案发后赶到现场的人员，看到过现场情况，其供述证明力有限；虽然案发现场有犯罪嫌疑人所留下的烟头，但是并不能证明是案发时犯罪嫌疑人所留；与犯罪嫌疑人同号关押过的人员的证言属于传来证据，证明力有限，且证言内容并不详细，有推测成分；因此不能凭此就认定是其作案。[②]

公诉人员在审查起诉阶段尤其要加强对非法证据的审查和排除。一方面，随着刑诉法对非法证据排除规则的进一步确认和强调，并且明确规定了控方证明证据合法性必须达到“排除合理怀疑”的标准，因此对公诉人审查证据的能力提出了很高的要求。这就需要公诉人主动严把证据关，提高非法证据排除的意识和能力，在审查证据时善于发现和排除非法证据。另一方面，新刑诉法下控辩对抗进一步增强，“不被强迫自证其罪”原则的贯彻将使得嫌疑人、被告人口供的获得越来越难、越来越少甚至零口供，而全卷移送以及律师阅卷权、会见权的保障，将使得律师有更强的力量在庭审时与公诉方展开对抗，辩护律师提出排除非法证据进而动摇控方的指控体系，以及法院启动非法证据的调查程序并排除非法证据，将越来越频繁，在这种形势下，公诉人将承担更重的出庭

① 陈瑞华：《案卷笔录中心主义——对中国刑事审判方式的重新思考》，《法学研究》2006 年第 4 期。

② 参见 2011 年洛阳市人民检察院向河南省人民检察院、河南省公安厅所作的《关于死刑案件办案机制落实情况汇报》中“不能正常诉讼命案情况”部分引用的吉新卫涉嫌故意杀人案。

压力。

公诉机关在审查起诉时要加强与公安侦查机关的沟通、协调。司法实务中，有的侦查机关工作人员认为非法证据的排除是检法两家的事情、与侦查机关无关，对于公诉办案人员在庭前核实证据的合法性存在一定抵触情绪，不太愿意配合；而有的侦查人员不愿意出庭说明取证的过程，或者不善于出庭说明取证的合法性，导致公诉人在法庭上证明证据合法性的手段单一，证明效果不佳。因此，公诉机关一方面需要明确要求公安机关全面移送犯罪证据，以便在审查起诉阶段准确判断实体事实；另一方面也需要明确要求公安机关全面移送程序证据，以证明侦查期限、取证程序等合法。

检察人员在排除有关非法证据后，应当及时对指控犯罪的证据体系进行补充。主要有以下两种方式：第一，重新取证，即对于具备重新取证条件的重新取证。第二，证据替代。如果物证、书证被排除，就通过获取相关的言词证据进行替代；如果言词证据被排除，就通过获取相关的书证、物证进行替代。

三、高度重视辩护性意见

要保障检察官的客观公正性，内部制约和外部制约缺一不可，尤其外部制约更是必不可少。在积极引入辩护方等外部力量的情况下，兼听则明，在一个诉讼化审查的构造上，通过以权力制约权力和以权利制约权力，使得检察官既可以独立行使职权，又不致滥权枉法，违反职业伦理。显然，这是我国检察改革的重点，必将又是一个漫长而艰难的历程。

检察官应当坚守客观公正立场，一方面不轻信侦讯笔录，另一方面应当高度重视犯罪嫌疑人、被告人及辩护律师的意见。

实际上，如果检察人员认真听取了被告方的辩护意见，许多冤案本来可以避免。例如，在重庆童某民被控杀人案中，曾做过刑侦警察的辩护律师张某东自童某民被捕就介入了这起案件。他从刑侦专业的角度有力地指出了案中存在以下缺陷：第一，童某民缺乏杀人动机；第二，童某民关于实施杀人经过、尸体处置等供述完全不符合常识、常理，不符合犯罪心理学；第三，童某民的供述与现场勘验及法医鉴定结果矛盾；第四，公安人员在侦办案件所采用的手段和所适用的程序上，违反了法律的规定。但是，张某东律师的意见并未得到检察机关采纳。①

具体而言，在检察官的批捕、审查起诉工作中，应当全面评价卷宗的信息，注意调查有利于被告方的证据。检察官在审查逮捕工作中应当坚持全部提审犯罪嫌疑人，全面听取其有罪供述和无罪、罪轻辩解，兼顾核实案件事实与证据的疑点。检察机关在对公安机关侦查取证进行引导和监督的过程中，应当注意保全有利于犯罪嫌疑人证据。检察官即使认为嫌疑人无罪的证据材料不真实、不可采，也应当让辩护律师了解这些证据材料。②

需要特别指出的是，案件进入批捕阶段之后，如果犯罪嫌疑人、被告人的近亲属及辩护人提出了进行精神鉴定申请的，检察机关应当选任鉴定人实施鉴定。在熊某林案件的庭审中，公诉人再次拒绝了辩护人提出的对熊某林进行精神疾病鉴定的申请。他说："法官叫你站起来你就站起来，你看起来不像精神病，你的家族三代之内也无精神病。从你的

① 李长城：《如何防范破案压力下的刑事程序滥用》，《人口、社会、法制研究》2011 年卷。

② 孙长永：《检察官客观义务与中国刑事诉讼制度改革》，《人民检察》2007 年第 17 期。

犯罪手段和实施犯罪后的行为来看，你的智商、情商是很高的。”中国公安大学教授李玫瑾在接受中央台记者录音采访时称：“如果犯罪嫌疑人有精神病，需要鉴定，公安机关在侦查阶段就会发现的。”①

但是，实际情况并非如此。在我国的司法实践中，如果案件一旦起诉到了法院，此时启动精神鉴定程序，往往被认为为时已晚。实践中，由于涉及警力、经费等原因，很少有法院直接将被告人送交作精神鉴定的案例。② 例如在广东潮州“疯汉杀人”案中，在法官决定为被告人刘某和进行精神鉴定之后，由谁来执行却成为问题。由于刘某和是杀人重犯，法院认为自身不具备押送条件，建议由检察院送鉴，检察院则以同样理由交由饶平县公安局送鉴。一直面临经费短缺的饶平县公安局，在数千元的鉴定费上很为难，因为刘某和家人已分文拿不出，最后由当地派出所和村委会负担才得以解决。

确实，司法精神病鉴定程序是其他任何程序所不能替代的，一个人是否患有精神病，必须经过专业权威的鉴定机构才能确定。③

第三节　加强公诉程序的司法审查

现代刑事司法注重程序正义，认为在追究犯罪的过程中通过弱化甚至剥夺被告方抗辩的能力并非正义，而是强调在控辩平等、力量均衡的

① 《熊某林杀人案庭审纪实》，中央广播电视总台《法治在线》栏目（2009 年 2 月 10 日）。

② 柴会群：《“疯汉”杀人的艰难免刑》，《南方周末》2010 年 9 月 9 日第 1 版。

③ 李长城：《论刑事诉讼中的精神疾病司法鉴定》，《中国司法鉴定》2011 年第 5 期。

前提下通过公正的审理来发现真实。对公正审判权的完整理解包括审判程序的公正和审前程序的公正，而审前程序的公正因其没有如审判一样进入公众视野而容易被忽视，但是审前程序的公正甚至更为重要，因为它在某种程度上就决定了最终的审判结果。实际上，公诉程序的“易发动性”正是导致公诉程序易被滥用的一个主要原因。

对提起公诉进行审查的核心理念也应当是“三角结构”。在法治发达国家的检察官制度中，理论上最为圆融、实务上也最具成效的监督机制，既非上级监督，也非国会立法，而是法院审查。① 为了保障检察职能的合理运行，笔者认为我国各级人民法院应当在以下几个方面加强公诉程序的司法审查。

一、加强提起公诉的实体审查

人民法院应当加强对人民检察院提起公诉的案件在证据和事实方面的实体审查。目前，我国在法院环节对提起公诉的审查主要是从程序方面进行审查，此种做法不足以及时过滤掉不合格的公诉。为了有效地防范公诉程序的滥用，我国应当对提起的公诉同时加强实体方面的审查，及时把不符合证据标准的起诉排除在法庭之外。

在证据的“充分性”的理解和把握上，应当注意的是，刑事诉讼发展的动态性特征使得起诉的证据标准与判决的证据标准存在差异。因为，刑事诉讼的发展过程就是案件事实逐渐展现、逐渐清晰完整的过程。具体而言，在立案阶段，通常是公安机关根据案发现场或被害人提

① 林钰雄：《检察官论》，法律出版社 2009 年版，第 116—117 页。

供的信息来判断可能有犯罪事实存在，并由此展开对犯罪嫌疑人的调查；在侦查机关掌握相当的证据之后，认为案情基本查清，就移送检察机关审查；检察机关在对证据进行审查的基础上，认为犯罪的各个构成要件事实均有足够的证据证明，并且能在法庭上被采纳，就提起公诉；法庭审理阶段，控辩对抗，双方的证据和主张得以全部在法庭上展现，在就证据和事实展开激烈的辩论的基础上，有关合理的怀疑被排除，由中立的法官对案件事实作出最终的认定。

与刑事诉讼的动态性发展相适应，刑事证明也是一个渐进的过程。刑事证明是一个证据由少到多的过程，也是一个证据体系逐步形成并得到确认的过程。刑事证明的发展过程决定了在诉讼的各个阶段，证据标准应有所不同。立案的证据标准最低，判决的证据标准最高，起诉的证据标准居中，低于作出判决的证据标准。① 在有的情况下，检察官认为有充分定罪可能性的案件，最终法官却没有支持定罪，检察人员对此也要充分理解。在角色上，检察官与法官属于不同的诉讼主体，检察官的角色是提起追诉的一方当事人，法官则是居中、中立的裁判者，在对同一问题的理解上存在差异是很正常的。

二、合理设置异地管辖的程序

目前我国司法实务中的异地管辖是一种指定管辖，主要适用于职务犯罪的审理，有时也适用于一些影响性的刑事案件，如贵州安顺警察张磊开枪杀人案在遵义市审理，四川广汉刘汉案在湖北武汉审理。根据笔

① 李长城：《论起诉的证据标准》，《四川政法管理干部学院学报》2002 年第 4 期。

者掌握的情况，当事人提出申请要求实行异地管辖的，还没有获得批准的先例，例如浙江东阳吴英案中，吴英的父亲向有关方面申请异地管辖，他的理由是吴英案在当地是不可能得到公正审理的。

为了有效加强对公诉滥用的制约，应当赋予嫌疑人、被告人申请异地管辖的法定权利。从前述公诉滥用的各种情形可以看出，该类案件已基本不可能在当地获得公正的办理。在此情况下，应当通过法律赋予嫌疑人和被告人申请异地管辖的权利。在有的基层存在“司法地方化”的情况下，嫌疑人、被告人拥有申请异地管辖的权利是极其重要的，可以说直接关系到司法公正的实现。异地管辖制度可以打破地方对刑事司法权力的绝对垄断，为被告人以公正的方式参与刑事诉讼程序提供有效保障。①

实际上，在我国近年来的司法实践中，为了把案件受到当地影响的因素降到最小，也在多次适用异地管辖。但是，异地管辖尚未形成统一的制度规定，在适用上具有一定随意性（如聂树斌和王书金案早该进行异地公诉和审理，却一直在河北省法院系统内循环而无结果）。一旦法律规定嫌疑人和被告人在一定情形下可以申请异地管辖，就可以有效对抗报复性起诉、寻找替罪羊的起诉等。

应当合理设置异地管辖的具体程序，确认公民的管辖异议权与异地管辖申请权并予以保障。在具体模式的设定上，异地管辖申请应当在审前向上一级检察机关提出并由其裁定，异地管辖适用于刑事被告以合理的证据证明该案件已经不可能在当地获得公正的审理甚至刑事程序已经被不法操纵的情形。②

① 李长城：《论新刑诉法对程序滥用的防范》，《湖南警察学院学报》2012 年第 5 期。

② 李长城：《论新刑诉法对程序滥用的防范》，《湖南警察学院学报》2012 年第 5 期。

三、增设公诉权滥用的司法审查程序

公诉程序的滥用很难得到公诉机关自身的主动纠正，因此必须通过中立的第三方进行审查和裁决，显然，法院是这一角色的最佳承担者。当然，我国实行三机关相互分工、相互配合、相互制约的原则，建立司法审查机制会有较大的阻力，但是这不应当成为拒绝改革的借口，相反应当将其作为改革的重要突破口。由法院对辩方提出的公诉程序滥用诉求进行审查，符合刑事诉讼“三角结构”的原理，也符合“司法最终解决”的法理。

首先，应当通过立法明确规定公诉程序滥用的标准是“一般无效”与“实质无效”相结合。关于一般无效，标有司法权力机关“应当”如何（行为）的刑事诉讼法条文，应当增补上“否则无效”四个字。关于实质无效，法律条文应当明确：公诉程序如果实质上侵害到了被告人公平受审的权利的，为无效诉讼行为。

其次，应当在立法中明确列举常见的公诉程序滥用的情形。公诉程序滥用的情形分为不起诉程序的滥用、起诉程序的滥用和公诉变更的滥用三大类，其中起诉程序的滥用包括无罪的起诉、证据不足的起诉、隐瞒证据的起诉、报复性起诉、利用虚假舆论起诉、选择性起诉、程序非法的起诉以及超过追诉时效的起诉等。

第三，与非法证据排除相类似，应当通过立法设置专门程序用来裁决当事人提出的公诉程序滥用的动议的审查。法官也可依职权主动对自己发现的可能存在公诉滥用程序的案件进行审查。具体而言，辩方有权在庭审之前提出公诉程序滥用的审查申请，也可以在法庭审理中提出公诉程序滥用的审查申请，对于一审法庭裁决不服的，还可以在二审法庭提出公诉程序滥用的审查申请。

第四，法庭应当限制性地使用程序中止，即只有在用其他方式不能纠正对被告造成的偏见的例外情形下，法庭才中止程序。我国的刑事司法具有强烈地追求实体真实的传统，在保障权利和打击犯罪之间应当取得一个适当的平衡，特别是在我国刑事追诉机关办案模式并非高度“精密”的情况下，如果条件设置过高，实践中难以做到，因此应当在设定严格底线的前提下，对刑事追诉程序中的一些瑕疵采取适当补救的措施。对于尚未构成严重违法、存有瑕疵的公诉不端行为，可以对存在的瑕疵进行补正，而不是采取一律排除或者中止程序的方式。

第五，对于检察官恶意滥用公诉程序的，必须进行惩戒。检察官的职业伦理的基本范畴包括职责、良心、荣誉、节操等，① 检察官职业伦理的核心价值与底线规范就是“客观公正”。在新刑诉法实施的过程中，公诉人员应当进一步强化人权保障的理念，强化程序公正的理念，强化证据规则的理念，强化依法监督的理念。为了使检察官的职业伦理规范真正发挥作用，设定必要的惩戒程序必不可少。事前制约与事后惩治密切配合，共同完成对检察权的监督制约。

完整的办案责任体系，需要有明确的检察官承担办案责任的情形、科学的惩戒机构设置以及完备的惩戒程序。② 我国《检察人员执法过错责任追究条例》中第三章“责任追究程序”规定由检察机关对具有执法过错的检察人员发起责任追究，这种行政化、同时也是理想化的追究程序基本上不具有可行性，原因很简单，本单位、本部门自行发动追究缺乏足够的“利益”，反而会带来一系列的“不利影响”。检察

① 《司法伦理学》，上海人民出版社 1988 年版，第 124 页。

② 周新：《论我国检察权的新发展》，《中国社会科学》2020 年第 8 期。

人员在执法办案活动中故意违反法律和有关规定或者工作严重不负责任，导致案件实体错误、程序违法以及其他严重后果或者恶劣影响的，应当追究责任。因此，通过法院来惩戒恶意滥用公诉程序的检察人员，才有可能把最高人民检察院颁行的《检察人员执法过错责任追究条例》落到实处。①

具体而言，经过法庭的审查，如果查明检察官由于故意或重大过失导致公诉程序滥用的，应当对当事检察官进行惩戒。换言之，由法院在就公诉程序的滥用作出裁定后，再由该法院依据有关规定对当事检察官作出相应的惩戒决定。显然，只有当法院采取更严格、更持久的方法去解决这一问题时，② 公诉程序滥用的现象才会从根本上得到遏制。

第四节　协调发展四大检察

近年来，随着经济的迅速发展，我国社会的主要矛盾已经转化为“人民日益增长的美好生活需要和不平衡不充分的发展之间的矛盾”。对此，国家需要构建多元公共利益维护机制，特别是要注意将法治手段作为实现人民美好生活的必经途径和制度保障。③ 其中，关键之一是强化检察机关作为公共利益维护者的角色，具体体现在刑事诉讼、民事诉讼、行政诉讼、公益诉讼以及未成年人检察工作协调发展。

---

① 最高人民检察院《检察人员执法过错责任追究条例》第 2 条。

② 桂亚胜编译：《美国检察权的滥用》，《中国刑事法杂志》2020 年总第 47 期。

③ 孙谦：《法治建构的中国道路》，《中国社会科学》2013 年第 1 期。

一、刑事检察的重点推进环节

根据2020年最高人民检察院工作报告，判处三年以下有期徒刑的人数占比已从1999年的54.6%上升至78.7%。在重罪比例下降、轻罪迅速增加、社会危险性较小的犯罪占多数的形势下，以往“构罪即捕”“有罪必诉”“一押到底”的传统办案模式已不能适应时代发展和社会需要，“少捕慎诉慎押”的理念应运而生。在最高人民检察院的指引下，从2021年开始全国检察机关的不捕率和不起诉率持续增加。例如，2022年1至6月，全国检察机关不捕率39.2%，同比增加10.8个百分点，不起诉率23.5%，同比增加9.1个百分点。“少捕慎诉慎押”刑事政策初见成效。在新的时期，刑事检察工作应当以轻罪治理为中心，通过机制创新来进一步实现少捕慎诉慎押。

（一）以少捕慎诉慎押为中心，发挥检察官在轻罪治理中的主导作用

在进入新世纪的二十多年以来，我国社会生活的各个层面与改革初期相比已发生了巨大的变化，在社会治安方面的表现为重罪减少、轻罪占比较大。在新时期如何看待和治理轻罪？笔者认为，应当结合刑事司法的一般规律与社会发展的实践，进行创新性地阐释。具体而言，我国新时期轻罪治理的理论基础主要有以下三个方面：

1. 刑事一体化视角下的谦抑理论

刑事谦抑理论要求，在社会治理中刑罚作为最严厉的治理方式，应当在不得已的情况下作为最后的手段使用，且具体适用的刑罚方式和幅

度应当在法律框架内尽可能合理地减少对被告人带来的不利影响，以利于被告人重返社会。刑事谦抑理论明显的特征是不提倡“重刑主义”，特别是不提倡通过“严厉打击”来实现犯罪控制。刑事谦抑理论的本质是比例原则在刑事法领域的适用，即刑罚手段的采用应当与被控罪行的严重程度成比例，不可过度适用。

谦抑理论的理解和运用应当在刑事一体化的框架下进行。德国等大陆法系国家的刑事法理论和实践历来注重从犯罪学、刑法学、刑事诉讼法以及刑事执行法学整体展开。国内学者也提出“刑事一体化”的理念，指出犯罪产生于社会矛盾，而社会矛盾的原因错综复杂，必须着力于社会综合治理，才能起到事半功倍的效果。①

对于我国新时期的轻罪治理也应当以刑事一体化为视角，从犯罪学、刑法学、刑事诉讼法学以及刑事执行法学的角度综合运用刑事谦抑理论。首先，从提请批捕最常见的轻罪类型来看，主要是危险驾驶罪、盗窃罪、诈骗罪、故意伤害罪等，社会危害性不是很大，构成犯罪无逮捕必要的案件占比较多。其次，大部分案件的被告人对被害方进行了赔偿，如果检察院批捕和起诉，在法庭审判环节很可能判处三年以下有期徒刑、拘役、罚金、缓刑等，在刑罚执行阶段可能还会涉及到社区矫正，因此为了降低羁押率，完全可以在审前阶段进行刑事分流，这样也更符合司法经济性的要求。

审查逮捕本来属于刑事诉讼程序中的一个环节，然而实践表明，审查逮捕程序还可具有刑事实体法的教化矫正功能，实现特殊预防，这也验证了谦抑理论在刑事一体化框架下运用的合理性。例如，在某盗窃案

---

① 储槐植:《刑事一体化论要》，北京大学出版社 2007 年版，第 409 页。

中，犯罪嫌疑人赵某将汽车修理厂里一辆汽车上的一部手机偷走，该手机鉴定价值2324元，事后已退还失主。在该案的审查逮捕听证中，在公安机关人员发表意见后，汽修厂老板说："赵某上班才5天，没有什么不良习惯，能够遵守单位的规章制度，可以对他从轻处理。"被害人李某说："赵某是个年轻人，还是算了，给他个机会。"嫌疑人赵某的母亲说："他刚成年，刚从职高毕业，希望大家给他一个机会改过自新，我以后会对他加强管教。保证监督他在司法机关通知时随传随到。"值班律师说："赵某要知错能改，多学习法律，大家都对某表示谅解，要让他认真吸取教训，以后踏实工作。"检察官告诫犯罪嫌疑人家长以后要对其加强管教，最后作出了不批捕的决定。

2. 刑事纠纷解决理论

刑事诉讼法的任务是通过正当程序迅速解决刑事案件、恢复受到犯罪侵犯的社会的法律秩序。对应于刑事案件多种多样的形态，需要建立多元化的处理方法。多元化的刑事案件处理办法，都应该认为实现了刑事诉讼法的任务。[①] 刑事诉讼要解决犯罪嫌疑人、被告人与国家追诉机关之间的刑事纠纷，如果这种纠纷在审前就得到解决，同样是合目的的。原因在于，刑事诉讼在保障国家追诉权力正当化行使的前提下寻求对被破坏的法秩序的恢复，而不进入审判也可能恢复法秩序。特别是刑事诉讼法的独立性，在一定程度上缓和了以实现刑法为终极价值的实体真实主义倾向，也在一定范围内承认了犯罪的非刑罚化，即避免通常刑事审判程序的审理、决定方式，而由其他非刑罚性处理方式取而代之。

① 田口守一：《刑事诉讼法》，刘迪等译，法律出版社2019年版，第13—14页。

在轻罪案件中，犯罪事实和证据往往无争议，而且有的犯罪嫌疑人、被告人与被害人之间是邻里、亲戚、朋友或者同事关系，纠纷居多，在不批捕、不起诉、不羁押的情况下解决纠纷具有现实可能性。另一方面，通过轻罪刑事案件的审前分流也有效减少了办案的压力，节省了诉讼资源。

在当代刑事诉讼中，当事人的地位已经从发现案件事实、惩治犯罪的工具提升为刑事诉讼的主体。国家重视参与解决案件的诉讼关系人的行为，当事人对刑事诉讼进程的影响日益扩大。犯罪嫌疑人、被告人不再处于被动地等待处置的客体化地位，被害人对刑事诉讼的参与也对刑事诉讼程序的发展发挥着重要的影响。①

检察官在审查逮捕和审查起诉的过程中，积极地运用附条件不批捕和附条件不起诉能够有效地解决纠纷，实现少捕慎诉慎押。具体而言，检察官在审查逮捕听证过程中要注重社会矛盾的化解，充分利用一切条件和可能促成犯罪嫌疑人与被害人双方和解，弥补被害人遭受侵害的损失，修复社会关系，并将犯罪嫌疑人是否与被害人达成和解协议、取得被害人谅解或积极赔偿被害人损失作为是否批捕、起诉的重要考虑因素。在逮捕听证程序中，被害人的主体地位得到体现，有利于在被指控人与被害人之间达到一种平衡，从而促进纠纷解决，修复刑事社会秩序。

检察机关在审查逮捕和审查起诉程序中还承担着化解社会风险的重要任务。我国目前处于社会转型期，涉案当事人的利益诉求可能存在不理性的状况，一旦在案件处理中得不到满足就可能采用信访等方式来扩大影响，从而带来一定的社会风险。有的案件争议即使只是涉及到“社

① 刘涛：《刑事诉讼主体论》，中国人民公安大学出版社2005年版，第89—90页。

会危险性”，后期也存在着当事人信访的可能，因此检察机关在审查逮捕和审查起诉程序中还承担着化解社会风险的重要任务。检察官通过注重犯罪嫌疑人和被害人双方的意见沟通，能够有效化解被害人对不批捕、不起诉的结果不满意、不服气、不接受的状况，减少反复上访的风险。

3. 轻罪治理中检察官的主导角色

传统的刑事诉讼理论尊奉“审判中心主义”，要求控辩纠纷的解决集中在法庭审理阶段，在双方当事人到场的情况下，以直接、言词的方式公开进行。当代世界各国的司法实践以一种强大的活力拓展出多元化的格局，审前程序的重要性日益凸显。司法实践中大多数的案件根本不会进入审判阶段就告终结，如不立案、撤案、撤诉、不起诉；有的案件本来应当进入审判阶段却基于效率等的考虑而以一种审判的替代方式结束。[①] 当代刑事诉讼已“由法庭中心主义的一元刑事诉讼中摆脱出来，而寻求在程序各个阶段承认主体性的多元刑事诉讼的质变”。[②]

几乎所有的国家的轻罪案件都存在合意型刑事程序。在意大利、西班牙、葡萄牙等国的刑事诉讼程序改革均产生了全新的诉讼程序。其中，刑事案件主要由检察官作实质性处理，而不是由法官开庭进行全程审判。该程序主要用于经犯罪人同意的情况下在审前程序的处理。[③] 在不少国家，检察机关可以直接处理刑事案件。犯罪人可以通过交付一定的金钱而避免被起诉和公开审判。

---

① 孙长永：《审判中心主义及其对刑事程序的影响》，《现代法学》1999 年第 4 期。

② 土本武司：《日本刑事诉讼法要义》，董璠舆、宋英辉译，五南图书出版公司 1997 年版，第 2 页。

③ 皮特 · J.P. 泰克编著：《欧盟成员国检察机关的任务和权力》，吕清、马鹏飞译，中国检察出版社 2007 年版，第 7 页。

因此，如果我们综合考虑这些因素，就会发现，检察官不是以一方当事人或超然的“法律卫士”的形象出现的，而是一个在很大程度上塑造了案件结果的官员——无论其起诉还是不起诉。[①]有研究者指出，检察官实际上既不是一个偏袒者，也不是一个超然的法守护者，其已成为“法官之前的法官”，我们应当认可这个现实，并赋予其与法官平等的法律地位。[②]

从国际上来看，近年来很多国家刑事诉讼程序在改革中呈现出的一个突出特点是，一些刑事案件主要由检察官作实质性处理，而不是由法官开庭进行全程审判。在与犯罪人形成合意的情况下，由检察官在审前程序中对这类案件作出的处理，在实践中往往具有终局性，其中最典型的就是附条件不起诉（有的地区也称暂缓起诉）。附条件不起诉通常附以一般条件或特殊条件，在大多数国家中，一般条件通常是犯罪人在考察期间不再犯罪，特殊条件则通常旨在要求犯罪人赔偿因犯罪行为而造成的损失，或者改变犯罪人将来的行为。许多国家适用缓刑的条件同样适用于附条件的不起诉。在理论上，检察官在附条件不起诉中所附加的条件不能等同于判刑，但是该条件中的裁断因素也可被看作类似刑罚的处置。随着不少国家的检察机关被赋予一些裁判和处分的权力，检察机关承担起诉任务和法院承担裁判任务之间的界限和区分在日益缩小。[③]

我国 2012 年《刑事诉讼法》就规定了可能判处 3 年有期徒刑以下刑罚的案件可适用附条件不起诉，但是适用对象仅限于未成年犯罪嫌疑人；最近十年轻罪治理的司法实践对于成年犯罪嫌疑人的附条件不起诉

---

① 艾瑞克·卢拉、玛丽安·L. 韦德主编：《跨国视角下的检察官》，杨先德译，法律出版社 2016 年版，第 370 页。

② 托马斯·魏根特著：《检察官作用之比较研究》，张万顺译，《中国刑事法杂志》2013 年第 12 期。

③ 皮特·J.P. 泰克编著：《欧盟成员国检察机关的任务和权力》，吕清、马鹏飞译，中国检察出版社 2007 年版，第 7 页。

有较大需求。尤其是2018年以来我国推行认罪认罚从宽制度，检察官对于轻罪案件进行审查批捕和审查起诉时，就不只是从某一程序环节来考虑，而是会更多地考虑案件的最终处理——尤其在我国实施捕诉一体化之后，审查批捕的检察官与随后负责起诉的检察官往往是同一人。因此，对于大多数轻微刑事案件（其中有很大一部分涉及到经济赔偿），检察官在审前程序中的角色已经在一定程度上由案件的“批捕者”转变为类似“法官”的角色。具体而言，在审查逮捕程序中，如果被害方与犯罪嫌疑人意见沟通以及赔偿落实情况良好，检察官可以依法作出不批捕（以及随后不起诉）的决定；如果轻罪案件中犯罪嫌疑人认罪态度好，真诚悔过，检察官也可以作出不捕、不诉的决定，最终实现轻微刑事案件在审前阶段的分流。

（二）践行少捕慎诉慎押

为了进一步积极贯彻最高检提出的“少捕慎诉慎押”理念，应当努力探索少捕慎诉慎押的有效机制，在以下三个方面实现创新：

1. 完善侦监协作机制

“少捕慎诉慎押”理念的实施有赖于新型侦检关系的建立，即审前程序贯彻以检察为中心，实现侦检双方信息共享、即时沟通、统一执法理念和办案标准。

为进一步贯彻实施最高检与公安部联合发布的《关于健全完善侦查监督与协作配合机制的意见》，各级检察院应当在公安机关设立侦查监督与协作配合办公室，实现监督关口前移，以会签文件的方式明确规定捕前分流工作机制、侦查监督信息双向通报制度以及重大疑难复杂案件会商制度等。

首先，检察院每日安排轮值检察官及时解答公安机关在刑事案件办理中遇到的问题。对于轻微刑事案件犯罪嫌疑人是否需要提请批准逮捕，公安机关向监督协作办公室咨询意见；检察机关依据法律和相关规定，提出提请逮捕或者直接移送起诉的建议，积极推动不捕率低位运行。对于疑难复杂敏感案件，检察机关经公安机关商请提出意见，对案件定性、取证方向、事实认定、法律适用、办案程序等提出意见，努力消除认识分歧，就案件处理达成共识。

其次，建立信息交互制度。检察院通过与公安局沟通，明确刑案信息查阅、获取、使用、交换的权限、范围、途径。通过每月开展“双向交流”、每季度召开“联席会议”等方式，细化工作要求，加强协作配合，统一认识、消除分歧，形成工作合力。监督协作办公室定期向公安机关通报刑事立案、强制措施适用、类案办理、侦查监督等方面业务分析情况。公安机关则对存在的执法问题进行及时纠正和整改落实，进一步提升执法办案水平。监督协作办公室通过个案经验总结推广至类案办理，理顺刑事诉讼关键环节的衔接流程。

最后，监督协作办公室定期汇总梳理分析研判执法办案中出现的新情况、新问题，侦查监督与协作配合中存在的问题，提出规范执法、提升办案质量的意见建议。适时与公安机关法制部门展开联合调研、举办同堂培训、庭审观摩评议、共同编发办案指引等，共同促进规范执法和办案质量。

总之，充分发挥侦查监督与协作配合办公室平台协调作用，及时提前介入，与公安机关通过召开案件分析会、提供法律咨询、沟通个案监督、明确续侦方向等方式，统一执法理念和办案标准，并对公安机关执法办案全过程进行跟踪监督指导，促进侦查监督与协作配合质效不断提升。

2. 社会危险性量化评估

在审查批捕时，犯罪嫌疑人的社会危险性是检察人员判断的核心要素。有研究者指出，社会学上的风险评估理论和统计学上的数学建模理论为构建审查逮捕社会危险性评估量化模型提供了方法，可以将影响逮捕适用的各项因素及其作用大小加以量化，并参照风险位阶表，得出应否逮捕的意见，以供办案机关参考。① 实务中也有办案机关通过细化各项风险指标并进行风险等级评估的方法来决定是否逮捕。然而，各单位采用的量化评估指标的构成体系及要素分值并不统一，在推广适用上也面临一定困难。

一方面，犯罪嫌疑人社会危险性的量化评估具有一定科学性；另一方面，又不能盲从现存已有的社会危险性量化评估模型（包括软件），而应当从各检察院近年办理的实际案例和经验中根据不同类型的犯罪，提炼出本地化的犯罪嫌疑人社会危险性量化评估表，通过打分的情况对犯罪嫌疑人是否应当批捕作出评估，同时对涉案犯罪嫌疑人的量化评估保持开放，必要时进行修正。

首先，对近年来办理的构成犯罪不捕（无逮捕必要）案件的类型进行梳理，常见的主要有：容留吸毒、寻衅滋事、故意伤害、危险驾驶、妨害公务、盗窃、非法捕捞水产品、掩饰、隐瞒犯罪所得、诈骗、组织

① 王贞会：《审查逮捕社会危险性评估量化模型的原理与建构》，《政法论坛》2016 年第 2 期。

他人偷越国境、开设赌场、非法侵入住宅、非法拘禁等。

其次，对近年来办理的微罪不起诉和附条件不起诉案件的类型进行梳理，并将不同类型附条件不起诉所附条件列为重点评估因素。例如，危险驾驶致人死亡不起诉所附条件是已赔偿被害人家属并获得其谅解；发生在邻居、亲戚、朋友、同事之间的盗窃、故意伤害、诈骗等不起诉所附条件主要包括犯罪嫌疑人自首、钱款已退回（或者有计划地分期偿还）、积怨得到化解等。显然，不起诉所附条件（类型）对于解决刑事纠纷的可能性意义重大，也直接影响到对于犯罪嫌疑人“社会危险性”的判断。

再次，通过梳理、总结后提出，在大多数案件中犯罪嫌疑人不具备社会危险性或社会危险性已降低的常见因素有：犯罪嫌疑人认罪悔罪，已赔偿，系初犯、偶犯、从犯，自首，犯罪情节轻微，犯罪嫌疑人的个人情况、家庭情况以及受害人情况，主要证据已固定等。

最后，影响犯罪嫌疑人社会危险性判断的负面（减分）因素通常有：犯罪嫌疑人有前科；曾被强制戒毒；系无工作、无固定住址的三无人员；系组织者、首犯；系网上追逃抓获；若不逮捕，有串供风险；不批捕有可能再犯（贩毒嫌疑人）；已构成轻伤；诈骗数额大；有逃跑可能，未赔被害人。当然，如前所述，这些因素也并非绝对。例如对于外地籍的盗窃犯罪嫌疑人，在涉案数额不大可能不判处实刑的情形下也可作出不捕决定。

此外，检察人员在作社会危险性量化评估时还需考虑犯罪嫌疑人的羁押替代措施、不到案的风险把控以及考评的风险（错不捕）等。

3. 检察听证

2020 年 10 月最高人民检察院发布《人民检察院审查案件听证工作

规定》，2021年6月中共中央印发《关于加强新时代检察机关法律监督工作的意见》，提出“引入听证等方式审查办理疑难案件，有效化解矛盾纠纷”。

我国的审查逮捕程序尚未全面实行侦查机关与辩护方同时到场的听证审查，[①] 现行强制措施体系仍需从逮捕羁押的司法化等方面进行完善。[②] 在一些有争议的案件中，检察官在审查批捕和审查起诉时采用对审听证的方式，在相互抗辩的基础上充分听取相关各方的意见，能够防止裁断的片面性，既符合检察官办案方式“适度司法化”的改革路径，[③] 也是审判中心下完善诉讼结构的必然要求。[④] 近年来我国刑事司法体制改革的系列举措，也为设置检察听证程序提供了制度支撑。[⑤]

举行公开听证，是检察机关为广泛听取各方意见、深化检务公开、自觉接受监督、确保案件得到依法正确处理采取的一种办案方式。通过听证，审查逮捕和审查起诉程序能够实现从书面到口头、秘密到公开、从行政化到诉讼化的重要转变。[⑥] 审查逮捕采用听证的形式后，改变了检察机关以往仅凭审阅公安机关报送的案卷材料作出是否批捕的审查形式，采用双方直接、言词抗辩的诉讼化构造，公安人员需要在听证会上说明请求逮捕的理由是什么。在检察听证程序中，检察机关主动听取各

---

① 陈永生：《逮捕的中国问题与制度应对——以2012年刑事诉讼法对逮捕制度的修改为中心》，《政法论坛》2013年第4期。

② 易延友：《刑事强制措施体系及其完善》，《法学研究》2012年第3期。

③ 龙宗智：《检察机关办案方式的适度司法化改革》，《法学研究》2013年第1期。

④ 闵春雷：《论审查逮捕程序的诉讼化》，《法制与社会发展》2016年第3期。

⑤ 张泽涛：《构建中国式的听证审查逮捕程序》，《政法论坛》2018年第1期。

⑥ 李天琪：《“‘少捕慎诉慎押’的检察实践”系列报道之四：破解“少捕慎诉慎押”难题，如何出招?》，《民主与法制》2022年第29期。

方的意见和建议，听证程序的公开和透明能够有效消除封闭式审查程序可能在社会公众中产生的不理解和不信任。

例如，在刘某交通肇事案的审查逮捕中，根据法律，刘某已经构成了交通肇事罪，但刘某积极悔罪，刘某家属已对被害人家属进行了经济赔偿，并取得了谅解，那么捕还是不捕呢？在公开审查听证会上，办案侦查员充分阐明了刘某构成犯罪，有逮捕的必要性；辩护律师出示了无逮捕必要性的相关证据材料，并说明死者家属和刘某家属进行了深入沟通。整个会议在事实和证据面前进行了充分讨论，在综合评判各方意见的基础上，检察官当场作出不批捕的决定，大家一致表示赞同。

需要指出的，检察听证还具有在检察官主持下解决犯罪嫌疑人和被害人之间纠纷的重要功能。例如在吴某故意伤害案的审查逮捕听证会上，被害人的妻子提出，现在已出了 3 万元医疗费，希望对方把医疗费出了，现在看来家属态度不是很配合；被害人提出，我们希望逮捕吴某。又如在叶某故意伤害案中，被害人近亲属在听证会上提出，本方并没有获得赔偿；嫌疑人亲属只找我们协商过一两次，并不是他们说的十余次，我们也愿意再次协商，如果犯罪嫌疑人履行了赔偿，我方同意不批捕。还有案件的逮捕听证中，被害方提出愿意谅解犯罪嫌疑人，但是要求犯罪嫌疑人释放出来后遵纪守法、不要再实施骚扰行为。

从实践来看，实施审查逮捕听证后逮捕率降低，检察官的司法亲历性更为明显，在决定是否批准逮捕上更为客观公正，审查逮捕听证确实明显起到了提高逮捕质量、加强人权保障的功效。

在推进以轻罪治理为中心的少捕慎诉慎押工作机制中，还需要注意以下问题：首先，城市近郊基层检察院的实践中的一些经验和做法对于中心城区而言同样具有参考价值，只不过其中的一些指标因素需要结合中心城区的固有特点进行必要的调整；其次，在轻罪案件的少捕慎诉慎押工作中，检察机关因为在审前程序中处于绝对的主导地位，因此需要加强必要的制约，以防范廉政的风险。这种制约应当既包括公安司法机关的体制内制约，也包括体制外的制约，如被害人、犯罪嫌疑人及其律师等。最后，在落实“少捕慎诉慎押”理念的过程中，检察机关应当加强对因微罪被不捕、不诉的犯罪嫌疑人的惩戒和教育，以实现最佳的法律效果和社会效果。

二、民事行政检察的重点推进环节

就公益诉讼检察工作而言，其凸显检察机关作为公共利益的代表这一法律定位的特殊性，对此，既要明确检察机关提起民事公益诉讼的程序规则，又要提升检察建议的刚性效力。目前，公益诉讼检察工作仍处于发展上升阶段，还有必要科学确定公益诉讼案件范围、妥当处理检察公益诉讼与其他诉讼之间的关系，特别是根据行政公益诉讼、民事公益诉讼以及刑事附带民事公益诉讼的实际特点，建立健全相应的协同运行机制，保障公益诉讼的持续高效发展。[①]

（一）民事检察的重点推进环节

检察机关在进行民事和行政监督时要注意在维护司法公正的同时，

---

① 周新：《论我国检察权的新发展》，《中国社会科学》2020 年第 8 期。

维护民事行政审判构架的平衡。具体而言，需要在宏观上处理好以下三个方面的关系：[①]

第一，要规范监督程序，限制监督范围，民行监督重点要放在损害国家利益和社会公益以及严重司法不公、社会反响强烈的案件上，而不能事无巨细案无大小，干预过宽。

第二，在监督中要注意当事人处分原则、当事人平等对话的原则对检察监督的限制，要遵循民事诉讼的规律。

第三，注意既要保障司法公正，又要维护审判权威。检察监督的目的是在促进司法公正，解决社会纠纷，因此应当维护审判的独立性和权威，应当注意维护法院裁判的既判力，除非裁判确实不公。

在民事检察的具体工作推进上，还应注意把以下重点环节作为进一步突破的关键：

第一，更新监督理念，厘清民事检察发展思路。树牢精准监督理念，重点办理司法理念方面有纠偏、创新、进步、引领价值的典型案例。树牢能动监督理念，加大调查核实工作力度，树牢“定分止针”理念，践行新时代枫桥经验，充分运用案件公开审查、公开听证、公开答复、检调对接等方式，依托矛盾纠纷多元化解机制，努力将纠纷化解在检察环节，化解在基层。树牢法律共同体理念，与被监督者建立良性、互动关系。[②]

第二，针对民事检察发展不平衡现状，综合施策推进工作。强化同级监督，努力纾解案件“倒三角”局面。针对市县两级院的不同特点开展分类指导，增强指导的针对性，充分发挥考核指挥棒的作用，突出重

---

① 龙宗智：《检察制度教程》，法律出版社 2006 年版，第 285—286 页。

② 四川省人民检察院第六检察部：《四川民事检察工作情况》2020 年第 6 期。

实干、重质效考核导向，激发工作滞后地区积极性，补齐弱项和短板。加强对民族地区工作的指导，推动民族地区协调同步开展工作。

第三，找准基层院工作重点，夯实民事检察基础。完善民事检察与刑事检察、检察机关与相关职能部门的线索移送与反馈机制，加快推进“智慧民事”平台建设，实现基层民事检察案源的有效拓展。指导基层检察院明确民事、行政、公益诉讼检察工作着力点，统筹基层院“三大检察”工作融合发展。①

第四，加强履职能力建设，探索设立专业化办案组织。适时增配民事检察人员，提高员额检察官的比例。以民法典出台为契机，加强专业培训，打造一支高素质民事检察队伍。省市两级院要通过繁简分流优化办案程序，省院要探索建立类案专业化团队；省市院要充分发挥领导作用，探索建立民事检察一体化办案机制，统筹协调辖区内民事检察办案力量的有效使用。基层院要从有利于挖掘虚假诉讼、审判程序和执行活动监督线索、开展调查核实的需要出发，更多配备具备调查能力的年轻干警。探索推进与人民法院互派干部任职、挂职交流制度，充实业务熟手。②

（二）行政检察的重点推进环节

行政检察的核心在于督促依法行政，这种检察监督活动贯穿于行政诉讼和行政执法活动的全过程，既包括对结果的监督，也包括对程序的监督。作为专门对公权力进行监督的检察活动，那么，检察机关应当重

---

① 四川省人民检察院第六检察部：《四川民事检察工作情况》2020 年第 6 期。

② 四川省人民检察院第六检察部：《四川民事检察工作情况》2020 年第 6 期。

点针对行政诉讼立案难、审理难、执行难等问题，以及行政机关履职中存在的突出问题，在全面调查核实的基础上提出具有针对性、可实施的监督建议，督促行政机关依法行政。①

具体而言，我国的行政检察工作还需要在以下四个方面进行重点推进：

第一，加强上级检察机关对下级的指导，在加大办案力度，破解发展瓶颈上下功夫。②一是针对各地检察机关的不同问题，加强分类指导，引导转变工作理念、拓宽工作思路，帮助分解问题。对照全年目标任务，加大办案指导力度，层层传导压力，努力消除工作精力投入不足，办案工作搞“波段式”操作，地区发展不平衡等问题。二是以开展重点工作培育试点为契机，调动地区工作积极性，打造一批有引领、辐射和带动、示范效应的行政检察“头雁”，带动周边落后地区。三是加强案源机制建设，强化线索发现意识，依托裁判文书公开网、“行刑衔接”等平台拓宽案源渠道，注意从党委、人大和政法委交办、转办、协调处理等多种渠道发现案件线索，利用不同载体有针对性地宣传行政检察职能，提高行政检察的社会知晓度。四是加强跟踪问效，对提出监督意见的案件，加强与人民法院、行政机关的沟通协调，保证件件有落实，力争消除巨大分歧，争取最大共识，不断提高监督意见的采纳率。

第二，强化精准监督，在提升监督质量上下功夫。注重阅卷审查和调查核实相结合，注重听取当事人意见，注重加强与原审法院的沟通，积极借助专家咨询网和专业人员辅助办案机制，确保监督案件事实认定

① 周新：《论我国检察权的新发展》，《中国社会科学》2020 年第 8 期。

② 四川省人民检察院第七检察部：《四川行政检察工作情况》2020 年第 7 期。

清楚、法律适用准确、审查意见正确。完善对提出抗诉、检察机关案件的跟踪问效，及时了解案件进展，对有错不纠的，及时提请上一级检察院抗诉，形成接力监督。①

第三，抓实专项活动，在完善长效机制上下功夫。着力解决行政争议化解程序不规范、方式不统一、标准不明确等问题，引导试点地区加快推进试点工作，尽快推广先进工作经验，加大公开听证工作力度，力争省市两级院行政检察公开听证全覆盖。探索行政检查全方位切入行政争议调处的方法和路径，以行政争议实质性化解推动行政诉讼程序空转问题的系统治理。②

第四，聚焦环境资源、食品药品安全、国有财产保护等重点领域，关注涉及三大攻坚战、民营企业等重点案件，有针对性地围绕劳动保障、知识产权、失信联合惩戒措施等民众关注度高的问题，探索开展特色亮点的“小专项”监督工作。针对工作中发现的共性问题进行梳理，及时向有关部门发出检察建议，努力形成“监督一案，影响一片”的监督效果。注重总结提炼，在机制建设、办案经验、典型案例等方面形成高质量成果。③

三、未成年人检察的重点推进环节

针对我国的司法实践，未成年人检察的重点推进环节主要包括以下三个方面：

---

① 四川省人民检察院第七检察部:《四川行政检察工作情况》2020 年第 7 期。

② 四川省人民检察院第七检察部:《四川行政检察工作情况》2020 年第 7 期。

③ 四川省人民检察院第七检察部:《四川行政检察工作情况》2020 年第 7 期。

（一）解决附条件不起诉实务中存在的问题

1. 以检察机关为主导，完善罪错未成年人分级干预的体系。与国外少年司法的“法院中心”不同，以检察机关作为我国少年司法体系的主导机关，更符合中国的法律规定和实务状况。我国应当由党政部门充分协调、供给相关资源，并在市域范围内统一使用，而由检察机关在未成年人保护和犯罪矫治方面加强对公安机关、普通学校、专门学校、社会组织的指导和监督，使得少年司法的一般规律在中国本土得到积极贯彻，最终形成罪错未成年人分级干预的有机体系。

例如，在家庭方面，检察机关可以联合团委、妇联等部门建立标准课程体系的亲职教育模式，同时定制个性化家庭团辅方案；在学校方面，联合教育、司法等部门开发分级分类法治教育课程体系，并在中小学设立不良行为校方告诫制度以及后续跟进帮教等机制。

2. 准确理解和适用附条件不起诉。首先，附条件不起诉的适用范围可以适当放宽，一般可能判处三年以下有期徒刑的未成年人犯罪案件在不起诉也可能修复刑事秩序的情况下都可以考虑适用附条件不起诉。其次，加强对附条件不起诉未成年人帮教工作的全程监督，只有确定导致未成年人犯罪的原因已经充分消除的情况下才能够判定未成年人的帮教工作取得成效。

（二）进一步强化农村未成年人性侵防范和司法保护的检察监督

1. 农村未成年人性侵害案件的主要特点

第一，受到侵害的未成年人多为农村留守儿童。多起案件均发生在农村地区及城乡结合部等特定的社会环境，性侵害案件的被害人多为长期脱离有效监管的留守儿童。农村留守儿童大多由祖辈隔代监护、被委托给他人监护或者单方父母监护。但是，祖辈监护人年纪往往偏大、文化水平偏低，法律意识淡薄，受传统的思想观念以及固有的人情思维影响，不知道对未成年人的侵害是犯罪行为而未报案或者不愿意报案。其他被委托的年轻监护人也都有各自的家庭需要照顾，因此在监护留守儿童时难免存在疏漏之处，尤其是缺乏对孩子预防性侵害相关知识的教育，在某种程度上为性侵行为的发生提供了可乘之机。

未成年人缺乏较强的自我保护意识，其认知也会受到情感和情绪的影响。留守儿童由于与父母交流很少，导致内心孤独，性格内向，渴望受到他人的关爱。由于情感的缺失导致留守儿童容易受到诱惑、遭受他人侵害，并且在遭受侵害时不敢反抗，甚至不敢拒绝犯罪分子的要求。留守儿童在遭受性侵害后往往不敢告知自己的父母或其他亲人，并害怕受到家人的责骂以及他人的非议，使得犯罪人逍遥法外甚至对留守儿童长期实施侵害。

第二，熟人作案居多，持续时间长且地点隐蔽。被害未成年人多生活于农村社区，多数犯罪行为人与被害人具有亲属、朋友、邻居等密切的社会关系。部分单亲监护人在建立重组家庭后，未充分关注孩子身体及心理的日常变化，以致出现重组家庭成员性侵犯罪的发生。如骆某某强奸案，犯罪嫌疑人骆某某与被害人王某某（12 岁）系继父女关系，骆某某趁王某某假期住在自己农村家中的便利条件，长期多次与王某某发生性关系。由于犯罪行为人与被害人之间的特殊关系，使得犯罪行为人更有机会接近被害人，且监护人不易察觉性侵害行为的发生。

犯罪行为人实施性侵害的地点具有较强的隐蔽性，通常为犯罪行为人或者未成年被害人的家中。如刘某某涉嫌猥亵儿童案，犯罪嫌疑人刘某某系被害人冉某某（5 岁）的邻居，刘某某用手机引诱的手段将冉某某带至其住所对冉某某实施猥亵。在少数案例中，犯罪行为人选择未成年人放学途中的偏僻路段对未成年人实施猥亵。犯罪地点的隐蔽性使得对未成年人的侵害行为不易被发现。

有部分未成年人性侵害案件的发生地点为宾馆，但是涉案宾馆未依法进行住宿登记、入住询问以及强制报告。如张某某、胡某某强奸案，多名未成年人入住，涉案宾馆仅登记一人，且未询问入住未成年人之间的相互关系，对处于危险中的未成年被害人没有及时履行强制报告义务。

第三，案发方式多以被动发现为主，部分涉案未成年人为自愿发生性关系。在某县 16 名被侵害未成年人中，只有 4 名被害人遭受性侵害后主动报案或者告诉家人，其余 12 名均为被害人情绪或身体出现异常被家人发现或有人举报后发案，在家人的追问下才如实说出自己被性侵的事实，其中 5 名为 14 岁以下未成年被害女性与犯罪行为人自愿发生性关系。如卫某强奸案，被害人董某某（13 岁）多次与卫某自愿发生性关系，直至他人报案，在董某某父母的逼问下，董某某才说出自己被侵害的事实。

第四，未成年被害人身心恢复存在一定困难。被害未成年人年龄小，身心发育不成熟，性侵带来的伤害更为严重，因而需要父母、家庭更多的关爱。未成年被害人在遭到性侵之后，不了解事情的严重性，或感到羞耻难以启齿，在寻求外界帮助方面面临困难。案发前被害人的不敢告诉和案发后家人的闭口不提，导致受侵害的未成年人无法得到及时关爱、抚慰和疏导。如杨某某等人涉嫌强奸案中，被害人宁某某因父母常年在外打工长期而与兄嫂一起生活，宁某某被性侵后，无法得到父母的关爱和引导，导致出现了抑郁和焦虑等心理问题。

此外，农村未成年人遭受性侵害也反映出学校教育失衡，缺乏法治宣传及安全教育。因客观原因造成的家庭监管缺失，使得学校的监管教育显得尤为重要。但是目前我县的教学水平以及师资力量可能暂时还无法让每个未成年人都得到足够的关爱及心理疏导，大多数学校普遍重视学生成绩和升学率，而忽视“预防被害”等安全知识的传授，更缺乏性知识的教育和防性侵意识的培养。尤其在广大农村地区，基础教育资金不充足，专业师资力量匮乏，教学内容不完善，性教育课程缺乏。即使开设生理卫生课，涉及到“性”方面的内容也只是在生理知识或者人体构造等内容中简单略过，上课方式主要是学生自己看书本，老师很少授课，更缺乏课堂讨论或视频教学等教学方式，导致学生对性知识了解过少。

2. 加强农村未成年人性侵防范和司法保护的检察监督

针对农村未成年人性侵案件的特点，结合未成年人刑事案件的诉讼程序，笔者认为，应当在以下几个方面加强农村未成年人性侵防范和司法保护的检察监督：

第一，加强家庭监护监督，强化监护人防范未成年人性侵害的责任意识。家庭是孩子的第一课堂，要通过检察监督引导家庭充分发挥一线监护的作用。一是通过与教育、卫健、团委、妇联等部门合作，采用线下教育与线上辅导相结合的方式开设社区学校和家长课堂，教育父母和监护人如何多关爱子女，时刻了解孩子的身心状况。家长要教育和要求孩子掌握相应的自我保护知识，避免成为性侵被害人。二是引导留守儿童父母在委托监护时，不仅要考虑身体、经济、生活关系等情况，更要综合考虑道德品质、家庭状况、身心健康状况等情况。同时，以案例形式教育家长掌握科学的管教方法，避免出现监管失当等问题。

第二，加强学校在预防未成年人性侵害方面的保护监督。首先，与教育部门签订法治教育方案，常态化运行检察官兼任法制副校长工作，联合学校对未成年人进行性教育，提升未成年人自我保护意识和能力，教育未成年人在遭受性侵后及时向司法机关求助。将法制教育纳入教师入职培训，协助学校建立心理咨询机制，聘请专业心理教师提供心理培训，对未成年人在学习和生活中遇到的心理问题进行疏导。其次，以辖区中小学、幼儿园为主阵地，重点关注农村留守未成年人较多、进城务工人员子女集中的中小学、幼儿园，深入开展未成年人法治宣传教育。通过讲座、漫画宣传册、两微一端等方式，大力宣传未成年人预防性侵害的注意事项、技巧，用鲜活的案例警醒、教育未成年人，避免掉入性侵陷阱。建议学校重点关注单亲家庭、父母外出务工的学生情况，定期开展家访，强化家庭教育指导。对于农民工子女等流动未成年人的学校保护需要特别加强。总体来看，儿童或青少年社会支持的来源主要是父母、朋友和教师。[①] 有研究表明，流动初中生严重缺乏父母、学校和社会等各方面的关心和支持，他们的社会支持远远低于中等水平（在性别和年纪上的差异不显著）。[②] 最后，持续开展检查监督，促进平安校园建设。持续落实一号检察建议，对于有性侵案件发生的学校，督促学校建立健全相关制度，及时堵塞管理漏洞，同时加强师德师风和从业道德培

① 高云娇、余艳萍：《流动儿童社会支持和罪错行为关系探析》，《青年探索》2012 年第 3 期。

② 高云娇、余艳萍：《流动儿童社会支持和罪错行为关系探析》，《青年探索》2012 年第 3 期。

训，畅通信息线索举报通道，确保强制报告制度有效执行。

第三，通过未成年人性侵案件办理的证据和程序规范指引，加强未成年人司法保护监督。主要做法包括以下三个方面：一是坚持提前介入，引导侦查取证。大区县检察院应当对本区域发生的性侵害未成年案件实现全部提前介入，参与侦查。通过指派未检部门深入侦查活动一线，掌握案件发案破案情况，客观了解案情，参与侦查机关讨论，引导侦查，为后续的审查、逮捕、起诉工作打好基础。二是运用逻辑规则审查在案证据。性侵未成年人案件往往存在手段隐蔽、证据单一、被告人无罪辩解等情形，此类案件的审理不仅要对单个证据的证明力进行审查，还要综合全案证据，运用逻辑经验法则进行审查认定。例如在于某某、范某某强奸未成年被害人案件中，两个人在同一地点、同一时间内对被害人实施强奸，两人都做无罪辩解。承办人从被害人当时所处环境、与对方关系、对方人数、被害人自身状态，并综合全案证据分析，被害人当时已不具有选择表达不同意的意思自由，属于不敢反抗、不能反抗下的未做意思表示。三是对于未成年人性侵案件的证明对象扩展为“自然生活历程事实”，采用“综合性证明模式”。[①] 实务中未成年人性侵案发案后多为事实疑难案件，尤其是性侵事实的直接证据可能不足。针对于此，性侵案的办理人员应当明确，对未成年人的性侵行为不是一下发生的，往往存在一个较为长期的发展过程（即“生活历程”），具体包括事前、事中、事后。各当事人在性侵案件发生之前、之中和之后的行为发展、心理发展等如果有相关的证据加以证实——即证实生活历程为真——即可证明未成年人性侵行为的要件事实为真，这就解决了未成年

① 向燕：《综合性证明模式：性侵未成年人案件的证明逻辑》，《中国刑事法杂志》2021 年第 5 期。

人性侵案件证据不足的问题，能够成功地将犯罪行为人绳之以法。[①]

第四，加强未成年被害人的保护监督。对于性侵案件中的未成年被害人，办案机关要注重保护其隐私权，在办案过程中尤其注重做好学校、社区方面的保密工作，最大限度降低对被害人及其家庭的影响。对未成被害人采取"一站式询问"，在询问未成年被害人之前，应当让监护人和未成年被害人分别接受法制教育和亲情教育，以加强家庭成员对被害人的包容、接纳和支持。人民法院、人民检察院、公安机关办理性侵害未成年人刑事案件，应当根据未成年被害人的实际需要及当地情况，协调有关部门为未成年被害人提供心理疏导、临时照料、医疗救治、转学安置、经济帮扶等救助保护措施。[②]未检部门对性侵未成年人案件中符合司法救助条件的线索第一时间移送控申部门，确保符合条件的被害人得到及时救助。

第五，多部门协作配合，加强社会保护监督。汇聚外部合力，筑牢未成年人防护网络。检察机关与公安、文化体育和旅游局等相关部门共同行动，深入开展"检爱同行、共护未来"未成年人保护法律监督专项行动。积极推进网吧、娱乐场所、宾馆等特殊场所的专项整治活动，针对宾馆、网吧、酒吧、KTV 等经营场所违规接待未成年人等损害未成年人公共利益的案件线索，依托检察建议等开展公益诉讼检察工作。

第六，对农村高危群体实行网格监控。把郊县农村未成年人的性侵害防范融入网格守护，打造涉未案件发现的"前沿哨岗"。充分发挥网

① 《最高人民法院、最高人民检察院、公安部、司法部关于办理性侵害未成年人刑事案件的意见》第 28 条也规定，能够证实未成年人被性侵害后心理状况或者行为表现的证据，应当全面收集。

② 参见《最高人民法院、最高人民检察院、公安部、司法部关于办理性侵害未成年人刑事案件的意见》第 32 条。

格员根植农村和社区基层的优势，将网络员吸纳为未成年人权益保护的重要力量，在网格日常管理服务中对可能性侵未成年人的高危群体实施监控和防范。具体而言，农村老年鳏夫和单身母亲重组家庭的继父应当成为防范的重点对象。在部分猥亵儿童案例中犯罪行为人为老年人（鳏夫），受教育水平偏低，没有系统地接受过法律教育，甚至是法律常识匮乏，在性侵幼女的问题上，总是抱有侥幸和占便宜的心理，从而实施性侵行为。针对于此，网格员对于特定的老年群体可以定期进行走访交流和法治宣讲，特别是运用通俗易懂的语言解读法律，以实现犯罪预防的效果。

（三）加强未成年人“两法”实施中检察监督的数据运用

我国于 2021 年 6 月新修订后《未成年人保护法》加强了对未成年人的保护，《预防未成年人犯罪法》增加了专门学校、学校教育、流浪未成年人救助、委托社会组织机构进行社会调查以及心理测评、未成年犯社区矫正等内容，这些规定极大地推动了我国少年司法工作的发展，具有重要的里程碑意义。然而，治理未成年人犯罪被公认为世界三大难题之一，在看到我国未成年人立法和司法工作取得巨大进步的同时，我们必须清醒地注意到，我国少年司法起步较晚，受制于各方面的条件，两部新法施行后仍然面临多方面的困难，需要寻求进一步的突破。

党的十八届五中全会把大数据列为国家战略，近年来我国在大数据的体量和数据开放方面已在国际上处于领先地位。大数据时代的到来，影响了整个社会的格局，也给行进中的我国司法改革带来了巨大影响。有人提出，应当在遵循司法规律和办案规律的基础上，用信息技术破解依托传统方式无法解决或解决不好的问题。[①] 的确，将大数据应用于我国未成年人司法，可以有效弥补有关立法之固有不足及现有工作条件的制约，在统筹谋划、兼顾协调的基础上，可以实现我国少年司法工作的跨越式发展。

相对于近年国内热烈展开的司法大数据研究而言，少年司法方面的大数据还是一个研究较少的新领域。[②] 关于“未成年人保护与犯罪预防的大数据体系”，目前尚无权威的定义，笔者以未成年人保护综合反应平台的设想为基础，[③] 结合我国一些地方检察院未检部门的实践探索和司法大数据的研究进展，将未成年人保护与犯罪预防的大数据体系界定为“我国负有未成年人保护与犯罪预防职责的各有关部门联成一个有机整体，以有关网络体系中的大数据为基础，针对性地开展未成年人保护与犯罪预防工作”。需要指出的是，此处的“大数据”的涵义既包括普通未成年人的一般大数据，也包括罪错未成年人的重点数据即“小数据”。

1. 我国未成年人检察大数据体系构建的必要性

我国新修订的《未成年人保护法》和《预防未成年人犯罪法》，积极贯彻少年司法的普遍规律，强化了家长、学校、政府、公安等主体在未成年人保护和犯罪预防矫治方面的积极作用，值得充分肯定，然而，与此同时我们必须看到，在新法颁行后我国的未成年人保护与犯罪预防工作在一

---

① 赵志刚、金鸿浩：《智慧检务的深化与变迁：顶层设计与实践探索》，《中国应用法学》2017 年第 2 期。

② 如门植渊、王加军：《大数据应用于未成年人网络犯罪治理研究》，《北京青年研究》2019 年第 2 期；门植渊、王加军：《大数据应用于未成年人国家司法救助工作研究》，《北京青年研究》2021 年第 4 期。

③ 姚建龙、滕洪昌：《未成年人保护综合反应平台的构建与设想》，《青年探索》2017 年第 6 期。

些方面还面临困境，而借助大数据的运用可以有效地突破这些困境。

第一，大数据的运用可以突破我国未成年人保护和犯罪预防面临的专业困境。我国未成年人司法工作的专业困境体现在以下两个方面：一方面，未成年人司法工作缺少专业手段支撑。以检察实践为例，由于目前司法需求转介至相关专业社会组织的制度机制不完善，一些专业性较强的工作如对涉罪未成年人人身危险性的评估等主要依靠办案人员的主观感受和生活经验来决定，缺乏人格甄别和心理干预等专业手段的支撑。① 另一方面，社工组织等机构工作人员的专业化程度有待提升。有些基层检察院采取了社工机构为帮扶对象提供专业服务的矫治模式；然而，司法社工参与涉案未成年人帮教的具体标准、工作流程不明确，社工组织和工作人员的规范性有待提高。未成年人保护和犯罪预防大数据体系将承担未成年人教育保护和犯罪预防的各单位通过网络联结成一个平台，相关业务流程按照专业化标准进行建设。因此大数据的运用能够有效提升各阶段的专业化教育矫治水平，促进我国未成年人保护和犯罪预防的规范化建设。

第二，大数据体系的运用可以整合相关社会资源，解决我国未成年人保护和犯罪预防的资源困境。未成年人犯罪预防和矫治效果的提升与社会化支持体系等各方面的资源密切相关，然而我国普遍存在资源不足与资源不平衡的状况。检察机关是办理未成年人涉罪案件的专业机构，但是却缺乏较强的社会资源链接能力，因而在办理附条件不起诉时往往面临缺乏社会帮教资源的窘境。未成年人犯罪预防和矫治在专业设施资源方面的缺乏主要体现在观护基地、社工组织、专门学校的不足。一些

① 《2018 年浙江省撤销附条件不起诉案件情况分析》，《未成年人检察工作情况》2019 年第 7 期。

地区观护基地的数量较少、类型比较单一，不能满足诸如戒瘾治疗等矫治需求。大数据的运用使得相关资源可以通过网络得到聚合，发挥最大之功效。例如通过心理咨询线上进行、法治课程线上推送、帮教需求信息线上发布，极大地提升社会资源参与未成年人保护的工作效能。

第三，大数据的运用可以打破我国未成年人保护与犯罪预防的机制困境。未成年人的保护与犯罪预防是一项综合工程，需要各部门、社会组织等有关方面共同参与。实践中，掌握辍学少年、虞犯未成年人信息较多的是学校和教育部门，掌握触法未成年人信息较多的是公安机关，在各部门之间缺乏相关数据信息的共享以及工作的配合衔接。[①] 在未成年人刑事诉讼程序中，每一诉讼阶段对涉罪未成年人的帮教工作并没有得到传递，从侦查阶段到刑罚执行阶段不能"无缝对接"，影响了帮教效果的发挥。例如，在有的未成年人案件中，由于缺乏沟通衔接的工作机制，导致公检法三机关在不同的诉讼阶段分别聘请了不同的社工人员进行社会调查、帮教矫正等工作，造成了重复工作，效果也并不理想。再如，公安、检察、法院、司法局、教体局都在进校园开展法治宣讲，那么，各机关可否在相关课程内容的设置及编排上进行系统的分工与协调？通过未成年人大数据平台可以有效实现各方协力聚合，通过相关文件资料的传递等方式形成良好的协作机制。

第四，大数据的运用有助于实现未成人的精准保护和未成年人犯罪的重点预防。深圳市中院发布《深圳法院未成年人刑事审判白皮书(2015—2019)》显示：深圳市两级法院判处的未成年罪犯中，排在前五位的犯罪类型分别是盗窃罪、抢劫罪、寻衅滋事罪、故意伤害罪、毒品

① 宋英辉、尹冷然：《为未成年人构筑保护处分体系》，《检察日报》2017 年 9 月 7 日第 7 版。

类犯罪；其中未成年罪犯以高年龄段、无业人员以及男性为主，其中非深圳户籍未成年人占97%以上；强奸、猥亵等性侵案件占侵害未成年人合法权益刑事案件的85%。[①] 显然，通过以上数据，可以针对性地对未成年人重点提供防性侵等方面的防护以及对外地来深圳的无业未成年人展开重点干预。

第五，大数据的运用有助于我国未成年人保护和犯罪预防工作进一步提高效率和节约成本。通过未成年人大数据网络的运用，可以实现帮教资源的线上共享以及全程数字化的管控，从而具有无可比拟的高效率。例如，广州市检察院研发“检爱同行”智慧未检平台，紧扣未成年人检察“捕、诉、监、防、教”五位一体的职能定位，将“一站式”办案取证、社会支持体系建设等实践搬到线上。该软件自2020年5月上线后3个月，在刑事案件办理方面，法援律师分配速度提升100%，律师意见反馈速度提升62%，合适成年人参与速度提升92%，涉案未成年人线上对接帮教达95%，帮教活动的及时到位率从60%上升至93%，结合其他帮教举措，重新犯罪率从12.5%下降至5.3%。[②]

2. 我国未成年人检察大数据体系构建的现实可能性

随着我国移动互联网、传感器、物联网等技术的发展以及计算机数据存储运算能力的快速增长，[③] 近年来我国持续推进智慧司法的建设，公安机关、检察院、法院在大数据技术的运用方面已经积累了相当的基础。

① 徐全盛：《深圳未成年罪犯人数及占比降幅明显，侵害未成年人合法权益案显增》，《南方都市报》2020年6月2日第16版。

② 任志耀：《广州市检察院上线“检爱同行”智慧未检平台》，《南方法治报》2020年5月21日第6版。

③ 陶建平：《“智慧检务”建设的分析与展望》，《中国检察官》2021年第1期。

2019年5月召开的全国公安工作会议上提出，要把大数据作为推动公安工作创新发展的大引擎、培育战斗力生成新的增长点，全面助推公安工作质量变革。最近，工信部印发的“十四五”大数据产业发展规划中指出公安大数据的建设要加强身份核验等数据的合规应用，要加强推进公安大数据智能化平台建设。公安大数据智能平台的建设有助于实现公安各类内部及外部数据资源的系统整合与资源共享，使得公安大数据平台能够对外提供标准化的信息资源服务，基于平台对多类资源进行关联分析和深度挖掘，有效建立未成年人保护与犯罪预防的专题研判与预测分析。

国家层面的检察大数据标准、应用、管理及科技支撑体系已经建设完成，其中国家检察大数据中心包括检察大数据共享交换平台、检务大数据资源库、大数据软硬件基础资源、智能语音大数据平台资源等。①2020年4月最高检印发《最高人民检察院关于加强新时代未成年人检察工作的意见》，明确提出推进“智慧未检”建设，要加快推进未成年人帮教维权平台建设，注重未成年人检察大数据建设与应用，提升未成年人检察的智能化水平。我国各地方检察机关也在不断探索线上线下相结合的未成年人保护一体化平台，并积累了有益的经验。例如，杭州市江干区检察院依托智慧未检系统，积极打造家庭、社会、学校、司法四位一体的未成年人保护平台。②

最高人民法院构建了大数据管理与服务平台，支持全国法院审判数据实时汇聚，动态更新，构建形成全球最大的司法审判信息资源库。在

① 《最高检印发〈检察大数据行动指南（2017—2020年）〉：全国检察机关将统筹推进大数据运用》，资料来源：最高人民检察院网站。

② 杭州市江干区人民检察院：《构建三个平台推进未检工作信息化》，《2019年浙江省未成年人检察工作会议座谈会主题发言材料》。

此基础上，司法大数据研究院、司法案例研究院于近年联合发布了一系列司法大数据研究报告，如《未成年人犯罪（2015.01.01—2016.12.31）》《校园暴力（2015.01.01—2017.12.31）》《从司法大数据看我国未成年人权益司法保护和未成年人犯罪特点及其预防》。

2018 年 11 月，中央政法委组织最高人民法院、最高人民检察院、公安部、司法部召开跨部门大数据办案平台标准规范编制工作研讨会，并下发《政法跨部门大数据办案平台业务协同信息化标准体系表》《政法跨部门大数据办案平台标准规范编制任务分工》等规范性文件，推动了地方各政法部门办案数据共享协同工作机制的进一步完善。例如，嘉峪关市政法各部门按照《政法跨部门大数据协同办案平台案件流转指引》，以“办案材料全扫描、办案信息全共享、办案业务全覆盖、办案流程全监督”为目标，使立案侦查、批捕起诉、审判执行、刑罚执行在协同办案平台形成闭环运行，通过平台共办理的六类案件实现卷宗 100%电子化、100%网上流转、100%网上推送文书信息。①

综上，目前我国公安机关、检察院、法院以及跨部门的大数据建设已经积累了比较深厚的基础，我国已经充分具备了建立未成年人保护与犯罪预防的大数据体系的现实条件。

3. 应当推进我国未成年人检察大数据体系的合理构建

笔者认为，我国未成年人检察大数据体系的构建应当从理念、原则、技术、制度方面逐一进行，具体内容如下：

第一，更新理念。数据并非只是数据，它的本质是人、事、物的代

① 《加强联动，高效协作，大力推进政法跨部门大数据协同办案平台运行》，嘉峪关政法网。

表，未成年人的有关数据则是蕴含了未成年人的现实状况和发展趋势的信息。显然，这是一种极其重要的资源，这种资源的获得是通过公务部门获得的，纳税人有权利通过知晓和正当地运用。概言之，大数据体系的构建首先必须要有大数据的理念。

首先，应当由数据封闭转换到数据共享，由各管一段转换到全程协作。

长期以来，我国公众和研究学者较难获得公安司法机关的统计数据。有些司法机关工作人员在观念上认为，司法数据（包括信息）乃是本部门独占的权力和资源，从而拒绝分享，或者只想用别人的数据而捂着自己的数据。即使系统内部，不同地区之间目前也存在数据信息的封锁。例如在检察内网上，本地的检察机关工作人员如果想了解、学习其他地区兄弟单位的工作业务开展情况或者先进经验做法，但是也会因为缺乏权限而无法登陆访问。

未成年人犯罪的预防和矫治是一项综合工程，需要各部门、社会组织等有关方面共同参与、全程协作。实践中，掌握辍学少年、虞犯未成年人信息较多的是学校和教育部门，掌握触法未成年人信息较多的是公安机关，在各部门之间缺乏相关数据信息的共享以及工作的配合衔接。[①] 目前在未成年人刑事诉讼程序中，每一诉讼阶段对涉罪未成年人的帮教工作并没有得到传递，从侦查阶段到刑罚执行阶段不能无缝对接，影响了帮教效果的发挥。因此，有关涉罪未成年人的数据信息的共享是各家参与、全程协作所必需的前提条件，否则，就会出现重复工作的情况（如各阶段都分别进行社会调查），效果也不良好。

---

① 宋英辉、尹冷然：《为未成年人构筑保护处分体系》，《检察日报》2017 年 9 月 7 日第 7 版。

其次，由一般保护过滤到重点保护，由一般预防过滤到重点预防。

新修订的《未成年人保护法》中第二章至第六章规定了家庭保护、学校保护、社会保护、网络保护以及政府保护，属于对普通未成年人适用的“一般保护”，第七章“司法保护”主要适用于涉案未成年人，即“特殊保护”。我国的未成年人保护重点目前应当由“一般保护”转向“重点保护”，即防护能力弱、容易受到侵害的未成年人，如留守儿童、无监护儿童以及流浪儿童等困境儿童，这类未成年人的数据应当作为重点进行搜集、录入。

目前我国公检法司、教育管理部门等都比较重视在校学生的法治教育，这种面向最大多数群体的未成年人保护与犯罪预防教育显然是非常重要的，然而，这种一般性的宣讲不可避免地缺乏针对性，尤其对于具有高度犯罪倾向危险的未成年人群体缺乏相应的预防和矫治工作。我们应当从一般预防转到重点预防。从司法实务来看，失学、辍学少年以及十五岁以上的社会闲散未成年人如果缺乏适当的引导和帮助，一旦交友不慎，养成不良习性，很容易走上违法犯罪的道路，此类未成年人应当作为犯罪预防矫治的重点对象。在工作实践中应当充分借助大数据手段，对高危未成年人等重点人员、网吧、酒吧、KTV 等重点场所进行构建重点监控格局，充分从源头上预防和减少未成年人的违法犯罪行为。

第二，确立原则。要建立科学、准确的未成年人检察大数据体系必须遵循一定的原则。

其一，确立循序渐进原则。

毋庸讳言，我国未成年人检察大数据体系的构建面临很多现实的困难，所以只能循序推进。

首先，在国内使用政法跨部门大数据办案平台的地方还是少数。在

2018年中央政法委组织最高人民法院、最高人民检察院、公安部、司法部召开跨部门大数据办案平台标准规范编制工作研讨会之后，有的试点省（如贵州省）市已经试运行政法跨部门大数据办案平台，并取得了良好的成效；但是，从全国范围内来看，使用政法跨部门大数据办案平台的地方还是少数，大多数政法机关仍然使用本系统原有的业务系统，例如绝大多数检察院未成年检察部门仍然使用全国检察业务办案系统中的未检子系统，主要原因之一就是本部门业务系统仍然是进行业务考评的（唯一）依据。

其次，在未成年人数据的收集上存在部门差异。公安机关、检察院、法院以及未管所主要对实施了犯罪的未成年人进行记录和统计数据，但是大量具有高度犯罪危险性的未成年人的个人情况和数据信息却没有被公安司法机关录入和持续追踪。在司法机关以外，教育部门的未成年人教育成长数据和民政部门的困境未成年人数据等数据的收集尚处于起步阶段。

最后，我国各地的数字化水平以及未检部门的专业化程度存在地区差异性。有些地方的数字化水平较高，而有的地区（如西部少数民族地区）数字化水平则相对还比较落后；有的地方的未检部门已经在专业化帮教资源方面有了比较深厚的积累，而有的地方未检部门却因缺乏专业化帮教资源而难于开展相关工作。

其二，确立“线上＋线下”原则。

未成年人的保护和犯罪预防的大数据体系以网络平台为基础，然而，未成年人的保护和犯罪预防工作绝不是单凭网络的线上工作就可完成，相反，线下工作是必不可少的。这些线下工作包括未成年人的家庭走访、社会调查、心理矫治以及职业技能培训等当面的观察、交流、教育等。

在未成年人保护和犯罪预防的大数据体系建设中，数据分析的模型建构及其调整不能与未成年人保护和犯罪预防的实践相脱节，相反，后者正是检验未成年人保护和犯罪预防的大数据体系是否科学的重要依据。换言之，在“数据”和“算法”之外，未成年人保护和犯罪预防的大数据体系还需要各有关部门工作人员对智能化应用作出的事实梳理作主动干预。因为在任何情况下，“数据”和“算法”等技术性因素均不应主导办案，而只是在其中起辅助作用。[①]

其三，以市域为中心，加强省级管理。

党的十九届四中全会《决定》提出要加快推进我国的市域社会治理现代化。市域作为我国设区的城市一级行政区域，向上接受省一级的直接领导，向下直接领导区县和乡镇（街道），具有丰富的治理资源。以市域为中心推进未成年人保护和犯罪预防的大数据体系构建可以在市域范围内进行统筹协调，聚拢专业化的未成年人犯罪预防矫治资源，并在市域范围内进行充分共享。

在以市域为中心展开未成年人保护和犯罪预防大数据体系建设的基础上，建立省级未成年人司法数据管理中心，在全省统筹开展未成年人数据的收集、加工和服务活动，形成省级范围的未成年人保护和犯罪预防大数据体系，最终形成全国的未成年人保护和犯罪预防的大数据体系。

第三，提升数据技术。目前提升我国未成年人检察大数据的关键在于提升未成年人的数据质量和数据分析模型的精度。

其一，提高数据质量。

未成年人保护和犯罪预防的大数据体系以高质量的数据为基础，因

① 王钢：《智慧检务工作中的数据治理相关问题研究》，《新时代智慧检务建设论文集》（2018 年）。

此必须提高未成年人数据采集的准确性和完整性。首先，应当逐渐统一未成年人的数据录入标准。我国目前的司法数据多源异构性显著，不同政府部门间在数字化标准方面也存在较大差异。在未成年人保护和犯罪预防数据的采集上，各部门应当适用统一的采集标准，实现未成年人数据的兼容性，从根本上消除数据深度运用的阻碍。其次，应当准确、完整地采集以下未成年人数据：第一，妇联、社区的家庭情况大数据，包括离异、单亲家庭，监护质量和父母技能培训数据；第二，我国可借鉴域外经验，建立包括国家级、省级、市级、区（县）级和校级的五级教育数据体系，其中学校层面的学生成长数据包括在校学生的个人信息系统（包含家庭监护情况）、学业管理系统以及评价系统；[①] 第三，民政部门未成年人救助大数据，包括留守儿童、流浪少年等困境儿童以及专业化的社工组织数据；第四，公安部门少年警队（组）未成年人虞犯大数据，以不良行为未成年人的数据录入为重点，包括深夜街头巡逻发现的可疑少年，110 接处警涉及的未成年人；第五，工商大数据和网吧大数据，包括辖区内的旅馆、出租屋、酒店、KTV、网吧等。

其二，提升分析模型的精度。

在统一数据标准的基础上，可通过算法等方面的突破，提高数据处理能力，提升司法大数据分析模型的精度，促进我国人工智能技术与未成年人司法实务的深度融合。具体而言，以大数据挖掘和云计算为技术支撑，利用机器学习和神经网络技术，对我国未成年人犯罪的有关数据分类别进行分析、比对与研判，为主动、有效干预未成年人犯罪提供强有力支持。主要包括以下几种：

① 曾超：《中美教育大数据的对比研究》，《世界教育信息》2018 年第 31 期。

一是不同类型的未成年人犯罪倾向性分析模型。例如，通过对未成年人网络犯罪的相关重点数据进行分析，这些数据包括实施网络犯罪的未成年人的年龄、家庭情况、教育程度、住所、行为轨迹等，以这些数据为基础建立未成年人网络犯罪倾向性分析模型，再将疑似具有网络犯罪倾向的未成年人（如沉溺网吧、崇尚网络暴力的未成年人）的数据与分析模型进行数据碰撞，根据碰撞的相似程度找出可能有网络犯罪倾向的未成年人，并依据相似程度进行红、橙、黄三色预警，公安人员和检察官可根据预警级别选择相应的方式对未成年人进行帮教。

二是未成年人犯罪高危热点分析模块。内容具体包括两种：第一，未成年人犯罪高危时间段分析，即按照时间段进行未成年人实施犯罪案件的分析研判。对未成年人犯罪信息点按照一定的时间段内进行关联分析，确定该时段内涉及哪些未成年人犯罪的信息点需要积极关注，并对这些易发生案件的时间段进行相应的重点防控。第二，未成年人犯罪高发区域场所分析，即根据一定的区域场所的未成年人的犯罪信息点进行关联分析，找出信息点之间的关系，计算出未成年人犯罪的高发区域。例如，通过热点模型分析，如果发现某网吧、KTV、酒吧是未成年人犯罪的“热点”区域，公安等部门就可以联合网监、网信、工商等部门对该场所进行联合排查整治。

第四，积极推进我国未成年人检察大数据办案平台建设。

首先，应当明确未成年人大数据体系的牵头建设部门。未成年人保护和犯罪预防的大数据体系建设涉及家庭、教育、民政、网信、卫生、公安、检察院、法院等部门，需要一个适当的部门牵头进行。我国《预防未成年人犯罪法》第 4 条规定，预防未成年人犯罪，在各级人民政府组织下实行综合治理；第五条规定，各级人民政府在预防未成年人犯罪方面的工作职责包括：制定预防未成年人犯罪工作规划；组织公安、教育、民政、网信、卫生、司法行政等有关部门开展预防未成年人犯罪工作；为预防未成年人犯罪工作提供政策支持和经费保障；组织开展预防未成年人犯罪宣传工作。然而，具体由政府的哪个部门来承担领导责任，并未明确。正如姚建龙教授所指出的，确定统筹负责预防未成年人犯罪的专门机构是决定《预防未成年人犯罪法》的有关规定能否在实践中得到有效实施的基础和前提。①

中央政法委曾牵头最高人民法院、最高人民检察院、公安部、司法部推动政法跨部门大平台建设，未成年人保护和犯罪预防的大数据体系建设也可由政法委或者综治委牵头进行。在我国现有体制下，各级综治委具备足够的领导权威和高效的组织能力，能够牵头各相关部门，动员和协调有关资源，打造一个高效运转的有机体系，有效实现未成年人犯罪的预防和矫治。

其次，各有关部门在业务系统应当增配未成年人保护和犯罪预防功能模块。例如，《预防未成年人犯罪法》中规定公安机关接到举报或者发现未成年人有严重不良行为的，应当及时制止、依法调查处理，可以采取训诫等有关矫治教育措施，对于涉及上述严重不良行为的未成年人和流浪、无业的未成年人等重点人群以及辖区内的网吧、KTV 等重点场所，公安机关可以在现有办案平台中植入辖区内网吧（运营）大数据模块、流浪未成年人、无业青少年等重点未成年人数据模块。检察机关在统一业务应用系统未检子系统中增加模块，对涉罪未成年人案件按照年龄段、家庭环境等方面的犯罪情况进行量化分析，对涉罪未成年人犯

① 姚建龙：《〈未成年人保护法（修订草案）〉述评与完善》，《预防青少年犯罪研究》2020 年第 2 期。

罪动机、犯罪特征及手段对案件进行分类分析，构建未成年人犯罪评估和预防帮教的数据库。

再次，依据未成年人大数据导出功能，各有关单位通过网络联结成一个系统平台，相关业务流程按照专业化标准进行建设。在权限设定和注意保密的前提下，教育部门、民政、公安、检察院、法院、司法社工组织等部门实现未成年人保护和犯罪预防的数据共享。社会调查、量化评估、帮教矫治等业务流程均按系统规定的专业化标准展开。例如，用多维量化的方式对未成年人从法律认知、社会支持水平、观念及态度、人格特点、心理、情感多个维度进行综合评估计分，为针对性矫治提供客观依据。通过平台协作，可以实现精准定制帮教方案、智能推送学习任务、多元角色参与互动、在线定位实时监督以及量化评估帮教效果等功能。

最后，加强未成年人数据安全的制度建设。未成年人数据涉及面广、敏感度高，数据隐私和安全的保障必须加强。可以在未成年人数据分级保密的前提下，促进数据在各有关部门之间共享，相关的文书可以通过系统传递。通过加密技术和数字签名技术来保障未成年人数据流转的安全和精确。

第五节　完善相关配套制度

“法不足以独行”。我国公诉权运行机制的改革同样不可能孤立地进行，而必须有相关配套制度完善。笔者认为，以下几个方面的配套制度改革对于我国建立公诉权运行的合理机制必不可少。

一、有序推进司法体制改革

根据马克思主义理论，法律制度是国家上层建筑的重要组成部分，刑事卷宗的改革同样牵涉到其运行背景的司法体制改革，而司法体制又涉及到国家的政治组织结构和治理方式。司法体制改革本质上是属于政治体制改革的范畴，并且是我国政治体制改革破题所在，司法体制改革必须与政治体制改革同步协调发展，才能达到理想的结果。

“政法传统”和公检法三机关互相分工互相配合互相制约构成我国司法体制的重要特征。我党源自新民主主义革命时期根据地时期的“政法”传统强调党对司法的绝对领导，突出三机关之间的密切配合。[①] 政法委是中国共产党领导政法工作的组织，分为中央政法委和各级地方政法委。中央政法委是党中央从宏观上、全局上领导和管理全国政法工作的职能部门，[②] 在推进法治建设的过程中有着重要的地位。

作为我国政法机关的人民检察院，有责任有义务为政权稳定作出贡献。所以，我国的检察机关不只是执行法律，还要考虑很多方面的问题，维护社会稳定和发展，就是其中极其重要的一个方面。笔者在西南某省 M 市检察院调研时，也看到一份检察院党委下发的红头文件上清楚地写道：“检察机关要切实转变办案执法理念，履行好服务保障职能。坚决纠正单纯业务观点，不能就案办案，而应为经济发展创造良好条件，要综合考虑社会、政治、经济效果。”

不可否认的是，社会转型期的复杂情况使得检察机关在执法工作中

① 藤彪：《“司法”的变迁》，《中外法学》2002 年第 6 期。

② 李长城：《刑事立法权的异化——中国地方性刑事诉讼规则研究》，法律出版社 2014 年版，第 79 页。

除了面临法律风险之外，还会面临社会风险、政治风险。法律风险的产生可能是由于办案人员水平不高，业务能力不强，适用法律错误所致，也可能因为案件有争议大，不同工作人员的理解和处理意见存在较大差异；再有就是办案人员滥用职权，违法办案。社会风险主要指可能出现对检察机关负面的舆论（包括网络舆情）以及因为案件处理的决定而引发群体性事件。政治风险主要是检察机关对案件作出的处理决定可能会造成不良的政治影响。

但是，进行公诉工作的风险评估也必须坚持依法办案，绝不能因为依法办案可能会引发社会风险，就不坚持依法办案。依法办案是开展风险评估的前提和基础，也是制定防范措施的依据。针对不同类型的风险，我们可以针对性地采取相应的措施加以防范。对于法律风险，可以通过规范办案程序，提高办案人员素质，加强内部监督等措施加以解决；对于社会风险，可以通过积极沟通，加强宣传报道等方式加以解决；对于政治风险，可以积极向当地党委、政府以及上级检察机关汇报、沟通，寻求支持。

目前应当以设区的市级司法机关为抓手，积极发挥市域治理的重要作用，进一步加强我国检察机关和法院的独立性。原因在于以下方面：

首先，为了进一步加强司法机关的独立性，从根本上防范选择性起诉的滥用，应当改变我国司法机关“条块结合”的管理体制，最终实行垂直管理，实现司法机关的人事和财政与地方政府脱钩。“条块结合、以块为主”的司法权力配置体制，容易导致司法地方化的弊端。因为在条块结合的体制下，地方司法机关的人事和财政由地方决定，缺乏必要的独立性而难以坚守公正立场。司法机关的垂直化管理能够从根本上消除司法机关对地方的依赖。

其次，目前我国各省市的经济发展状况水平不一，实现全国司法机关垂直管理存在很大困难，即使在一个省之内，各地、市、州的发展水平也是参差不齐，难以在财务上实现全省范围内司法机关的统一拨款。

最后，市域在我国国家治理体系中具有重要地位。具体而言，市域具有承上启下的枢纽作用、以城带乡的引擎作用、以点带面的示范作用。市域层面最大特点就是对上承担贯彻党中央决策部署的重要责任，对下又指导基层一线工作，是推动基层治理的组织者、领导者。

检察实践中面对的问题往往跨界性、关联性、复杂性特点突出，市域往往具备较为雄厚的物质基础和丰富多样的资源手段，具有统筹基层社会治理、破除“九龙治水”困局的能力。与县域相比，市域治理对象更多样、治理问题更典型、治理体系更完备，可以加强市域层面检察职能的顶层设计、宏观指导；与省域相比，市域直面基层一线，直面社会治理各类问题，需要拿出检察工作贯彻在微观层面的操作方案和具体解决办法。①

因此，目前应当借助市级司法机关实行统一财务拨款的良好时机，积极发挥市域治理的重要作用，以设区的市级检察院为重要抓手，在市域范围内统筹推动各项检察职能的高效运行。

二、改善检察业务考评与刑事错案纠正机制

检察业务考评对促进检察机关依法办案起了重要导向作用，但一些考评指标和计分办法存在违背司法规律和法治原则的问题。有学者指

① 陈慧娟：《市域社会治理现代化试点启动》，《光明日报》2019 年 12 月 5 日第 10 版。

出，主要存在三个方面的问题：一是审查逮捕和审查起诉的考评指标，对错捕错不捕、错诉错不诉这两种性质迥然不同的错误，竟采取了“各打五十大板”的做法；二是对事实认定的错误和法律适用的错误，没有加以区分；三是对无罪判决率的考评，不仅违背法治原则，而且有干扰审判权独立行使之嫌。①

应当从以下方面改善我国刑事错案的纠正机制：

首先，是否办理了“错案”，不应当以法院的无罪判决为唯一和最高的标准。如果案件承办人在办理案件的过程中并没有重大的过错，那么即使案件最终被判决无罪，也不能在业绩考核过程中对承办人实行“一票否决”。因为公诉是一个动态的过程，证据变化是一种正常的情况，所以对公诉的评价不能简单地以法院是否作出有罪判决做标准。换言之，公诉考核不能简单化。② 切不可重打击、轻保护、重入罪、轻出罪，而应当遵循司法运行的一般规律。实际上，在案件较多的检察机关，如果每年都没有一件无罪判决，这是很不正常的，不符合诉讼的规律，也不符合检察机关积极维护法律秩序的职责要求。因为实际情况可能与该诉的案件未起诉有关，也可能是该作无罪处理时撤回了起诉或者法院勉强作出有罪判决的结果。我国的考核制度也应当设计得更合理些，尤其对无罪率、不诉率不宜要求过严。③

其次，多年来的实践一再表明，我国法律所设计的公安司法机关“自我纠错”的机制具有致命的缺陷。原因很简单，司法机关自我纠正

① 张保生、张晃榕：《检察业务考评与错案责任追究机制的完善》，《中国刑事法杂志》2014 年第 1 期。

② 龙宗智：《论我国的公诉制度》，《人民检察》2010 年第 19 期。

③ 龙宗智：《论我国的公诉制度》，《人民检察》2010 年第 19 期。

的结果就是自认办了错案，就要被追究相应的错案责任，关系到不少人的前途和饭碗，甚至面临判刑、入狱。纠正起来有阻力也就不足为奇了。不仅如此，下级法院一旦改变判决，就必然产生“多米诺骨牌”效应，倒查公诉机关和侦查机关的错案责任，正是所谓的“一错皆错”“一损俱损”。因此，我国地方政法机关在案件的纠正上也成为利益攸关的共同体，往往很难从地方获得纠正。

我国刑事错案的纠正就像是一场拉锯战：一方是平民百姓，以一种柔弱的力量苦苦请求有关机关去寻找真相、纠正错案（申诉乃至上访），另一方则是强势的司法机关，明知案子办错了，就是不认错，就是不纠正，十足霸气乃至痞气的背后反映了根深蒂固的官本位思想，也反映了司法机关对错案责任的竭力回避，因为在现有制度下司法机关自行纠正错案就等于为自己套上了一条枷锁——办理了错案必受追究。至于什么才算“错案”，谁、哪一机关应当为“错案”担责任，在现行法律框架下都有很多法律上似乎很清楚、但实践中扯不清的问题。

由于实践中各种因素的限制，一项理论上设计很“好”的制度往往最终会演变为“恶法”，就像司法机关的“错案追究制”一样。我国的错案追究制最早是在1992年为了监督法官权力、确保办案质量而提出来的，而“错案”的标准就是改变判决，而我国《国家赔偿法》中的刑事赔偿也是以逮捕、起诉以及审判环节改变先前认定结论作为应当给予国家赔偿的标准。一些地方法院制定的错案追究实施细则普遍将错案分化为上诉率、改判率、发回重审率、再审率等指标。[①] 实际上，以刑事诉讼中间环节认定结论的改变作为认定错案的唯一标准，既忽视了具体

① 金泽刚：《法官错判的原因与防治——基于19起刑事错案的样本分析》，《法学评论》2015年第2期。

案件中司法人员的主、客观情况，又违背了刑事诉讼程序发展“动态性”、不确定性的基本特征，还给实践中案件的纠正带来巨大的阻力，从根本上讲是极不科学的。特别是，在我国目前司法一体化、司法行政化倾向的案件办理机制中，案件承办人与决策人的分离也导致了难以追责。例如有的案件中，承办人员坚持不起诉，但有些人的决策却使他不得不执行。案件尽管提起公诉了，但是错案的责任如果由提出反对意见的承办人来承担，显然不公平。我国刑事错案纠正的成本极其高昂。在我国刑事案件的处理中，如果上一环节的办案人员出现了错误，那么下下一环节的办案人员就会为他背书，直到最后，整个司法机关都卷入进来，共同维护一个错误的判决结果。①

因此，应当修改我国目前的错案责任追究制度。改革的方案有三个：

其一是修改“错案”的标准，应当设定错案责任的主观条件是办案人员的“故意或者重大过失”；

其二是修改错案责任的主体，只对主要决策者进行追责；

其三是废除错案追究制度，而通过我国现有《法官法》对法官的违法犯罪行为进行惩戒。②

这三个方案中，目前可以按第一和第二方案试行，而在时机成熟时实施第三方案。如果有了成熟的制度保障公诉机关敢于向侦查机关说不、审判人员敢于对公诉机关说不，错案以及责任追究难的问题就会迎刃而解了。

① 易胜华：《别在异乡哭泣——一个律师的成长手记》，北京大学出版社 2013 年版，第 311 页。

② 金泽刚：《法官错判的原因与防治———基于 19 起刑事错案的样本分析》，《法学评论》2015 年第 2 期。

由独立的第三方来纠正错案更具有可行性。我国还可设立公众审查委员会来推动错案的纠正。我国的公检法三机关具有相互分工、相互配合的工作关系，司法机关之间的监督具有先天的不足（尤其还有政法委的协调），因此，对于错案的纠正应当从体制外加强制约，通过民间力量设立公众审查委员会就是一个可行的措施。我国学者和律师积极促进案件纠正已有先例。

例如，2011 年 9 月，数十位学者和律师齐聚石家庄召开“聂树斌案”研讨会，呼吁最高人民法院和河北省高级人民法院对聂树斌案再审，这次研讨会就可以称得上一个公众审查会议。2015 年 12 月参与及关注贵阳小河案的众多律师举办了“有效辩护沙龙暨小河案三周年研讨会”也是一例。公众审查委员会可应当事人或公共舆论的强烈呼吁而成立，成员可由社会各界知名人士和律师组成，通过进行证据方面的调查形成结论，最终将审查结论提交有关司法机构，由后者根据公众审查结论启动相关司法程序。

三、加强检察官职业伦理制度建设

实践中，检察伦理的缺失不仅会导致冤假错案和个案处理不公，而且会导致司法公信力的缺失，也无法形成良好的法治环境，对国家依法治国方略的实施形成很大障碍。目前执法、司法中最突出的问题，就是执法、司法人员的“伦理缺失”，缺乏内在的道德约束，如何行为往往只从自身利益考虑。从已揭发出的冤假错案来看，有的侦查人员，为了完成某项任务，不仅敢于制造假证，而且没有任何道德良心的自责感；有的法官对他们自己也认为不构成犯罪的被告人进行定罪，却也心安理得。①

检察官职业伦理建设的不足也导致公诉程序滥用。根据最高人民检察院制定的《检察官职业道德规范》，我国检察官的职业道德规范包括“忠诚、公正、清廉、严明”四个方面，但是该规定过于抽象。具体而言，“忠诚”的对象是什么？人民？可能过于抽象，因为检察官办案面临的毕竟是具体的个人。不过，如果从公众、社会公益的角度来理解“人民”，是可以的。需要注意的是，检察官应当忠诚于法律，而不是忠诚于上司，检察官的身份、工作的性质要求自身需要具备一定的独立性。“清廉”属于个人职业操守方面的要求，不过，“清廉”更适用于对行政官员提出的要求，以其作为检察官的职业规范，似有不当，至少不是检察官伦理核心层面的要求。上述四个方面的职业道德规范要求中，唯有“公正”应当作为检察官职业道德的核心规范。但是，“公正”作为道德规范，缺乏细致明确的说明，难以对检察官的实际工作进行具体的指引和约束。

我国《检察官职业道德规范》中还规定了检察官应当“乐于奉献、淡泊名利、自尊自重”，这些规范同样抽象，并且更像个人内心精神以及性格修炼的用词。这些带有宣传口号意味的词语，对个人道德境界方面提出了要求，在某种程度上可以产生一定的精神激励作用，但是设定的这种较高的道德境界似乎在塑造的是圣人而非常人，既没有体现出检察官职业道德的独特性，也同样难以对检察官的职业行为产生明确的规范导向。

我国检察官职业伦理建设的不足在某种程度上也正是我国检察官职

① 龙宗智：《检察官客观义务与司法伦理建设》，《国家检察官学院学报》2015 年第 3 期。

业化不足的现实状况的反映。国外的检察官本身具有律师的身份，受律师协会颁行的职业道德准则的规范，律师行业自治和独立化的程度非常高，且律师、检察官、法官、法学学者构成的法律共同体成熟，法律职业者彼此之间有较高的认同感。必须承认，我国检察官的内部独立和外部独立的不足，在相当程度上影响了检察官职业伦理的建设。因此，我国检察官职业道德规范在一定程度上还处于空转的状态。①

有的检察官即使在内心并未真诚地确信被告有罪甚至明知被告人被冤枉，由于怕麻烦而不愿、不敢在审查起诉环节中止诉讼，而是依然向法庭提起公诉。

执业惩戒的缺乏是导致公诉滥用的一个重要原因。原因很简单，没有惩戒，就没有敬畏；而没有敬畏，就没有法治。在美国，很少有检察官受到州惩戒机构的惩戒。② 联邦最高法院的裁决向检察官们发出了清晰的信息——我们将保护你们的做法不被发现；即使被发现，我们将使质疑者很难获胜；并且，只要你们提出对被告人不利的重要证据，就算你们有公诉不端行为，我们也不会撤销对他们的定罪。检察官们都非常清楚这一事实。③ 如果不端行为会被原谅，那么就没有什么能够保证检察官举止恰当。美国上诉法院对检察官的制裁多为警告下不为例、驳回案件、公开姓名等，这些措施显然不足以阻止滥用公诉行为的发生。④

① 单民、上官春光：《我国检察官职业伦理的构建》，《人民检察》2009 年第 2 期。

② 安吉娜·J·戴维斯著：《专横的正义——美国检察官的权力》，李昌林、陈川陵译，中国法制出版社 2012 年版，第 135 页。

③ 安吉娜·J·戴维斯著：《专横的正义——美国检察官的权力》，李昌林、陈川陵译，中国法制出版社 2012 年版，第 136 页。

④ 桂亚胜：《美国检察权的滥用》，《中国刑事法杂志》2020 年总第 47 期。

我国有关检察官惩戒的内容主要规定在《检察官法》中，从禁止的行为和惩戒的形式看，带有很强的行政色彩，并且没有规定具体的惩戒部门和惩戒程序，可操作性不强。[①] 在我国公诉程序滥用的事件发生后，作为责任人的检察官几乎不会面临什么惩戒。

目前设置的绩效考核，总的看具有重打击、轻保护的倾向：侦查、起诉、监督上办案的“积极数字”越多越好，如果数字减少，就可能排名靠后，评优评奖无望；撤案、不起诉等“消极数字”则严格限制，越少越好，否则也难评优。检察机关要积极起诉以维护法制，在动态的诉讼过程中，个别案件起诉后因证据变化或法院认识不一致而出现无罪判决是正常情况，但常常被列为扣分项目，这违背了诉讼规律。检察机关是一个有组织的执法单位，实行考绩制度是必要的，关键在于绩效考核指标与方式方法要实事求是、合理可行，有利于检察官和检察机关履行客观义务，而不是损害这种义务，不应由此产生扭曲检察行为或弄虚作假。[②]

我国检察官司法责任追究制度虽然已具雏形，但无论是理论准备，还是制度体制，均未形成一套完整的制度体系。理论层面应明确检察官司法责任追究机制应遵循的基本原则，厘清司法责任的基本类型，明确司法责任的诸项构成要件。有学者提出，完善我国检察官司法责任追究制度，应以现有机制为基础，针对检察官的责任追究作出单独的规定，同时围绕追责机构、事由，责任承担方式，追责程序以及豁免制度分别加以构建。[③]

① 单民、上官春光：《我国检察官职业伦理的构建》，《人民检察》2009 年第 2 期。

② 龙宗智：《理性对待检察改革》，《人民检察》2012 年第 5 期。

③ 万毅、杨炯：《检察官责任追究制：现状、解读与完善》，《江苏行政学院学报》2020 年第 6 期。

四、合理发挥舆论的正向监督作用

舆论的监督对于实现司法权的公正行使具有重要意义。[①] 公权力之间的制约虽然是重要的，但毕竟也是有限的，因为很可能公权机关或是缺乏利益而没有推动的积极性，或是有利害关系而竭力避免启动。因此，应当对司法权的行使加强体制、公权之外的制约。在此方面，实践也一再证明舆论的监督是富有成效的。中国大陆近年来很多错案的纠正都得力于媒体的报道，例如前述被“就地消化”15 年的辽宁锦州杀人案中，正是曾先后当过刑警队长、检察官、法官、从事法律专业 40 年、已经 83 岁的“老政法”厉夫给《南方周末》来信，诉说自己从 20 世纪 90 年代初就开始为一位蒙冤的青年农民提供法律援助却屡屡碰壁的经历，通过《南方周末》记者深入的调查、报道，才最终开启了艰难的错案纠正。

要打破司法地方化的痼疾，媒体的监督极其重要。被宁夏公安“跨省追捕”的举报者王鹏的父亲事后感慨地说，“如果没有媒体的支持，我们家不可能翻案。”[②] 其实司法权力的滥用者是最怕媒体曝光的。[③] 王鹏及其家人无疑是幸运的，因为媒体监督所需要的“新闻自由”虽然是破除司法地方化的利器，但是目前在我国尚未获得法律上的切实保障。

为了保障舆论监督，应当严惩公权机关打击当事人公布有关事实

① 李长城：《法治视角下的事件通报》，《法学》2010 年第 8 期。

② 叶铁桥：《没有媒体的支持，我们家不可能翻案》，《中国青年报》2010 年 12 月 3 日第 9 版。

③ 我们甚至还没有忘记，在邓玉姣案件中，众多网民组成旅游团准备奔赴巴东，而此时的巴东城已进入高度紧张状态，当地宾馆都被干部住满了，外地人根本住不进去。野三关镇也是风声鹤唳，小学、中学全部放假，外来人员在野三关出现立刻会有人过来询问。后来，各外地媒体记者集体撤离。《邓玉娇案与巴东 37 天》，《文摘周报》2009 年 6 月 19 日第 10 版。

（包括通过网络曝光）的行为。在福清纪委爆炸案中，2005 年 9 月第二被告人吴某龙的姐姐吴某英被福州市公安局鼓楼分局以“无理拦截省委主要领导车辆”的理由处以治安拘留十五天。吴某英说，她是获得了足以证明刑讯逼供的材料才去喊冤的。上访被证明无用之后，吴某英开始上网，通过网络发布了大批福清爆炸案材料。2005 年全国多家媒体深度介入，形成对此案的第一轮报道高潮。2009 年 6 月吴某英与另外两名网友被福州警方以涉嫌诽谤罪刑事拘留，福州市政法委成立了“6·27 诬告陷害罪”专案组，前后传唤了多达六十多名人员进行询问，最终吴某英被判刑 1 年，舆论称之为“三网民案”。① 该案中多年来为吴某龙辩护的律师林某楠也备受打击：2009 年 11 月福州市司法局对林某楠处以停业一年的处罚，理由是 8 年前林在担任吴某龙辩护人时，复印走了案卷中的一份会议纪要；林某楠担任主任的法炜律师事务所也一度被责令解散。②

应当保障公民平等的话语权。作为事件当事方的公民与警方、政府有平等的话语权，平等地向公众发布案件的相关信息，禁止政府垄断信息发布渠道。现代司法的民主性摈弃“只许我说话，不许你说话”的“一言堂”。因此，作为被害人、嫌疑人及其代理律师，应当拥有一定的信息发布权——这既是“平等武装”原则的要求，又是公众实现知情权和监督权的重要保障。当然，当事人的信息发布权应当受到适当的限制。只要没有撒谎、捏造，除了涉及个人隐私、商业秘密、国家安全以及可能不利于案件侦查的，当事人应当有权公开。在政府机关、公安机关报道失实时，任何人都拥有反驳的权利。

---

① 《网民帮人发帖，被控诬陷罪受审》，《南方周末》2009 年 11 月 19 日第 1 版。

② 《“福州网民诽谤案”代理律所遭解散》，《南方周末》2010 年 4 月 29 日第 1 版。

从现代政治传播学的角度，信息是一种权利，政府机构披露信息的过程实际上是一个权利的社会分享过程。事件通报因此也不只是官方单方面地行使权力，而应当是一种具有互动性的公共传播行为和公共服务产品。在现代社会，应当妥善处理“政府新闻发言权力”与“社会公众知情权利”之间的关系，我国政府新闻发言制度的支撑层面也应当从“人治特色”向“法治精神”过渡。[①]

作为配套，我国政府应当进一步开放新闻媒体，逐步实现新闻自由。新闻发言人制度只是一种有限的信息源，为了保障公民全面、客观地了解事实，我国应当实现新闻媒体的进一步开放。传统的知情权只能靠政府的信息公开，现在却是知情者就可以公开，公众就有机会了解，[②] 而且很容易形成强大的舆论力量。[③] 很显然，更多信息的披露意味着离事实真相更为接近，这也是公民知情权和监督权实现的保障。

新闻媒体的采访权应当受到法律的明确保护，公务人员有接受媒体采访和监督的义务，政府机关、公安机关一般情况下不得禁止和阻挠其工作人员向媒体提供有关信息。实际上，新闻媒体和网络的关注和报道是积极主动监督国家机关依法行使权力、保障公民合法权益的一种具体表现。正因为如此，新闻媒体被誉为除立法、行政、司法三大权力之外的“第四种权力”。[④] 实际上，中国近年来重大法律事件背后都有网民的积极推动。[⑤] 日本发生的令人震惊的大阪地检署的特侦组篡改证据（日

① 许悦、高波：《政府新闻发言：公共传播三论》，《现代传播》2009 年第 4 期。

② 李长城：《法治视角下的事件通报》，《法学家》2010 年第 8 期。

③ 尹鸿伟：《“网络罢官”进行时》，《文摘周报》2011 年 2 月 15 日。

④ 刘邦凡等：《新闻舆论体制与反腐败工作》，《新闻爱好者》2009 年第 11 期。

⑤ 《2010 年上半年舆情报告显示：重大法律事件都有网民积极推动》，《检察日报》2010 年 7 月 7 日第 4 版。

期）的案件也是经由媒体报道后才为公众知晓，直至最后涉案检察官被逮捕、起诉及定罪。[①]

但是，需要注意的是，舆论犹如一柄双刃剑，如果运用不当，反而可能引发冤案。在这方面，部分地方有较多的教训。江国庆案、苏建和案、徐自强案、邱和顺案等等，这些冤案都“长得很像”，很多都有类似的标准化流程：第一，发生惨绝人寰的大案子，社会大众群情激愤；第二，警方宣布破案，侦查被公开；第三，媒体基于对犯罪的痛恨，以及对被害人的同情，大肆报道警方与检方透露的消息，对被告有罪推定；第四，受冤被告的家属向人权团体求助，但只有两种下场：一是不被理睬，二是被打成坏人的帮凶；第五，多年过去了，真相大白，但是来不及了。所有的冤案在事后看起来都是那么的荒谬：自白颠三倒四，与事证不符；被告当庭翻供，但被认定为“毫无悔意”。当媒体不断地对被告有罪推定，当社会大众不明就里地吁求重判、严惩，当法院缺乏忤逆民意、独立审判的担当，冤案的队伍就永远不会净空，旧的去了，新的又来。这些就是制造冤案的共犯结构。[②]

因此，理性地开放新闻媒体，实现新闻传媒的多元化、成熟化，对于我国形成公共领域、化解公共危机、促进法治发展具有关键性的作用。“媒体自由是表达自由的一部分，是民主社会实行法治的基础。”[③]新闻媒体的多元化符合现代社会发展的规律，也是对公诉权力进行制衡的必要保障。

---

① 蔡碧玉等：《检察权之监督》，《裁判时报》2016 年第 12 期。

② 张娟芬：《冤案的共犯结构》，《司法改革杂志》2008 年第 82 期。

③ 李静：《公共危机中的政府新闻发布机制》，《新闻爱好者》2009 年第 10 期。

主要参考文献

一、中文著作

1. 储槐植:《刑事一体化论要》，北京大学出版社 2007 年版。

2. 张培田:《法的历程——中国司法审判制度的演进》，人民出版社 2007 年版。

3. 陈长文、罗智强:《法律人，你为什么不争气？——法律伦理与理想的重建》，法律出版社 2007 年版。

4. 陈光中:《21 世纪域外刑事诉讼立法最新发展》，中国政法大学出版社 2004 年版。

5. 陈光中等:《比较与借鉴：从各国经验看中国刑事诉讼法改革路径》，中国政法大学出版社 2007 年版。

6. 陈瑞华:《程序性制裁理论》，中国法制出版社 2005 年版。

7. 陈瑞华:《比较刑事诉讼法》，中国人民大学出版社 2010 年版。

8.《中华人民共和国刑事诉讼法注释本》，法律出版社 2019 年版。

9. 何勤华:《检察制度史》，中国检察出版社 2009 年版。

10. 江礼华、杨晨:《外国刑事诉讼制度探微》，法律出版社 2000 年版。

11. 龙宗智:《相对合理主义》，中国政法大学出版社 1999 年版。

12. 龙宗智:《检察制度教程》，法律出版社 2006 年版。

13. 龙宗智:《论检察》，中国检察出版社 2013 年版。

14. 龙宗智:《检察官客观公正义务论》,法律出版社 2014 年版。

15. 林钰雄:《刑事诉讼法(上)》,法律出版社 2005 年版。

16. 林钰雄:《检察官论》,法律出版社 2008 年版。

17. 刘涛:《刑事诉讼主体论》,中国人民公安大学出版社 2005 年版。

18. 李长城:《刑事立法权的异化——中国地方性刑事诉讼规则研究》,法律出版社 2014 年版。

19. 李长城:《中国刑事卷宗制度研究》,法律出版社 2016 年版。

20. 孙长永:《日本刑事诉讼法导论》,重庆大学出版社 1993 年版。

21. 孙长永:《侦查程序与人权》,中国方正出版社 2000 年版。

22. 孙长永:《沉默权制度研究》,法律出版社 2001 年版。

23. 孙长永:《探索正当出程序——比较刑事诉讼法专论》,中国法制出版社 2005 年版。

24. 宋英辉等:《外国刑事诉讼法》,法律出版社 2006 年版。

25. 宋英辉等:《外国刑事诉讼法》,北京大学出版社 2011 年版。

26. 宋冰:《读本:美国与德国的司法制度及司法程序》,中国政法大学出版社 1999 年版。

27.《司法伦理学》,上海人民出版社 1988 年版。

28. 孙谦、刘立宪:《检察理论研究综述(1989—1999)》,中国检察出版社 2000 年版。

29. 王炳祥:《检察艺术》,机械工业出版社 2003 年版。

30. 王兆鹏:《美国刑事诉讼法》,北京大学出版社 2005 年版。

31. 王兆鹏:《刑事诉讼讲义》,元照出版公司 2010 年版。

32. 王昕:《公诉运行机制实证研究——以 C 市 30 年公诉工作为例》,中国检察出版社 2010 年版

33. 魏武:《法德检察制度》,中国检察出版社 2008 年版。

34. 徐静村:《刑事诉讼法学》,法律出版社 2004 年版。

35. 徐尉:《日本检察制度概述》,中国政法大学出版社 2011 年版。

36. 谢小剑:《公诉权制约制度研究》,法律出版社 2009 年版。

37. 易胜华:《别在异乡哭泣——一个律师的成长手记》,北京大学出版社 2013 年版。

38. 张鸿巍:《美国检察制度研究》,法律出版社 2019 年版。

39. 最高人民检察院法律政策研究室编译:《支撑 21 世纪日本的司法制度——日本司法制度改革审议会意见书》,中国检察出版社 2004 年版。

40. 张军等:《刑事诉讼:控、辩、审三人谈》,法律出版社 2001 年版。

41. 张吉喜:《刑事诉讼中的公正审判权——以〈公民权利和政治权利公约〉为基础》,中国人民公安大学出版社 2010 年版。

42. 陈宏毅:《刑事诉讼法理论与实务》,三民书局 2001 年版。

二、外文译著

1. 爱伦·豪切斯泰勒·斯黛丽、南希·弗兰克著:《美国刑事法院诉讼程序》,陈卫东、徐美君译,中国人民大学出版社 2002 年版。

2. 安吉娜·J·戴维斯著:《专横的正义——美国检察官的权力》,李昌林、陈川陵译,中国法制出版社 2012 年版。

3. 贝尔纳·布洛克著:《法国刑事诉讼法》,罗结珍译,中国政法大学出版社 2009 年版。

4. 戴维·奈尔肯编:《比较刑事司法论》,张明楷译,清华大学出版社 2004 年版。

5. 弗洛伊德·菲尼、约阿希姆·赫尔曼、岳礼玲:《一个案例,两种制度》,中国法制出版社 2006 年版。

6. 弗里德利希·冯·哈耶克:《自由秩序原理》(上),邓正来译,三联书店 1997 年版。

7. 古岑科主编:《俄罗斯刑事诉讼教程》,黄道秀等译,中国人民公安大学出版社 2007 年版。

8. 克劳思·罗科信著:《刑事诉讼法》,吴丽琪译,法律出版社 2003 年版。

9. 卡斯东·斯特法尼等著:《法国刑事诉讼法精义(上)》,罗结珍译,中国政法大学出版社 1999 年版。

10. 麦高伟、杰弗里·威尔逊主编:《英国刑事司法程序》,姚永吉等译,法律出版社 2003 年版。

11. 托马斯·魏根特著:《德国刑事诉讼程序》,岳礼玲、温小洁译,中国政法大学出版社 2004 年版。

12. 米尔伊安·R·达马什卡著:《司法和国家权力的多种面孔——比较视野中的法律程序》,郑戈译,中国政法大学出版社 2004 版。

13. 杨磊等译:《日本检察讲义》,中国检察出版社 1990 年版。

14. 松尾浩也著:《日本刑事诉讼法》,丁相顺译,中国人民大学出版社 2005 年版。

15. 森际康友著:《司法伦理》,于晓琪、沈军译,商务印书馆 2010 年版。

16. 土本武司著:《日本刑事诉讼法要义》,董璠舆、宋英辉译,五南图书出版公司 1997 年版。

17. 田口守一著:《刑事诉讼法》,刘迪等译,法律出版社 2000 年版。

18. 西原春夫主编:《日本刑事法的形成与特色》,李海东等译,法律出版社 1997 年版。

19. 中国政法大学刑事法研究中心编:《英国刑事诉讼法(选编)》,中国政法大学出版社 2001 年版。

20. 皮特·J. P. 泰克编著:《欧盟成员国检察机关的任务和权力》,吕清、马鹏飞译,中国检察出版社 2007 年版。

21. 艾瑞克·卢拉、玛丽安·L. 韦德主编：《跨国视角下的检察官》，杨先德译，法律出版社 2016 年版。

22. 托马斯著：《失灵的司法——德国冤错案其实录》，郑惠芬译，法律出版社 2017 年版。

三、中文论文

1. 望德舍夫等：《俄罗斯联邦刑事诉讼中犯罪人有罪证明中的相关问题》，元铁、王冰清译，《证据科学》2009 年第 6 期。

2. 陈光中、彭新林：《我国公诉制度改革若干问题探讨》，《法学研究》2011 年第 4 期。

3. 陈瑞华：《陪审团制度与俄罗斯的司法改革》，《中外法学》1999 年第 5 期。

4. 陈瑞华：《大陆法中的诉讼行为无效制度———三个法律文本的考察》，《政法论坛》2003 年第 5 期。

5. 陈瑞华：《案卷笔录中心主义——对中国刑事审判方式的重新思考》，《法学研究》2006 年第 4 期。

6. 陈瑞华：《论检察机关的法律职能》，《政法论坛》2018 年第 1 期。

7. 陈瑞华：《企业有效合规整改的基本思路》，《政法论坛》2022 年第 1 期。

8. 陈卫东：《人民监督员制度的困境与出路》，《政法论坛》2012 年第 4 期。

9. 陈卫东等：《法国刑事诉讼法改革的新进展——中国人民大学诉讼制度与司法改革研究中心赴欧洲考察报告之一》，《人民检察》2004 年第 10 期。

10. 陈永生：《逮捕的中国问题与制度应对——以 2012 年刑事诉讼法对逮捕制度的修改为中心》，《政法论坛》2013 年第 4 期。

11. 陈军：《“四大检察”改革背景下的检察权能配置探析》，《政法论丛》2020 年第 5 期。

12. 曾超：《中美教育大数据的对比研究》，《世界教育信息》2018 年第 31 期。

13. 蔡碧玉等：《检察权之监督》，《裁判时报》2016 年第 12 期。

14. 蔡碧玉：《检察的人民参与》，《月旦裁判时报》2017 年第 1 期。

15. 邓思清：《捕诉一体的实践与发展》，《环球法律评论》2019 年第 5 期。

16. 樊崇义等：《主任检察官办案责任制三人谈》，《国家检察官学院学报》2014 年第 6 期。

17. 高嘉绫：《新澳门刑事诉讼法典》，《法域纵横》1997 年第 2 期。

18. 高一飞、陈恋：《检察改革 40 年的回顾与思考》，《四川理工学院学报》2018 年第 6 期。

19. 高云娇、余艳萍：《流动儿童社会支持和罪错行为关系探析》，《青年探索》2012 年第 3 期。

20. 桂亚胜编译：《美国检察权的滥用》，《中国刑事法杂志》1997 年第 5 期。

21. 何超明：《澳门特别行政区司法制度的主要特征及其运作》，《人民检察》2007 年第 2 期。

22. 何超明：《澳门检察权在刑事诉讼中的地位和价值取向》，《诉讼法论丛》2005 年卷。

23. 胡卫列：《国家治理视野下的公益诉讼检察制度》，《国家检察官学院学报》2020 年第 2 期。

24. 胡卫列、孙森森：《完善公益诉讼制度，推动公益诉讼检察高质量发展——2022 年检察理论与实务研究盘点之五》《人民检察》2023 年第 2 期。

25. 季卫华等：《新时代检察机关的职能优化》，《天津行政学院学报》2018 年第 6 期。

26. 江国华、王磊：《检察权功能设定与职能配置》，《学习与探索》2020 年第 5 期。

27. 金海珠：《审查逮捕阶段讯问犯罪嫌疑人的问题探究》，《法制博览》2013 年第 10 期。

28. 金钟：《警惕"庭审倾向化、形式化"卷土重来》，《中国律师》2014 年第 3 期。

29. 金泽刚：《法官错判的原因与防治———基于 19 起刑事错案的样本分析》，《法学评论》2015 年第 2 期。

30. 贾宇：《认罪认罚从宽制度与检察官在刑事诉讼中的主导地位》，《法学评论》2020 年第 3 期。

31. 刘国智：《澳门的律师制度》，《中国律师》1999 年第 12 期。

32. 刘仁文：《"律师伪证"：深层原因须追究》，《检察日报》2009 年 12 月 21 日。

33. 刘邦凡等：《新闻舆论体制与反腐败工作》，《新闻爱好者》2009 年第 11 期。

34. 刘磊、张深：《环境公益诉讼检察权的双重职能定位与优化路径》，《江苏行政学院学报》2021 年第 1 期。

35．刘华：《国家治理现代化背景下刑事检察职能的拓展路径》，《国家检察官学院学报》2021 年第 1 期。

36. 刘志成：《人民检察制度的诞生与发展》，《人民检察》2011 年第 20 期。

37. 林森、金琳：《检察机关办理监察委移送案件难点问题探究——以检察机关与监察委办案衔接为视角》，《时代法学》2020 年第 5 期。

38. 黎裕豪：《澳门刑事诉讼中的程序正当及公平原则》，《人民检察》2010 年第 4 期。

39. 龙宗智：《中国作证制度之三大怪现状评析》，《人大复印资料》2001 年第 5 期。

40. 张相军等：《检察环节认罪认罚从宽制度的适用与程序完善》，《人民检察》2016 年第 9 期。

41. 朱朝亮：《人民参与检察官追诉审查机制之探讨》，《检察新论》2006 年第 22 期。

42. 朱朝亮：《评公诉权滥用论——以日本实务及学说为中心》，《检察新论》2003 年第 7 期。

43. 朱孝清：《检察官客观公正义务及其在中国的发展完善》，《中国法学》2009 年第 2 期。

44. 朱孝清:《修改后刑诉法与监察法的衔接》,《法治研究》2019 年第 1 期。

45. 朱佩佩、韩彦霞:《民事检察类案精准监督的路径》,《人民检察》2022 年第 9 期。

46. 赵志刚、金鸿浩:《智慧检务的深化与变迁: 顶层设计与实践探索》,《中国应用法学》2017 年第 2 期。

47. 最高人民检察院检务督察局课题组:《完善检察官办案内部监督机制研究》,《国家检察官学院学报》2019 年第 5 期。

48. 周新:《我国检察权的新发展》,《中国社会科学》2020 年第 8 期。

49. 郑明维:《德国错案促进刑诉法多次修订》,《法制日报》2013 年 6 月 5 日第 12 版。

50. 章礼明:《评俄罗斯刑事陪审团制度的重建》,《河北法学》2004 年第 8 期。

51. 张泽涛:《构建中国式的听证审查逮捕程序》,《政法论坛》2018 年第 1 期。52. 龙宗智:《论我国的公诉制度》,《人民检察》2010 年第 19 期。

52. 龙宗智:《加强司法责任制: 新一轮司法改革及检察改革的重心》,《人民检察》2014 年第 12 期。

53. 龙宗智:《如何看待和应对司法改革中遇到的矛盾和问题》,《人民检察》2016 年第 14 期。

54. 龙宗智、符尔加:《检察机关权力清单及其实施问题研究》,《中国刑事法杂志》2018 年第 4 期。

55. 李奋飞:《通过程序制裁遏制刑事程序违法》,《法学家》2009 年第 1 期。

56. 李奋飞:《论检察机关的审前主导权》,《法学评论》2018 年第 6 期。

57. 李奋飞:《职务犯罪调查中的检察引导问题研究》,《比较法研究》2019 年第 1 期。

58. 周萃芳:《关于北京市检察机关审查起诉阶段补充侦查进行情况的调研报告》,《中国刑事法杂志》2002 年第 3 期。

59. 张智辉:《检察制度的起源和发展》,《检察日报》2004 年 2 月 10 日第 5 版。

60. 张鸿巍:《美国检察机关起诉裁量权之限制及救济》,《中国刑事法杂志》2010 年第 2 期。

61. 张建伟:《检察机关主导作用论》,《中国刑事法杂志》2019 年第 6 期。

62. 姚建龙:《〈预防未成年人犯罪法〉的修订及其进步与遗憾》,《少年儿童研究》2021 年第 5 期。

63. 闫召华:《公诉不端: 美国的实践及其启示——基于判例与规则的双重分析》,《中国刑事法杂志》2010 年第 7 期。

64. 杨崇森:《美国大陪审团之功能与运作》,《军法专刊》2010 年第 3 期。

65. 杨宇冠、王洋:《认罪认罚案件中的"检察主导": 运作特征、归因逻辑与规范路径》,《河南师范大学学报》2021 年第 2 期。

66. 易延友:《刑事强制措施体系及其完善》,《法学研究》2012 年第 3 期。

67. 尹鸿伟：《“网络罢官”进行时》，《文摘周报》2011 年 2 月 15 日。

68. 左卫民、马静华：《论派出所解决纠纷的机制：以一个城市派出所为例的研究》，《法学》2004 年第 9 期。

69. 李长城：《德国青少年刑事程序的分流及其启示》，《山东警察学院学报》2019 年第 2 期。

70. 李长城：《论未成年人犯罪预防的困境及其突破——基于 C 市的实证调查》，《青少年学刊》2021 年第 2 期。

71. 李勇：《〈监察法〉与〈刑事诉讼法〉的衔接问题研究——“程序二元证据一体”理论模型之提出》，《证据科学》2018 年第 5 期。

72. 李蕴辉：《公诉权滥用与制约研究》，《法学论坛》2004 年第 2 期。

73. 李玉萍：《程序滥用与诉讼终止制度及其给我国的启示》，《法商研究》2006 年第 2 期。

74. 李天琪：《“‘少捕慎诉慎押’的检察实践”系列报道之四：破解“少捕慎诉慎押”难题，如何出招?》，《民主与法制》2022 年第 29 期。

75. 李静：《公共危机中的政府新闻发布机制》，《新闻爱好者》2009 年第 10 期。

76. 林森、金琳：《检察机关办理监察委移送案件难点问题探究——以检察机关与监察委办案衔接为视角》，《时代法学》2020 年第 5 期。

77. 林超骏：《试论检察官定位与权限——从预审法官到第十位大法官》，《月旦法学》2018 年第 10 期。

78. 林钰雄：《论中间程序——德国起诉审查制度的目的、运作及立法论》，《月旦法学》2002 年第 9 期。

79. 闵春雷：《论审查逮捕程序的诉讼化》，《法制与社会发展》2016 年第 3 期。

80. 门植渊、王加军：《大数据应用于未成年人网络犯罪治理研究》，《北京青年研究》2019 年第 2 期。

81. 门植渊、王加军：《大数据应用于未成年人国家司法救助工作研究》，《北京青年研究》2021 年第 4 期。

82. 鲁杨：《澳门特别行政区侦查权设置的启示》，《北京警察学院学报》2008 年第 6 期。

83. 彭文浩、朱勇：《湖北省：直面制约因素，完善未成年人社会保护试点工作》，《中国社会福利》2016 年第 3 期。

84. 邱忠义：《人民参与检察官不起诉或起诉处分之变革》，《检察新论》2007 年第 22 期。

85. 任涛、董玉庭：《国家治理现代化视角下的检察司法责任制》，《行政论坛》2021 年第 1 期。

86. 桑先军、张泽涛：《论新时代刑事执行检察体制改革》，《河南社会科学》2018 年第 11 期。

87. 孙谦：《法治建构的中国道路》，《中国社会科学》2013 年第 1 期。

88. 孙谦:《司法改革背景下逮捕的若干问题研究》,《中国法学》2017 年第 3 期。

89. 孙长永:《抑制公诉权的东方经验——日本“公诉权滥用论”及其对判例的影响》,《现代法学》1998 年第 6 期。

90. 孙长永:《审判中心主义及其对刑事程序的影响》,《现代法学》1999 年第 4 期。

91. 孙长永:《检察官客观义务与中国刑事诉讼制度改革》,《人民检察》2007 年第 17 期。

92. 孙长永:《中国检察官司法的特点与风险——基于认罪认罚从宽制度的观察与思考》,《法学评论》2022 年第 4 期。

93. 孙国祥:《企业合规改革实践的观察与思考》,《中国刑事法杂志》2021 年第 5 期。

94. 孙长国、张天麒:《程序衔接 + 实体配合:监察机关与检察机关办案中沟通机制研究——基于 M 市的实证分析》,《黑龙江政法管理干部学院学报》2020 年第 3 期。

95. 宋英辉、尹冷然:《为未成年人构筑保护处分体系》,《检察日报》2017 年 9 月 7 日第 3 版。

96. 宋英辉、钱文鑫:《我国罪错未成年人分级干预机制研究——以专门教育为核心抓手》,《云南师范大学学报》2022 年第 2 期。

97. 施鹏鹏:《法国程序无效理论研究——兼谈中国如何建立刚性的程序》,《中国法学》2010 年第 3 期。

98. 单民、上官春光:《我国检察官职业伦理的构建》,《人民检察》2009 年第 2 期。

99. 三井诚:《日本检察审查会制度》,《法学新论》2000 年第 21 期。

100. 童建明:《论不起诉权的合理适用》,《中国刑事法杂志》2019 年第 4 期。

101. 王兆鹏:《论报复性起诉》,《月旦法学》2013 年第 12 期。

102. 王兆鹏:《起诉审查——与美国相关制度之比较》,《月旦法学》2002 年第 9 期。

103. 万毅、杨炯:《检察官责任追究制:现状、解读与完善》,《江苏行政学院学报》2020 年第 6 期。

104. 王守安:《关于提升职务犯罪检察工作品质的几点思考》,《职务犯罪检察工作专刊》2020 年第 6 期。

105. 王贞会:《审查逮捕社会危险性评估量化模型的原理与建构》,《政法论坛》2016 年第 2 期。

106. 藤彪:《“司法”的变迁》,《中外法学》2002 年第 6 期。

107. 吴巡龙:《检察独立与检察一体——兼评检察官未经检察长核定迳行起诉事件》,《月旦法学》2005 年第 9 期。

108. 魏晓娜:《依法治国语境下检察机关的性质与职权》,《中国法学》2018 年第 1 期。

109. 夏红:《认定刑事诉讼行为无效标准初论———以利益动态平衡为出发点的考察》,《河北法学》2009 年第 12 期。

110. 谢小剑:《公诉裁量权滥用及其规制》,《江苏社会科学》2008 年第 11 期。

111. 谢小剑:《检察一体化中“上命下从”的限度》,《行政法学研究》2009年第6期。

112. 许悦、高波:《政府新闻发言:公共传播三论》,《现代传播》2009年第4期。

113. 肖秀云、姜克峰:《民事执行检察监督的困境与对策》,《人民检察》2022年第18期。

114. 向燕:《综合性证明模式:性侵未成年人案件的证明逻辑》,《中国刑事法杂志》2021年第5期。

115. 姚建龙、滕洪昌:《未成年人保护综合反应平台的构建与设想》,《青年探索》2017年第6期。

116. 姚建龙:《〈未成年人保护法(修订草案)〉述评与完善》,《预防青少年犯罪研究》2020年第2期。

四、报道案例

1.《从“徇私枉法”到无罪释放:拘留所长被拘291天》,《贵州都市报》2007年9月18日第16版。

2. 朝格图:《命案必破,疯人顶罪?》,《南方周末》2010年5月6日第A3版。

3. 柴会群:《“疯汉”杀人的艰难免刑》,《南方周末》2010年9月9日第1版。

5. 陈磊:《大兴安岭火灾冤案20年》,《文摘周报》2008年2月29日第16版。

6. 段宏庆:《17名警察20年喊冤录》,《文摘周报》2011年7月15日第16版。

7.《邓玉娇案与巴东37天》,《文摘周报》2009年6月19日第10版。

8.《大学生球员强奸案真相》,《今古传奇》2010年总第242期。

9.《“福州网民诽谤案”代理律所遭解散》,《南方周末》2010年4月29日第1版。

10. 范承刚:《“案情有疑点,搞个死缓算了”》,《南方周末》2011年10月14日第1版。

11.《公安局丢失16年前杀人案原始卷宗,嫌犯拒绝认罪》,《三联生活周刊》2010年11月12日。

12. 蒋铮等:《媒体无法联系到浙江叔侄强奸冤案侦办人聂海芬》,《羊城晚报》2013年4月1日第8版。

13. 刘伟:《一桩被炮制的“轮奸”案》,《文摘周报》2011年6月14第15版。

14. 刘长:《厅长10年洗冤录》,《文摘周报》2011年3月1日第16版。

15. 刘长:《死刑,发回;死缓,发回;撤诉:判不了,就关着》,《南方周末》2012年5月24日第1版。

16. 刘长:《为保一桩错案,要制造多少错误?——福清纪委爆炸案的“递罪”逻辑》,《南方周末》2013年5月23日第1版。

17. 刘长、廖颖:《浙江萧山五青年杀人案复盘:“真凶”再现,考验刑诉法》,《南方周末》2013 年 1 月 24 日第 1 版。

18. 刘长、周楠:《控方改口，法院照判；一桩毒杀案，223 次申诉》,《南方周末》2013 年 12 月 20 日第 1 版。

19. 刘长、王炜:《黔西血案，等来“真凶”》,《南方周末》2014 年 7 月 3 日第 4 版。

20. 刘万永:《公安部处长洗冤录》,《中国青年报》2011 年 7 月 7 日第 7 版。

21. 梁斌:《香港权威专家：念斌案证据搜集存严重纰漏》,《华西都市报》2014 年 6 月 26 日第 22 版。

22. 卢美慧:《原办案单位回应“聂树斌 25.8℃跪雪地里被枪决”》,《新京报》2015 年 4 月 29 日第 16 版。

23. 銮锋:《无证记者敲诈获刑，出狱前被追诉“漏罪”》,《文摘周报》2011 年 8 月 16 日第 15 版。

24.《70 次喊冤，他终于洗脱嫌疑》,《成都商报》2007 年 3 月 19 日第 14 版。

25. 万相辛:《刘俊海案调查——中国看守所最长守望者》,《文摘周报》2010 年 6 月 15 日第 15 版。

26.《网民帮人发帖，被控诬陷罪受审》,《南方周末》2009 年 11 月 19 日第 1 版。

27. 叶铁桥:《一名智障者的服刑疑云》,《文摘周报》2011 年 9 月 13 日第 15 版。

28. 叶铁桥:《没有媒体的支持，我们家不可能翻案》,《中国青年报》2010 年 12 月 3 日第 16 版。

29. 叶飙:《被“就地消化”十五年的杀人案——省高院撤销判决，但市政法委指示“不杀、不放”》,《南方周末》2013 年 5 月 24 日第 1 版。

30. 叶飙:《被“就地消化”的杀人案重审，检方承认确实没有直接证据》,《南方周末》2014 年 1 月 23 日第 1 版。

31. 刘万永:《“警察枪击无辜青年案”一波三折》,《中国青年报》2010 年 7 月 7 日第 7 版。

32. 张晓娜:《嫌疑人三次被判死刑，投毒案悬疑五年难解》,《文摘周报》2011 年 9 月 27 日第 15 版。

五、外文文献

1. Abuse of Process, http://www.cps.gov.uk/legal/a_to_c/abuse_of_process/, last visited on October 28th,2022.

2. Andrew L-T Choo, Abuse of Process and Judicial Stays of Criminal Proceedings,Second Edition, Oxford University ,2008.

3. Bron Mckillop:Inquisitory Systems of Criminal Justice and the ICAC:A Comparison,

November, 1994.

4. David Corker and David Young with Mark Summers, Abuse of Process in Criminal Proceedings, LexisNexis/Butterworths, Third edition（2008）.

5. Fraser Robert J.,Prosecutorial Misconduct, Auraro（Ontaric）:Canada Law Book, 2009.

6. J-Y Mckee:Criminal Justice Systems in Europe and North America:France,The HEUNI series,2001.

7. Kuk Cho:"Procedural Weakness" of German Criminal Justice and Its Unique Exclusionary Rules Based on The Right of Personality,Temple International and Comparative Law Journal,Spring 2001.

8. Mireille Delmas-Marty and J R Spencer:Europen Criminal Procedures, Cmabridge University Press,2005.

9. Nick W Taylor, Crown Prosecution Service v Mattu:Abuse of Process,Criminal Law Review.3（2010）.

10. Nico Jorg:Convergence of Criminal Justice Systems:Building Bridges-Brigings the Gaps, paper presented at the International Society for the Reform of Criminal Law 17th International Conference.

11. Stewart Field:Fair Trials and Procedural Tradition in Europe,Oxford Journal of Legal Studies,summer,2009.

12. The Doctrine of Abuse of Process: A Comment on the Cambodia Tribunal's Decisions in the Case against Duch（2007）, Leiden Journal of International Law, 21（2008）.

13. Willam T.Pizzi、Mariangela Montagna: The Battle to Establish An Adversarial Trial System In Italy,Michigan Journal of International Law,Vol.25:429,Winter 2004.

14. Daniel Senger .The JapaneseQuasi-jury and The American Jury: A Comparative Assessment of Juror Questioning and Sentencing Procedures and Cultural Elements in Lay Judicial Participation, University of Illinois Law Review,2011.

15. Ingram Weber，The New Japanese Jury System: Empowering The Public, Preserving Continental Justice，East Asia Law Review，2009.

16. William Burnbam and Feffrey Kabn :Russia's Criminal Procedure Code Five Years Out, Review of Central and East European Law, Volume 33（2008）.

17. Werner Beulke, Strafprozessrecht, 12. Auflage C.F.Müller.

18. Karsruher Kommentar zur Strafprozessordnung mit GVG, EGGVG und EMRK, 7.Auflage, Verlag C.H. Beck München 2013.

19. BGH NJW 2007, 2269,2273; zum Ganzen Hegmanns, GA 2003, 433.

20 .Ostendorf, Jugendstrafrecht, 5. Auflage, Nomos, 2009.

21. Ostendorf, Jugendstrafrecht, 11. Auflage, Nomos,2023,

22. Hans- Heiner Kühne, Strafprozessrecht, Eine systematic Darstellung des deutschen und europäischen Strafverfahrensrechts, 9. Auflage, C.F. Müller.

23. Karlsruher Kommentar zur Strafprozessordnung und zum Gerichtsverfassungsgesetz mit Einfrühungsgesetz, 5. Auflage, C.H.Beck, 2003.

24. Satzger, Schluckebier, Widmaier, Strafprozessordnung mit GvG und EMRK Kommentar, 3. Auflage, Carl Heymanns Verlag 2018.

25. Thomas Darnstädt, Der Richter und sein Opfer: Wenn die Justiz sich irrt, Piper München Zürich, 2013.

26. Vordermayer von Heintschel-Heingg, Handbuch für den Staatsanwalt, 3. Auflage, Carl Heymanns Verlag.

27. Raimund Brunner, Bernd, Sttasanwaltlicher Sitzungsdienst, 15. Auflage 2018.

28. Dres. h.c. Friedrich-Christian Schroeder, Torsten Verrrel, Strafprozessrecht, 7. Auflage 2017.

29.Dolm Putzke, Jörg Scheinfeld, Stratproessrecht 4. Auflage, Verlag C. H. Beck München 2012.

30.Kaiser, Schöch, Kinzig, Kriminologie, Jugendstrafrecht, Strafvollzug, 8. Auflage, C.H.BECK, 2015.

后　记

本书起源于笔者主持的贵州省哲学社会科学课题《公诉程序滥用研究》。回首十年的历程，与本书有关的情缘一一浮现，不由想到当年徐根宝先生说的“谢天、谢地、谢人”，真的是由衷之言！

笔者在检察学方面的学养主要来自硕士生导师龙宗智教授，这么多年来老师的一篇篇文章在学界和司法界持续发挥着重要的影响，也指引着学生学习和研究的方向。

孙长永教授指导博士生亦以严格著称，请他到四川师范大学作讲座期间，他流利的日语让留学日本十多年的张光云教授也惊叹不已。孙老师叮嘱我在德国学习期间要多关注司法实践，在他的提醒下，我连续一个多月的时间去地方法院旁听庭审，看到德国检察官与辩护律师在法庭上对抗的激烈程度真的不亚于其他国家同行。孙老师最近提出“检察官司法”这一高度概括性的本土术语，堪称学术研究之典范。

感谢国家留学基金委的资助，使我到德国访学的梦想得以成真。图宾根大学的法学教育在德国精英大学中名不虚传。在整体刑法学的学术体系下，图宾根大学法学院的教授们并未专门开设《检察学》课程，但是法学院图书馆里关于检察理论和实务的书籍非常丰富。有一天在旁听一起轻微刑事案件的审理时，我发现女检察官手里拿着的书正是法学院图书架上的《检察官手册》。

感谢 Pro. Bernd Heinrich，他的邀请给了我到德国学习的机会，到图宾根之后他在多方面提供了重要的帮助，使我有机会推开德国刑事学术殿堂之门，顺利完成为期一年的学习。感谢 Pro. Bernd Hacker、Pro. Jörg Eisele 以及 Pro. Jörg Kinzig 的赠书和鼓励之情。

感谢眉山市人民检察院吕皓、陈卫东、段瑞林、林激光、彭林泉、李琴、周文彬、易泽林、车明、冷致江、吴劲松、文德琴等领导同志在我挂职期间的支持和帮助。

感谢四川师范大学法学院领导唐稷尧、陈山和同事们的支持！感谢四川师范大学和法学院的出版资助。

感谢人民出版社茅友生编辑一贯的严格要求和精益求精的精神，在他多次提出的修改意见的帮助下，书稿的质量不断提升。

感恩父母的养育和培养！一生的爱和教诲已融入血液，传续下一代。

感谢家人一如既往的支持和陪伴，使我能够心无旁骛地钻研学术。

在写作道路上，还有许多良师益友给予了我极大的帮助，限于篇幅无法一一列出，在此一并表示感谢。

巾短情长，未尽言者，或伴于途，虽其路远，行则必至。

李长城

2024 年 3 月于狮子山

责任编辑：茅友生
封面设计：胡欣欣

图书在版编目（CIP）数据

中国检察职能运行合理化机制研究 / 李长城 著 . —
北京：人民出版社，2024.6
ISBN 978 – 7 – 01 – 026107 – 2

I. ①中… II. ①李… III. ①检察机关 – 职能 – 研究 – 中国
IV. ① D926.3

中国国家版本馆 CIP 数据核字（2023）第 222734 号

中国检察职能运行合理化机制研究
ZHONGGUO JIANCHA ZHINENG YUNXING HELIHUA JIZHI YANJIU

李长城 著

人民出版社 出版发行
（100706 北京市东城区隆福寺街 99 号）

北京中科印刷有限公司印刷 新华书店经销

2024 年 6 月第 1 版 2024 年 6 月北京第 1 次印刷
开本：710 毫米 ×1000 毫米 1/16 印张：25.5
字数：298 千字 印数：0,001–5,000 册

ISBN 978 – 7 – 01 – 026107 – 2 定价：128.00 元

邮购地址 100706 北京市东城区隆福寺街 99 号
人民东方图书销售中心 电话（010）65250042 65289539